[제2판]

4차 산업시대를 대비한

인간관계론

주석진

KNOWLEDGE COMMUNITY 공동체

인간(人間)이란 '사람과 사람의 사이'를 의미한다.

인간은 사회적 존재이기에 관계가 없는 삶을 생각할 수 없고 사람과 사람 사이의 관계와 소통 속에서 성장할 수 있다.

요즘 현대인들은 인간관계가 어려워서, 인간관계가 잘되지 않아서 스트레스를 많이 받는다. 심지어는 이러한 이유로 사회와 거리를 두고 은둔하며 지내는 사람들도 늘어나고 있으며 이는 세계적인 추세이다.

인간관계는 개인의 인격과 개성을 형성하는 중요한 환경을 제공할 뿐만 아니라 개인의 삶의 질과 행복을 결정하는 중요한 요소가 된다. 따라서 바람직하고 긍정적인 인간관계를 형성하는 것은 살아가는 데 있어 매우 중요하다. 하지만 많은 경우 어떻게 인간관계를 맺어야 할지를 몰라서 또는 자신이 맺고 있는 인간관계에서 나타난 문제를 성숙하게 해결하지 못해서 힘들어한다.

특히 대학생 시기는 유능하고 건강한 사회인으로서 삶을 구축해 나가야 하기 때문에 인간관계의 측면에서 매우 중요한 시기이다. 하지만 많은 대학생들이 인간관계 형성과 관리에 있어 어려움과 스트레스를 겪고 있다. 또한 지나친 학업 스트레스와 취업 준비에 따른 압박으로 인간관계에서 권태를 느끼는 경우도 많다.

이 책은 대학생들이 사회인으로서 준비되는 과정에서 경험할 수 있는 많은 인간관계 갈등을 해결할 뿐만 아니라 새로운 인간관계를 잘 맺기 위해서 필요한 지식과 기술을 알려주고 이를 연습해 보기 위한 내용으로 구성되었다. 특히 이번 개정판에서는 초판의 부족한 내용을 수정 · 보완하여 좀 더 자세한 설명과 읽을거리를 제공하는 데 주안점을 두었다.

아무쪼록 부족한 이 책이 미래를 준비하는 대학생들의 인간관계 형성 및 관리에 있어 조금이나마 도움이 되기를 기대해 본다.

2022년 2월

주석진

4차 산업혁명은 현재 진행 중이다.

알파고가 세계 최고 바둑기사들과 경기하고, 인공지능(AI)이 세계 최고의 의사들이 짚어내지 못한 병명을 정확하게 진단하며 처방도 내리는 시대. 이러한 4차 산업시대에도 여전히 인간관계는 중요하다. 그 이유는 세상 속의 인간은 한 개인으로서, 가족의 일원으로서, 직장 및 사회의 구성원으로서 살아갈 수밖에 없는 사회적 존재이기 때문이다. 사람은 누구나 성공한 삶을 위해 또는 행복한 삶을 위해 꿈꾸고 고민한다. 하지만 이러한 삶을 살기 위해서는 인간관계 기술을 습득하고 개발시켜 나가야 한다. 미국의 석유왕 존 데이비슨 록펠러(John Davison Rockefeller)는 만약 당신이 성공적인 인생을 살기 원한다면 무엇보다 성공적인 인간관계를 창조하고 경영해야 한다고 하였다. 같은 맥락으로 75년에 걸친 하버드 의과대학의 성인발달 연구(Grant Study)에서는 행복의 조건 중 하나로 인간관계를 제시하고 있다. 즉, 행복은 부나 성공, 명예가 아닌 좋은 관계에 있기에 그만큼 우리의 삶에서 인간관계가 중요하다는 것이다. 따라서 우리는 4차 산업시대에 내가 원하는 삶을 살기 위해 인간관계능력을 키워야 한다. 필요한 지식과 기술을 알고 나의 실제의 삶에 적용하는 연습을 하여야 한다.

이 책은 크게 2부로 구성되어 있다. 제1부 〈이론편〉 1~7장에서는 인간관계에 대한 전반적인 이해를 돕도록 하였고, 제2부 〈실전편〉 8~13장에서는 인간관계를 개선하기 위한 구체적인 활동을 수행해 보도록 하였다. 각 장별 주요 내용을 정리하면 다음과 같다.

1장, 「인간관계에 대한 이해」에서는 인간관계에 대한 전반적인 이해를 돕기 위해 인간관계 속에서 자신을 이해하는 내용들을 살펴보고 인간관계를 잘 맺는 방법을 다루고 있다.

2장, 「인간관계와 정신건강」에서는 인간관계에 영향을 미치는 성격과 스트레스 및 의사소통에 대해 다루고 있다.

3장, 「친구 간의 인간관계」에서는 대학생 시기 친구관계에서의 부적응 문제에 대해 살펴보고 더불어 친구를 만들고 지키는 방법에 대해 다루고 있다.

4장, 「이성 간의 인간관계」에서는 이성을 선택하는 요령과 실연을 극복하는 방법에 대해 다루고 있다.

5장, 「가족과의 인간관계」에서는 건강한 가족의 특징과 성공적인 부모-자녀, 형제자매, 부부관계에 대해 다루고 있다.

6장, 「직장에서의 인간관계」에서는 직장에서의 인간관계에 대한 이해, 직장인의 스트레스와 인간관계 갈등에 대해 다루고 있다.

7장, 「인간관계에 대한 진단과 분석」에서는 인간관계에 대한 자기분석의 이해와 인간관계를 위한 습관진단 및 변화시키는 방법에 대해 다루고 있다.

8장, 「인간관계 개선방법 (1)」에서는 인간관계 개선방법으로 대화기회 포착하기와 자기공개하기에 대해 다루고 있다.

9장, 「인간관계 개선방법 (2)」에서는 인간관계 개선방법으로 경청하기와 반응하기 그리고 효과적인 의사소통하기에 대해 다루고 있다.

10장, 「인간관계 개선방법 (3)」에서는 인간관계 개선방법으로 자기표현하기와 대인갈등 해결하기에 대해 다루고 있다.

11장, 「인간관계 개선방법 (4)」에서는 인간관계 개선방법으로 부정적 감정 조절하기와 스트레스 관리하기에 대해 다루고 있다.

12장, 「인간관계 개선방법 (5)」에서는 인간관계 개선방법으로 설득하기와 협상하기 및 이미지 메이킹하기에 대해 다루고 있다.

13장, 「인간관계 개선방법 (6)」에서는 인간관계 개선방법으로 대인환경 개선하기와 전략적 자기경영하기에 대해 다루고 있다.

우리나라 대학에서는 변화하는 사회에 적응을 돕고 인생을 풍요롭게 하기 위해 오랜 기간 인간관계론을 교육해 오고 있다. 그렇지만 여전히 많은 대학생들이 인간관계능력의 부족으로 인한 어려움을 호소하고 있다. 그 이유는 대학생들의 인간관계능력을 높이기 위해서는 이론에 대한 교육과 실제 생활에서 적용할 수 있는 교육이 모두 필요한데 그동안 주로 이론 중심의 교육이 진행되었기 때문이다. 이에 본 서는 이론편과 실천편이라는 두 트랙으로 구성하였고 지금까지 저자의 사회경험과 기존의 다양한 인간관계 관련 문헌을 토대로 대학생에게 꼭 필요한 내용을 중심으로 집필을 하였다. 그럼에도 불구하고 여전히 부족한 점이 많이 있지만 추후 계속해서 보완할 것을 다짐하고 본 교재가 대학생의 인간관계능력 향상을 돕는 데 조금이나마 도움이 되기를 기대해 본다.

2020년 8월

주석진

PART 02 실천편

01 PART 이론편

MEMO

CHAPTER 01

인간관계에 대한 이해

이 장에서는 인간관계에 대한 전반적인 이해를 돕기 위해 인간관계 속에서 자신을 이해하는 내용들을 살펴보고 인간관계를 잘 맺는 방법을 학습하도록 한다. 1절에서는 사회적 존재로서의 인간, 인간관계의 의미와 중요성, 인간관계의 발달과정, 다양한 인간관계 유형, 자신에 대한 이해에 대해 살펴보고 2절에서는 친밀한 인간관계 형성법과 친밀한 인간관계를 형성하는 데 필요한 기술에 대해 살펴보도록 한다.

학습목표

1. 인간관계 속에서 자신을 이해한다.
2. 인간관계를 잘 맺는 방법을 이해한다.

1 인간관계 속의 자기이해

1) 사회적 존재로서의 인간

Aristoteles(BC 384~BC 322)

인간은 사회적 동물이다. 개인은 사회 없이 존재할 수 없다는 것이다. 인간은 생물학적으로 타인의 보호와 도움이 필요한 존재로 태어나고, 태어나면서부터 공동체에 속하며 자신의 능력만으로 살아가기 힘들다(최세영 외, 2013). 이러한 맥락에서 아리스토텔레스(Aristoteles)는 "인간은 본래 불완전한 존재이기 때문에 공동체 안에서만 완전해질 수 있다"고 하였다. 한자를 봐도 사람 인(人) 자는 서로 의지하고 있는 사람의 모습을 형상하고 있는데 한자의 형성원리를 뜻하는 육서(六書) 중 상형(물체의 형상을 본떠서 글자를 만드는 방법)자로서 사람 인(人)은 서로 의지하고 살아야 한다는 데서 서로 기대는 모습을 본떴다는 설이 있다.

참고자료 한자의 전통적인 구조 규칙, 육서(六書)

육서는 한자가 만들어지는 원리와 운영되는 원리를 여섯 가지로 정리한 것이다. 후한(後漢)의 허신(許愼)은 《설문해자(說文解字)》에서 다음과 같이 분류하였다.

① 상형(象形) : 사물의 외형을 모방하여 한자를 만드는 것
② 지사(指事) : 상징적인 기호를 사용하여 한자를 만드는 것
③ 회의(會意) : 글자의 의미와 다른 글자의 의미가 만나 새로운 글자가 되는 것(의미와 의미의 만남)
④ 형성(形聲) : 한자가 글자의 의미 부분과 소리 부분이 합쳐져서 새로운 글자가 되는 것 (한자의 한 글자 안에 한 부분은 의미, 한 부분은 소리를 나타냄)
⑤ 전주(轉注) : 본래의 글자 의미가 변화하여 다른 뜻으로 되는 것
⑥ 가차(假借) : 기존 글자의 소리와 뜻을 빌려 전혀 다른 의미로 변화하여 글자가 만들어지는 것

인간(人間)이라는 글자에는 '사람과 사람 사이'에서 살아가야 하는 사회적 존재라는 의미가 내포되어 있다(유영달 외, 2013). 즉, 인간은 사회적 관계 속에서 살아갈 수밖에 없는 존재라고 하겠다. 인간은 사회적 존재로 사람 간의 관계와 소통 속에서 성장할 수 있다. 하지만 다른 경우 인간은 사람과의 관계와 소통으로 인해 스트레스를 받기도 한다. 사람이 가지고 있는 스트레스 중 약 80%가 인간관계에서 비롯된다는 일본 후생노동성의 연구결과를 통해 알 수 있듯이 인간관계는 심리적 갈등과 고통의 근원이 되기도 한다. 그러나 인간관계에 대한 올바른 이해를 토대로 바람직한 인간관계를 유지하면 인간관계는 만족과 행복의 근원이 될 수도 있다. 한편 최근 우리 사회에서는 집에 머물며 바깥 활동을 거의 하지 않는, 즉 사회적 존재로서의 의미를 잃어가는 사람들이 늘고 있다. 이들을 은둔형 외톨이(히키코모리)라고 하는데, 이들이 은둔하게 된 주요 계기를 살펴보면 '우울증 등 정신적 어려움(43.4%)'이 가장 많았고 '인간관계가 잘 되지 않아서(14.2%)', '학업중단이나 진학실패(14.2%)', '취업이 잘 되지 않아서(13.3%)'순으로 나타났다(윤철경, 2020).

참고자료 **은둔형 외톨이(히키코모리)**

사회생활을 거부하고 장기간 집안에만 틀어박혀 있는 사람이나 그 상태를 은둔형 외톨이라고 일컫는다. 1970년대부터 일본 사회에 나타나기 시작했으며 1990년대 초부터 심각한 사회적 증상으로 발전했다. 2005년 정신과 의사이자 쓰쿠바 대학의 사회정신 보건학 교수인 사이토 타마키에 의해 처음 이 용어가 사용되었다. 한국과 일본의 '은둔형 외톨이' 추정 인구를 살펴보면 일본은 2015년 실태조사에서 15~39세 히키코모리를 약 54만 1,000명(인구 대비 발생률 1.57%)으로 파악했고 한국은 2019년 실태조사에서 19~39세 은둔형 외톨이가 13만 1,610명(인구 대비 발생률 0.9%)으로 파악되었다. 영국은 이러한 은둔형 외톨이(히키코모리) 문제를 국가가 나서서 대처해야 할 사회문제로 보고 2018년에 고독부(Ministry for Loneliness)를 설치하였으며, 일본에서는 나날이 증가하는 히키코모리 문제를 해결하기 위해 1,400여 개의 히키코모리 지원센터를 설치 및 운영하고 있다.

출처 : 동아일보(2021. 10. 9); 일요신문(2021. 5. 23); 황순길 외(2005).

2) 인간관계의 의미와 중요성

'인간관계'는 좁은 의미로 둘 이상의 사람이 빚어내는 개인적이고 정서적인 관계를 뜻하고, 넓은 의미로는 한 사람의 관심과 이해가 다른 사람과 겹치거나 대립되거나 공유되는 모든 인간의 삶과 관련된 제반 문제를 뜻한다(이영실 외, 2001). 인간은 이러한 인간관계를 통해서 인간다운 삶을 영위한다. 인간은 태어나면서부터 떼려야 뗄 수 없는 관계를 가지게 되고, 성장하는 과정 속에서 많은 사람들과 다양한 관계를 가지게 된다. 따라서 인간관계의 중요성을 인식하는 것은 인간다운 삶을 영위하는 데 있어 매우 중요하다(유영달 외, 2013). 또한 인간관계는 개인의 인격과 개성을 형성하는 중요한 환경을 제공하면서 개인의 삶의 질과 행복을 결정하는 중요한 요소가 된다. 특히 긍정적인 인간관계는 개인의 자아실현에 필수적인 요소가 되며 인간관계는 한 개인의 행복과 자아실현을 넘어 사회의 건전한 문화창달과 사회적, 정치적 안전에도 기여한다(김종운 · 박성실, 2011).

(아말라와 카말라)

|사진 설명| 1920년 인도의 콜카타 근처 마을에서 늑대 무리와 함께 있는 2명의 여자아이가 발견되었다. 이들은 늑대처럼 네발로 걷고 뛰었으며, 으르렁거리고 울부짖었다. 음식을 먹을 땐 냄새를 맡은 후 먹었으며, 고기나 우유만 먹었다. 인간과의 의사소통은 거의 불가능했다. 두 아이에게 사람들은 카말라와 아말라라는 이름을 붙여 주었다. 아말라는 발견된 지 1년 후에 죽었다. 반면에 카말라는 아말라보다 8년 정도 더 살았는데, 그동안 사람들의 행동 방식을 익혔다. 9년의 사회화 결과, 카말라는 30개 정도의 단어와 어휘를 알게 되었으며 다른 아이들과 어울리기도 하였다.

(태국 광고 'Unsung Hero', 2014)

|광고 설명| 한 청년의 소소한 나눔과 친절이 주위 사람들에게 행복과 웃음을 주고 미래의 꿈까지 꾸게 한다는 스토리의 태국 광고(Unsung Hero, 이름 없는 영웅)로 개인주의와 집단이기주의가 만연한 현대사회에서 진정한 의미의 행복한 삶을 돌아보게 한다. 또한 이 광고는 무엇을 바라고 행하는 사람보다는 바라는 것 없이 선을 행하는(Believe in good) 사람이 이 시대의 진정한 영웅이며 이러한 사람들은 자신뿐만 아니라 타인의 삶도 변화시킬 수 있는 힘이 있음을 보여준다.

3) 인간관계의 발달과정

인간관계의 형성은 처음 인간 대 인간으로서의 만남으로 시작된다. 하지만 이에 앞서 우선 자신이 어떤 사람인지부터 아는 것이 중요하다. 나를 안다는 것은 나의 신체감각, 생각, 감정, 욕구, 행동패턴, 내면의 미해결 과제들을 잘 아는 것이며 이것들을 잘 아는 사람이 온전한 인간관계를 이룰 수 있고 선명하고 생생한 삶을 살 수 있다(박대령, 2011). 인간은 자아실현을 위해 다른 사람을 만나야 하며 어떠한 조건도 내걸지 않은 무조건적이고 진실한 인간 대 인간으로서의 만남이 되도록 노력해야 한다. 만남 이후에는 서로 간에 자기소개를 포함한 다양한 정보교환이 일어나게 되는데 이때의 정보교환은 객관적이면서도 거짓 없이, 정확하고 바람직한 형태로 이뤄져야 한다. 일단 이러한 좋은 정보교환이 이루어지면 관계가 유지되는데 각 개인의 주관적인 정보가 교환되는 과정에서 개성이 표출되고 갈등도 생기게 된다. 개인의 상호관계에서 갈등이 일어나면 이 갈등을 처리(회피, 제압, 타협, 다수의 원칙, 통합, 신뢰감 형성, 자유로운 표현, 일치감 형성)하는 단계로 들어가게 되는데 여기서 갈등을 원만히 해결하게 되면 인간관계는 더욱더 친밀하고 성숙한 인간관계로 나아갈 수 있다(유영달 외, 2013).

4) 다양한 인간관계 유형

인간관계는 특성에 따라 다양한 인간관계 유형이 존재하며 누구나 인생에서 이를 경험한다. 권석만(2015)은 다양한 인간관계 유형을 크게 다섯 가지 기준으로 구분하여 제시하였는데 그 내용을 살펴보면 다음과 같다.

첫째는 일차적 관계와 이차적 관계이다. 일차적 관계는 관계형성의 요인이 일차적이고 근원적인 관계로 본인의 선택이나 의사에 상관없이 부여되고 평생탈퇴가 불가한 특징이 있다. 구체적으로는 생물학적 친인척 관계로 형성된 혈연관계, 태어나거나 살고 있는 지역을 통해 형성된 지연관계 또는 출신학교가 같음으로 형성된

학연관계가 여기에 해당된다. 이차적 관계는 선택적 자유의사로 형성하는 관계로 직장동료, 애인, 친구, 친목단체의 구성원 등이 여기에 해당한다.

둘째는 수직적 관계와 수평적 관계이다. 우리는 삶을 살면서 수직적 관계와 수평적 관계를 동시에 경험하게 된다. 수직적 관계는 나이나 지위, 권한 등에서 상하관계에 있는 인간관계로 부모–자녀 관계, 스승–제자 관계, 선배–후배 관계, 상사–부하 관계가 여기에 해당한다. 수평적 관계는 구성원이 서로 동등하고 평등한 관계로 교우관계, 연인관계, 부부관계, 직장동료 관계가 여기에 해당한다.

셋째는 우호적 관계와 적대적 관계이다. 우호적 관계는 서로에 대해서 우호적인 호감을 가지고 서로를 도우며 공동의 목표를 향해 함께 일하는 협동적인 상호작용이 일어나는 관계를 말한다. 또한 적대적 관계는 서로를 적이나 경쟁상대로 인식하여 적대감정을 가지고 상대가 하는 일을 방해하거나 비협조적인 태도로 일관하는 관계를 의미한다. 2014년 동명의 웹툰을 원작으로 제작된 '미생'이라는 드라마가 사회적으로 큰 반향을 일으켰는데 드라마에서 인턴사원인 주인공 장그래(임시완)에게 우호적 관계를 보이는 인물도 있었지만 적대적 관계를 보이는 인물도 있었다. 우리가 사는 실제 삶에서도 드라마의 모습처럼 인간관계 속에서 우호적 관계와 적대적 관계가 형성될 수 있는데 되도록 적대적 관계보다는 우호적 관계를 형성하도록 노력을 해야 한다. 하지만 피치 못할 상황으로 다른 사람과 적대적 관계를 가지게 되었을 때는 관계 속에서 적절하게 대처하고 소통하여 적대적 관계를 우호적 관계로 전환하도록 노력해야 한다. '미생'에서도 주인공 장그래(임시완)가 한석율(김요한)과 적대적 관계에서 우호적 관계로 개선되는 장면이 나오는데 이는 장그래가 현장을 중시하게 된 한석율의 상처에 공감하고 동조하며 마음을 움직인 덕분이었다.

넷째는 애정 중심적 관계와 업무 중심적 관계이다. 애정 중심적 관계는 시작하고 유지하는 목적이 사랑과 관련이 있는 관계이다. 비공식적인 연인관계나 부부관계가 여기에 해당한다. 또한 업무 중심적 인간관계는 어떤 과업의 수행을 위해 맺어진 공식적인 인간관계로 직장의 동료관계, 상사–부하 관계가 여기에 해당한다.

결과적으로 사람은 하루의 삶 속에서 공식적, 비공식적 영역에서 인간관계를 가지게 되는데 이 두 가지 인간관계가 적절하게 균형을 이루도록 노력해야 한다.

다섯째는 미국 사회 심리학자 마거릿 클라크(M. S. Clark)가 구분한 공유적 관계와 교환적 관계이다. 공유적 관계는 상대와의 만족스러운 친교의 경험을 공유하기 위한 관계이다. 하나라는 일체감을 경험하며 관계를 맺고 있는 구성원이 서로의 행복이나 불행과 같은 상대방의 내면적인 주관적 경험에 주목하고 상호의존적이며, 강한 친밀감을 느끼는 관계이다. 그리고 교환적 관계는 개인주의와 자본주의가 팽배한 사회에서 흔히 볼 수 있는 인간관계로 서로 필요한 것을 주고받는 거래적이고 교환적인 관계를 의미한다(Clark, 1985). 이러한 관계에서는 호혜성의 원칙, 형평성의 원칙이 존재하는데 거래와 교환의 공정성을 매우 중요하게 여긴다. 즉, 이득과 손실의 균형을 무엇보다 중요하게 여긴다. 일례로 개인적인 관계에서 친구에게 무언가를 주거나 또는 받았는데 친구가 주지 않거나 받지 않은 것이 계속 마음에 걸린다면 이러한 관계는 공유적 관계보다는 교환적 관계에 더 가깝다고 볼 수 있다. 대부분의 인간관계는 형평성의 원칙에 얽매이는 교환적 관계에서 시작하는데 진심으로 상대방을 대하려는 의식적인 노력으로 공유적 관계로 확장되지 못할 때 인간관계의 어려움을 경험할 수 있다.

5) 자신에 대한 이해

인간은 사회적 존재로 누군가와 관계를 맺으며 살아가고 그러한 관계 속에서 자신을 확인하고 재정립해 나간다. 자신의 의지와 상관없이 태어나 처음 본 사람들과 가족이라는 관계를 맺고 성장하는 과정에 학교에서 낯선 사람들과 새로운 관계를 만들어 간다. 그리고 직장에서는 자신의 꿈과 이상을 이루기 위해 타인들과 경쟁하거나 조화를 이룬다.

사람은 누구나 한 번쯤 "나는 누구인가?"라는 물음을 스스로에게 물어본 적이 있을 것이다. 인류의 문화가 생겨난 이래 많은 철학자들이 이에 대한 답을 찾는 과정에서 심오한 이론을 만들었고 현대를 살아가는 지금의 우리도 여전히 스스로에 대한 정체성에 대해 끊임없이 묻고 또 묻는다. '나는 누구일까?', '나는 내 가족에게 어떤 존재일까?', '나는 직장에서 어떤 존재일까?', '나는 이 사회에서 어떤 존재일까?' '자아정체감'은 다른 사람과 관계를 맺으며 가지게 되는 '나는 누구인가'에 대한 해답으로 현재의 삶 속에서 자신의 위치, 능력, 역할, 책임 그리고 삶의 중심이 되는 가치와 목표에 대한 분명한 자기인식을 말한다(임혜경 외, 2014). 에릭슨(E. H. Erikson)은 이러한 자아정체감의 중요성을 강조하고 자아의 성장을 중심으로 심리사회적 발달이론을 제시하였다. 그는 인생의 단계마다 성취해야 할 과업이 있으며 그 과업을 성취할 때 궁극적으로 자아정체감의 발달로 이어진다고 주장하였다.

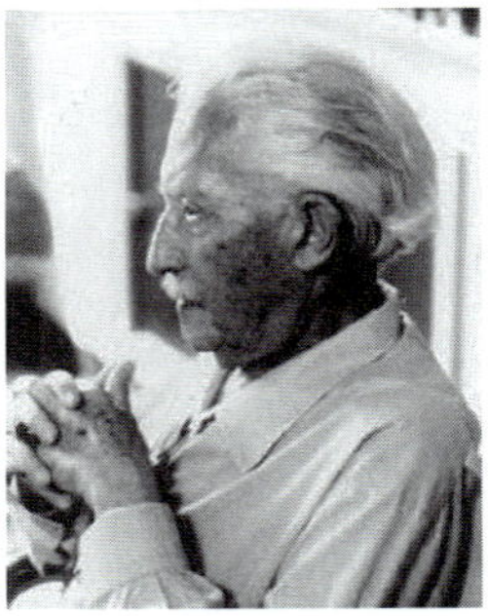
Eric H. Erikson(1902~1994)

참고자료 **에릭슨의 심리사회적 발달 단계**

에릭슨의 심리사회적 발달 이론은 모든 유기체는 특정한 목적을 가지고 태어났고, 성공적으로 발달하면 이 목적을 완수한다고 보았다. 에릭슨은 부모와의 경험 외에 넓은 사회적 경험들, 즉 가족 외의 사람들과 맺는 인간관계의 경험들도 자아정체감 발달에 중요한 영향을 미친다고 보았다.

단계	시기	발달과업	주요관계
1	영아기	신뢰 대 불신	어머니
2	걸음마기	자율성 대 수치심	부모와의 관계
3	학령전기	주도성 대 죄책감	가족
4	학령기	근면성 대 열등감	이웃과 학교
5	청소년기	정체성 대 혼란	또래집단
6	청년기	친밀 대 고립	우정, 애정, 경쟁, 협동대상들
7	중·장년기	생산성 대 침체	직장, 확대가족
8	노년기	자아통합 대 절망	인류, 동족

출처 : 김동배·권중돈(1998) 일부 수정.

William James(1842~1910)

인간관계는 자신에 대한 이해로부터 시작된다. '자기(self)'는 생각, 감정 등을 통해 외부와 접촉하는 행동의 주체로서의 '나 자신'을 의미하는데 이 개념은 미국의 심리학자인 윌리엄 제임스(W. James)가 1890년에 출간한 『심리학의 원리(Principle of Psychology)』에서 최초로 규정되었다(김종운 · 박성실, 2011). 그는 자기를 신체적 특성과 소유물에 대한 인식(외모나 체격 및 재산 등)을 의미하는 '물질적 자기(material self)', 심리적 특성에 대한 인식(성격, 능력, 적성, 인간관, 세계관, 영성 등)을 의미하는 '심리적 자기(psychic self)', 가족관계, 친구관계, 이성관계 그리고 동료관계 등과 같은 대인관계 속에서 주어지는 나의 위치와 평가를 의미하는 '사회적 자기(social self)' 등 자기개념을 세 가지 구성요소로 구분하였다. 이러한 자기개념(self-concept)은 자아존중감의 기초가 되며, 대인관계에 중요한 영향을 미치기 때문에 매우 중요하다. 그 이유는 자신에 대한 평가가 긍정적일 경우에는 자아존중감이 높아지고 자신에 대해 만족하게 되지만, 부정적일 경우에는 자아존중감이 낮아지며 자신에게 실망하게 되기 때문이다.

윌리엄 제임스(William James)의 명언

The greatest discovery of my generation is that human beings can alter their lives by altering their attitudes of mind

"우리 세대의 가장 위대한 발견은 인간은 내면의 태도를 변화시킴으로써 삶을 변화시킬 수 있다는 것이다."

Activity 1-1 자신에 대해 알아가기

※ 다음의 질문에 대한 답변을 통해 자신에 대해 깊이 알아봅시다.

1. 최근에 가장 후회된 결정은 무엇인가요?

2. 최근에 오직 나만을 위해 결정한 것은 무엇인가요?

3. 최근에 내가 가장 행복했을 때는 어떤 상황이었나요?

4. 최근에 내 마음이 가장 불편했을 때는 어떤 상황이었나요?

5. 최근에 나에게 평온함을 주기 위해 했던 행동은 무엇인가요?

6. 최근에 내 의지와 다르게 했던 행동 중 내가 가장 싫어하는 행동은 어떤 것인가요?

7. 최근에 나에게 주어진 역할 중 가장 불편함을 주는 역할은 어떤 역할인가요?

8. 나에게 하루의 시간이 주어진다면 어디에 가서 무엇을 하고 싶은가요?

9. 나에게 하나의 선물을 준다면 어떤 선물을 주고 싶은가요?

10. 나에게 단 하나의 기회를 준다면 어떤 기회를 주고 싶은가요?

출처 : 양용훈(2016) 일부 수정.

2 인간관계를 잘 맺는 방법

인간은 개인과의 관계이든, 집단과의 관계이든 누군가와 다양한 관계를 맺으며 살아간다. 다양한 인간관계에서 얼마나 친밀한 인간관계를 형성하는지는 매우 중요하다. 왜냐하면 친밀한 관계는 상호 간의 애정과 신뢰가 전제되기에 공감이 가능하고 인격이 상호 긍정할 수 있는 수용적 분위기를 형성할 수 있기 때문이다. 또한 친밀한 관계는 두 사람을 인간으로서 충분히 성장하게 도움을 제공한다. 하지만 건전한 친밀성과 성장에 대한 경험은 우리가 원하는 만큼 자주 발생하지 않는 것이 현실이다. 그 이유는 인간관계라는 것이 상호적이기 때문에 나에게 또는 상대방에게 그 원인이 있을 수 있기 때문이다. 또한 대부분의 친밀한 인간관계는 결코 극단적인 탐닉관계도 원숙한 애정관계도 아닌 두 가지 관계의 특성이 결합되어 나타난다. 따라서 이러한 점들을 유념하고 상대방과 함께 친밀한 인간관계 형성을 위해 노력할 필요가 있다. 이에 이 절에서는 친밀한 인간관계를 형성하는 방법과 필요한 기술에 대해 자세히 살펴보도록 한다(유수현 외, 2009).

1) 친밀한 인간관계 형성법

(1) 갈등 직면하여 해결하기

'직면'이라는 것은 회피하지 않고 내 앞에 놓인 상황에서 직접적으로 이야기하여 해결하는 것을 의미한다. 인간관계 속에서 견해 차이나 갈등은 불가피하다. 다만 견해 차이나 갈등이 발생 시 어떻게 대처하는지가 매우 중요하다. 하지만 내성적인 성격을 가진 사람은 대체로 이러한 상황을 회피하고 싶어한다. 그 이유는 갈등에 대해 직면할 경우 상황이 더 악화될 수 있다는 우려 때문이다. 물론 자기주장과 욕구를 계속해서 고집하는 경우 갈등은 더 심화될 수 있다. 하지만 상대방의 입장을 진지하게 고려하고 상대방의 인격을 존중하는 마음으로 견해 차이나 갈등상황을 이야기한다면 단순히 갈등을 회피하거나, 상대방에게 갈등의 원인이 있다고 탓하거나, 갈등상황에서 자기중심적으로 생각하게끔 설득하려는 것보다 더 나은 방향으로 상황이 전개될 것이다. 내가 맺고 있는 인간관계에서 견해 차이나 갈등이 발생했을 때 관계가 계속 유지 및 성장하려면 상대방과 함께 이야기하면서 건설적으로 현재 상황을 해결하려고 노력해야 한다.

(2) 상호 함께 변화하기

보통 사람은 자신이 원하는 방향으로 상대방을 변화시키기를 원하거나 또는 그렇게 의도적으로 조정하는 경우가 많다. 부부의 결혼생활을 예로 살펴보면 알다시피 결혼은 서로 성격이 다르고 서로 다른 가정환경에서 자라온 두 사람이 하나의 가정을 함께 이루는 과정이다. 이러한 결혼생활에서 부부 중 한 사람이 상대방을 자신이 원하는 방향으로 변화시키기를 원하거나 조정하려고 하여 부부간에 불화가 많이 발생한다. 이때 좋은 경우에는 부부 중 한 사람이 상대방의 의견을 잘 따를 수 있겠지만 대체로 그러한 과정에서 부부간에 갈등이 심화될 수 있다. 그러므로 상대방을 의도적으로 조정하거나 내가 원하는 방향으로 맞추려 하기보다는 상대방에게 내가 원하는 것이 무엇이며 그 요구에 따라주면 좋겠다고 직접적으로 요구를 하는 것이 필요하다. 그러나 실제 부부의 결혼생활에서는 그렇게 요구했을 때 상대방이 거절할 것에 대한 두려움, 변화에 따른 갈등의 책임, 상대방이 추가된 의무에 대해 회피할 것이라는 생각 등의 이유로 그렇게 하지 못하는 경우가 많다. 하지만 친밀한 인간관계를 형성하려면 어떠한 인간관계에서든 변화의 필요성에 대한 상호 공감대를 형성하면서 함께 노력하고 변화할 때 친밀한 인간관계를 형성할 수 있다는 점을 항상 기억해야 한다.

(3) 상호 의존하기

어느 한쪽에서 일방적으로 의존하는 경우에는 관계에서 쏠림현상이 발생한다.

어느 수준까지는 개인이 감당할 수 있지만 수준을 넘어서는 경우에는 부담을 느낄 수 있다. 따라서 친밀한 관계형성을 위해서는 상호 의존하는 관계를 만들어야 한다. 과거 한때 유행했던 가요로 가수 김도완의 '남자도 때론 여자이고 싶다'라는 노래가 있다. 이 노래의 가사에는 '남자로서 사는 것이 힘들지만 그래도 남자이기 때문에 그 힘듦을 감당할 수 있다'라는 내용이 있다. 이와 같이 우리나라 대부분의 남자들은 힘듦에도 불구하고 남자이기 때문에 그것을 표현하지 않을뿐더러 이를 감수해야 한다고 믿는 경향이 있다. 그 결과, 힘듦을 이겨내기 위해 술이나 담배와 같은 것에 의존하거나 경우에 따라서는 지나친 부담감 및 스트레스로 병이 생기기도 한다. 따라서 무겁고 힘든 짐을 혼자만 감당하려고 하거나 상대의 변화와 성장만을 일방적으로 요구하거나 정서적 관계에만 치중하고 탐닉하는 것 대신 상대방에게 자신의 감정을 솔직히 표현하고 함께 변화, 성장할 수 있는 관계를 만들어 가야 한다.

(4) 상호 성장 촉진하기

원숙한 애정관계를 유지하는 사람들을 보면 인간관계를 통해 성장, 발전하려는 욕구가 있고 상대방의 참여와 변화를 적극적으로 환영하는 특징이 나타난다. 또한 이들은 함께 성취하면서 변화하는 과정을 통해 상호 관계를 더욱 친밀하고 발전적인 관계로 만들어 간다. 따라서 친밀한 인간관계를 형성하기 위해서는 서로를 받아들이고 성장하도록 상호 자극할 수 있는 관계로 나아가야 한다.

2) 친밀한 인간관계를 형성하는 데 필요한 기술

친밀한 인간관계를 형성하기 위해서는 여러 가지 대인기술이 필요하다. 손재석과 권성민(2012)은 친밀한 인간관계를 형성하는 데 필요한 대인기술을 9가지로 정리하여 제시하였는데 그 내용을 살펴보면 다음과 같다.

(1) 좋아하기

'상대방을 좋아한다'는 표현을 할 때 친밀한 인간관계가 형성되는데 이때 전제되는 것이 우호적인(호감 어린) 눈빛이다. 눈은 상대방에 대한 많은 정보를 수집(정보의 70%)하며 상대방을 이해하는 데 가장 중요한 역할을 하고 상대방에 대한 호감을 전달하는 방법이나 상대방의 마음을 사로잡는 도구로 사용된다. 보통 사람들은 호의적인 눈빛을 가진 사람, 즉 첫인상이 좋은 사람에 대해 친밀한 인간관계를 형성하는 데 부담감을 덜 가진다.

참고자료 **첫인상**

1. 첫인상, 인생을 좌우한다.

첫인상은 처음이자 마지막 인상이라는 말이 있다. 짧은 순간 결정되는 운명. 사람들은 잠시 스쳐 지나가는 순간에도 상대의 인상을 판단하려고 한다.

2. 첫인상은 어떻게 만들어질까?

미국 다트머스 대학교 심리와 뇌과학과의 왈렌(P. J. Whalen) 교수는 연구를 통해 인상 판단에 뇌의 편도체가 빠른 시간에 인상 형성 역할을 한다는 사실을 확인하였다. 우리의 두뇌는 짧은 시간에 본능적으로 상대방에 대한 호감이나 신뢰를 판단하게 된다는 사실을 연구 결과로 알 수 있다.

3. 무엇이 첫인상을 만드나?

많은 사람들이 상더방의 첫인상을 판단하는 기준으로 얼굴, 몸매, 표정을 제시하는데 더 나아가서 목소리도 상대방을 판단하는 기준 중 하나라고 이야기한다.

4. 첫인상, 얼마나 믿는가?

미국 프리스턴 대학교 심리학과 알렉산더 토도로프(A. Todorov) 교수의 실험 중 하나인 '정치인의 첫인상이 선거에 미치는 결과'에서 실험 참가자들에게 두 장의 사진을 보여주고 '누가 더 유능한가?'라는 답을 선택하게 한 결과 놀랍게도 상원의원 후보의 70%, 하원의원 후보의 68% 당선 적중률을 보여주었다. 이 결과는 사람들이 얼마나 인상을 통해 많은 것들을 그것도 짧은 시간에 판단하는지를 보여준다.

출처 : MBC 스페셜(2009. 1. 4). 첫인상.

(2) 호감의 마음을 말로 표현하기

인간이라는 존재는 상대방이 자신에게 가지고 있는 감정을 언어나 행동으로 표현하지 않으면 상대방이 자신에게 어떤 감정을 가지고 있는지 명확히 알 수 없다. 대표적인 예가 짝사랑(infatuation)인데 호감을 말로 표현하지 않으면 이는 혼자만의 호감으로 끝날 가능성이 크다. 따라서 자신의 마음을 상대방에게 적극적으로 표현(예 '차 한잔 함께 하실까요?', '오늘 저녁식사 어때요?')하는 것이 중요하다. 하지만 지나치지 않게 하고 간헐적으로 표현하기보다는 지속적으로 표현하며, 너무 급하게 표현하기보다는 단계적으로 표현하는 것이 필요하다. 구체적으로 첫 단계에서는 자신과 상대방의 공통의 관심사를 찾아 질문이나 대화를 함으로써 자연스럽게 관심을 표현하고, 두 번째 단계에서는 상대방에게 칭찬과 감사의 말을 자주 하며, 세 번째 단계에서는 자신의 호감을 부드럽고 정화된 표현으로 나타내는 것이 좋다.

(3) 적절한 스킨십

스위스 취리히 대학의 비아트 딧젠(B. Ditzen) 박사는 결혼을 앞둔 독일인 커플 51쌍을 대상으로 한 연구결과를 토대로 '연인의 잦은 스킨십은 스트레스 해소에 도움이 된다'고 발표를 하였다(Ditzen, 2008). 즉, 친밀한 관계 속에서의 스킨십은 피부를 통해 신체에 자극을 전달함으로써 자율 신경계를 안정시키고 스트레스 유발 호르몬(코르티솔, cortisol)의 분비를 억제하여 스트레스 해소에 도움이 될 수 있다. 한편 애완용 고슴도치는 자기와 시간을 많이 보내고 음식을 주는 주인의 냄새를 기억하여 주인이 자신을 만지려고 하면 가시를 가지런히 정돈하고 주인의 손에서 잠을 자기도 한다. 하지만 주인이 바빠 함께 시간을 가져주지 않으면 주인의 냄새를 잊어 가시를 세우고 경계할 수 있다고 한다. 이는 스킨십이 유대관계를 형성하는 데 중요한 역할을 한다는 사실을 확인시켜 준다(Davis, P., 한주연 역, 2013).

참고자료 **스킨십의 기적 : 캥거루 케어**

캥거루 케어는 1989년 콜롬비아 보고타에서 인큐베이터 부족을 해소할 방법으로 시행된 미숙아 케어법이다. 아기의 맨살과 엄마의 맨살을 밀착시켜 아기에게 안정감을 주어 정서 안정과 발달을 돕는 방법이다. 호주 시드니의 한 병원에서는 쌍둥이로 태어난 아기 중 1명이 사망선고를 받고 엄마 가슴 위에서 작별인사를 하던 중 기적적으로 되살아나기도 했다. 콜롬비아에서 시작되었지만 현재는 유럽, 미국 등 선진국에서 사용하고 있다. 아기를 품에 안고 있는 모습이 흡사 새끼를 일찍 낳아 주머니에서 기르는 캥거루의 케어법과 비슷하다고 하여 이처럼 불리게 되었다.

출처 : 에듀윌 상식연구소(2021).

(4) 함께하기

인간은 만남의 기회가 많아질수록 친숙해지며 상대방에 대한 호감도가 높아진다. 또한 함께하는 시간이 많아질수록 친밀해지는데 이를 심리학에서는 단순노출 효과(mere exposure effect) 또는 에펠탑 효과라고 한다. 이는 미국의 사회심리학자인 로버트 자이언스(Robert B. Zajonc)에 의해 이름 붙여졌는데 이러한 효과는 사람뿐만 아니라 광범위한 대상에 걸쳐 다양하게 적용된다.

참고자료 **에펠탑 효과**

1889년 3월 31일, 프랑스 파리에서는 프랑스대혁명 100주년을 기념하기 위해 에펠탑을 건립했는데 당시 파리의 예술가들과 시민들은 철골 구조물인 에펠탑이 천박하다고 생각하였다. 하지만 그로부터 130여 년이 지난 지금 에펠탑은 더 이상 천박한 흉물이 아니라 오히려 프랑스 사람들이 가장 자랑스럽게 생각하는 파리의 상징이 되었다. 파리 시민들의 인식이 왜 이렇게 달라졌을까? 그 이유는 에펠탑의 장대한 높이 때문에 그들은 좋든 싫든 눈만 뜨면 에펠탑을 봐야 했고 그로 인해 거부반응이 사라지게 된 것이다. 이는 인간이 얼마나 인상을 통해 많은 것들을 그것도 짧은 시간에 판단하는지를 보여준다.

출처 : 에듀윌 상식연구소(2021).

한편 덴마크어에 일상의 사소한 것들로부터 행복을 찾는다는 의미의 'Hygge(휘게)'라는 단어가 있다. '함께 휘게하기'를 하면, 즉 사랑하는 사람들과 함께 편안한 시간을 보내면 친밀한 관계를 형성하는 데 도움이 된다고 한다(Soderberg, M. T., 정여진 역, 2016). 왜냐하면 휘게는 사랑하는 사람들과 함께 시간을 보내는 데 마음을 쏟는 일이기 때문이다. 따라서 친밀한 관계를 형성하기 위해서는 상대방에게 관심을 가지고 자주 연락을 하며 함께 자연스러운 시간을 보내는 것이 무엇보다 필요하다.

(5) 내 마음을 보여주기

영국의 화가 윌리암 홀먼 헌트(W. H. Hunt) 작품 중에 '등불을 든 그리스도'라는 작품이 있다. 그 그림을 보면 문고리가 없다. 문고리가 없다는 것의 의미는 상대방이 문을 열어줘야 들어갈 수 있다는 것이다. 인간관계에서도 상대방이 마음을 보여주어야 들어갈 수 있다. 하지만 내성적인 사람은 보통 자신의 감정을 적극적으로 표현하지 못하고 감추고 후회한다. 따라서 상대방이 알 수 있게끔 자신의 마음을 표현, 전달하려고 노력하여야 한다.

William Holman Hunt(1827~1910)

등불을 든 그리스도

(6) 경청하기

여기서의 경청은 단순히 들음을 의미하는 것이 아니라 내용에 대한 배경과 원인 및 근저에 깔린 마음까지 파악하는 '맥락적 경청'을 의미한다. 이러한 경청을 하기 위해서는 먼저 상대방이 대화 중에 한 말이 무슨 말인지를 잘 알아들을 수 있는 집중력을 키워야 한다. 이를 위해서는 경청에 필요한 몇 가지 기술을 배워야 하는데 간단히 팁을 제시하건 상대를 향하여 자세를 기울이고, 맥락에 적절한 표정을 지으며, 수시로 눈 맞춤하고, 몸으로 반응하며, 경우에 따라서는 '아 그렇구나~'와 같은 추임새를 넣어주면 상대방에게 '내 이야기를 잘 듣고 있구나. 나에게 잘 공감해 주고 있구나'라는 인식을 심어줄 수 있다. 그리고 경청을 할 때 유의할 점은 고정관념이나 편견을 가져서는 안 된다는 것이다. 상대방이 어떨 것이라는 고정관념과 편견을 가지게 되면 경청함에 있어 가치중립적인 태도가 반영되지 않고 자신의 주관적인 태도가 반영된다. 그러한 경우에는 오해를 낳을 수 있고 잘못 이해할 수도 있다. 또한 같은 내용을 듣고도 서로 다르게 해석할 수도 있다.

일본광고협회의 공익광고 CF를 가지고 고정관념과 편견에 대해 살펴보도록 하자. 학교 수업 중 다음속에 생각나는 것을 그려보라는 선생님의 말씀에 한 아이는 다른 아이들과 달리 검은색 크레파스로 도화지를 채우고 집에 와서도 계속적으로 도화지를 채워나간다. 부모님은 이러한 아이에게 문제가 있는 게 아닌가 염려하여 병원에 의뢰하는데 아이는 병원에서도 계속적으로 검은색 크레파스로 도화지를 채워나간다. 결국 아이는 병원에 입원하게 되는데 입원 중에도 아이는 계속 그림을 그려나간다. 며칠이 지나 선생님이 우연히 아이의 책상 서랍에서 퍼즐을 발견하고 비슷한 시간 병원에서도 간호사가 모든 도화지가 검은색으로 채워진 것이 아니라 여백이 있는 도화지도 있는 것을 발견한다. 그리고 지금까지 그린 것을 조합하며 맞추기 시작하는데 그 시각 아이가 드디어 칠하기를 멈춘다. 선생님, 부모님, 병원 관계자들이 모두 모여 지금까지 색칠한 도화지를 조합하여 보니 결과적으로 그 그림은 큰 고래였다. 문제의 시각이나 편견으로 보면 아이의 행동이 일반 아이들과 달라 문제가 있는 것처럼 보이지만 긍정적인 시각에서 아이를 보면 아이는 일반 아이들과 달리 잠재력이 매우 뛰어난 아이였던 것이다. 따라서 우리는 고정관념과 편견을 가지고 사람을 바라보지 말아야 하며 눈에 보여지는 사실이 전부가 아닐 수 있음(We can't judge a book by its cover)을 기억할 필요가 있다.

다음으로 로빈 윌리엄스(Robin Williams)가 주인공으로 나오는 '패치 아담스(1999)'라는 영화를 통해 잘못된 경청에 대해 살펴보도록 하자. 정신병원에 입원한 아담스가 의사와 상담을 하면서 자신의 숨은 이야기를 하는데, 상담을 하는 정신과 의사는 아담스와 눈을 마주치지 않고 상담을 하며 상담내용을 종이에 계속 적기만 한다. 그러다가 커피를 타서 마시기 시작하는데 마시다가 입맛에 맞지 않으니 여러 번 시럽을 다시 넣고 시음한다. 그러다가 아담스가 이야기한 내용을 놓치고 아담스의 의견도 묻지 않으며 일방적으로 상담을 마친다. 만약 우리가 아담스라면 매우 기분이 언짢았을 것이다. 결국 이 두 영상을 통해 알 수 있는 것은 친밀한 관계를 형성하기 위해서는 고정관념과 편견을 가지지 말아야 하며 상대방의 마음과 감정 및 의도를 파악하기 위해 상대방의 이야기를 잘 경청해야 한다는 사실이다.

영화 '패치 아담스(1999)'

|영화 설명| 자살 시도 때문에 정신병원에 입원한 아담스는 웃음으로 환자들을 치료할 수 있다는 사실을 깨닫고 자신의 평생을 바쳐 환자들에게 공헌하기로 마음먹는다. 의학도의 길을 걸으며 정통성을 추구하는 현대 의학계의 기득권층에 맞서 사람들과 소통하면서 치료하는 것의 중요성을 알린다. 이 영화는 실존 인물 패치 아담스의 이야기를 영화화한 것으로 그는 의료계의 우월주의를 부정하고 '의사의 자격은 무엇인가?', '치료란 무엇인가?'에 대해 기존 체계가 정한 정의를 거부하고 자신이 생각하는 의사로서의 사명을 다한다.
영화 속에서 패치 아담스가 법정에서 이야기한 '죽음을 막는 것만이 아니라, 환자들의 삶의 질을 높이는 것 또한 의사의 사명이다'라는 대사는 사람을 대하는 태도에 있어 우리에게 시사하는 바가 크다.

(7) 공감하기

공감이라는 용어는 1872년 로베르트 피셔가 미학에서 사용한 '감정이입'에서 유래하였는데(Rifkin, J., 이경남 역, 2010) 저자는 이 공감을 칼 로저스의 말을 빌려 학생들에게 '다른 사람의 신을 신고 그 사람의 눈으로 세상을 바라보는 것이다'라고 설명한다. 우리가 만약 옆에 있는 사람의 신발을 신는다고 하면 아마도 불편하고 어색함을 느낄 것이다. 그리고 내가 눈이 있는데도 불구하고 자신의 눈을 감고 상대방의 눈으로 상대방이 어떤 상황에 처해있고 그 상황에서 어떤 느낌을 받는지를 살펴본다면 비록 정도는 약해도 그와 어느 정도 같은 사람이 되고 그와 비슷한 감각을 형성할 수 있을 것이다. '공감'의 사전적 의미는 상대방의 경험, 정서 상태, 생각 등을 상대방의 관점과 입장에서 이해하고 느끼는 감정적 공유상태를 의미한다. 그리고 학문적으로는 상대방의 입장에서 생각하고 클라이언트의 감정을 수용하고 받아들이는 자세를 의미한다(송종원, 2015). 이러한 '공감(empathy)'은 누군가에 대한 감정을 느끼는 것을 의미하는 '동정(pity)'과 누군가와 똑같이 감정을 느끼는 것을 의미하는 '동감(sympathy)'과는 다른 의미이지만(양옥경 외, 2005) 다른 사람의 세계를 바로 그 사람의 기준으로 이해하고 있음을 보여주는 것을 의미하는 '인정(recognition)'과 유사한 의미이다(Barsky, A. E., 한인영 · 이용하 역, 2005).

그럼 또 다른 영화 속 장면을 통해 적절한 공감이 무엇인지 살펴보도록 하자. 맷 데이먼(Matt Daman, 윌 헌팅)과 로빈 윌리엄스(Robin Williams, 숀)가 주인공으로 등장하는 '굿 윌 헌팅(1998)'이라는 영화에서 숀은 불우한 환경에서 자라온 수학천재인 윌 헌팅을 상담하게 되는데 거칠기만 하던 윌 헌팅이 시간을 함께 보낼수록 상처를 위로받으면서 조금씩 변화하기 시작한다. 마지막 상담장면 중 둘의 대화 속에서 가장 많이 사용된 표현이 진심 어린 마음으로 공감하며 이야기한 '네 잘못이 아냐(It's not your fault)'라는 대사이다. 처음에는 '저도 알아요(I know)'라고 건성으로 받아들이나 정말 진심 어린 마음으로 숀이 이 대사를 반복하자 윌 헌팅이 마음속으로 진정한 의미의 공감을 느끼고 흐느끼면서 감정의 정화(catharsis)를 이루는 것을 보게 한다.

영화 '굿 윌 헌팅(1998)'

|영화 설명| 천재적인 두뇌를 가졌으나 자포자기의 삶을 살던 청년이 한 심리학 교수와의 만남을 통해 변모되어 가는 과정을 그린 영화로 천재적인 두뇌를 갖고 있는 청년 윌 헌팅(맷 데이먼, Matt Daman)은 보스턴의 빈민가에 거주하면서 매사추세츠 공과대학(MIT)에서 청소부로 일한다. 그러던 중 그의 천재성을 발견한 램보 교수의 강권으로 심리학 교수 숀 맥과이어(로빈 윌리엄스, Robin Williams)와 주기적으로 상담을 하게 된다. 숀은 양아버지의 학대와 빈곤 속에서 마음의 문을 닫아 버린 윌을 관찰하면서 거칠고 반항적인 외면에 둘러싸인 상처받기 쉬운 여린 마음을 알아챈다. 윌에게 깊은 애정을 느낀 숀은 자신의 상처까지 내보이며 윌에게 살아가는 데 필요한 지혜를 가르쳐 준다. 이 영화는 심리적 상처와 정신적 좌절을 치유하고 사회 속에서 살아나가려는 '긍정적인 의지력 추구와 탐색(good will hunting)'에 대한 이야기를 잘 표현하고 있다.

(8) 상대와 보조 맞추기

친밀한 인간관계를 형성하려면 상대를 인정해야 한다. 상대가 어떤 조건과 어떤 모습을 가지고 있든지 간에 그대로 존중해야 한다. 만약에 상대방을 인정하거나 존중하지 않고 내 입장에서 계속적으로 주장한다면 그 관계는 오래 유지하기 어렵다. 만약 저자가 독자들에게 "좋아하는 과일이 무엇이냐?"라고 묻는다면 여러분들은 저마다 여러분이 좋아하는 과일을 이야기할 것이다. 저자가 특정 과일을 가지고 "이 과일이 이 세상에서 가장 맛있는 과일이다"라고 이야기한다면 여러분들 중 상당수는 동의하지 않을 수도 있다. 왜냐하면 사람들이 모두 똑같은 과일을 선호할 수는 없기 때문이다. 사람들은 저마다 선호하는 것이 다르고 자라온 환경에 따라 나름의 개성과 고유한 특성을 가지고 있다. 그러므로 이러한 개성과 특성을 인정해 주어야 한다. 만약 여러분이 상대방과 보조를 맞추고 있지 못하다는 사실을 깨닫는다면 즉시 발걸음을 멈춰야 한다. 그 이유는 상대와 보조를 맞출 수 있을 때 친밀한 인간관계를 유지할 수 있기 때문이다.

(9) 다름을 인정하기

외모, 자라온 환경, 성격 등 서로의 차이를 인정하고 좁혀가며 상호 간의 이해를 넓혀가는 것이 필요하다. 이를 위해 우선 갈등의 필연성, 즉 갈등이 어쩔 수 없이 생길 수밖에 없음을 인정하고 서로 간의 차이에서 좋은 점을 찾아보며 그 차이점을 구체적으로 찾아보고 이를 '좋고 나쁘다'의 흑백논리로 판단하지 않아야 한다. 또한 상대방이 바라는 바가 무엇인지 함께 이야기 나눠보고 공통점을 찾아서 감정을 표현하는 것이 도움이 된다.

<동일사고 목격>

<서로 다른 생각>

Activity 1-2

인간관계 자가점검

※ 다음은 자신의 인간관계에 대해서 어떻게 느끼고 있는지를 알아보기 위한 질문들입니다. 각 문항을 읽고 자신이 얼마나 자주 그와 같이 느끼는지 ✔표 하세요.

내 용	거의 그렇지 않다	가끔 그렇다	종종 그렇다	자주 그렇다
1. 나에겐 친한 친구가 없다고 느껴진다.	0	1	2	3
2. 다른 사람을 믿는 것이 두렵다.	0	1	2	3
3. 나에게 이성친구가 없다고 느껴진다.	0	1	2	3
4. 내 고민을 이야기하면 가까운 사람들이 부담스럽게 느낀다.	0	1	2	3
5. 나는 다른 사람에게 필요하지도 중요하지도 않은 사람이라고 느껴진다.	0	1	2	3
6. 나는 누구와도 개인적인 생각을 나누기 어렵다고 느껴진다.	0	1	2	3
7. 나는 다른 사람들로부터 이해받지 못하고 있다고 느껴진다.	0	1	2	3
8. 나는 다른 사람에게 다가가는 것이 편안하지 않다.	0	1	2	3
9. 나는 외로움이 느껴진다.	0	1	2	3
10. 나는 어떤 친목집단이나 조직에서도 소속감을 느낄 수 있다.	3	2	1	0
11. 나는 오늘 다른 사람과 교류를 가졌다는 느낌이 들지 않는다.	0	1	2	3
12. 나는 다른 사람에게 할 말이 별로 없다고 느껴진다.	0	1	2	3
13. 나는 다른 사람과 함께 있으면 평소의 내 모습과 달라지는 것 같다.	3	2	1	0
14. 나는 다른 사람 앞에서 당황할까 봐 두려워한다.	0	1	2	3
15. 나는 재미있는 사람이 아니라고 생각한다.	0	1	2	3

※ 자가진단의 채점 및 해석

점수를 합산한 후 총점의 점수대에 따라 다음과 같이 해석한다.

- 0~10점 : 고독감을 거의 느끼지 않고 있다.
- 11~20점 : 보통 사람들이 느끼는 평균적인 수준의 고독감을 느끼고 있다.
- 21~28점 : 보통 사람들보다 높은 수준의 고독감을 느끼고 있다.
- 29점 이상 : 상당히 높은 고독감을 느끼고 있다.

출처 : 최세영 외(2017).

Activity 1-3 자신의 인간관계 돌아보기

※ 다음의 질문에 대한 답변을 통해 자신의 인간관계를 돌아봅시다.

1. 당신은 바람직한 인간관계를 맺고 있나요?

2. 당신은 인간관계에서 어떤 장점과 단점을 가지고 있나요?

3. 당신이 생각하기에 인간관계가 좋은 사람과 나쁜 사람은 어떤 특징이 있다고 생각하나요?

1) 인간관계가 좋은 사람의 특징

-
-
-
-
-
-

2) 인간관계가 나쁜 사람의 특징

-
-
-
-
-
-

MEMO

CHAPTER 02

인간관계와 정신건강

이 장에서는 인간관계에 영향을 미치는 성격과 스트레스 및 의사소통에 대해 전반적으로 살펴보도록 한다. 1절에서는 성격의 개념, 성격의 특징, 성격의 유형, 성격의 결정요인, 스트레스의 개념, 스트레스의 종류, 스트레스와 인간관계에 대해 살펴보고 2절에서는 의사소통의 개념, 의사소통의 구성요소, 의사소통의 유형, 역기능적 의사소통의 유형에 대해 살펴보도록 한다.

학습목표

1. 성격, 스트레스와 인간관계의 관련성을 이해한다.
2. 의사소통과 인간관계의 관련성을 이해한다.

1 성격, 스트레스와 인간관계

1) 성격의 개념

'성격(personality)'은 시간이 지나고 상황이 달라지더라도 개인의 특징적인 행동 패턴에 영향을 주는 심리적 특성으로 정의되며(Gerrig, R. J., 이종한 외 공역, 2013), 희랍어 페르소나(persona)에서 유래하였다(이현주 외, 2014). 이 페르소나는 '가면'을 일컫는 말로 '외적 인격', '가면을 쓴 인격'을 뜻한다. 즉, 페르소나는 성격이 겉으로 드러나는 특성이 있음을 생각해 볼 수 있다. 동양에서는 내적인 성품과 외적으로 격식을 차리고 있다는 의미로 성격을 이야기하는데 이는 성격이 내적 요인과 외적 요인으로 구성되어 있음을 보여준다. 그러므로 성격은 잠재되어 있던 성질이 밖으로 표출되어 있는 것이라고 할 수 있다.

2) 성격의 특징

다음으로 성격의 특징을 살펴보면 첫째, 성격은 개별 낱낱의 특징들을 단순히 모아놓은 것이 아니라 하나의 조직(organization)을 이룬 것으로 다양한 특성을 드러낸다. 둘째, 성격은 타고난 유전적 속성을 가지기도 하지만 개인이 처한 환경 속에서 개인이 어떻게 대처하고 행동하느냐에 따라 성격이 형성되기도 한다. 즉, 개인이 처한 환경에서 적극적이고 능동적인 과정으로 형성되기도 한다. 셋째, 성격은 심리적인 개념이지만 생리적 측면과 긴밀히 연결되어 있기도 하다. 예를 들어, 내성적인 성격의 사람과 외향적인 성격의 사람이 새로운 사람과 업무적인 만남을 가져야 할 때 내성적인 성격의 사람은 이 일에 부담과 스트레스를 느낄 수 있으나 외향적인 사람은 그렇지 않을 수 있다는 것이다. 넷째, 성격은 그 사람이 세계와 어떻게 관계를 맺는가를 결정하는 내부의 원인적 힘이다. 다섯째, 성격은 행동과 사고 그리고 감정 등 여러 가지 방식으로 드러날 수 있다. 여섯째, 성격은 반복과 일관성으로 표현되는 양상(patterns)으로 드러난다(민경환, 2009).

Activity 2-1 자신의 성격 장점 찾아보기

※ 자신의 성격과 관련한 장점 10가지를 찾아 적어봅시다.

1.

2.

3.

4.

5.

6.

7.

8.

9.

10.

3) 성격의 유형

박양근 외(2015)는 성격의 유형을 권위주의적 성격, 관료적 성격, 마키아벨리즘적 성격, A형 성격과 B형 성격, 내재적 통제론자와 외재적 통제론자의 성격, 내부지향 성격과 외부지향 성격으로 구분하였는데 구체적인 내용을 살펴보면 다음과 같다.

(1) 권위주의적 성격

'권위주의적 성격'은 권위를 최선의 가치이자 판단기준으로 신봉하는 성격으로 JTBC 드라마 '이태원 클라쓰'(2020)에서 극 중 장대희(유재명)의 모습이 권위주의적 성격의 예시가 될 수 있다. 극 중에서 장대희는 '이득이 없다면 고집이고 객기일 뿐이야'라는 대사로 대표되는 권위적인 수직체계를 가진 전형적인 기성세대를 대표하는 역할로 등장한다. 장대희라는 인물을 통해 확인할 수 있듯이 권위주의적 성격의 소유자는 강자가 약자를 이끌어야 한다는 생각에 동감하며 권력에 지나친 관심을 보이고 항상 약자보다 우월하다고 생각한다. 또한 상사의 지시적 리더십을 흔쾌히 수락하고 따르며 상사의 명령과 지시에 덜 반항한다. 이 밖에도 민주적이거나 참여적 방법을 싫어하고 고도로 구조화되어 있는 업무나 규칙과 규정이 엄격하게 설정되어 있는 일을 좋아하는 특징을 보인다.

JTBC 드라마 '이태원 클라쓰'

|드라마 설명| 드라마 '이태원 클라쓰'는 2020년 1월 31일부터 2020년 3월 21일까지 방영된 JTBC 주말드라마로 불합리한 세상 속, 고집과 객기로 뭉친 청춘들이 세계를 압축해 놓은 듯한 이태원에서 각자의 가치관으로 자유를 쫓는 창업 신화를 다루고 있다.
특히 주인공 박새로이와 장대희의 대립구도는 권위적인 수직체계를 가진 기성세대와 자유분방한 젊은 세대의 갈등 구도를 보여준다. 드라마에서 주인공 박새로이가 "내 가치를 네가 정하지 마. 원하는 거 다 이루면서 살 거야", "어떤 부당함도, 누군가에게도 휘둘리지 않는, 제 삶의 주체가 저인 게 당연한, 소신의 대가가 없는 그런 삶을 살고 싶습니다"라고 한 대사는 권위주의적 성격의 장대희와는 전혀 다른, 남의 시선을 신경 쓰지 않고 오로지 자신의 길을 걷는 요즘 젊은 세대들의 모습을 잘 표현하고 있다.

(2) 관료적 성격

'관료적 성격'은 개인주의와 성실을 철저히 배제하면서 합리주의를 내세운 조직관을 가진 성격을 의미한다. 이러한 성격의 소유자는 규칙, 규제, 명령을 선호하고 복종, 규율에 순응하며 공식적 관계를 중시한다. 고위직인 경우에는 의사결정 시 조직 요구에 순종한다. 이 밖에도 정형화되고 반복적 업무를 적절히 수행하는 특징을 보인다.

(3) 마키아벨리즘적 성격

'마키아벨리즘적 성격'은 권위주의적 성격과 유사하나 실용주의를 주장하며 감정적인 거리를 유지하거나 목적이 수단을 정당화할 수 있다고 믿는 사람들이 가질 수 있는 성격이다. 마키아벨리가 쓴 '군주론(Il Principe)'에서 목적을 위해 수단을 정당화할 수 있다는 내용이 있는데 그러한 사고 및 신념을 가지고 있는 사람들이 가지는 성격이라고 볼 수 있다.

(4) A형 성격과 B형 성격

Meyer Friedman(1910~2001)

미국 샌프란시스코의대 심장내과 전문의인 메이어 프리드만(M. Friedman)이 제시한 A형 성격과 B형 성격은 1959년 성격과 심혈관질환과의 관계 연구를 통해 확인된 행동패턴으로 A형 행동과 B형 행동은 반대의 특성을 보인다. 구체적으로 A형 성격은 과도한 경쟁심, 강한 성취욕, 조급하고 공격적인 특징이 있고 완벽주의와 강박적인 성향이 강하며 감정이나 의견을 직설적으로 표출하는 편이다. 이에 반해 B형 성격은 어떤 환경에도 잘 적응하고 만족하며 늘 마음 상태가 안정적이고 경쟁을 꺼리며 타인에 대해 '적의'를 느끼지 않는 특징을 보인다.

A형 성격 특징 단어	B형 성격 특징 단어
경쟁심이 강한, 매우 체계적인, 야심 있는, 성격이 급한, 시간 관리를 매우 의식하는, 공격적인, 말을 빨리하는, 즉흥적인, 투지가 넘치는, 동시에 여러 가지 일을 하는	여유 있는, 참을성 있는, 태평한, 관대한, 창의적인, 꾸준한

출처 : Simply Psychology(https://www.simplypsychology.org/TypeATypeBCartoon.jpg).

참고적으로 이후 C형과 D형 성격도 등장하게 되는데 C형 성격은 1970~80년대 미국에서 유방암과 피부암 환자를 연구하던 연구진에 의해 확인되었다. 여기서 'C'는 암(cancer)에 잘 걸린다는 의미에서 따왔다고 하는 주장도 있고, 스트레스 호르몬인 코스티솔(cortisol)의 C에서 따왔다는 주장도 있다. 이 성격은 선량함, 인내심, 자발적인 협동심과 자기희생을 보이지만, 지나치게 참고 견디며 특히 화, 분노, 두려움 등 부정적 감정을 억누른다. 또한 주변사람과 갈등이나 다툼을 싫어하는 특징을 보인다. D형 성격은 네덜란드 틸버그 의대의 요한 데놀레트 교수 연구진이 A형 성격의 약점(A형 성격을 가려내는 명확한 분류기준이 없음)을 보완하여 제시하였다. 이 성격은 매사에 부정적이고 대인관계도 소극적인 편이다. 특히 부정적 감정과 사회적 억압에 관한 특징이 더 나타났는데 구체적으로는 다음과 같다.

(부정적 감정) ① 사소한 일에도 크게 반응한다. ② 자주 불행하다고 느낀다. ③ 비관적이다. ④ 기분이 나쁠 때가 많다. ⑤ 어떤 일에 대해 자꾸 만 걱정한다. ⑥ 자주 짜증이 난다. ⑦ 자주 의기소침 해진다.

(사회적 억압) ① 사회적인 관계를 유지하기 어렵다. ② 대화 할 때 먼저 말을 꺼내기가 어렵다. ③ 폐쇄적인 성향이다. ④ 타인과 거리를 두는 편이다. ⑤ 타인과 대화 할 때 화제를 찾기 어렵다. ⑥ 다수의 사람을 만나면 초조해진다. ⑦ 주위에 많은 사람이 있는 게 싫다.

참고자료 **스트레스성 성격 유형**

	특징	스트레스	사회성	질병
성취욕이 강한 완벽주의자 A형	강한 경쟁심, 성취욕, 조급성, 적개심, 완벽성	자존감 약하고 늘 긴장	유능함, 승진 1순위, CEO형	고혈압, 심장병 등 심혈관계 질환
낙천주의자 B형	성격 좋은 호인형	책임감, 성취욕 약하고 꼼꼼치 못함	화 잘 안내고 매사 느긋, 남에게 잘 속고 일 별로, 감원 1순위	비만, 당뇨
자기희생적인 C형	착한 스타일, 솔선수범, 협조적, 자기 의견 없고 결단성 부족	스트레스 많음, 화와 감정을 억누름	좋은 부하직원, 예스맨	암, 심장질환
사회에 적대적인 D형	자아 강하고 매사 의심, 시니컬, 남 탓과 험담 많음	부정적 감정과 화 및 불안 심함	친구 없고 조직생활 어려움	관상동맥질환, 심장병, 당뇨병, 우울증

출처 : 변광호(2017) 수정 및 보완.

(5) 내재적 통제론자와 외재적 통제론자의 성격

Julian B. Rotter(1916~2014)

미국 심리학자 줄리안 로터(Julian B. Rotter)는 1954년 개인이 자신을 둘러싼 사건을 통제해서 영향을 미칠 수 있다고 믿는 정도를 의미하는 '통제의 위치(locus of control)'라는 개념을 통해 인생을 살아가는 한 개인의 행동에 통제의 위치가 영향을 준다고 설명하였다. 즉, 통제의 위치가 외부에 있으면 외재적 통제론자로 보고 통제의 위치가 내부에 있으면 내재적 통제론자로 보았다. 예를 들어, 나쁜 일을 하다가 친구 이야기를 듣고 '내가 왜 이럴까?' 하고 나쁜 일을 통제하면 외재적 통제론자라고 할 수 있는데 이들은 자신의 삶에서 발생하는 성공과 실패는 자신의 능력, 노력과는 무관하며 따라서 자신은 이에 영향을 줄 수 없고 자신의 내적 요인과는 무관한 운 또는 강력한 다른 사람의 통제하에 있다고 믿는다. 이렇듯 개인의 행위의 결정성을 믿지 않기 때문에 행위나 노력에 별 가치를 부여하지 않는 특성을 보인다. 또한 내재적 통제론자는 외재적 통제론자와 비교했을 때, 미래를 위해 주위의 정보를 더 열심히 수집하고, 삶의 질 향상을 위해 변화를 꾀하며, 목적을 달성하고 실력을 갈고 닦는 것을 중요하게 생각한다. 또한 타인으로부터 더 자유로운 특징을 보인다. 로터는 이렇게 사람들이 서로 다른 통제의 위치를 가지는 이유를 크게 문화적 차이, 사회경제적 차이, 부모양육방식의 차이 때문이라고 보았다. 즉, 가난할수록 부모의 양육방식이 일정하지 않고 변덕스러울수록 외재적 통제론자가 될 확률이 높다는 것이다.

(6) 내부지향 성격과 외부지향 성격

스위스 출신의 심리학자이자 정신과 의사이며 분석심리학의 창시자인 칼 구스타브 융(C. G. Jung)은 사람들이 외부에 적응하는 방식에 따라 외부지향의 성격과 내부지향의 성격으로 분류하였다. 외부지향 성격은 개인 외부로 향하여 에너지를 쏟아붓는 경우이며 내부지향 성격은 에너지가 내부에서만 흐르는 감수성 많은 경우를 말한다. 외부지향 성격은 풍부한 사교성과 진취성을 가지는 반면 내부지향 성격은 부끄러움을 잘 타고 퇴행적 특성을 가지는 것으로 알려져 있다. 하지만 외부지향 성격과 내부지향 성격은 고정된 것이 아니라 각자의 성격, 생활습관, 사회문화적 요인에 따라 달라질 수 있다고 보기도 한다.

Carl Gustav Jung(1875~1961)

4) 성격의 결정요인

성격은 |그림 2-1|과 같이 유전적 요인, 문화적 요인, 환경적 요인, 가족과 사회집단 요인에 따라 복합적으로 결정된다고 볼 수 있다. 과거에는 환경적 요인들을 주로 강조하여 상대적으로 유전적 요인에 대해 간과했었는데 미네소타 대학 심리학과 교수인 토마스 부샤드(T. Bouchard) 교수가 30년간 일란성 쌍둥이와 이란성 쌍둥이를 대상으로 한 성격 관련 연구를 통해 유아기 때부터 떨어져 살다가 성인이 된 후에 연구를 통해 만난 쌍둥이들이 유사한 성격을 가졌음을 확인하였다. 특히 일란성 쌍둥이가 이란성 쌍둥이에 비해 성격이 훨씬 더 닮은 것으로 나타났는데 일란성 쌍둥이는 유전적으로 동일하고 이란성 쌍둥이는 유전적으로 50%만 동일하기 때문에 이러한 결과는 유전적 요인이 성격에 영향을 미친다는 증거라고 볼 수 있겠다(EBS다큐프라임, 2010. 4. 13). 또한 이러한 연구결과는 서로 다른 가정에서 성장하였기 때문에 다른 성격을 가지고 있을 것이라는, 즉 성격이란 온전히 부모가 어떻게 양육했느냐에 의해 결정된다고 보았던 기존의 인식을 깨고 유전적 요인에 따라 성격이 결정될 수도 있음을 보여준다.

Thomas J. Bouchard(1937~)

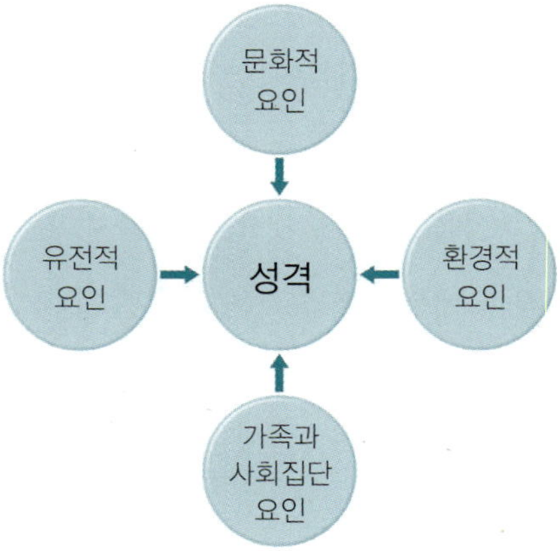

|그림 2-1| 성격의 결정요인

5) 스트레스의 개념

Hans Selye(1907~1982)

스트레스는 라틴어 'Stringer(팽팽하게 죄다, 긴장)'에서 기원했으며 수백 년 전에 물체 내부의 각 부분의 상호 간에 미치는 압력, 중압, 응집력, 합력을 뜻하는 물리학에서만 사용되던 과학적인 단어였다. 그러다가 1936년에 캐나다의 병리학자인 한스 셀리에(H. Selye)가 스트레스라는 단어를 현대 의학에 도입하면서 몸에 일어나게 되는 비정상적인 반응을 일컫는 말로 널리 사용되기 시작되었다. 사전적 의미로 '스트레스(stress)'는 생체에 대하여 평균 이상의 긴장을 유발하게 하는 부하 또는 스트레스를 발생하게 하는 환경적 요인으로서의 변화 또는 자극을 의미한다. 또한, 미국의 심리학자 리처드 라자러스(Lazarus, 1993)는 스트레스를 인간이 심리적 혹은 신체적으로 감당하기 어려운 상황에 처했을 때 느끼는 불안과 위협의 감정이라고 하였다. 이러한 스트레스 개념은 정신적, 사회적인 것을 포함하여 물리, 화학적인 것까지 포함한다. 예를 들어, 소음이나 추위와 더위, 높은 습도와 같은 물리적 현상이나 분노나 울화, 불안과 같은 일시적으로 치솟는 감정도 스트레스가 될 수 있다(손재석 · 권성민, 2012).

6) 스트레스의 종류

한스 셀리에(H. Selye)는 스트레스를 크게 유용한 스트레스와 해로운 스트레스로 구분하였다. '유용한 스트레스(eustress)'는 불쾌하거나 고통스러운 환경에 처했을 때 극복하도록 도와주는 압력을 의미한다. 예를 들어, 운동경기에서처럼 사람의 능력을 최대한 성취하도록 만드는 경쟁, 하루의 시작을 알리며 사람들에게 일할 동기를 부여하는 알람소리, 몸무게가 약간 줄었을 때 체험하는 가벼운 배고픔, 자신이 세운 목표를 달성하기 위한 스스로의 스트레스가 여기에 해당한다고 볼 수 있겠다. 그리고 '해로운 스트레스(distress)'는 질병(위궤양, 긴장항진, 우울증)을 유발하는 원인이 되는 스트레스로 몸에 가해지는 육체적, 정신적 문제의 원인이 되는 과도한 정신적, 육체적 압력을 의미한다. 이러한 스트레스는 심장병, 편두통, 피부병, 소화장애, 장 질환, 약물남용, 감정적 문제, 자살, 고혈압, 천식, 육체적 및 언어적 악습 등의 부정적 문제를 유발할 수 있다(손재석 · 권성민, 2012).

실제 농촌진흥청 원예연구소에서 욕(디스트레스)이 식물의 성장에 미치는 영향을 살펴보기 위해 크기가 같은 양파를 두 그룹(각 25개)을 나눠 실내온도, 습도, 빛 모든 환경조건을 동일하게 한 후 한 그룹에는 듣기 좋은 그린음악을 들려주고 다른 한 그룹에는 미리 녹음한 욕(스트레스)을 반복적으로 들려준 후 성장에 미치는 영향을 살펴보았다. 15일 후 그린음악을 들려준 양파는 모든 개체 줄기가 평균 20cm 정도 고르게 성장하였지만 욕(스트레스)을 들려준 양파는 들쭉날쭉 크기가 다르게 성장했고 일부 양파는 싹조차 나지 않았다(KBS스페셜, 2009. 3. 8). 이러한 실험결과는 부정적 스트레스가 식물의 생장에까지 영향을 미칠 수 있음을 보여준다. 하지만 인간에게 있어 긍정적인 역할을 하는 적절한 수준의 '유스트레스'도 정도가 심해져 어떠한 기분을 넘어서게 되면 '디스트레스'로 전환될 수 있다. 즉, '유스트레스'와 '디스트레스'는 서로 다른 스트레스가 아니라 스트레스 강도에 따라 바뀔 수 있다는 것이다.

그린음악 들려준 양파

욕 들려준 양파

|그림 2-2| 스트레스 실험

출처 : KBS스페셜-10대, 욕에 중독되다(2009. 3. 8).

한편 스트레스는 정신적으로나 육체적으로 부정적인 영향을 미칠 수 있기 때문에 스트레스 요인을 제거하는 것도 필요하지만 어쩔 수 없는 상황이라면 이러한 스트레스를 적절히 관리하는 것이 필요하다. 미국 스트레스 연구의 권위자인 리처드 라자러스(R. Lazarus, 1922~2002)는 스트레스를 어떻게 받아들이느냐에 따라 '유용한 스트레스'로 작용할지 '해로운 스트레스'로 작용할지가 달라진다고 하였다. 즉, 똑같은 스트레스 상황이라도 자신이 어떻게 받아들이느냐에 따라 자신에게 좋을 수도 나쁠 수도 있다는 것이다. 또한 미국의 심리학자 마틴 셀리그만(M. Seligman, 1942~)은 인간이 스트레스를 부정적으로 받아들이면 질병에 걸리지만, 긍정적으로 받아들이면 행복해질 수 있다는 점을 조명하면서 인간의 의지를 강조하였다(이동환, 2014). 따라서 스트레스의 영향력을 고려할 때 인간관계에서 자신부터 타인에게 스트레스를 주지 않으려고 노력할 뿐 아니라 되도록 스트레스를 긍정적으로 수용하려고 노력하는 것이 필요하다.

7) 스트레스와 인간관계

인간관계에서의 스트레스는 보는 시각에 따라 다양할 수 있는데 여기에서는 가족관계, 직장 내 인간관계, 학교에서의 인간관계를 중심으로 살펴보도록 한다(김 홀, 2016; 유영달 외, 2013; Matteson & Ivancevich, 1982).

(1) 가족관계 스트레스

'가족관계 스트레스'란 가족이 안정된 상태에서 혼란을 일으키는 압력이며 개인과 가족이 시간의 흐름에 따라 발달과 변화를 해나가는 과정에서 불가피하게 경험하는 가족체계 내의 긴장과 압력을 의미한다. 가족관계 스트레스는 가족에 영향을 끼치는 생활사건 스트레스의 누적된 결과로 결혼, 출산, 입학, 졸업, 자녀의 독립들처럼 예측이 가능한 문제에서 생겨날 수도 있지만 가족 구성원의 죽음이나 질병, 이혼과 같은 예측 불가능한 사건에서 야기될 수도 있다.

(2) 직장 내 인간관계 스트레스

2019년 취업포털사이트 '사람인'에서 '일'과 '사람' 중 퇴사에 더 영향을 미치는 것이 무엇인지를 조사한 결과 '일(19%)'보다 '사람(81%)'이 싫어서 회사를 떠나는 사람이 많았고 또한 한 매체에서 직장인들의 스트레스 요인을 조사한 결과 직장인들의 스트레스 1순위가 '직장 내 인간관계(51.2%)'로 나타났다(https://blog.naver.com/saraminapp). 이러한 직장 내 인간관계 스트레스는 종사원 스스로 자신의 업무 행동을 계획하고 통제하지 못하여 발생하는 작업시간의 손실 정도, 대인관계로 인한 업무성과와 업무 추진의 방해 정도, 자신과 동료 간의 지원이나 협조부족, 직무수행과 관련한 정보 교류 정도, 과다경쟁에 따른 동료 간의 갈등 정도로 측정할 수 있다.

(3) 학교에서의 인간관계 스트레스

학교에서의 인간관계로는 교사와 교사, 교사와 학생, 학생과 학생의 관계가 있다. 학교에서의 인간관계 스트레스는 대인관계의 실패, 직무(학업)수행능력 부족 또는 직무(학업)경쟁, 교사와 학생 상호 간의 인식차이, 동료(또래) 간의 갈등과 따돌림 등으로 야기될 수 있다.

참고자료 **대인관계 스트레스 원인 BEST 10(N=100)**

1위 : 내가 옳다는 마음 – "그래도 내 말이 맞아" (24%)
2위 : 진실하지 않은 이중 마음 – "착한 척 미안한 척" (18%)
3위 : 바라는 마음 – "내가 한 만큼 너도 해줘야지" (16%)
4위 : 선입견, 편견 – "역시 너 그럴 줄 알았어" (10%)
5위 : 무시하는 마음 – "니가 하는 말은 안 들려" (8%)
6위 : 자존심 – "내가 먼저 사과하기는 싫어" (7%)
7위 : 열등감, 질투 – "넌 나보다 잘나서 좋겠네…" (5%)
8위 : 무관심 – "모두가 나한테 무관심해" (5%)
9위 : 다가가기 두려움 – "거절당하거나 싫어하면 어쩌지" (4%)
10위 : 고마워하지 않는 마음 – "나한테 당연히 이렇게 해줘야지" (3%)

출처 : 마음수련 명상(http:/www.meditationlife.org).

Activity 2-2 스트레스 수준 자가점검

※ 다음 문항은 최근 몇 주 동안에 경험했거나 느꼈던 육체적 · 심리적 상태에 대해 물어보는 것입니다. 자신이 해당하는 곳에 ✔표 하세요.

내 용	항상 그렇다	대부분 그렇다	약간 그렇다	전혀 그렇지 않다
1. 현재 매우 편안하며 건강하다고 느낀다.	0	1	2	3
2. 잠자고 난 후에도 개운한 감이 없다.	3	2	1	0
3. 매우 피곤하고 지쳐있어 먹는 것조차도 힘들다고 느낀다.	3	2	1	0
4. 근심걱정 때문에 편안하게 잠을 자지 못한다.	3	2	1	0
5. 정신이 맑고 깨끗하다고 느낀다.	0	1	2	3
6. 기력(원기)이 왕성함을 느낀다.	0	1	2	3
7. 밤이면 심란해지거나 불안해진다.	3	2	1	0
8. 대다수의 사람들과 마찬가지로 나를 잘 관리해 나간다고 생각한다.	0	1	2	3
9. 전체적으로 내가 하고 있는 일은 잘 되어가고 있다고 느낀다.	0	1	2	3
10. 내가 행한 일의 방법이나 절차에 만족한다.	0	1	2	3
11. 어떤 일에 바로 착수(시작)할 수 있다.	0	1	2	3
12. 정상적인 일상생활을 즐길 수 있다.	0	1	2	3
13. 안절부절 못하거나 성질이 심술궂게 되어진다.	3	2	1	0
14. 나에게 닥친 문제를 해결해 나갈 수 있다.	0	1	2	3
15. 불행하고 우울함을 느낀다.	3	2	1	0
16. 나 자신에 대한 신뢰감이 없어지고 있다.	3	2	1	0
17. 모든 것을 고려해 볼 때 행복감을 느낀다.	0	1	2	3
18. 삶을 살아갈 만한 가치가 있다고 느낀다.	0	1	2	3

※ 해석방법

위 질문에 모두 답한 다음 체크한 숫자를 모두 더한다. 집계된 점수가 높을수록 사회심리적 스트레스 수준이 높다고 해석한다.

- 20점 이하 : '양호'하며 특별히 상담을 원하는 경우에만 의뢰한다.
- 21~30점 : '관찰요'군으로 스트레스 때문에 힘든지 파악하여 특정 증상을 호소하면 정신과 상담을 받아볼 것을 권한다.
- 31점 이상 : 스트레스 관리요법을 받는 것이 좋은 '치료군'으로 정신과 전문의와의 상담을 적극 추천한다.

출처 : 케어캠프(www.carecamp.com).

2 의사소통과 인간관계

1) 의사소통의 개념

의사소통이란 말은 라틴어 '커뮤니스(communis)'에서 유래하였는데 공통 또는 공유라는 뜻 외에 전달, 의미, 정보 등의 개념을 포함하고 있다. 인간은 사회적 동물이기 때문에 인간관계에 기반하여 의사소통을 하게 되는데 이러한 의사소통은 두 사람 이상의 사이에서 언어적 · 비언어적인 수단을 통해서 감정 또는 사실이나 정보, 신념, 생각 등을 전달하는 과정(이재창 · 임용자, 1988)을 의미한다. 또한 미국 사회학자인 찰스 쿨리(C. H. Cooley, 1864~1929)는 의사소통을 인간관계를 존재하고 발전하게 하는 '메커니즘(mechanism)'이라고 하였다(Cooley, 1910). 이러한 의사소통은 |그림 2-3|에서 보는 바와 같이 듣고, 말하고, 읽고, 쓰는 활동을 통해서 표현되는데 이를 의사소통의 네 기둥이라고 한다. 일반적으로 사람들은 깨어 있는 동안 70~80% 시간을 어떤 형태로든 의사소통을 하면서 보내며, 그중에서도 약 45%의 시간을 듣는 데 소비한다(설기문, 2000). 이러한 사실은 삶 속에서 의사소통이 차지하는 비중이 매우 큼을 보여준다.

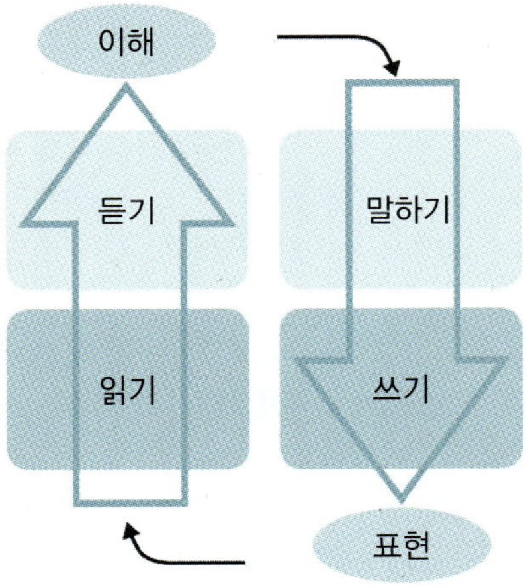

|그림 2-3| 의사소통의 네 기둥

2) 의사소통의 구성요소

의사소통의 구성요소에는 발신자, 메시지, 수신자, 피드백이 있다(이경순 외, 2003). 여기서 '발신자(화자/송신자)'란 자신의 의도, 생각, 감정 등을 말로서 전달하는 사람을 의미하고 '메시지'는 의사소통의 핵심요소로 발신자가 청자인 수신자에게 전달하고 의도하는 정보내용을 의미한다. '수신자(청자)'는 발신자의 메시지를 듣고 받아들이는 사람을 의미하고 피드백이란 정보가 송출되었던 원래의 지점으로 그 정보에 대한 반응을 다시 돌려보내는 것을 의미한다. 효율적인 의사소통이 되려면 수신자가 자신의 경험과 준거에 비추어 발신자의 욕구에 부합한 형태로 올바르게 해석하여야 하며 발신자는 수신자에게 메시지가 정확하게 전달될 수 있도록 하여야 한다. 그럼 발신자가 수신자에게 메시지를 정확하게 전달하기 위해 고려해야 하는 몇 가지 사항을 살펴보도록 하자.

첫째는 '지시적, 암시적 의미의 처리'이다. 지시적 의미는 일상적인 언어를 사용하는 사람들이 동의할 수 있는 객관적인 의미를 말한다. 또한 암시적 의미는 뚜렷이 묘사되지 않는 단어를 말하는데 이를 사용할 때는 상대방에게 그 단어의 의미를 분명히 설명해 주어야 한다.

둘째는 '적절한 용어와 표현의 사용'이다. 적절한 용어와 표현의 사용은 메시지 전달 취지를 잘 살릴 수 있게 하며 의사소통을 용이하게 한다.

셋째는 '명료성과 단순성'이다. 명료성의 목적은 사람이 어떤 사건에 대해 '누가, 언제, 어디서, 무엇을, 어떻게, 왜'인지를 알 수 있도록 의사소통을 하는 것으로 말을 천천히 정확히 발음해야 하며 말의 의미를 이해하지 못했을 때는 다시 설명해 주어야 한다. 그리고 단순성은 일반적으로 이해하기 쉬운 간결한 문장과 평이한 용어를 사용하는 것을 의미한다.

넷째는 '유머의 활용'이다. 유머는 인간관계에서 안녕을 증진시키는 강력한 도구로 활용될 수 있다. 의사소통에서 적절한 유머를 사용하여 관계를 재미있고 즐겁게 하는 것은 바람직하다. 미국 메트로폴리탄 생명보험의 경우 수년 전부터 신입사원을 뽑을 때 낙관적 사고 테스트를 시행했는데, 그 결과 50% 이상이던 1년 내 이직률이 절반 이하로 떨어지고 시장 점유율도 50% 증가했다(Martinez, 1997). 이 때문에 외국의 한 항공사는 신입사원을 선발할 때 유머감각을 가장 중요시하기도 한다고 한다. 좋은 인간관계와 유머감각이 뛰어난 직원이 회사를 잘 이끌어 가고 이직률도 낮다고 보았기 때문이다.

다섯째, '말하는 속도 및 목소리의 높낮이'이다. 목소리에는 많은 정보들이 들어 있는데 목소리는 말하는 사람의 지위나 행복, 실망, 우울한 감정 등의 심리상태나 신체상태에 대해 알려준다. 목소리가 감정의 상태에 대해서 긍정적 또는 부정적인 행동을 설명하는 역할을 한다. 미국의 심리학자인 알버트 매리비언(A. Mehrabian) 박사는 자신이 제시한 네 가지 의사전달 구성요소들 중 가장 영향력이 큰 것이 목소리(38%)이고 다음으로 표정(35%), 태도(20%), 말의 내용(7%) 순이라고 하였다. 또한 언어적인 의사소통은 적절한 속도로 표현될 때 더욱 성공적이다. 너무 빠르면 긴장감을 주고 너무 느리면 듣는 사람으로 하여금 지루하고 흥미가 없어지게 한다.

Albert Mehrabian(1939~)

여섯째, '적절한 시간과 연관성'이다. 아무리 단순하고 명료한 단어를 사용하여 말을 하였더라도 그 말을 알아들을 수 있는 적절한 시간이 주어졌는지 연관성이 있는 내용으로 잘 전달하였는지를 파악해야 한다.

일곱째, '적응성과 진실성'이다. 말을 할 때는 상대방의 반응에 따라 메시지를 적절히 변경해야 한다. 또한 효과적인 의사소통을 위해 진실성을 중요하게 고려해야 한다. 여기서 진실성이란 마음에 거짓 없이 일관되고 진솔한 모습으로 상대방에게 말하는 것을 의미한다. 지금까지 살펴본 일곱 가지 사항들을 잘 고려할 때 정확하고 적절한 언어적 의사소통을 할 수 있다.

3) 의사소통의 유형

(1) 언어적 의사소통

'언어적 의사소통'은 말하기와 쓰기를 통해서 정보를 교환하는 것으로 이때 언어는 사람들이 정보를 효과적으로 나눌 수 있도록 단어를 사용하여 생각과 감정을 표시하는 수단이 된다. 말을 통해서 의사소통을 하는 것과 쓰는 것을 통해서 의사소통을 하는 것 모두 장, 단점이 있는데 말을 통해서 의사소통을 하는 경우에는 쉽게 의사소통을 할 수 있다는 장점이 있는 반면 잘못된 단어 선택이나 표현 등을 통해 상대방의 기분을 상하게 할 수 있다는 단점이 있다. 이에 반해 쓰기를 통해서 이루어지는 의사소통은 소통을 하기 어렵다는 단점이 있지만 충분히 생각해서 전달할 수 있다는 장점이 있어서 언어적 의사소통의 단점을 줄일 수 있다는 장점이 있다.

John Powell(1925~2009)

언어적 의사소통은 다른 표현으로 대화라고 할 수 있는데 예수회의 신부이자 작가인 존 파웰(J. Powell)은 대화수준을 아래와 같이 크게 5단계로 제시하였다. 1단계는 '상투적 표현의 단계'로 일상적인 대화에서 단순히 인사를 나누는 정도의 수준의 대화를 의미한다. 2단계는 '사실과 보고의 단계'로 구체적인 사실과 보고를 하는 수준의 대화를 의미한다. 3단계는 '의견과 판단의 단계'로 개인의 의견과 판단을 전달할 수 있는 수준의 대화수준을 의미한다. 4단계는 '감정과 직관의 단계'로 자신의 감정과 직관의 내용을 솔직하게 표현할 수 있는 대화수준을 의미한다. 마지막 5단계는 '최상의 진실의 단계'로 자신의 감정을 솔직하게 표현하고 자신의 잘못됨을 진실하게 표현할 수 있는 대화수준을 의미한다(Powell, 1990).

〈표 2-1〉 대화의 5단계

단 계	이 름	예 시
1단계	상투적 표현의 단계	"어떻게 지내십니까?" "잘 지냅니다."
2단계	사실과 보고의 단계	"영희, 어제 과제 해왔니?" "네? 아니요…"
3단계	의견과 판단의 단계	"나의 판단으로는 아직 이른 시기인 것 같아."
4단계	감정과 직관의 단계	"난 지금 몹시 기분이 우울하고 슬퍼."
5단계	최상의 진실의 단계	"이번 일은 전적인 나의 잘못이야. 용서해 줘."

출처 : Powell(1990).

(2) 비언어적 의사소통

Ray Birdwhistell(1918~1994)

'비언어적 의사소통'이란 말에 의한 의사소통이 아닌 신체의 운동을 통한 몸짓과 음질의 변화, 시간과 공감이 전하는 의미, 신체의 외적인 모습에 이르기까지 문자 그대로 언어영역 밖에 있는 모든 유의미한 의사소통 방식을 의미한다. 미국 신체언어 학자인 레이 버드휘스텔(R. Birdwhistell)은 인간의 전체 의사소통에서 언어적 표현이 30%를 차지하고 나머지 70%는 비언어적 표현이 차지한다고 하였다(Birdwhistell, 1952). 즉, 그는 비언어적인 표현이 언어적 표현에 비해 의사소통에서 차지하는 비중이 더 높다고 보았다. 비언어적 의사소통은 신체 각 부위를 통한 비언어적 의사소통(몸짓, 눈 맞춤, 피부, 자세, 얼굴 표정, 손과 팔의 자세, 반복적인 행동, 접촉 등)과 음성을 통한 비언어적인 의사소통(음성의 고저, 강약, 말씨 등) 및 환경을 통한 비언어적 의사소통(상대방과의 거리, 물리적 환경 등) 등 크게 세 가지로 구분할 수 있다. 참고적으로 미국 인류학자인 에드워드 헐(E. T. Hall, 1914~2009)은 환경을 통한 비언어적 의사소통(상대방과의 거리)과 관련하여 대인적 상호작용과 심리적 거리를 네 가지로 구분하여 〈표 2-2〉와 같이 제시하였다(Hall, 1966).

〈표 2-2〉 대인적 상호작용과 심리적 거리

번 호	구 분	내 용
1	친밀한 거리 (intimate distance)	사랑하는 부부나 아기를 돌보는 어미와의 거리 같은 가까운 거리(0~45cm)
2	개인적 거리 (personal distance)	친밀한 대화를 나눌 수 있는 거리(45~120cm)
3	사회적 거리 (social distance)	공식적인 사업상의 만남을 위한 거리(120~210cm)
4	공적인 거리 (public distance)	청중 앞에서 강의를 하고 있는 조금 먼 거리(210~280cm)

출처 : Hall(1966).

(3) 의사소통의 방해요소

의사소통에 방해가 되는 요소들은 여러 가지가 있는데 김종운과 박성실(2011)은 대화의 걸림돌 요소들을 다음과 같이 아홉 가지로 제시하였다.

첫 번째 장애요소는 '명령이나 강요'로 상대방에게 공포감이나 심한 저항을 유발한다.

두 번째 장애요소는 '경고, 위협'으로 상대방에게 공포감과 굴욕감을 주거나 원망, 분노, 반항을 유발시킨다.

세 번째 장애요소는 '훈계, 설교'로 이와 같은 말은 상대방으로 하여금 의무감이나 죄책감을 유발시킨다.

네 번째 장애요소는 '충고, 해결방법 제시'로 타인으로 하여금 자신의 문제를 스스로 해결할 수 없다고 느끼게 한다. 물론 경우에 따라서는, 즉 스스로 결정을 내리는 것에 어려움을 느끼는 상황이라면 이와 같은 말이 도움이 될 수도 있다.

다섯 번째 장애요소는 '논리적인 설득, 논쟁'으로 상대방의 방어적인 자세와 반론을 유발시킨다. 따라서 되도록 상대방에게 자신의 입장을 관철시키거나, 설득시키려고 하는 것은 좋지 않다.

여섯 번째 장애요소는 '비판, 비평, 비난'으로 이러한 말들은 상대방이 무능력하고 어리석으며 형편없다는 것을 암시하는 표현이다.

일곱 번째 장애요소는 '욕설, 조롱'으로 이러한 말들은 상대방으로 하여금 자신이 가치 없고 사랑받지 못한다고 느끼게 하며 자아상을 파괴할 수 있다.

여덟 번째 장애요소는 '이해와 공감이 없는 동정, 위로'로 이러한 말들에 충분한 이해와 공감이 있다면 상대방에게 위로와 힘을 줄 수 있지만 형식적인 동정이나 위로는 오히려 상대방으로 하여금 강한 적개심을 유발시킬 수 있다.

아홉 번째 장애요소는 '캐묻기, 심문'으로 이런 말을 상대방에게 하면 상대방은 무슨 의도로 말하는지 혼란에 빠져 불안 내지 두려워하거나 짜증이 날 수 있다. 이 외에도 과거의 경험이나 선입견, 상대방에 대한 불필요한 고정관념도 효율적인 의사소통을 방해할 수 있고 자기 자신의 욕구에 따라 타인의 메시지를 해석하거나 대화를 할 때 소음, 온도, 마음을 산란하게 하는 여러 가지 물리적 환경도 의사소통의 방해요소이자 걸림돌이 될 수 있다.

〈표 2-3〉 의사소통의 장애요소

번 호	구 분	예 시
1	명령이나 강요	"너는 반드시", "당신은 꼭", "~해야 할 것이다"
2	경고, 위협	"만약 ~하지 않으면", "~하는 게 좋을 걸. 그렇지 않으면…"
3	훈계, 설교	"너는 ~해야만 한다", "~하는 것이 너의 책임이야"
4	충고, 해결방법 제시	"내가 말하고자 하는 것은", "~하는 게 어렵겠냐?", "내가 네게 충고하자면…"
5	논리적인 설득, 논쟁	"네가 왜 틀렸냐 하면", "문제가 되는 것은", "그래, 그렇지만…"
6	비판, 비평, 비난	"너는 신중하게 생각하지 않아", "너는 게을러서"
7	욕설, 조롱	"이 울보야", "그래, 너 잘났구나!"
8	이해와 공감이 없는 동정, 위로	"걱정하지 마라", "앞으로 나아질 거야", "기운을 내!"
9	캐묻기, 심문	"왜?", "누가?", "무엇을~", "어떻게~"

출처 : 김종운 · 박성실(2011).

4) 역기능적 의사소통의 유형

Virginia Satir(1916~1988)

경험적 가족치료의 창시자인 버지니아 사티어(V. Satir, 1916~1988)는 사람들이 긴장상태에서 보이는 의사소통방식과 대처방식에 대해 관심을 가지고 연구하였고 긴장상태에서 나타나는 메시지에 몇 가지 유형이 있다는 사실을 발견하였다. 그리고 그녀는 이러한 결과를 토대로 역기능적 의사소통 유형을 회유형, 비난형, 초이성형, 산만형으로 분류하였다(Stair, 1972). 첫 번째 '회유형'은 다른 사람과 상호작용하는 상황은 존중하나 자신의 가치나 진정한 감정은 무시한다. 또한 자신의 감정을 숨기면서 문제해결을 위한 노력을 하고 모든 잘못과 문제의 비난을 자신에게 돌리는 특징이 있다. 이로 인해 스트레스를 받으면 위장장애나 편두통이 나타날 수 있고 감정억제, 짜증, 걱정, 자살 생각 등의 심리적 증상을 보일 수 있다. 회유형은 자아존중의 3요소 중 타인과 상황의 두 요소는 존중되지만, 자기는 무시되고 있는 상태이다.

둘째는 '비난형'으로 회유형의 반대유형이다. 이러한 유형의 사람은 자기주장이 강하고 독선적이며 명령적이고 지시적인 형태의 의사소통을 한다. 외로움과 긴장감이 가득 차있고 실패자라는 패배감을 자주 느끼며 다른 사람을 잘 무시하는 경향을 보인다. 이로 인해 스트레스를 받으면 편집증, 고혈압과 같은 혈액순환 장애가 나타날 수 있고 분노, 짜증, 반항, 적대감 등의 심리적 증상을 보일 수 있다. 비난형은 자아존중의 3요소 중 자기와 상황의 두 요소는 존중되지만 타인은 무시되고 있는 상태이다.

셋째는 '초이성형'으로 이러한 유형의 사람은 자기와 다른 사람을 무시하거나 과소평가하고 원칙중심으로 강박적인 행동을 한다. 지나치게 이성적이고 단지 상황만을 존중하며 주로 부정적인 측면에 대해 언급한다. 감정표출을 잘 안하며 현명하고 품위 있는 것처럼 장황하게 이야기하고 항상 자기 자신이 옳다고 생각한다. 이로 인해 스트레스를 받으면 암, 심장마비 등과 같은 신체적 질병이 발생할 수 있고 우울증, 정신병, 강박증 등의 심리적 증상을 보일 수 있다. 초이성형은 자아존중의 3요소 중 상황은 존중되지만 자기와 타인은 무시되고 있는 상태이다.

네 번째는 '산만형'으로 초이성형의 반대유형이다. 이러한 유형의 사람은 스트레스 상황을 유머로 회피하되 그것이 잘 안 되면 그 상황으로부터 탈피하고자 한다. 또한 버릇없는 행동으로 상대방에게 불편함을 주고 끊임없이 움직인다. 생각이나 주제를 일관성이 없이 자주 바꾸고 어떠한 특정 주제에 집중하지 못하며 주제와 관련 없는 말들을 한다. 이로 인해 스트레스를 받으면 정신적인 혼란, 신경성 장애, 위장관 장애, 편두통 등이 발생할 수 있고 혼란스러움, 낮은 충동 통제, 공감력 결핍, 타인권리 침해, 학습 불능 등의 심리적 증상을 보일 수 있다. 산만형은 자아존중의 3요소 중 자기, 타인, 상황 모두 무시되고 있는 상태이다.

〈표 2-4〉 사티어의 의사소통 유형

기능적 의사소통	일치형	자신	존중	• 언어적 메시지와 비언어적 메시지가 일치한다. • 메시지가 분명하고 직접적이며 진솔한 의사소통을 한다.
		타인		
		상황		
역기능적 의사소통	회유형	자신	무시	• 자신의 내적 감정이나 생각을 무시한다. • 타인의 비위에 맞추려 한다.
		타인	존중	
		상황		
	비난형	자신	존중	• 상대방보다 강하게 보이기 위해 타인의 결점을 발견한다. • 잘못을 남의 탓으로 돌린다. • 타인의 말이나 행동을 비난하고 통제하며 명령한다.
		타인	무시	
		상황	존중	
	초이성형	자신	무시	• 매사에 비판적이고 분석적이며 평가하는 반응을 보인다. • 감정을 잘 표현하지 않으며 실수하지 않으려고 한다.
		타인		
		상황	존중	
	산만형	자신	무시	• 타인의 말이나 행동과는 상관없는 의사소통을 한다. • 상황을 제대로 파악하지 못하여 적절하게 반응하지 못한다. • 의사표현에 초점이 없고 요점이 없다.
		타인		
		상황		

참고자료

사티어(Satir)의 의사소통 유형 특징

의사소통 유형	주요 언어표현	내적 정서상태	주요 행동	해 설
회유형 (자신 무시, 타인과 상황 존중)	• 모두 내 잘못입니다. • 당신이 없으면 나는 아무것도 아닙니다. • 당신의 말은 무엇이든 옳습니다. 나는 오직 당신을 기쁘게 하기 위해 여기 있습니다.	• 나는 쓸모없고, 사랑받을 만하지 못하다. • 어떤 일이 있어도 다른 사람의 기분을 상하게 해서는 안 된다. • 나는 구제 불능이다.	• 사랑과 행동, 비굴하게 간청하는 듯한 행동 • 남 앞에서 너무 잘하려는 행동 • 대부분의 남의 요구에 "예"로 응답하는 행동	• 일치형 의사소통을 하는 사람에게는 잘 통하지 않음 • 비난형의 사람이 이 유형의 사람을 받아들이기 쉬움
비난형 (타인 무시, 자신과 상황 존중)	• 당신 잘하는 일이 하나도 없군. • 어떻게 된 거야? • 이 모든 것이 당신 때문이야.	• 나는 외롭다. • 나는 나의 자존감을 노출시켜서는 안 된다. • 나는 실패자다.	• 삿대질, 상대 흠잡기, 독선적 판단, 상대방 의견 묵살, 공격적 행동(강간, 학대 등)	• 취약한 자신을 보호하기 위해 타인과 주변 환경을 괴롭히고 비난함 • 상대방이 당당하고 강하게 나오면 쉽게 무너져 내림
초이성형 (자신과 타인 무시, 상황만 존중)	• 객관적 사실과 정확한 논리에 의해 판단해 본다면… • 최근의 연구자료에 의하면…	• 나는 상처 받기 쉽다. • 나는 완벽한 내 모습을 나타내 보여야 한다. • 사람은 어떤 상황에서도 냉정하고 침착하며 온전한 모습을 보여야 한다. • 감정은 나약한 것이다.	• 단조로운 목소리, 경직된 태도, 기계나 컴퓨터 같은 인상	• 완벽하게 생각하고 표현하기 위해 복잡하고 현학적인 용어를 사용하며 미세한 사실을 정확하게 설명하려는 성향이 있음 • 주변의 타인이나 전체 사회와 거리를 두고 고립되는 경향이 있음
산만형 (자신, 타인, 상황 모두 무시)	• 상황과 동떨어진 말을 함 • 현재 진행되고 있는 화제와 전혀 다른 말을 함	• 나에게 신경 쓰는 사람이 아무도 없다. • 내가 설 자리가 없군.	• 끊임없이 움직임 • 한 대화 주제에 오래 머물지 못함 • 몸의 일부분을 지속적으로 움직임	• 재미있고 익살스러운 모습과 혼동됨 • 초이성형과 정반대의 모습임 • 주의를 끌기 위해 행동함
일치형 (자신, 타인, 상황 모두 존중)	• 언어적 메시지와 억양, 표정, 자세, 내부 정서 등이 일치함 • 언어에 진솔한 감정이 묻어남 • 직접적 의사소통을 함	• 나는 나의 본연의 모습과 감정에 충실하다. • 타인과 주변상황에도 충분히 존중되어야 한다.	• 자신감, 원만함, 친근감, 창의성, 정직성, 독특성	• 남을 통제, 무시, 공격하거나 자신을 방어하기 위해서가 아니라 자신이기를 선택하고, 타인과 연결되기 위함임

참고자료 **사티어의 의사소통 유형으로 살펴보는 사례**

다음은 새벽에 귀가한 대학생 딸에게 아버지가 화를 내면서 야단칠 때 딸이 보이는 반응을 사티어의 유형별로 제시한 것입니다.

회유형

(고개를 숙이고 손을 비비면서) "아빠, 제발 용서해 주세요. 제가 정말 정말 잘못했어요. 제가 시간을 잘 봤어야 했는데 모든 게 다 제 잘못이에요."

비난형

"아빠가 이렇게 자꾸 야단치시니까 집에 들어오기 싫잖아요. 제가 늦게 들어오는 건 다 아빠 때문이라고요.

초이성형

"아빠. 이건 그냥 무조건 야단칠 일이 아니고요. 제가 왜 늦었는지에 대해 이성적으로 생각 좀 해보세요."

산만형

(다른 곳을 쳐다보며) "이런 아빠가 화나셨나 봐. 누가 아빠를 화나게 한 거예요."

일치형

(아빠의 눈을 바라보면서) "늦는다고 연락드렸어야 했는데 시험 준비에 정신이 없어서 깜빡했어요. 죄송해요. 저 기다리시느라 잠도 잘 주무시지 못하셨죠?"

출처 : 장문자 외(2012).

Activity 2-3 의사소통 유형 자가점검

※ 다음 글을 읽고 자신에게 해당되는 문항의 명암 안에 ✔표 하세요. ✔표시가 가장 많은 항목이 자신에게 해당되는 유형이며 A는 회유형, B는 비난형, C는 초이성형, D는 산만형, E는 일치형을 의미합니다.

질 문	유 형				
	A	B	C	D	E
1. 나는 상대방이 불편하게 보이면 비위를 맞추려고 한다.					
2. 나는 일이 잘못되었을 때 자주 상대방의 탓으로 돌린다.					
3. 나는 무슨 일이든지 조목조목 따지는 편이다.					
4. 나는 생각이 자주 바뀌고 동시에 여러 가지 행동을 하는 편이다.					
5. 나는 타인의 평가에 구애받지 않고 내 의견을 말한다.					
6. 나는 관계나 일이 잘못되었을 때 자주 내 탓으로 돌린다.					
7. 나는 다른 사람들의 의견을 무시하고 내 의견을 주장하는 편이다.					
8. 나는 이성적이고 차분하며 냉정하게 생각한다.					
9. 나는 다른 사람들로부터 정신이 없거나 산만하다는 소리를 듣는다.					
10. 나는 부정적인 감정도 솔직하게 표현한다.					
11. 나는 지나치게 남을 의식해서 나의 생각이나 감정을 표현하는 것을 두려워한다.					
12. 나는 내 의견이 받아들여지지 않으면 화가 나서 언성을 높인다.					
13. 나는 나의 견해를 분명하게 표현하기 위해 객관적인 자료를 자주 인용한다.					
14. 나는 상황에 적절하지 못한 말이나 행동을 자주 하고 딴전을 피우는 편이다.					
15. 나는 다른 사람들이 내게 부탁을 할 때 내가 원하지 않으면 거절한다.					
16. 나는 사람들의 얼굴 표정, 감정, 말투에 신경을 많이 쓴다.					
17. 나는 타인의 결점이나 잘못을 잘 찾아내어 비판한다.					
18. 나는 실수하지 않으려고 애를 쓰는 편이다.					
19. 나는 곤란하거나 난처할 때는 농담이나 유머로 그 상황을 바꾸려 하는 편이다.					
20. 나는 나 자신에 대해 편안하게 느낀다.					

질 문	유 형				
	A	B	C	D	E
21. 나는 타인을 배려하고 잘 돌보아 주는 편이다.					
22. 나는 명령적이고 지시적인 말투로 상대가 공격받았다는 느낌을 줄 때가 있다.					
23. 나는 불편한 상황을 그대로 넘기지 못하고 시시비비를 따지는 편이다.					
24. 나는 불편한 상황에서는 안절부절못하거나 가만히 있지를 못한다.					
25. 나는 모험하는 것을 두려워하지 않는다.					
26. 나는 다른 사람들이 나를 싫어할까 두려워서 위축되거나 불안을 느낄 때가 많다.					
27. 나는 사소한 일에도 잘 흥분하거나 화를 낸다.					
28. 나는 현명하고 침착하지만 냉정하다는 말을 자주 듣는다.					
29. 나는 한 주제에 집중하기보다는 화제를 자주 바꾼다.					
30. 나는 다양한 경험에 개방적이다.					
31. 나는 타인의 요청을 거절하지 못하는 편이다.					
32. 나는 자주 근육이 긴장되고 목이 뻣뻣하며 혈압이 오르는 것을 느끼곤 한다.					
33. 나는 나의 감정을 표현하는 것이 힘들고 혼자인 느낌이 들 때가 많다.					
34. 나는 분위기가 침체되거나 지루해지면 분위기를 바꾸려 한다.					
35. 나는 나만의 독특한 개성을 존중한다.					
36. 나는 내 자신이 가치가 없는 것 같이 우울하게 느껴질 때가 많다.					
37. 나는 타인으로부터 비판적이거나 융통성이 없다는 말을 듣기도 한다.					
38. 나는 목소리가 단조롭고 무표정하며 경직된 자세를 취하는 편이다.					
39. 나는 불안하면 호흡이 고르지 못하고 머리가 어지러운 경험을 하기도 한다.					
40. 나는 누가 나의 의견에 반대하여도 감정이 상하지 않는다.					
합 계 (같은 항목별로 더함)					

출처 : 김종운 · 박성실(2011).

※ 해석방법

유형별로 개수를 합산하여 높게 나온 유형이 자신의 의사소통 유형이다. 그러나 상황이나 대상에 따라 다른 의사소통 유형을 사용할 수 있다.

회유형(A) : 자아가 약하여 상대방의 의견에 동의하지 않을지라도 동의하는 시늉을 하고 항상 자신의 욕구보다는 상대방의 욕구에 맞추어 대화를 한다. 다른 사람을 배려하는 마음과 기쁘게 하려는 마음이 강하다. 타인의 사랑과 인정을 받고 타인에게 수용되기 위하여 자신을 무시하는 성향을 가지고 있으며 자신을 낮추고 상대방을 만족시키려는 행동을 한다. 이런 사람들은 감정적으로 매우 여리고 인정이 많으며 대체로 갈등을 회피하고 타인으로부터 받은 상처나 분노를 감춘다. 표면적으로는 만족한 듯이 행동하나 내면적으로는 당연시되거나 소홀히 취급당하는 것에 대해 분개한다. 이들의 자원은 돌봄, 양육적임과 예민성이다.

비난형(B) : 자신을 강하게 보이기 위해서 타인을 공격하고 비난한다. 자신이 다른 사람들보다 우월하다는 것을 보여주기 위해 타인의 말이나 행동을 인정하는 대신 비난하고 통제한다. 이런 사람들은 타인을 무시하며 자기와 상황을 중요하게 여긴다. 또한 다른 사람들이 자기를 가치 있게 생각하고 인정한다는 것을 행동으로 표현해 주기를 바라며 요구가 많고 화가 난 듯이 행동한다. 그러나 내면적으로는 자신이 외롭고 이해받지 못한다는 느낌을 가지고 있다. 이들의 자원은 주장성, 지도력, 그리고 에너지이다.

초이성형(C) : 자신의 감정에 민감하기보다는 모든 것을 이성적으로 이해하려는 태도이다. 서로에게 답답한 벽을 느끼게 만든다. 스트레스 상황에서 합리적인 수준을 고수하면서 자기와 타인의 감정을 무시하고 상황만을 중시한다. 표면적으로는 무감각하고 무심하게 행동한다. 그러나 내면적으로는 쉽게 감정에 휘말리고 불안해하며 두려워한다. 이들의 자원은 지성, 세부사항에 대한 주의집중과 문제해결 능력이다.

산만형(D) : 대화에 일관성이 없으며 대화 중 산만하게 다른 주제를 꺼낸다든지 다른 행동을 하여 대화에 집중하지 못한다. 스트레스 상황에서 내적인 고통을 두려워하고 외적으로는 다른 사람들과 연결되는 것을 어려워하여 자신의 내면의 역동과 외부와의 연결을 피하고자 한다. 즉, 자기, 타인, 상황을 모두 무시하기 때문에 접촉하기가 가장 어렵다. 표면적으로 이런 사람들은 집중하기를 어려워하고 마치 광대와 같이 행동한다. 보통 이런 사람과 의미 있는 깊은 수준에서 관계 맺기가 어렵다.

일치형(E) : 감정과 대화의 내용이 일치하여 상대방에게 명확하며 일관된 메시지를 전달한다. 의사소통의 내용과 내면의 감정이 일치하는 것을 말한다. 매우 진솔한 의사소통을 하며 알아차린 감정이 단어로 정확하며 적절하게 표현된다. 매우 생동적이고 창조적이며 독특하고 유능한 행동양식을 보인다. 일차적으로 반응하는 것은 다른 사람이나 상황을 조정하거나 자신을 방어하며 다른 사람을 무시하려는 목적이 있는 것이 아니라 진정으로 자기 자신이 되어 다른 사람과 관계를 갖고 접촉하며 직접적으로 사람과 연결을 맺는 것을 의미한다. 일치형의 사람은 높은 자기 가치감을 가지고 있으며 심리적으로나 신체적으로 건강한 상태에 있다. 일치형의 자원은 높은 자아존중감이다.

MEMO

CHAPTER 03

친구 간의 인간관계

이 장에서는 대학생 시기 친구관계에서의 부적응 문제에 대해 살펴보고 더불어 친구를 만들고 지키는 방법에 대해 살펴보도록 한다. 구체적으로 1절에서는 대학생 시기의 인간관계, 대학생의 다섯 가지 유형, 대학생 시기 친구관계와 부적응, 대학생 친구관계에서의 갈등 원인, 대학생 친구관계에서의 관계악화 및 약화 원인에 대해 살펴보고 2절에서는 친구의 개념, 친구관계의 특성, 친구관계에서 생기는 우정의 특징, 친구관계의 유형, 친구 선택의 기준, 친구에게 호감을 줄 수 있는 자질, 친구를 잘 사귀는 방법, 친구관계 맺기의 효율적인 전략에 대해 살펴보도록 한다.

학습목표

1. 대학생 시기 친구관계에서의 부적응 문제에 대해 이해한다.
2. 친구를 만들고 지키는 방법을 이해한다.

1 대학생 시기 친구관계에서의 부적응 문제

1) 대학생 시기의 인간관계

성인 초기에 해당하는 대학생 시기는 폭넓고 친밀한 인간관계를 맺어나가는 시기로 친밀하고 효과적인 인간관계는 인격 발달과 자아정체감을 형성하는 데 중요한 역할을 한다(이형득, 1995). 또한 대학생 시기는 유능하고 건강한 사회인으로서 삶을 구축해 나가야 하기 때문에 인간관계의 측면에서 매우 중요한 시기이다(Erickson, 1963). 그 이유는 첫째, 청소년 후기에 속하는 대학생 시기에 인간관계가 가장 활발하기 때문이다. 대학생들은 이 시기에 전공학과 동료나 선후배 그리고 동아리, 동문회, 학술모임 등에서 다양한 사람들과 인간관계를 맺게 된다.

둘째, 대학생 시기에 많은 인간관계 갈등을 경험할 수 있기 때문이다. 구체적으로 교우관계에 있어서는 고립감을 느낄 수 있고 새로운 관계형성의 어려움을 겪거나 친구, 선후배와 갈등과 대립 및 반목할 수 있다. 또한 관계문제로 인한 우울이나 불안과 같은 정서적 문제와 관계는 형성하였으나 피상적이고 형식적으로 맺어진 관계에 있어서의 어려움 등이 있을 수 있다. 이성관계에 있어서는 관계를 가지지 못하거나 좋아하는 사람이 있음에도 불구하고 반복적으로 거부를 당하거나 갈등, 실연, 부모반대, 성적인 문제 등이 발생할 수 있다. 가족관계에 있어서는 과도한 간섭과 통제를 하려는 부모와 이를 벗어나려는 자녀 사이에 갈등과 대립이 있을 수 있고, 형제·자매간의 갈등이 있을 수도 있다.

셋째, 대학생 시기는 부모에 대한 의존상태에서 벗어나 독립적인 성인으로 성장하는 시기이기 때문이다. 이 시기에 대학생들은 부모의 간섭에서 벗어나기 위해 저항하거나 탈피하려고 한다. 그런데 부모가 지속적으로 대학생 시기의 자녀에게 과잉간섭을 하게 되면 이들은 사회불안을 느끼게 되고, 삶에 대해 부정적인 태도를 가지게 되며, 삶의 동기나 삶의 기대 수준도 낮아지게 된다(서경현, 2013).

넷째, 대학생 시기는 미래의 인생을 설계하고 준비하는 시기로 '무엇을 위해 어떻게 살 것인가?'에 대한 근원적 고민을 하게 되기 때문이다. '한 인간의 삶은 그가 20대에 무엇을 했는가에 의해 결정된다'는 말이 있다. 이는 대학생 시기가 인생에 있어 그 만큼 중요하다는 것을 말해준다.

2) 대학생의 다섯 가지 유형

대학생은 그들이 추구하는 목표와 가치에 따라 대학생활의 주요 활동내용이 다르게 나타나는데 권석만(2009)은 이러한 내용에 따라 대학생의 유형을 다섯 가지로 구분하였다. 하지만 대학생을 특정 유형으로 구분하기도 어렵고 많은 대학생들은 다섯 가지 유형 중 두 가지 이상의 유형 특성을 동시에 보이는 경우가 많으며 학년에 따라 유형이 변화하기도 한다. 따라서 대학생의 다섯 가지 유형들은 대학생들의 다양한 삶의 모습을 이해하는 데 참고만 하기 바란다.

첫 번째 유형은 '인생파'이다. 이러한 유형의 대학생들은 삶이 가지는 궁극적 의미에 대해서 많은 고민을 자주 한다. 또한 삶과 죽음에 대한 관심이 많고 '무엇을 위해 어떻게 살 것인가?'에 대한 자신만의 답을 찾아가기를 원하며 많은 노력을 한다. 그렇기에 이들은 전공공부보다는 종교, 철학, 심리학 등에 대한 공부나 활동에 많은 관심을 가지고 있고 심리적으로 많은 고민과 방황을 하는 경향이 있다.

두 번째 유형은 '학구파'이다. 이 유형의 대학생들은 학문에 대해 관심이 많고 그 만큼 자신의 전공을 선택할 때도 매우 신중한 경향을 보인다. 그리고 전공에 대한 공부를 매우 열심히 하고 전공과 관련된 직업 분야로 진출 내지 대학원에 진학하여 학자적 삶을 살고자 하는 경우가 많다. 대체로 전공학과를 중심으로 대학생활을 하고 이러한 유형의 대학생들은 대체로 전공과목의 학점이 높은 경우가 많다.

세 번째 유형은 '출세파'이다. 이러한 유형의 대학생들은 사회적으로 인정받는 고수익의 안정된 직업을 확보하려고 노력한다. 각종 자격증 시험이나 고시에 몰두

하여 전공공부에 소홀히 하는 경향이 있다. 그리고 무언가에 대해서 공부를 할 때 지나치게 집착하기도 하며 이 경우 인간관계가 고립되거나 망가져 심리적 충격과 혼란을 경험할 수 있다.

네 번째 유형은 '낭만파'이다. 이 유형의 대학생들은 젊음의 시기에 누려야 할 삶의 즐거움과 낭만을 만끽한다. 또한 활발한 이성교제를 비롯하여 취미활동이나 문화활동에 깊은 관심을 지니고 많은 시간을 할애한다. 하지만 지나친 이성교제나 무절제한 즐거움 탐닉으로 대학생활에 소홀해지거나 예상하지 못한 무거운 책임이 뒤따를 수 있다.

다섯 번째 유형은 '정의파'이다. 이러한 유형의 대학생들은 우리 사회의 부조리, 불의, 불평등에 대한 깊은 사회적 관심을 가지는 특징이 있다. 이에 사회참여적 성향을 지닌 학생단체, 시민단체, 사회단체에 깊이 관여하고 사회적 활동이나 시위 등에도 적극적으로 참여한다.

3) 대학생 시기 친구관계와 부적응

대학생활에서 친구관계의 갈등과 해체는 종국에 친구 관계의 단절을 가져올 수 있다(김종운 · 박성실, 2011). "한 친구를 얻는 데는 오래 걸리지만, 잃는 데는 잠시이다(J. Lyly, 영국 작가)"라는 친구에 관한 명언처럼 친구를 얻는 데 시간이 오래 걸리는 만큼 친구를 보다 소중하게 대할 필요가 있다. 우리는 간혹 친밀한 관계일수록, 예를 들어 친한 친구나 가족들에게 함부로 대하거나 소홀히 하는 경우가 있다. 하지만 꼭 명심해야 할 것은 나에게 소중한 사람인 만큼 상대방을 대함에 있어서 부정적인 감정을 느끼지 않도록 배려하고 존중하며 신중하게 대화를 하는 것이 중요하다는 것을 잊지 말아야 한다. 이는 많은 사람들이 친구관계에서 배신감과 상실감에 상처를 받은 경험을 이야기할 때 대체로 그 이유를 친구에 대한 기대와 믿음이 깨질 때라고 말하는 점에서도 확인할 수 있다. 또한 대학생 시기 친구관계에서 쉽게 부적응을 할 수 있는 유형으로는 친구들과 사귀기를 꺼려하거나 피상적으로 관계를 맺는 사람, 대인기술이 부족하여 친구관계를 못 맺거나, 친밀한 관계를 강박적으로 추구하는 사람들이 있다(권석만, 2015).

읽기자료 **'관태기'와 '관태족'**

요즘 대학생들 사이에 이른바 '관태기', '관태족'이 확산되고 있는데 '관태기'란 '관계'와 '권태기'의 합성어로 인간관계에 권태를 느끼는 증상을, '관태족'이란 취업문제 등 스트레스 때문에 인간관계에서 권태를 느끼게 된 사람을 가리키는 신조어이다. 이러한 용어들이 요즘 대학생들 사이에서 확산된 이유는 지나친 학업 스트레스와 취업 준비에 따른 압박으로 친구와의 관계에 거의 신경을 쓰지 않고 홀로 지내는 것에 익숙한 대학생들이 많아지고 있다는 데 있다. 한 취업 포털에서 남녀 대학생 천 4백여 명을 대상으로 설문 조사한 결과 대학생 중 42%가 현재 자신이 '관태기'를 겪고 있다고 답했다. 문제는 나 홀로 있는 것에 익숙해지는 관태기가 너무 오랫동안 지속될 경우 우울증을 앓거나 사회에 제대로 적응하지 못할 수도 있다는 점이다. 따라서 관태기를 겪는 대학생들의 후유증을 덜어줄 수 있도록 학교에서 적극적인 심리 상담을 벌이고 사회적으로는 실효성 있는 취업 대책을 마련하는 것이 시급한 상황이다.

출처 : KTV 국민방송(2017.5.24).

4) 대학생 친구관계에서의 갈등원인

대학생 시기 친구관계에 있어 크고 작은 갈등은 있기 마련이다. 하지만 이러한 갈등을 제대로 해결하지 못하면 갈등과 불만이 증폭하게 되고 이는 결국 관계의 단절을 유발한다. 따라서 원만한 친구관계를 유지하기 위해서는 먼저 갈등의 원인을 제대로 이해하고 적절한 대처방법을 찾아야 한다. 다음의 내용은 대학생 친구관계에서 나타날 수 있는 갈등원인을 네 가지로 정리한 것이다(이태연 외, 2006).

대학생 친구관계에서 많이 나타나는 첫 번째 갈등원인은 한 친구가 다른 친구에 대한 우월감을 갖고 상대방을 위축시키거나 경쟁할 때이다. 따라서 내가 친구보다 좀 더 나은 점이 있다 하더라도 그것을 드러내기보다는 상호 유익할 수 있고 서로의 좋은 점들을 나눌 수 있는 모습으로 나아가는 것이 필요하다.

대학생 친구관계에서 많이 나타나는 두 번째 갈등원인은 서로의 기대 정도가 불일치할 때이다. 예를 들어, 굉장히 외향적인 친구들은 급하게 친밀해지기를 원하지만 이에 반해 내향적인 친구들은 점진적으로 친밀해지기를 원한다. 이런 차이가 조화롭게 이루어지지 않을 때 갈등이 생길 수 있다. 따라서 대학생들이 원만한 친구관계를 가지고자 할 때는 상호 간의 기대치를 맞춰나가려는 노력이 필요하다.

대학생 친구관계에서 많이 나타나는 세 번째 갈등원인은 성격의 차이나 표현의 차이이다. 내향적 성격의 친구들은 자신의 감정이나 자신의 마음을 잘 표현하지 못하는 경향이 있다. 이에 반해 외향적 성격의 친구들은 너무 활동적이고 자기의 마음을 직설적으로 표현할 수 있다. 이러한 성격의 차이나 표현의 차이가 내가 이전에 경험해 보지 못한 모습으로 인해 부담, 거부감으로 나타날 수 있기 때문에 갈등으로 나타날 수 있다. 따라서 대학생들이 원만한 친구관계를 가지고자 할 때는 자신과 타인의 성격적 차이나 표현의 차이를 잘 이해할 필요가 있다.

대학생 친구관계에서 많이 나타나는 네 번째 갈등원인은 가치관의 차이이다. 가치관은 그 사람이 자라온 사람의 배경이나 주변에 따라서 다를 수 있다. 이러한 가치관의 차이를 인정하지 않고 나와 다른 상대방의 가치관을 자신의 기준에 맞추려고 할 때 친구관계에서 갈등이 생길 수 있다. 따라서 대학생들이 원만한 친구관계를 가지고자 할 때는 친구가 자신과 다른 가치관을 가졌다 하더라도 이를 수용하고 존중해 줄 필요가 있다.

5) 대학생 친구관계에서의 관계악화 및 약화 원인

대학생 친구관계에 있어 원만한 친구관계를 유지하기 위해서는 갈등의 원인과 함께 친구관계를 악화 내지 약화시키는 원인에 대해서도 제대로 이해하여야 한다.

다음은 대학생 친구관계에서 나타날 수 있는 관계 악화 및 약화 원인을 여섯 가지로 정리한 것이다(Argyle & Henderson, 1984).

첫 번째는 친구의 질투와 비판이다. 앞서 경쟁관계로 친구를 바라보면 친구관계가 갈등관계가 될 수 있다고 하였는데 친구의 질투와 비판도 친구관계를 악화시킬 수 있다.

두 번째는 상대방에 대한 이해가 부족할 때이다. 친구관계도 서로 다른 환경에서 자라온 사람과 사람의 관계이기 때문에 사람과 사람의 차이가 있을 수 있다. 그것이 성격의 차이일 수도 있고, 여러 가지 그 사람의 모습에서의 차이일 수도 있는데 그 사람의 다름을 다름으로 인정할 때 관계가 유지될 수 있다. 그런데 어떤 차이에서 오는 다른 점들을 수용하지 못하고 그것을 인내하지 못하면 친구관계가 악화될 수 있다.

세 번째는 기대와 믿음이 깨졌을 때이다. 친한 친구 사이에는 서로에 대한 기대와 믿음이 존재한다. 이러한 기대와 믿음을 서로 잘 충족시키는 것이 친구관계의 유지에 매우 중요하다. 가령 믿었던 친구가 자신의 비밀을 누설했을 때 상대방에 대한 믿음이 약해지고 실망과 배신감이 생기면서 친구관계가 악화될 수 있다.

네 번째는 곤경에 처해있는데 도와주지 않을 때이다. 힘든 상황에서 어렵게 도움을 청했는데 친구가 자발적으로 도와주지 않으면 실망하고 친구관계가 악화될 수 있다. 하지만 여기서 무조건적으로 도와주는 것이 반드시 유익하다고는 볼 수 없다.

다섯 번째는 공개적으로 잔소리하거나 비난할 때이다. 사람은 누구나 일반적으로 잔소리와 비난을 싫어한다. 친구에 대한 걱정이나 염려를 가지고 비판을 할지라도 되도록 개인적인 상황에서 하는 것이 좋고, 다수가 있는 자리에서는 하지 않는 것이 좋다. 그렇지 않으면 친구관계가 악화될 수 있다.

여섯 번째는 신뢰나 긍정적 존중 및 정서적 지지를 보여주지 않을 때이다. 신뢰나 긍정적 존중 및 정서적 지지는 친구관계에서 갖춰야 할 가장 중요한 요건이기도 하다. 친구를 신뢰하지 못하고, 쉽게 평가하거나 판단을 내리며, 필요할 때 칭찬, 격려, 공감, 위안 등을 통해 정서적으로 도움을 주지 못하면 친구관계가 악화될 수 있다.

이 외에도 미국 심리학자인 수잔나 로즈(S. M. Rose)는 동성친구와의 관계악화 원인을 네 가지로 제시하였는데 그 내용을 살펴보면 다음과 같다(Rose, 1984).

첫 번째는 서로 자주 만나지 못하는 상황 속에서 물리적 이별이 생겼을 때 친구와의 관계가 악화될 수 있다는 것이다. '눈에서 멀어지면 마음도 멀어진다'는 뜻의 한시구절(去者日以疎 : 거자일이소)과 영어속담(out of sight, out of mind)도 있는데 이는 인간관계에서 서로 간에 자주 만나지 못하면 마음이 멀어질 수 있다는 것으로 사람의 감정에 있어서는 동, 서양이라고 해서 다르지 않음을 보여준다.

두 번째는 내가 만났던 친구가 새로운 친구로 대체되며 자연스럽게 멀어지게 된다는 것이다. 즉, 배고향신(背故向新, 옛 친구를 배반하고 새로운 사람과 사귀다)이 아니다 하더라도 각자 바쁘고 새로운 환경에 놓이면서 새롭게 사귄 친구들이 많아지게 되면 옛 친구들이 자연스럽게 멀어질 수밖에 없다.

세 번째는 친구의 행동이나 성격에 대한 불만도가 심할 때나 불만도가 높을 때 관계도가 악화된다는 것이다. 사실 친구와의 친밀도가 높았다면 친구의 행동이나 불만도 쉽게 해결될 수 있지만 이러한 것들이 누적되어서 본인이 이를 스스로 해결하기 어려운 수준으로 이르렀을 때는 결과적으로 그것이 친구의 불만으로 남게 되고 불만이 계속 쌓여갈 때 친구와의 관계가 악화될 수밖에 없다.

네 번째로는 이성관계나 결혼관계의 방해와 간섭에 의해 악화될 수 있다는 것이다. 친구관계에 있어서 결혼을 하게 되거나 이성친구가 생기면 친구관계가 소홀해질 수밖에 없다. 이러한 현상은 대부분의 친구관계에서 나타나며 특히 결혼한 후에 친구가 줄어드는 경향이 많이 나타난다.

2 친구를 만들고 지키는 방법

1) 친구의 개념

친구란 '오래도록 친하게 사귀어 온 사람'을 의미한다(Daum 사전, https://dic.daum.net). 한자로는 '親舊'라고 하는데 본래는 혈연관계의 친척(親戚)과 오래 사귄 사람 구교(舊交)의 앞 자를 합성한 말이다. 이러한 친구관계는 우정의 강도와 친밀도, 형성요인 등에 따라 분류할 수 있는데 우리는 보통 우정의 강도와 친밀도에 따라 친구관계를 벗, 지기(知己), 친구, 절친한 친구, 단짝 친구, 죽마고우(竹馬故友), 생명도 나눌 수 있는 친구 등 다양한 표현으로 사용한다. 또한 형성요인에 따라 학연, 지연, 혈연에 의해 형성된 일차적 친구와 관심사, 취미, 가치관 등의 공유로 인해 형성된 이차적 친구로 분류하기도 한다. 그 외 아리스토텔레스(Aristoteles)는 친구관계를 형성하고 유지시키는 요인에 따라 즐거움과 쾌락을 위한 쾌락적 친구, 실리적 필요에 의한 효용적 친구, 개인이 지닌 긍정적 성격특징에 의한 인격적 친구로 나누고 있다(자세한 내용은 p. 85 참조). 친구는 경우에 따라서 나의 삶을 힘들게 하는 대상이 될 수도 있지만 대체로 친한 친구는 사회적, 정서적 지지원이며(Wilkinson, 2004), 삶의 질과 행복에 매우 중요한 영향을 미친다(Holder & Coleman, 2009).

2) 친구관계의 특성

친구는 인생의 다른 동반자인 가족, 연인, 직장동료와 구분된다. 즉, 친구관계는 혈연관계나 직접적인 이해관계보다 개인적인 친근감과 신뢰를 바탕으로 긍정적인 정서를 교류하는 관계이다. 친구관계는 서로에 대한 호감과 공통적 관심사에서 출발하여 서로의 개인적 정보를 공유하면서 서로를 깊이 알아가고 이해해 감으로써 편안함과 친밀감을 쌓아간다(김춘경, 2019). 이러한 친구관계의 특성을 살펴보면 다음과 같다(권석만, 2015; 이위환 · 김용주, 2012; 조선화 외, 2007).

첫째, 친구관계는 자발적 상호의존적 관계이다. 여기서 자발적 상호의존적이란 어떤 특정한 목적을 위해 상호작용하는 것이 아니라 함께 상호작용하는 것 그 자체에서 만족을 얻는다는 것을 의미한다.

둘째, 친구관계는 함께 공유할 수 있는 삶의 영역이 넓고, 즐거움을 함께하는 관계이다. 친구는 대체로 나이, 학력, 지식수준, 성장배경, 사회경제적 위치 등이 비슷한 경우가 많아 공유할 수 있는 삶의 영역이 넓다. 또한 화제, 취미, 오락, 가치관 등이 유사하기 때문에 친구들과 함께 식사하고 이야기하며 운동과 여행과 같은 취미생활을 함께 하는 등 즐거움을 함께 하는 특징을 가진다.

셋째, 친구관계는 가장 순수한 인간관계 또는 관계지향적인 관계이다. 친구는 상호 유익을 주고받을 수는 있지만 관계에서의 실리적인 목적은 부수적인 것이고 상대방의 개인적 속성이 관계 형성 및 유지에 주요한 요소가 된다.

넷째, 친구관계는 대등한 위치에서 맺는 수평적인 관계이다. 친구관계는 부모-자녀, 형제-자매, 스승-제자, 상사-부하직원 등 살면서 맺게 되는 다양한 위계적 인간관계에서 지켜야 하는 심리적 부담과 제약이 적다. 그렇기에 친구관계에서는 편안함으로 자기개방이 잘 이루어지며 다른 관계에서 말할 수 없는 내용도 자연스럽게 이야기하는 경향이 많다.

다섯째, 친구관계는 개인 대 개인의 자격으로 긍정적인 감정적 유대를 기본적으로 추구하는 관계이다. 여기서 긍정적인 감정적 유대는 자발적인 상호의존의 특징을 가진 친구관계를 유지시키는 데 필수적인 요소가 된다.

여섯째, 친구관계는 의무나 구속력이 적어 해체되기 쉬운 관계이다. 즉, 다른 인간관계와 달리 가입과 탈퇴가 자유롭다. 또한 자발적 상호의존적으로 구성된 관계이기에 외부의 강제적 요인이 적어 관계의 해체 역시 자발적이며 쉽게 이루어진다.

3) 친구관계에서 생기는 우정의 특징

프랑스의 화가 피에르 보나르(Pierre Bonnard, 1867~1947)는 '인간을 고독에서 구출해 주는 유일한 것은, 신뢰할 수 있는 우정'이라고 말한 바 있다. 친구관계에서 생기는 우정의 특징에 대해 살펴보면 그 내용은 다음과 같다. 첫째, 우정은 친구관계에서 경험하는 정서적 만족도에 비례하는데 여기서 정서적 만족도는 친구관계에서 경험하는 긍정적 감정과 부정적 감정의 비율 및 강도에 의해서 평가될 수 있다. 즉, 친구관계에서 만족도가 없으면 우정이 잘 생기지 않는다. 둘째, 우정은 현재 친구관계에 투여하는 심리적 · 물리적 투자의 양에 비례하며 이러한 투자량은 친구관계의 강도를 반영한다. 즉, 내가 힘든 상황, 정서적으로 필요한 상황에서 친구가 그 상황을 심리적 · 물리적 투자로 채워줄 때 우정은 비례한다는 것이다. 셋째, 우정은 미래에 친구를 위해 투자할 수 있는 최대의 양에 비례한다. 즉, 우정은 친구에 대한 신뢰의 정도를 반영하여 친구를 위한 자기희생의 정도에 의해 평가될 수 있다. 넷째, 우정의 강도는 친구관계의 지속기간이나 만남의 빈도와 관계가 있다. 이것은 친구관계뿐만 아니라, 다른 인간관계에서도 그렇다. 계속적으로 만나고 연락하고 함께하는 과정에서 만들어지는 추억들은 친구관계의 강도와 비례한다.

참고자료 **우정에 대한 명언**

- 우정은 실연의 상처를 치유하는 최고의 치료제다. – 제인 오스틴 (영국 소설가)
- 우정을 위한 최대의 노력은 벗에게 그의 결점을 스스로 깨닫게 하는 일이다. – 라 로슈푸코 (프랑스 작가)
- 우정의 규율은 파렴치한 일을 요구하지 않는 것이며, 요구를 받았을 때 이를 행하지 않는 것이다. – 마르쿠스 툴리우스 키케로 (고대 로마 문인이자 철학자)
- 우정은 종종 사랑으로 끝을 맺기도 하지만, 사랑은 결코 우정으로 바뀔 수 없다. – 찰스 칼렙 콜튼 (영국 작가)
- 우정은 합리적인 것이 아니다. 오히려 합리성을 잃고 있기 때문에 우정이라는 것이 성립되는 것이다. – 곤 도코 (일본 작가이자 승려)
- 진실된 우정은 느리게 자라는 나무와 같다. – 조지 워싱턴 (미국 초대 대통령)
- 불길처럼 불타오른 우정은 쉽게 꺼져버리는 법이다. – 토마스 풀러 (영국 역사학자)
- 진정한 우정은 앞과 뒤, 어느 쪽에서 보아도 동일한 것. 앞에서 보면 장미, 뒤에서 보면 가시일 수는 없다. – 하인리히 리케르트 (독일 철학자)

Activity 3-1 친구와의 우정지수 자가점검

※ 다음의 질문들은 여러분의 친구관계를 알아보기 위한 것입니다. 해당되는 칸에 ✔표 하세요.

문 항	늘 그렇다	가끔 그렇다	거의 그렇지 않다
1. 공통의 취미 또는 생각을 가지고 함께 무엇인가를 하면서 지낸다.	5	3	1
2. 좋은 것, 맛있는 것이 있으면 서로 나누어 쓰거나 함께 먹는다.	5	3	1
3. 서로의 생각, 느낌이나 의견을 솔직히 이야기한다.	5	3	1
4. 지금의 우정이 계속 유지될 것을 굳게 믿는다.	5	3	1
5. 잘못한 일이 있으면 솔직히 말하고 용서를 구한다.	5	3	1
6. 어떤 경우에도 친구를 무시하지 않는다.	5	3	1
7. 친구의 이야기를 잘 들어준다.	5	3	1
8. 친구의 이야기를 듣고 그에 대한 답변, 충고를 성심껏 해준다.	5	3	1
9. 친구의 좋은 점, 본받을 점을 이야기해 준다.	5	3	1

※ 해석

- 40점 이상 : 우정을 지키려는 태도가 매우 좋고 대화와 타협으로 친구와의 갈등을 해결하려는 유형
- 35~39점 : 마음으로 우정을 지키고 싶지만 행동이 따라주지 않는다. 가끔 싸우기도 하지만 곧 친구의 마음을 풀어주려고 노력하는 유형
- 34점 이하 : 친구와의 우정을 지키기보다는 자신의 이익을 생각하고 친구를 이해하려 하지 않으며 자신의 의견과 생각만을 주장하는 유형

출처 : 천성문 외(2019).

4) 친구관계의 유형

그리스 철학자 아리스토텔레스(Aristoteles)는 친구관계를 형성하고 유지시키는 요인을 쾌락, 효용성, 덕성으로 보고 이에 따라 친구관계의 유형을 쾌락적 친구, 효용적 친구, 인격적 친구로 구분하였다(유수현 외, 2009). 어린 시절에는 함께 즐길 수 있는 쾌락적 친구가 좋았다면 나이가 들면 삶에 현실적으로 필요한 정보를 주고받을 수 있는 효용적 친구를 더 좋게 본다. 즉, 친구와 함께 나눌 수 있는 사항은 고정되고 불변하는 것이 아니라 계속 유동적으로 변한다(손정연, 2019).

다음으로 아리스토텔레스가 구분한 친구관계 유형에 대해 자세히 살펴보도록 하자.

첫 번째 유형인 '쾌락적 친구'는 즐거움과 쾌락을 위해 맺어진 친구를 의미한다. 물론 즐거워지려는 욕구는 우리가 친구를 찾고 만나는 주요한 이유들 중 하나다. 우리는 보통 친구와 즐거움을 나누고 재미있는 경험을 하며, 흥겨운 대화를 나누고 친절을 주고받는다. 또한 기분을 전환할 거리를 찾고 인생을 즐기며 재미를 추구한다.

두 번째 유형인 '효용적 친구'는 실리적 필요와 현실적인 도움의 기대에 의해 맺어진 친구이다. 이러한 친구를 과연 친구라 부를 수 있을지 모르겠지만 관계가 가져다줄 이익을 살피고, 그 이익에만 열을 올리는 사람들끼리 서로를 친구라고 부르는 문화권은 의외로 많다. 실제로 적지 않은 사람들이 앞서 말한 쾌락의 영역과 지금 말한 이익의 영역에 둥지를 튼다. 동성 간의 관계뿐 아니라 이성 간의 관계에서도 그러하다.

세 번째 유형인 '인격적 친구'는 상대방의 덕성에 의해 맺어진 친구이다. 덕성은 개인이 지니는 여러 가지 인간적인 특성으로 수용성, 신뢰성, 지혜로움, 성숙성 등이 있다. 인격적 친구는 친구를 쾌락과 이익이라는 이기적 목적을 이루는 수단으로 보지 않고 우정 자체를 목적으로 바라본다. 물론 즐거움과 이익을 완전히 배제하는 것은 아니지만 인격적 친구는 목적을 추구하는 관계가 아니라 그 자체에 목적을 담는다. 또한 상대를 그냥 좋아하고 그냥 상대와 함께 있고 싶어 한다.

이 세 가지 친구관계 유형 외에 아리스토텔레스도 예상하지 못했던 또 한 가지 친구유형이 존재하는데 바로 '가상의 친구'이다. 이는 인터넷 기술이 만든 가상공간에서 맺어진 친구를 의미한다. 물론 소셜 네트워크를 통해서 앞서 살펴본 세 가지 친구관계 유형 중 인격적 친구관계를 맺을 수도 있다. 하지만 이러한 경우 대부분은 기존의 현실적 친구관계가 바탕이 된다. 가상공간은 친구들의 삶을 이어주는 다리가 될 수 있고 정보 교환의 플랫폼이 될 수 있으며, 일상을 공유하고 함께 게임을 하는 교류의 장이 될 수 있다. 또한 공간적 거리가 완전히 사라지고 귀찮은 시간 약속이 불필요해지며 온라인으로 들어가면 한눈에 누가 거기에 있는지 파악되므로 한참 뜸했던 친구에게도 다시 연락을 취할 수 있다(Schmid, W., 장혜경 역, 2019).

다음으로 중국의 전한시대(前漢時代) 역사가 사마천(司馬遷)의 사기(史記) '계명우기(鸡鸣偶记)' 편에서는 친교의 목적과 관계 형태에 따라 친구의 유형을 네 가지로 분류하였다. 첫 번째 유형인 '외우(畏友)'는 서로의 잘못을 바로 잡아주고 도의를 위해 노력하는 친구 사이이다. 둘이 친구 사이이지만 서로 존중하고 아껴주며 신의를 지키면서 한편으론 존경스럽고 두려운 존재의 친구를 말한다. 두 번째 유형인 '밀우(密友)'는 힘들 때 서로를 위해 늘 함께 해줄 수 있는 친구 사이로 잠시도 떨어져 살 수 없으며 없으면 죽을 것 같은 관계이다. 세 번째 유형인 '일우(昵友)'는 좋은 일과 노는 데만 잘 어울리는 친구 사이로 어릴 시절부터 동네에서 만나 놀면서 친해진 놀이 친구를 말한다. 네 번째 유형인 '적우(賊友)'는 이익을 보면 서로 싸우고 근심거리가 있으면 서로 미루는 사이로 기회주의적인 친구를 이야기한다. 이 네 가지 친구의 유형 중에서 우리가 지양해야 할 친구 유형은 '일우(昵友)'와 '적우(賊友)'이고 지향해야 할 친구관계 유형은 '외우(畏友)'와 '밀우(密友)'이다. 나의 잘못과 허물을 바로 잡아줄 수 있고, 함께 추구할 수 있는 방향성들을 위해서 선의의 경쟁을 하며, 힘들 때 상호 간에 돕고 나눌 수 있는 친구가 진정한 친구이기 때문이다.

읽기자료 **진실한 우정의 상징 : 관포지교(管鮑之交)**

중국의 춘추시대에 살던 '관중'과 '포숙'이라는 두 사람은 많은 것을 함께 하고 서로를 이해하는 절친한 친구였다. 두 사람이 같이 장사를 할 때 관중이 더 많은 이익금을 가져갔지만 포숙은 관중의 집안이 돌봐야 할 식구가 더 많다는 것을 알고 있었기에 불평을 하지 않았다. 두 사람이 제나라의 관리가 되었을 때 관중은 세 번이나 파면되었는데, 전쟁이 벌어지면 어머니가 혼자 남게 되는 것이 걱정되어 전쟁터에서 달아났기 때문이다. 관중의 사정을 잘 알고 있는 포숙은 여러 사정 때문에 뜻을 펼치지 못하는 관중이 안타까웠고 그래서 자신이 모시던 군주 소백에게 관중을 천거했다.

"전하께서 제나라에 만족하신다면 신으로 충분할 것입니다. 그러나 천하의 패자가 되고자 하신다면 관중 외에는 인물이 없을 것입니다. 부디 그를 등용하십시오."

그렇게 관중은 소백의 재상이 되었고, 이후 명재상 관중의 보좌를 받은 소백은 제나라 환공에 올라 춘추 5패 가운데 한 사람이 되었다. 그 후 관중은 사람들에게 이렇게 말했다.

"나를 낳은 이는 부모님이지만 나를 알아준 이는 포숙이다."

※ 춘추 5패 : 춘추시대 5인의 패자를 일컫는 말로 제나라의 환공, 진나라의 문공, 초나라의 장왕, 오나라의 왕 합려, 월나라의 왕 구천을 가리킨다.

출처 : 따뜻한 하루(http://www.onday.or.kr/wp/?p=16963).

5) 친구 선택의 기준

디켄스와 펄먼(Dickens & Perlman, 1981)은 경험적인 연구를 통해 친구를 선택하는 몇 가지 기준을 설명했는데 이를 살펴보면 다음과 같다. 첫 번째, 인간은 자신을 좋아하는 사람을 좋아한다. 그렇기 때문에 친구를 선택할 때는 자신이 좋아할 수 있고 자신을 좋아해 주는 친구를 선택해야 한다. 두 번째, 인간은 자신과 유사한 태도를 지닌 사람을 좋아한다. 사람들은 서로 유사한 점으로 보다 친밀해지는데 관련 실험연구에서도 태도나 취미의 유사성이 친구관계를 촉진하는 것으로 확인되고 있다. 세 번째, 인간은 자신과 유사한 성격을 지닌 사람을 좋아한다. 친구 간 성격이 유사하면 상대방의 속성을 이해하기 쉬워 관계에서 친교성이 보다 촉진될 수 있다. 네 번째, 인간은 신체적으로 매력적인 사람을 좋아한다. 특히 젊은 사람들은 외모나 신체적 매력을 이성교제 대상이나 친구 선택에 있어 중요한 기준으로 삼는다. 다섯 번째, 인간은 자신 곁에 가까이 사는 사람을 좋아한다. 가깝게 살 경우 만날 기회가 많아져 자주 접촉할 수 있고 그 결과 친숙해지고 호감도가 증가할 여지가 크다. 여섯 번째, 인간은 자신과 나이가 비슷한 사람을 좋아한다. 요즘에는 나이의 차이를 넘어서 친구를 맺는 경우도 많지만 일반적으로는 나이가 같은 또래일수록 사고나 가치관이 유사하여 친구가 되기 쉽다. 일곱 번째, 인간은 같은 성(sex)을 가진 사람과 쉽게 친구가 된다. 동성끼리는 서로의 태도나 의견에 대해서 공감과 강화를 많이 주고받게 되므로 보다 친한 사이로 발전할 수 있다.

최인수와 원윤선(2000)은 우리나라 중, 고, 대학생 422명을 대상으로 이성친구 선택기준에 대해 살펴보았는데 조사 결과 이성친구 선택 기준에 크게 영향을 미치는 조건들 중 첫 번째가 성격이었고, 두 번째는 외모, 세 번째는 현실적 조건, 네 번째는 비전, 다섯 번째는 신세대적인 특징과 관련된 요인들로 나타났다. 그리고 나이가 어릴수록 겉으로 나타나는 외모와 신세대적 요인들이 이성 친구를 선택하는 중요한 기준이 되었고 나이가 많을수록 장래에 대한 가능성(비전)에 좀 더 많은 비중을 두었으며 성격은 나이가 많거나 적거나 공통적으로 고려하는 요인으로 나타났다. 성별 차이에 있어서는 남학생은 외모에 선택기준을 좀 더 많이 비중을 두는 데 반해 여학생은 비전, 신세대적인 특징, 현실적 조건에 좀 더 관심을 두는 것으로 나타났다.

참고자료 **친구 선택의 기준**

- 친구는 눈(외모, 조건)이 아니라 마음(진정성)으로 선택해야 한다.
- 예쁘고 멋진 사람을 고르기보다 자신과 마음이 맞는 사람과 사귀어야 한다.
- 함께 즐길 수 있는 친구는 삶을 즐겁게 해주며 소리 없이 지지해 주는 친구는 마음을 따뜻하게 해주고 진심으로 충고해 주는 친구는 교만하지 않게 해준다.
- 친구가 많으면 선택의 길도 넓어지고 좋은 일도 많아진다.
- 만일 나에게 좋은 일이 생기면 배 아파 하고 나쁜 일이 생기면 종적을 감춰버리는 친구가 있다면 당장 관계를 끊어버려야 한다.
- 친구를 사귈 때는 신중에 신중을 기하고 한결같아야 한다. 신중을 기하면 실수가 적어지고 한결같으면 관계를 오래도록 유지할 수 있다.

출처 : 박양화(2007).

6) 친구에게 호감을 줄 수 있는 자질

좋은 친구를 사귀고 그 관계를 유지하는 것은 인생에서 매우 중요한 과제이다. 이와 관련하여 친구로부터 호감을 살 수 있는 인간적 자질들을 살펴보면 다음과 같다.

첫 번째는 신뢰와 믿음이다. 이는 모든 대인관계에서 중요하게 여겨지는 자질로 신뢰와 믿음이 무너지면 그 관계는 더 이상 유지되기가 어려워진다.

두 번째는 이야기를 잘 들어줄 수 있는 능력, 즉 경청 능력이다. 여기서의 경청은 단지 듣는 것뿐만 아니라 메시지에 담겨져 있는 숨은 배경, 감정, 숨겨져 있는 의미, 이런 것들까지도 잘 알아차릴 수 있는 능력을 말한다.

세 번째는 성실한 자세, 솔직함, 포용력, 상대방을 잘 배려해 주는 마음, 존중하는 태도, 허용적인 자세이다. 이러한 자질들은 깊이 있는 만남을 만드는 데 중요한 역할을 한다.

마지막은 겸손함으로, 보통의 사람들은 겸손함을 가지고 있는 사람들에게 호감을 더 느낀다. 따라서 스스로가 상대방에게 호감을 줄 수 있는 사람이 되기 위해서는 자기 스스로를 돌아보고 자신이 부족한 자질들을 갖추기 위해 적극적인 노력을 해야 한다.

좋은 친구

법정 (승려, 수필가)

사람이 하늘처럼 맑아 보일 때가 있다.
그때 나는 그 사람에게서 하늘 냄새를 맡는다.

텃밭에서 이슬이 내려앉은 애호박을 보았을 때
친구한테 먼저 다서 보내주고 싶은 생각이 들고

들길이나 산길을 거닐다가
청초하게 피어 있는 들꽃과 마주쳤을 때
그 아름다움의 설렘을
친구에게 먼저 전해 주고 싶은 마음이 생긴다.

이렇게 메아리가 오고 가는 친구는
멀리 떨어져 있어도 영혼의 그림자처럼
함께 할 수 있어 좋은 벗이다.

같이 있으면 마음이 편해지고 장점을 세워주고
쓴 소리로 나를 키워 주는 친구는
큰 재산이라 할 수 있다.

인생에게 가장 좋은 친구가
가장 큰 보배이다.

물이 맑으면 달이 와서 쉬고
나무를 심으면 새가 날아와
둥지를 튼다.

스스로 하늘 냄새를 지닌 사람은
그런 친구를 만날 것이다.

Activity 3-2 친구관계 점검을 통한 자기이해

※ 다음의 질문을 통해 나의 친구관계에 대해 점검해 보고 인간관계에 미친 영향에 대해 생각해 봅시다.

1. 나는 어떤 기준으로 친구를 사귀나요?

2. 나에게 좋은 친구란 어떤 친구인가요?

3. 나의 좋은 친구관계 경험은 어떤 것이 있나요?

4. 좋은 친구관계를 위해 나는 어떤 노력을 해왔나요?

5. 나의 친구관계에서 경험한 어려움(갈등, 관계악화 또는 약화)은 어떤 것이 있나요?

6. 친구관계에서 어려움을 해결하기 위해 나는 어떤 노력을 했나요?

7. 다른 인간관계에 영향을 준 친구관계 경험이 있다면 어떤 경험이며 그것이 어떤 영향을 미쳤나요?
(예 초등학교 때 따돌림당한 경험으로 인해 친구를 믿지 못한다. 고등학교 시절 항상 자기 뜻대로만 하려고 하는 친구 때문에 힘들었던 경험이 있어서 자기주장이 강한 사람들과 사귀지 않는다)

출처 : 천성문 외(2019) 일부 수정.

7) 친구를 잘 사귀는 방법

친구를 사귀는 것도 사귄 친구와 우정을 유지하는 것도 쉽지 않은 일이다. 구본용 외(1998)는 이와 관련하여 친구를 잘 사귀기 위해 몇 가지 지켜야 할 것들을 제시하였다. 구체적으로 살펴보면 첫 번째, 친구들과 우정을 나누기 위해서는 자신의 시간이나 노력을 투자해야 한다. 즉, 자신의 시간이나 노력을 투자하여 잦은 만남이나 시간을 가질 때 우정을 잘 유지할 수가 있다. 우정을 나누기 위해서는 질적인 것만큼 양적인 것도 중요하다.

두 번째, 친구들과 자신의 시간, 물건, 기술 등을 나눠 사용해야 한다. 즉, 우정을 계속적으로 나누고 유지하기 위해서는 자신의 것들(시간, 물건, 기술 등)을 함께 공유할 수 있는 사이가 되었을 때 우정 관계의 친밀도가 높아질 수 있다.

세 번째, 서로 좋거나 나쁘거나 자신의 기분을 교환할 수 있어야 한다. 즉, 자연스럽게 자신의 기분을 나누고 공유할 수 있어야 한다.

네 번째, 우정이 끝까지 지속될 것으로 믿어야 한다. 즉, 우리의 우정이 계속적으로 유지될 거라는 믿음과 신뢰가 있어야 한다.

다섯 번째, 잘못을 저질렀을 때 그 사실을 시인할 필요가 있다. 즉, 자신이 잘못했을 때 자신의 잘못을 인정하지 않거나 감추려고 하면 그것으로 인해 갈등이 생길 수 있다는 사실을 명심해야 한다.

여섯 번째, 자신의 친구와 동의할 수 없는 상황이 전개되면 친구의 인격을 비방하지 말고 그 친구의 구체적인 생각을 비판할 수 있어야 한다. 즉, 사람에 대한 인격적인 모독이나 인격을 비판해서는 안 되며 사람이 가지고 있는 생각이나 모습을 비판할 수 있어야 한다.

일곱 번째, 가까이 지내는 친구와 다툴 때는 우선 자신의 분노를 차분히 진정시키고 해결하려는 노력을 해야 한다. 인간관계에서 갈등은 피할 수 없는 부분이고 이는 친구관계에서도 마찬가지이다. 친구관계에서 갈등이 생겼을 때는 마음을 진정시킨 후에 먼저 본인의 감정을 점검하고 대화를 시도해야 한다. 그렇지 않고 화난 감정 상태에서 대화를 시도하면 문제해결이 되지 않고 오히려 갈등이 싸움으로 비화되는 경우가 많다. 그리고 갈등을 해결하는 방식에 있어서는 상황에 따라 문제를 토의하고 외부의 도움을 구하면서 변화를 시도하거나 아니면 기다리면서 관계의 개선을 희망하는 것이 적절하다.

여덟 번째, 우정은 금이 가고 다시 정다워지기 시작하면 굉장히 강해진다는 것을 알 필요가 있다. 비 온 뒤에 땅이 굳어진다는 속담처럼 어떤 인간관계이든지 위기의 상황은 있을 수 있는데 위기의 상황을 잘 넘기면 관계는 더욱 견고해질 수 있다.

아홉 번째, 한번쯤 자신의 취미나 흥미를 점검하고 변화시키려는 노력을 할 필요가 있다. 어쩌면 나도 모르게 나의 취미나 흥미를 친구에게 강요했을 수도 있는데 이러한 부분들은 반드시 점검하여 개선할 필요가 있다.

열 번째, 친구의 이득을 가로채지 말아야 한다. 이를 위해 주변의 친구들과 어떤 일을 함께 하게 될 때는 친구에게 전적으로 얽매이지 않는 것이 좋다.

8) 친구관계 맺기의 효율적인 전략

인간관계는 넓이와 부피와 같다. 인간과 인간의 점들이 이어져 선이 되고, 선과 선이 더해져 넓이가 된다. 즉, 소위 말하는 네트워크다. 이때 넓이는 관계의 표면적을 말하고, 부피는 그 표면적에 시간의 개념을 더하여 시간이 흐르면서 나온 전체 부피(질량)를 의미한다(소비자경제, 2018. 12. 28). 친구관계도 이와 마찬가지인데 친구관계에 있어 이러한 네트워크를 어떻게 효율적으로 형성할 수 있는지를 살펴보도록 하자. 벤첼과 어들리(Wentzel & Erdly, 1993)는 친구관계 맺기를 효율적으로 하는 데 적용할 수 있는 몇 가지 전략을 제시하였다. 구체적인 내용을 살펴보면 첫째, 상호작용을 잘 시작해야 한다. 친구관계를 형성하는 데 가장 기본적인 것은 교류이다. 친구에 대해 알기 위해 자신을 소개하고 대화를 시작한다. 그리고 어떤 일을 함께 하자고 제안한다. 둘째, 친절한 행동을 해야 한다. 친절하고 상냥하게 그리고 사려 깊게 행동하는 모습, 친구에게 먼저 양보하고 친구의 입장에서 배려하는 모습

등의 행동들을 통해 관계가 점점 더 친밀해지게 된다. 셋째, 친사회적인 행동을 해야 한다. 다른 사람에 대한 존경과 예의 및 공손하고 정중한 태도를 보이고 다른 사람의 말에 경청하는 모습을 보일 때, 긍정적인 태도와 성격으로 솔직하고 자연스럽게 행동할 때 그리고 좋은 평판을 얻도록 단정한 차림을 할 때 좀 더 좋은 관계가 되기가 쉽다. 넷째, 사회적 지지를 제공해야 한다. 친구에게 도움을 주고, 조언을 하며 관심을 보이고 공부나 놀이 등의 활동을 함께 할 때나, 옆자리에 앉고 같은 집단에 소속되며 다른 사람을 칭찬할 때 친구관계가 점진적으로 잘 형성될 수 있다.

〈표 3-1〉 친구관계 맺기의 구체적인 전략

적절한 전략	상호작용 시작하기	• 친구에 대해 알고 자신을 소개하고 대화를 시작한다. • 무슨 일을 함께 하자고 제안한다.
	친절한 행동	• 친절하고 상냥하고 사려 깊게 행동한다. • 친구에게 먼저 양보하고 친구의 입장에서 배려한다.
	친사회적 행동	• 다른 사람에 대한 존경과 예의 및 공손하고 정중한 태도를 보이고 다른 사람의 말을 경청한다. • 긍정적인 태도와 성격으로 솔직하고 자연스럽게 행동한다. • 좋은 평판을 얻도록 노력하고 단정한 차림을 한다.
	사회적 지지 제공	• 도움을 준다. • 친구에게 조언을 하며 관심을 보이고 공부나 놀이 등의 활동을 함께 한다. • 옆자리에 앉고 같은 집단에 소속되며 다른 사람을 칭찬한다.
부적합한 전략	심리적 공격	• 나쁜 매너, 편견, 사려 깊지 못하고 다른 사람을 이용하고 욕을 하거나 무례하게 행동한다. • 비협동적으로 친구를 무시하며 따돌리고 배타적으로 행동한다. • 친구를 나쁘게 말하고 감정을 상하게 한다. • 험담하고 나쁜 소문을 퍼뜨리며 난처하게 만들고 비난한다.
	부정적인 자기표현	• 거드름 피우고, 샘내며, 자랑하고, 자기중심적이며, 심술 궂고, 잔인하며, 적의를 보이고, 토라지며, 까다롭고, 항상 화를 내며, 어리석게 행동하고, 성질을 부리며, 문제를 만들고, 자기평판을 나쁘게 만든다.
	반사회적 행동	• 싸우고, 침 뱉고, 몸에 상처를 입히는 등 신체적 공격을 한다. • 고함을 지르고 괴롭히며 싸움을 걸고 조롱하며 욕하는 등 언어적 공격을 한다. • 거짓말하고 훔치고 속이며, 약속을 지키지 않고 비밀을 이야기하는 등 배신행위를 한다.

출처 : Wentzel & Erdley(1993).

참고자료 친구관계에서 지켜야 할 12가지 사항

1. 필요할 때 자발적으로 돕는다. 도움이 필요한 상황에서는 솔직하게 도움을 청하는 것도 필요하다.
2. 친구의 사생활을 존중한다. 서로 공유한 사생활을 다른 사람에게는 절대 말하지 말아야 한다.
3. 신뢰를 지킨다.
4. 허심탄회하게 흉금을 터고 마음을 나눈다.
5. 서로의 장점을 칭찬하고 본받는다.
6. 감정적인 지지를 보여준다.
7. 개인적인 조언을 구한다.
8. 나에게 베푼 친절이나 고마움에 꼭 보답한다. 친한 사람에게 고마움을 표현하는 것이 어렵지만 표현을 할 필요가 있다.
9. 친구에게 개인적인 감정이나 문제를 개방한다.
10. 나와 친구의 차이점을 인정한다.
11. 갈등을 인정하고 서로 솔직한 태도를 갖는다.
12. 필요하다면 다른 사람의 도움을 받는다.

출처 : 강문희 외(1999).

참고자료 친구에 대한 명언

- 친구는 모든 것을 나눈다. – 플라톤 (고대 그리스 철학자)
- 친구는 제2의 자신이다. – 아리스토텔레스 (고대 그리스 철학자)
- 성공은 친구를 만들고, 역경은 친구를 시험한다. – 퍼블릴리어스 사이러스 (로마 시대 작가)
- 선물로 친구를 사지마라. 선물을 주지 않으면 그 친구의 사랑도 끝날 것이다.
  – 토마스 풀러 (영국 역사학자)
- 풍요 속에서는 친구들이 나를 알게 되고, 역경 속에서는 내가 친구를 알게 된다.
  – 존 철튼 콜린스 (영국 비평가)
- 친구를 얻는 방법은 친구에게 부탁을 들어달라고 하는 것이 아니라 내가 부탁을 들어주는 것이다. – 투키디데스 (고대 그리스 역사가)

Activity 3-3

친구관계의 유지발전을 위한 자기점검

※ 다음의 질문들은 여러분이 친구관계의 유지발전을 위해 어떻게 인식 및 행동하고 있는지를 알아보기 위한 것입니다. 해당되는 칸에 ✔표 하세요.

문 항	부정적				보통		긍정적			
1. 같이 무엇인가를 하면서 지낸다.	1	2	3	4	5	6	7	8	9	10
2. 무엇인가를 서로 나누어 쓴다.	1	2	3	4	5	6	7	8	9	10
3. 서로의 느낌이나 의견을 솔직히 이야기한다.	1	2	3	4	5	6	7	8	9	10
4. 우정이 지속될 수 있음을 믿는다.	1	2	3	4	5	6	7	8	9	10
5. 나의 잘못을 솔직하게 시인한다.	1	2	3	4	5	6	7	8	9	10
6. 친구를 무시하지 않는다.	1	2	3	4	5	6	7	8	9	10
7. 친구의 이야기를 잘 들어준다.	1	2	3	4	5	6	7	8	9	10
8. 친구의 심정을 알아준다.	1	2	3	4	5	6	7	8	9	10
9. 친구의 좋은 점을 이야기해 준다.	1	2	3	4	5	6	7	8	9	10
10. 친구와의 비밀 또는 약속을 잘 지킨다.	1	2	3	4	5	6	7	8	9	10

※ 해석

점수가 높을수록 친구관계의 유지발전을 위한 노력을 적극적으로 하고 있음을 보여준다. 우정은 만들어지는 것이기 때문에 좋은 친구관계를 유지, 발전시키기 위해서는 각자의 꾸준한 노력이 필요하다.

출처 : 최세영 외(2017).

MEMO

CHAPTER **04**

이성 간의 인간관계

이 장에서는 이성을 선택하는 요령과 실연을 극복하는 방법에 대해 살펴본다. 구체적으로 1절에서는 사랑의 의미, 사랑의 요소, 사랑의 다양한 유형, 사랑의 발달과정, 성공적인 사랑을 위한 태도와 의사 표현 방법, 이성을 선택하는 요령에 대해 살펴보고 2절에서는 실연의 개념, 실연의 유형, 실연의 고통, 실연의 심리적 · 인지적 · 행동적 영향, 실연의 극복단계, 실연의 극복방법에 대해 살펴보도록 한다.

학습목표

1. 이성을 선택하는 요령에 대해 이해한다.
2. 실연을 극복하는 방법을 이해한다.

1 이성을 선택하는 요령

1) 사랑의 의미

사전적 의미로 '사랑'은 이성의 상대에게 끌려 열렬히 좋아하는 마음 또는 그 마음의 상태를 의미하거나 부모나 스승 또는 신이나 윗사람이 자식이나 제자 또는 인간이나 아랫사람을 아끼고 소중히 여기는 마음을 의미한다. 또한 남을 돕고 이해하려는 마음, 어떤 사물이나 대상을 몹시 아끼고 귀중히 여기는 마음을 말한다.

미국 정신분석학자 에리히 프롬(Fromm, 1970)은 "사랑이란 자신의 기쁨, 흥미, 지식, 슬픔 등 자기 자신 안에 살아있는 모든 것들을 표현해 주는 것은 물론 자기의 생명까지 줌으로써 상대방의 감각을 강화하고, 상대방의 생활을 풍요롭게 만듦으로써 그 속에서 자기가 살고 있음을 느끼는 것이다"라고 하였고 나스와 맥도날드(Nass & MacDonald, 1982)는 "사랑이란 자신이 믿는 것을 상대방에게 알리고 행함으로써 상대방이 성장하도록 도와주며 또한 공통된 목표, 꿈, 희망을 상대방과 함께 하고, 어려운 일에 기꺼이 상처를 받을 수 있는 감정을 의미한다"고 하였다.

2) 사랑의 요소

Robert Sternberg(1949~)

미국 심리학자 로버트 스턴버그(Sternberg, 1986)는 사랑의 구성요소를 친밀감, 열정, 헌신으로 제시하였다. 각각의 구성요소를 살펴보면 첫째 '친밀감(intimacy)'은 사랑하는 사람과 가깝고 편하게 느낌, 서로를 잘 이해함, 함께 공유함, 원활한 의사소통, 긍정적인 지지 등을 의미한다. 친밀감은 사랑의 '따뜻한' 측면으로서 사랑이 따뜻하고 포근하게 느껴지는 것은 이러한 친밀감 때문이다. 친밀감은 교제기간에 비례하여 서서히 증가한다. 둘째, '열정(passion)'은 사랑의 '뜨거운' 측면이다. 열정은 연인들을 생리적으로 흥분시켜 들뜨게 하고 사랑하는 사람과 함께 있고 싶으며 일체가 되고 싶은 강렬한 욕망을 불러일으킨다. 열정은 급하게 발전하지만 오래 지속되기 어렵다. 셋째, '헌신(commitment)'은 상대방을 사랑하겠다는 결정과 행동적 표현을 의미한다. 헌신은 사랑하는 사람과의 사랑을 지키겠다는 선택이자 결정이며 책임의식이기도 하다. 이러한 헌신은 사랑의 '차가운' 측면을 반영하는 동시에 사랑의 인지적 측면을 나타낸다. 아울러 헌신은 사랑하는 사람과의 지속적인 관계를 위해 자신을 구속시키는 행위를 포함한다. 사랑의 맹세, 사랑의 징표교환, 약혼이나 결혼 등은 서로가 서로에게 헌신하겠다는 약속이다.

스턴버그는 사랑의 세 가지 구성요소들에 대한 배합에 따라 다양한 사랑유형을 제시하였는데 먼저 친밀감만 있는 경우는 사랑이라기보다는 단순히 '좋아함/우정(liking/friendship)'이고, 열정만 있는 경우는 '도취성 사랑/짝사랑(infatuated love)', 헌신만 있는 경우는 '공허한 사랑(empty love)', 친밀감과 열정의 결합은 '낭만적 사랑(romantic love)', 친밀감과 헌신의 결합은 '우애적 사랑(companionate love)', 열정과 헌신의 결합은 '허구적 사랑(fatuous love)', 친밀감과 열정과 헌신의 결합은 '완전한 사랑(consummate love)'이라고 제시하였다.

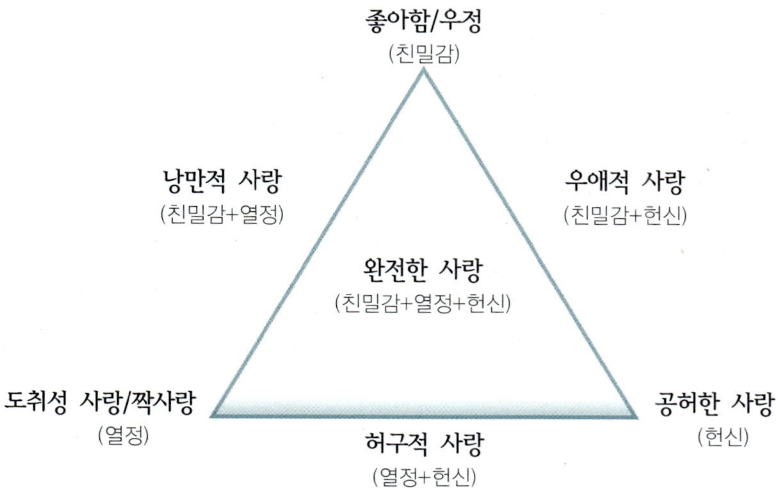

|그림 4-1| 스턴버그의 사랑의 삼각형 이론(Triangular theory of love)

Activity 4-1 사랑의 모양 자가점검(사랑의 삼각형 척도)

※ 아래의 문장들은 현재 당신이 사귀고 있는 이성 친구에 대한 당신의 심리상태를 기술한 것입니다. ○○은 이성친구의 이름을 뜻합니다. 각 문장이 ○○에 대한 당신의 상태를 잘 나타내는 정도를 평가하여 괄호 안에 점수를 매기세요.

전혀 아니다	………	약간 그렇다	………	대체로 그렇다	………	상당히 그렇다	………	매우 그렇다
1	2	3	4	5	6	7	8	9

1. 나는 ○○의 행복을 위해서 적극적으로 밀어준다. (　　)
2. 나는 ○○과 따뜻한 관계를 맺고 있다. (　　)
3. 나는 힘들 때 ○○에게 의지할 수 있다. (　　)
4. ○○는 힘들 때 나에게 의지할 수 있다. (　　)
5. 나는 ○○와 나의 모든 것을 공유할 의향이 있다. (　　)
6. 나는 ○○로부터 상당한 정서적 지지를 받고 있다. (　　)
7. 나는 ○○에게 상당한 정서적 지지를 주고 있다. (　　)
8. 나는 ○○와 말이 잘 통한다. (　　)
9. 나는 내 인생에서 ○○를 매우 중요시한다. (　　)
10. 나는 ○○와 친밀감을 느낀다. (　　)
11. 나는 ○○와 편안한 관계를 느끼고 있다. (　　)
12. 나는 ○○를 정말 이해하고 있다고 느낀다. (　　)
13. 나는 ○○가 나를 정말 이해하고 있다고 느낀다. (　　)
14. 나는 내가 ○○를 정말 신뢰한다고 느낀다. (　　)
15. 나에 관한 매우 개인적인 정보를 ○○와 공유하고 있다. (　　)
16. 나는 ○○를 보기만 해도 흥분된다. (　　)
17. 나는 낮에도 ○○에 대해 생각하는 나 자신을 자주 발견한다. (　　)

18. ○○와 나의 관계는 정말 낭만적이다. (　　)
19. 나는 ○○이 매우 매력적이라고 느낀다. (　　)
20. 나는 ○○를 이상화하고 있다. (　　)
21. 나는 ○○처럼 나를 행복하게 만드는 사람을 상상할 수 없다. (　　)
22. 나는 다른 어떤 사람보다도 ○○와 함께 있고 싶다. (　　)
23. ○○와의 관계보다 더 중요한 것은 이 세상에 없다. (　　)
24. 나는 ○○와 신체적으로 접촉하는 것을 특히 좋아한다. (　　)
25. ○○와의 관계에는 마술적인 힘이 있다. (　　)
26. 나는 ○○를 찬미한다. (　　)
27. 나는 ○○ 없는 인생을 생각할 수 없다. (　　)
28. ○○와 나의 관계는 열정적이다. (　　)
29. 낭만적인 영화나 책을 볼 때면 ○○를 생각하게 된다. (　　)
30. 나는 ○○에 대해서 공상을 하곤 한다. (　　)
31. 내가 ○○에 대해서 염려하고 있다는 것을 알고 있다. (　　)
32. 나는 ○○와의 관계를 지속시키기 위해서 최선을 다하고 있다. (　　)
33. 다른 사람이 우리 사이에 끼어들지 않도록 나는 ○○에 대해 헌신할 것이다. (　　)
34. 나는 ○○와의 관계가 흔들리지 않을 것이라는 점에 대해 자신감을 갖고 있다. (　　)
35. 나는 어떤 난관에도 불구하고 ○○에게 헌신할 것이다. (　　)
36. ○○에 대한 나의 사랑은 남은 인생 동안 계속되리라고 예상한다. (　　)
37. 나는 ○○를 위해서 항상 강한 책임감을 느낄 것이다. (　　)
38. ○○에 대한 나의 사랑은 확고한 것이다. (　　)
39. 나는 ○○와의 관계가 끝나는 것을 상상할 수 없다. (　　)
40. 나는 ○○에 대한 나의 사랑을 확신한다. (　　)
41. 나는 ○○와의 관계가 영원히 지속될 것이라고 생각한다. (　　)
42. 나는 ○○와 사귀는 것을 잘한 결정이라고 생각한다. (　　)
43. 나는 ○○에 대한 책임의식을 느낀다. (　　)
44. 나는 ○○와의 관계를 계속 유지할 작정이다. (　　)
45. 설혹 ○○와 갈등이 생긴다 해도, 나는 여전히 우리 관계를 유지할 것이다. (　　)

※ **해석방법**

'친밀감'은 1번에서 15번까지의 점수를 합산한 점수이고, '열정'은 16번에서 30번까지의 점수를 합산한 점수이며 '헌신'은 31번에서 45번까지의 점수를 합산한 것이다. 각 요소별 얻은 점수들을 각각 세 변의 길이로 하여 삼각형을 구성해 보고 어떤 요소가 가장 크고, 어떤 요소가 가장 작은지를 살펴본다. 또한 사랑 삼각형의 모형과 크기에 관한 설명(아래 그림)을 참고하여 자신의 사랑을 평가해 보도록 한다.

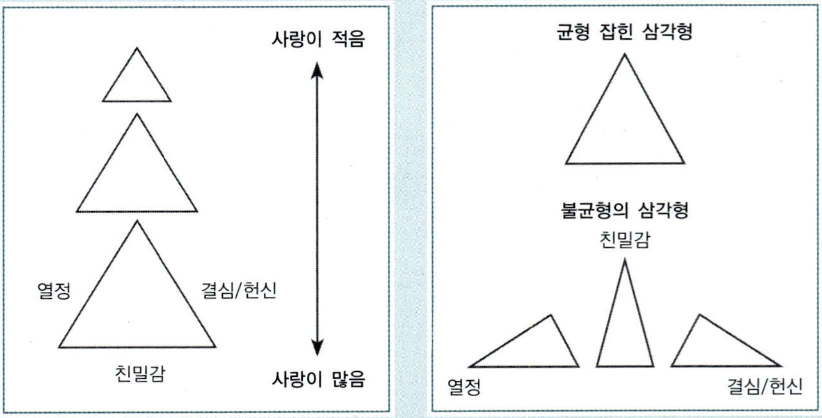

출처 : Sternberg(1997).

3) 사랑의 다양한 유형

캐나다 사회학자 존 알란 리(J. A. Lee, 1933~2013)는 사랑의 유형을 그리스어에 근거하여 여섯 가지로 구분하였는데 그 내용을 살펴보면 다음과 같다(Lee, 1973).

(1) 낭만적 사랑(Eros : Romantic Love)

첫째, '낭만적 사랑(에로스)'은 뜨거운 열정과 욕망이 중요한 요소가 되는 강렬한 사랑이다. 큐피트의 화살이 심장에 꽂힌 것처럼 사랑의 불꽃이 타오른다. 처음에는 신체적 매력에 이끌리게 되며 신체적 변화를 수반하는 강한 감정을 일으키는 것이 보통이다. 그리고 차츰 감정이나 생각, 경험들을 함께 나누어 가짐으로써 서로를 사랑의 사슬에 묶어 놓는다. 낭만적 사랑은 많은 사람들이 선망하는 사랑의 유형이기는 하나, 흔히 불안정하고 지속적이지 못하여 많은 심리적 고통을 수반하는 경우가 많다.

(2) 우애적 사랑(Storge : Companionate Love)

둘째, '우애적 사랑(스토르게)'은 형제자매 사이나 친구 간에 시간이 흐르면서 서서히 무르익는 사람의 감정을 뜻한다. 우애적 사랑은 비록 황홀한 감정은 없을지라도 서로 함께 있으면 편안하고 정다우며, 서로를 신뢰하고 이해하며 보살핀다. 또한 갈등이 생기더라도 온건하게 타협을 통해 해결하며, 서로에게 강한 상처를 주는 경우는 드물다.

(3) 유희적 사랑(Ludus : Playful Love)

셋째, '유희적 사랑(루더스)'은 마치 놀이를 하듯이 재미와 쾌락을 중요시하며 즐기는 사랑이다. 이러한 사랑에서는 상대방에 대한 강력한 집착이나 관계의 지속을 위한 장기적인 계획이 없다. 또한 동시에 여러 사람을 사랑하며 다른 사람을 또 사랑할 수 있다는 자랑으로 사랑을 즐긴다. 그러면서 지속적인 사랑이란 구속이라고 느끼며 쾌락과 즐거움이 줄어들면 새로운 대상을 찾는다.

(4) 실용적 사랑(Pragma : Pragmatic Love)

넷째, '실용적 사랑(프라그마)'은 이성에 근거한 현실주의적이고 합리주의적인 사랑으로서 논리적 사랑이라고도 부른다. 사랑의 대상을 선택할 때에도 사랑의 관계가 안정적이고 지속적일 수 있는 서로의 조건을 고려한다. 만일 자신과 잘 어울리는 배경과 관심사를 가진 상대를 만나지 못하면 유희적 사랑을 사용하여 적당한 후보를 물색한다. 그러나 충동적이거나 성적 행동을 하지 않으며, 각 대상을 검토하여 자신과 잘 어울리는 상대라고 판단될 때까지 알아본다. 그리고 자기의 판단이나 선택이 옳은지의 여부를 친구나 부모에게 상의한다. 리는 실용적 사랑을 우애적 사랑과 유희적 사랑이 혼합된 것으로 보았다.

(5) 이타적 사랑(Agape : Altruistic Love)

다섯째, '이타적 사랑(아가페)'은 무조건이고 헌신적으로 타인을 위하고 보살피는 사랑이다. 사랑의 대상이 사랑을 받을 자격을 가지고 있는지의 여부나 그로부터 돌아오는 보상적인 대가에 상관없이 변함없이 주어지는 헌신적인 사랑이다. 따라서 이 사랑에서는 자기희생이 중요한 요소가 된다. 리는 이타적 사랑을 낭만적 사랑과 우애적 사랑이 혼합된 것이라고 보았다. 이러한 사랑을 하는 사람은 사랑하는 사람이 심리적 고통을 주더라도 너그럽게 받아들이며 상대가 자신보다 다른 사람과 함께 있는 것이 더 행복하다고 생각할 때는 대상이 경쟁자일지라도 관계를 단념할 수 있다.

(6) 소유적 사랑(Mania : Possessive Love)

여섯째, '소유적 사랑(매니아)'은 상대방에 대한 강렬한 소유욕과 집착을 중요한 요소로 하는 강렬한 사랑을 의미한다. 언제나 사랑받고 있다고 확인하며 상대가 사랑하기 전에 사랑하게 될까 봐 걱정을 한다. 이런 사람은 상대를 정말로 좋아하지도 않고 평생 동반자로 생각하지도 않는다. 그러다 사랑을 하게 되면 너무 많은 사랑을 필요로 하기 때문에 냉정하게 처신하기 힘들다. 상대방이 자신을 버리고 떠나가지 않을까 하는 불안과 의심으로 항상 마음을 졸이며 잠을 이루지 못한다. 사랑을 얻기 위해서 헌신적인 노력을 하지만 배신의 기미가 보이면 뜨겁던 사랑이 일순간에 증오로 변한다. 소유적 사랑은 구체적인 대상과 사랑에 빠진 것이 아니라 사랑 그 자체를 사랑하고 있는 것이다. 리는 소유적 사랑을 낭만적 사랑과 유희적 사랑이 혼합된 것으로 보았다.

이제, 나의 모든 것을

메리 해스켈 (미국 교육자)

이제,
나의 모든 것을 그대의 손안에
내어 맡깁니다.

내가 하는 일을
이해하고, 존중하며, 사랑해주는
이를 만나면,
그대 손안에
나의 전부를 내어 맡길 수
있음은

그가
내게
자유를 주는 까닭입니다.

Activity 4-2

사랑의 유형 자가점검

※ 다음의 문항들은 당신의 사랑 유형을 확인하기 위한 것입니다. 각 문항을 읽고 자신에게 해당하는 것에 ✔표 하세요.

내 용	거의 그렇지 않다	그렇지 않은 편이다	보통이다	그런 편이다	매우 그렇다
1. 나와 연인은 서로 첫눈에 감전된 것을 느꼈다.	1	2	3	4	5
2. 내 연인이 나에 대해 모르는 것이 있어도 그것이 그(녀)에게 상처를 주지 않을 것으로 믿는다.	1	2	3	4	5
3. 가장 최선의 사랑은 오래된 우정으로부터 발전되는 것이다.	1	2	3	4	5
4. 내가 연인을 선택하는 데 있어서 고려사항은 그(녀)가 우리 가족에게 어떤 영향을 미칠 것인가 하는 점이다.	1	2	3	4	5
5. 내 연인이 나에게 관심을 두지 않을 때면, 나는 병이 난 것 같이 몸이 아프다.	1	2	3	4	5
6. 내 연인이 고통당하는 것을 그냥 두고 보기보다는 차라리 내가 대신 당하겠다.	1	2	3	4	5
7. 나와 내 연인은 하늘이 정해준 짝이라고 생각한다.	1	2	3	4	5
8. 나는 때때로 내 연인이 내게 또 다른 연인(들)이 있다는 것을 알지 못하도록 조심해야 한다.	1	2	3	4	5
9. 우리의 우정은 시간이 지남에 따라 사랑으로 점차 발전되었다.	1	2	3	4	5
10. 연인을 선택하는 데 있어 중요한 고려사항은 그(녀)가 훌륭한 부모가 될 수 있는지의 여부이다.	1	2	3	4	5
11. 사랑을 하고 있을 때면, 다른 것에 집중하기가 어렵다.	1	2	3	4	5
12. 내 연인의 행복이 나의 행복보다 우선되지 않는다면 나는 행복할 수가 없다.	1	2	3	4	5
13. 나와 내 연인은 서로를 너무도 잘 이해한다.	1	2	3	4	5
14. 내 연인은 실제로 내가 다른 여자(남자)들과 관계를 맺은 적이 있다는 것을 알게 되면 굉장히 화를 낼 것이다.	1	2	3	4	5
15. 사랑은 알 수 없고, 신비스러운 것이 아니라 실제로 깊은 우정과 같은 것이다.	1	2	3	4	5

내 용	거의 그렇지 않다	그렇지 않은 편이다	보통 이다	그런 편이다	매우 그렇다
16. 애인을 사귈 때 그(녀)가 내 장래의 경력에 어떠한 영향을 미칠지에 관해 고려해야 한다.	1	2	3	4	5
17. 내 연인이 다른 이성과 함께 있다는 생각이 들기 시작하면 나는 가만히 있을 수가 없다.	1	2	3	4	5
18. 내 연인의 행복을 이루기 위해서라면 나 자신의 소망도 기꺼이 포기할 수 있다.	1	2	3	4	5
19. 내 연인의 신체적 매력은 나의 이상형과 일치한다.	1	2	3	4	5
20. 나는 내 연인과 기타 여러 명의 남자(여자)들과 장난삼아 사랑하기를 즐긴다.	1	2	3	4	5
21. 좋은 우정으로부터 발전된 것이 가장 만족스러운 사랑관계이다.	1	2	3	4	5
22. 나는 어떤 이성과 깊게 사귀기 이전에 그 사람의 유전적 배경이 이후 자식을 가지게 될 경우에 나의 것과 잘 조화되는지를 생각해 본다.	1	2	3	4	5
23. 만약 내 연인이 한동안 나를 등한시한다면, 나는 그(녀)의 주의를 끌기 위해 바보 같은 짓도 할 수 있다.	1	2	3	4	5
24. 내 연인을 위해서라면 기꺼이 모든 것을 참을 수 있다.	1	2	3	4	5

※ 해석방법

각 문항에 반응한 점수를 아래 각 사랑의 유형별로 점수의 평균치를 계산한다. 평균치가 가장 높은 것이 자신의 사랑유형이다.

항 목	해당 문항
낭만적 사랑	1, 7, 13, 19
우애적 사랑	3, 9, 15, 21
유희적 사랑	2, 8, 14, 20
실용적 사랑	5, 11, 17, 23
이타적 사랑	6, 12, 18, 24
소유적 사랑	4, 10, 16, 22

출처 : Hendrick, Hendrick, & Adler(1988).

4) 사랑의 발달과정

미국 사회학자인 이라 레스(I. L. Reiss)는 사랑의 발달과정에 대해 개인적인 상호관계의 관점에서 분석하였는데 그는 사랑의 발달과정이 바퀴처럼 돌아 순환의 과정을 거친다고 보았다(Reiss, 1960).

첫 번째 단계는 어떠한 요인이든 간에 두 사람이 서로 좋아하게 되고 원하게 되는 '라포형성(rapport) 단계'이다. 서로 친밀한 관계를 거쳐 가면서 선물이나 이벤트, 기타 행동이나 모습을 통해서 감동을 받았다고 했을 때 상대방을 향한 호감이 생기거나 호감을 넘어 신뢰감이 형성된다.

두 번째 단계는 두 사람이 자신에 대한 개인적인 정보를 주고받고 개인적인 신상에 대해 편하게 이야기 나눌 수 있는 '자기노출(self-revelation) 단계'이다. 이 단계에서는 개인적인 감정이나 사생활인 내용에 대해 허심탄하게 이야기할 수 있다.

세 번째 단계는 두 사람이 좀 더 많은 시간을 함께 보내는 것을 원하게 되고 '상호의존적인 관계(mutual dependency)로 발전하는 단계'이다. 이 단계에서는 두 사람이 많은 시간을 보내는 것을 원하고 상호 서로에게 어려움이 있을 때 서로 나누면서 의지하고 그것을 해결하게 된다.

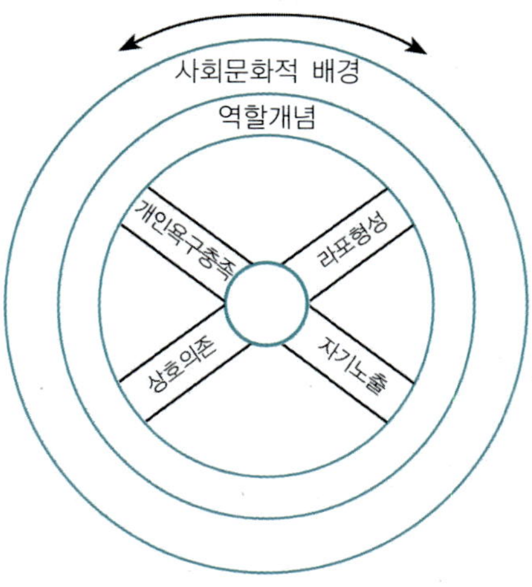

|그림 4-2| 사랑의 수레바퀴 이론

네 번째 단계는 '개인의 욕구충족(personality need fulfillment) 단계'이다. 서로의 관계가 발전함에 따라 두 사람은 각각 상대방의 감정적 욕구에 만족하고 개인의 욕구가 만족됨으로써 앞 단계의 라포형성이 더 잘되면서 사랑의 단계는 수레바퀴가 굴러가듯이 계속적으로 진행된다.

5) 성공적인 사랑을 위한 태도와 의사표현 방법

성공적인 사랑을 하기 위해서는 적절한 태도와 의사표현 방법을 가지는 것이 필요한데 김중술(1992)은 이와 관련하여 세 가지의 태도와 상대방의 변화를 요청하는 구체적인 의사표현방법을 제시하였다. 먼저 성공적인 사랑을 위한 태도에 대해 살펴보면 다음과 같다.

첫 번째는 자신이 선호하는 사랑의 양식과 상대방이 선호하는 사랑의 양식을 구체적으로 파악해야 한다. 사람들은 살아온 환경의 차이로 인하여 자신이 선호하는 가치에 차이가 있을 수 있다. 그런데 그 차이를 수용하고 조화롭게 맞추어 가려는 의지가 없으면 갈등이 생길 수밖에 없다. 사랑도 마찬가지이다. 각자의 살아가는 방식이 너무나 상이할 때 그 차이를 좁혀나가려는 노력들을 하면 사랑을 이어갈 수 있겠지만 그렇지 않으면 결국 헤어질 수밖에 없다.

두 번째는 서로 다른 사랑의 양식을 가지고 있다 하더라도 어느 한쪽만이 전적으로 옳거나 진실한 것은 아니라는 사실을 받아들이는 것이 필요하다. 어느 한쪽이 전적으로 옳다고 주장을 하면 성공적인 사랑을 할 수 없다. 그렇기에 내가 틀릴 수도 있다는 사실을 수용할 수 있는 자세를 가지는 것이 필요하다.

세 번째는 사랑의 표현 방법을 상대편의 사랑 양식과 어울리게 자신도 노력을 해야 한다는 것을 기억해야 한다. 예를 들어, 연인관계에서 B라는 여성은 사랑을 수시로 확인받고 싶어 하는 사랑의 양식을 가지고 있는데, 이에 반해 A라는 남성은 자기 사랑의 표현에 서툴고 과묵하며 마음은 있어도 이를 잘 표현하지 못하는 양식을 가지고 있다고 가정해 보자. 특정 기념일에 B라는 여성은 A라는 남성과의 만남 속에서 무언가를 기대하는데 남성이 단지 자기의 마음을 선물로만 표현했을 때 B라는 여성은 선물뿐만 아니라 남자의 마음을 표현한 편지라든지 이야기를 선호했다면 선물에 대해 고마움은 가질지라도 마음이 표현되지 못한 부분에 대해서는 서운함을 가질 수 있다.

이와 같이 사랑을 이루는 과정에서부터 이루어진 사랑을 잘 키워가는 과정에 이르기까지 가장 중요한 것은 의사소통이라 해도 과언이 아니다. 물론 마음이 중요하지만 마음이 있어도 그 마음을 상대방에게 충분히 그리고 정확하게 전달하지 못하면 행복한 사랑을 이루기 어려울 수 있다. 그런데 보통의 사람들은 의사소통의 방법이 서툴러 사랑하는 마음을 성공적으로 전하지 못하거나 마음에도 없는 오해를 상대방에게 불러일으킬 때가 있다. 특히 상대방의 행동에 변화를 원할 경우에는 그 의사표시 방법이 더욱 중요하다. 이에 다음으로 상대방의 변화를 요청하는 구체적인 의사소통 방법을 살펴보면 다음과 같다.

첫째, 하고 싶은 말은 가능한 한 간략하게 표현하여야 한다. 요점만을 말하고 가능하면 잘 선택된 단어들을 구사하여 두 개의 문장으로 압축하는 것이 좋다. 이렇게 말을 절약함으로써 불필요하고 비생산적이거나 상대방의 감정을 상할 수 있는 말들을 최소한으로 줄일 수 있다.

둘째, 상대방의 잘못된 부분은 구체적으로 지적하여야 한다. 예를 들어, “당신은 너무 정돈할 줄 모른다”고 말하는 대신에, “당신이 벗어 놓은 양말을 세탁기에 넣고, 읽고 난 신문은 신문철에 꽂아 놓았으면 좋겠어요”라고 구체적으로 말하는 것이 좋다.

셋째, 상대방에게 모욕을 주거나, 비난하거나, 화를 내지 말아야 한다. 문제가 있다는 사실을 전제하고 함께 해결할 수 있는 방법을 모색하는 태도가 필요하다. 원인을 밝히되 해결방안을 찾는 맥락에서 밝혀야 하며, 책임을 추궁하거나 상대편을 비난, 힐책하는 일이 없도록 해야 한다.

넷째, ‘게으름뱅이’, ‘이기주의자’, ‘경솔한 사람’과 같이 상대방을 비하하는 표현을 쓰지 말아야 한다. 이와 같은 표현들은 과잉일반화로서 문제의 본질을 흐리게 할 뿐만 아니라, 상대방의 감정을 상하게 함으로써 문제해결을 더욱 어렵게 만든다. 그것은 말하는 사람의 화풀이 효과밖에 없고, 상대로부터 반격을 유도할 뿐이다.

다섯째, '한 번도 그런 적이 없다'거나 '언제나 그렇다'와 같은 극단적인 표현을 쓰지 말아야 한다. 이와 같은 표현들은 대개의 경우 정확하지 않을 뿐만 아니라 상대로부터 반격을 당할 수 있다. '한 번도' 주어진 일을 하지 않는 사람은 없으며, 문제가 되는 일을 '언제나' 하는 사람도 없기 때문이다.

여섯째, 상대방의 심리분석을 함부로 하지 말아야 한다. 상대방의 동기(혹은 이유)에 대한 추측은 대개의 경우 틀리기 쉬우며, 오히려 상대방의 기분을 악화시킬 수 있다. 상대방이 화가 나있는 것 같으면, "당신이 나한테 화가 나있는 것 같은 기분이 드네요"라고 말하는 것이 좋으며, 나를 골탕 먹이려 한다거나 보복하려 한다는 등의 비난을 퍼붓는 것은 전혀 도움이 되지 않는다. 괜히 신문이나 잡지에서 본 심리분석을 함부로 상대방에게 적용하여, 마치 상대편의 속마음을 훤히 꿰뚫어 보는 것처럼 말하는 것은 오류를 범할 가능성만 크고, 사실과 추측을 혼동하게 할 뿐이다.

일곱째, 자기 말만 하려 하지 말고 상대편의 말을 경청할 줄 알아야 한다. 그리하여 상대편의 주장과 일치하는 점이나 서로 이해가 가능한 점을 찾아보아야 한다. 상대편이 불평하는 요점이 분명하지 않으면 물어서 확인하는 것이 좋으며, 오해가 있으면 이해시키고, 자신의 잘못이 드러나면 주저 없이 그것을 인정하고 사과하는 것이 적절하다.

6) 이성을 선택하는 요령

다음으로 이성을 선택하는 몇 가지 요령에 대해 구체적으로 살펴보도록 하자. 이성을 선택하기 위해서는 첫째, 가까운 주변 생활영역에서 대상을 찾아야 한다. 즉, 자주 만나고 시간을 함께 보낼 수 있는 영역에서 찾는 것이 보다 가능성을 높일 수 있다. 단편 SF영화 '스톰(2019)'에서 정부는 주어진 시간 안에 컴퓨터 알고리즘으로 상대를 찾도록 했는데 결국 주인공 블레이크가 1년간 177,553명을 찾아 헤맨 끝에 만난 여자는 바로 이웃집에 살던 나탈리였다. 이는 인연이 생각보다 우리 주변 가까이에 있을 수 있음을 보여준다. 둘째, 남녀의 차이를 기본적으로 수용하여야 한다. 과거에는 남자와 여자 사이에 차이가 있다고 말하면 사람들은 한쪽이 다른 쪽보다 열등하다는 의미로 받아들였는데 이는 과학적 사실과 완전히 다른 구시대적 사고이다. 사과와 오렌지가 다르다고 해서 어느 하나가 더 나은 것은 아니기 때문이다. 따라서 남녀의 차이를 수용한 상태에서 이성을 선택하는 것이 중요하다. 다음의 남녀 대화는 남녀 간의 대화의 초점이 서로 다름을 여실히 보여준다.

참고자료 **남녀 대화의 차이**

여자 : 자동차에 시동이 안 걸려.
남자 : 그래? 배터리 나간 거 아냐? 라이트 켜져?
여자 : 어제까지 제대로 됐는데 왜 갑자기 시동이 안 걸리지?
남자 : 엔진 트러블이면 곤란한데. 일단 배터리 문제인가부터 확인해 봐. 라이트는 들어와?
여자 : 아이 참 나 약속 있는데 차 없으면 안 되는데~
남자 : 그거 큰일이네. 라이트 켜져?
여자 : 아~ 분명히 어제는 괜찮았는데.
남자 : 그래~ 그런데 라이트 켜져?
여자 : 왜?
남자 : 아, 시동이 안 걸리는 거 아냐? 배터리가 나가서 그러는 걸 수도 있으니까.
여자 : 무슨 말이야?
남자 : 자동차 배터리 나갈 수도 있으니까 확인해 보라고!
여자 : 지금 나한테 화내는 거야?
남자 : 화 안 냈어. 어서 해봐.
여자 : 화냈잖아. 내가 뭘 잘못했는데?
남자 : 잘못한 거 없어. 괜찮으니까 어서 해봐.
여자 : 뭐가 괜찮은데?
남자 : 배터리 말이야.
여자 : 지금 차가 중요해?

출처 : TV Daily(2012. 8. 8).

또 다른 사례로 남녀의 차이를 살펴보면 일반적으로 남자는 자동차, 여자는 가방을 선호한다. 남자의 시각에서는 관심 있는 외제차를 브랜드별로 다 다르게 보지만 여자의 시각에서는 다 똑같은 외제차일 뿐이다. 마찬가지로 여자의 시각에서 가방은 종류별로 사용용도가 다 다르지만 남자의 시각에서는 가방 하나만 있으면 다용도로 사용할 수 있다.

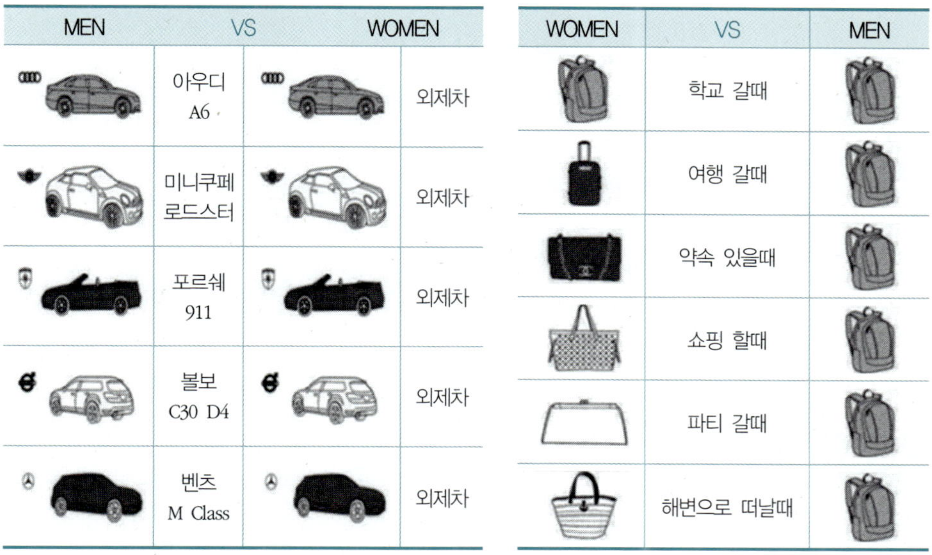

|그림 4-3| 남녀의 차이

셋째, 외모만 보지말고 품성을 함께 고려하여야 한다. 그렇다고 아예 외모를 보지 말라는 이야기를 하는 것은 아니다. 이성에게 호감이 가도록 외모를 관리하는 자기관리 능력이 있는지, 이성 간의 행동 예절을 잘 지키는지, 상대방의 인격을 존중하고 배려하는 매너를 가지고 있는지를 잘 보아야 한다. 이성이 어떤 환경에서 자라왔는지를 보는 것도 고려할 필요가 있다. 각자의 가정환경에 따른 생활양식, 전통과 가치관을 가지고 있는지를 미리 파악하면 추후 교제하는 과정에서 발생할 수 있는 크고 작은 갈등을 긍정적으로 해결할 수 있다. 최종적으로 주변 사람의 조언을 구하는 것도 도움이 된다. 물론 가장 중요한 것은 본인의 선택이지만, 본인이

보는 시각과 남이 보는 시각은 좀 다를 수 있기 때문이다. 그리고 좀 더 연륜이 있는 분들은 이미 이성 관계에 대한 경험이 있기 때문에 처음 이성 관계를 하는 대상에게 조언을 해줄 수가 있다.

참고자료 **사랑의 발달과 유지를 위해 남녀가 바라는 열두 가지 사랑의 빛깔**

- 그녀는 관심을, 그는 신뢰를 필요로 한다.
- 그녀는 이해를, 그는 인정을 필요로 한다.
- 그녀는 존중을, 그는 감사를 필요로 한다.
- 그녀는 헌신을, 그는 찬미를 필요로 한다.
- 그녀는 공감을, 그는 찬성을 필요로 한다.
- 그녀는 확신을, 그는 격려를 필요로 한다.

출처 : Gray, J., 김경숙 역(2010).

참고자료 **남자와 여자의 주된 사랑의 욕구**

여자가 받고자 하는 것	남자가 받고자 하는 것
관심	신뢰
이해	인정
존중	감사
헌신	찬미
공감	찬성
확신	격려

출처 : Gray, J., 김경숙 역(2010).

Activity 4-3 이성관계 점검을 통한 자기이해

※ 다음의 질문을 통해 나의 이성관계에 대해 점검해 보고 인간관계에 미친 영향에 대해 생각해 봅시다.

1. 내가 이성을 선택하는 기준은 무엇인가요?

2. 내가 생각하는 성공적인 사랑은 무엇인가요?

3. 내가 사랑을 유지하기 위해 한 노력은 무엇인가요?

4. 사랑을 유지하기 위하여 내가 한 노력이 실패로 돌아간 경험이 있나요?
   그 이유는 무엇이라고 생각하나요?

출처 : 천성문 외(2019) 수정.

2 실연과 극복방법

1) 실연의 개념

'실연'은 사랑하는 연인을 잃은 것이며 사랑의 해체이고 종결을 의미한다. 또한 높은 단계의 감정인 사랑이 낮은 단계의 감정상태(우울, 좌절감)로 내려간 상태를 말한다(이태연 외, 2006). 우리는 보통 사랑은 좋은 것으로 생각하지만 실연하면 슬픔, 우울, 좌절 등의 단어들을 떠올리고 실연을 나쁜 것으로 생각한다. 하지만 사랑과 실연은 함께 따라다니는 개념이라는 것을 기억해야 한다. 실연을 두려워하여 사랑을 하지 않는 것도 좋지 않지만 헤어질 때 상대방에게 상처를 주는 것도 좋지 않다. 실연이 비록 당사자에게 고통을 주지만 인격을 성숙시키는 좋은 훈련이 될 수도 있다. 하지만 실연이 주는 고통을 기억하여 헤어질 때는 되도록 서로에게 상처를 주지 않으면서 헤어지도록 배려하는 태도를 가지는 것이 필요하다(임혜경 외, 2014).

2) 실연의 유형

이성과의 사랑이 항상 행복한 결말로 끝나지 않는다. 많은 연인들이 서로 뜨겁게 사랑하다가 실연(헤어짐)을 하게 되는데 이때 여러 가지 요인이 복합적으로 실연에 작용하는 경우가 많다. 권석만(2009)은 실연의 유형을 크게 세 가지로 구분하였는데 구체적인 내용을 살펴보면 다음과 같다.

그가 제시한 실연의 첫 번째 유형은 '일방적 실연'으로 두 사람이 서로 사랑하다가 한 사람의 일방적인 요구에 의해 그 관계가 파기되는 경우이다. 대부분 상대의 성격, 행동 또는 능력에 대한 실망이 가장 흔한 원인이며, 간혹 더 나은 애정 상대의 출현으로 관계가 종결되기도 한다. 일방적 실연은 사랑의 상실과 자존심의 손상 그리고 적개심과 배신감 등 가장 큰 상처를 남기는 실연의 유형이다. 예를 들어, 남자친구가 군대에 가있는 동안 여자친구가 변심한다든지 반대로 군인인 남자친구가 자신을 기다리는 여자친구를 변심하는 경우가 여기에 속한다고 하겠다.

실연의 두 번째 유형은 '합의된 실연'으로 사랑하던 두 사람이 사랑의 관계를 종결하기로 서로 합의하고 헤어지는 경우이다. 상호 간 사랑을 나누는 과정에서 불만과 갈등을 겪으며 이것이 해결되지 못하고 계속 반복되거나 악화될 때 이루어진다. 이 유형은 이미 애정이 식은 상태의 이별이므로 심리적 고통은 적지만 미련이나 아쉬움, 후회의 감정이 수반될 수 있다.

실연의 세 번째 유형은 '강요된 실연'으로 당사자의 의사와 상관없이 외부적 요인인 부모님의 반대나 연인의 지리적 이동이나 사망 등에 의해 사랑의 관계가 지속되지 못하고 중단되는 경우이다. 예를 들어, 부모가 반대를 할 경우 그 반대를 수용하면 합의된 실연이 되고 그 반대를 거부하면서 어쩔 수 없이 헤어지게 되면 강요된 실연이 되는 것이다. 이때는 이루지 못한 사랑에 대한 안타까움, 그리고 아쉬움, 슬픈 감정이 뒤섞여 나타나나게 된다.

3) 실연의 고통

실연의 정서적 고통은 과학적으로도 밝혀졌다. 영장류를 대상으로 한 실험에서 사랑하는 이들에게서 떼어내 홀로 지내게 한 원숭이는 스트레스를 촉진하는 '코르티솔(cortisol)'이라는 호르몬 농도가 높아지고 위기 상황을 극복하는 데 도움이 되는 '노르에피네프린(norepinephrine)'이라는 호르몬 농도는 감소했는데 이것은 큰 스트레스를 받을 때 나타나는 증상이다. 결국 원숭이는 헤어짐 이후에 우울증, 불안감에 시달리고 큰 소리로 울부짖었다. 인간의 경우에도 연인과 헤어지거나 사랑하는 사람이 죽거나, 홀로 떨어져 외롭게 지내면 이와 비슷한 반응을 보이게 된다(Asap SCIENCE, 2013.9.11).

실연은 모두 고통이 따르지만 실연에 대한 고통이 심한 경우 불행감이 커져 미래에 대해 절망적으로 느끼게 되고 심지어 삶의 의미를 상실하여 자살을 시도하는 경우도 있다. 어떤 경우는 새로운 사랑을 두려워하는 비합리적 감정반응을 가질 수도 있다. 이렇듯 실연에는 큰 아픔과 상처가 수반되는데 다음으로 어떤 상황에서 실연의 고통을 더욱 크게 느끼게 되는지(권석만, 2009)에 대해 살펴보도록 하자.

첫 번째 상황은 상대방의 일방적 결정에 의해 실연한 경우로 사전 논의 없이 어느 한쪽의 의사로 결정된 만큼 다른 한쪽이 느끼는 충격이 무엇보다 크다. 이 상황은 실연의 고통을 가장 크게 느끼게 되는 경우이기도 하다.

두 번째 상황은 전혀 예상하지 못한 상태에서 갑자기 실연한 경우로 특별한 이유나 사전 징후가 없는 상황에서 경험하게 된 실연이라 이 또한 충격이 크다.

세 번째 상황은 사랑의 관계에 정신적 또는 물질적 투여를 많이 해온 경우로 많이 의지했던 관계나 사랑했던 사람에게 느끼는 배신감이 크다.

네 번째 상황은 상대방이 내가 아닌 다른 사람을 사랑하게 되어 거부당한 경우로 오랜 시간 교제를 했다면 배신감과 상처가 매우 클 수 있다.

다섯 번째 상황은 거부당한 이유가 자신의 내적 요인인 성격, 능력, 외모인 경우로 이 가운데 상대방이 헤어질 때 가장 많이 제시하는 사유는 성격 차이이다.

여섯 번째 상황은 첫 사랑의 실연인 경우로 처음이었기에 그 고통도 크고 감내하기도 힘이 든다.

일곱 번째 상황은 두 사람의 연인관계가 이미 주위 사람들에게 많이 알려진 경우로 남을 많이 의식하는 사람일수록 이 상황을 더 받아들이기 힘들어한다.

여덟 번째 상황은 친구나 가족 등 주변에 가까운 사람이 없는 외로운 사람이 실연한 경우로 이성을 많이 믿고 의존하였을 것이기에 실연의 고통이 크다.

4) 실연의 심리적, 인지적, 행동적 영향

다음으로 실연이 미치는 심리적, 인지적, 행동적 영향에 대해 살펴보도록 하자. 첫째, 실연이 미치는 심리적 영향을 살펴보면 실연당한 사람은 정서적으로 슬픔과 우울감을 느끼고 이로 인해 일상생활에 의욕, 흥미가 저하된다. 또한 자신이 쓸모없는 존재라는 무용감/무력감에 빠지거나 자존감이 낮아질 수 있다. 또한 연인에 대한 미련과 자신에 대한 후회와 분노 및 적개심 그리고 상대방에 대한 배신감과 복수심 등 양가감정이나 복합적 감정을 경험할 수 있다.

둘째, 실연은 심리적인 부분뿐만 아니라 인지적인 부분에도 영향을 미치는데 실연당한 사람은 주의산만, 집중력 저하, 업무수행 능력 저하, 판단력이나 기억력 감퇴, 자신에 대한 부정적 사고, 다시는 사랑을 할 수 없을 것 같은 비합리적 사고를 가질 수 있다. 뇌 연구에 의하면 실연은 중독자가 코카인이나 아편과 같은 중독물질을 끊을 때 활성화되는 것과 같은 메커니즘(mechanism)을 뇌에서 활성화한다고 한다(TED, 2017).

셋째, 실연이 미치는 행동적 영향을 살펴보면 반드시 그렇지는 않지만 실연당한 사람은 무절제하고 타락된 행동을 한다거나 중독에 빠지든지, 자해나 자살과 같은 자학적 행동이나 폭력과 같은 행동을 하기도 한다. 또한 충동적으로 새로운 애정관계를 찾거나 사랑하지 않는 사람과 결혼을 하거나 이성관계와 인간관계 자체를 회피하는 행동 등의 부적절한 모습을 보이기도 한다. 따라서 실연의 상처가 큰 사람은 자신의 인생에서 소중한 것들을 주변에서 찾는 습관을 길러야 하며 가장 사사로운 것부터 감사할 수 있는 마음을 가져야 한다. 또한 주변 사람들은 실연당한 사람이 혼자가 아니며, 자신의 주변 사람들에게 많은 관심을 받고 있고 소중한 존재임을 확인할 수 있게 도와줘야 한다.

참고자료 **미혼 남녀의 최악의 이별방법(N=257명, 남 : 119명, 여 : 138명)**

1위 : 잠수 이별 (40.5%)
2위 : 이별 통보 미루기 (27.6%)
3위 : 문자 · 카톡 이별 (20.2%)
4위 : 나 홀로 정리 및 일방적 통보 (8.6%)
5위 : 불필요한 미련 주기 (3.1%)

출처 : 동아일보(2020.11.21).

참고자료 **미혼 남녀의 실연 후 최악의 행동(N=213명, 남 : 98명, 여 : 115명)**

1위 : 지인들에게 전 연인 험담 (36.6%)

2위 : 집 · 회사 앞에서 무작정 기다리기 (21.6%)

3위 : 선물 돌려달라 요청 (20.7%)

4위 : 취중 전화 · 연락 (13.6%)

5위 : SNS · 프로필 사진 염탐 (7.5%)

출처 : 동아일보(2020.11.21).

참고자료 **보도자료를 통해 본 실연에 대한 부적절한 대처결과**

- 실연 비관 중국계 10대 소년 M16 소총 스스로 쏴 자살 (NY중앙일보, 2015.7.11)
- 실연 슬픔 때문에… 549m 세계최고 빌딩 꼭대기에서 스스로 뛰어내린 여자 (국민일보, 2015.5.19)
- 실연통보에 '자해공갈단'이 된 청년… 결국 입건 (경향신문, 2015.3.25)
- 〈저먼윙스 추락사고〉 "부기장 고의 추락 전 실연당해" (헤럴드경제뉴스, 2015.3.27)
- 이별통보 여친 납치, 살해시도 엽기남친 풀스토리 (일요신문, 2014.5.7)
- 헤어진 여친 '누드사진' SNS 유포한 20대 男 집유 선고 (헤럴드POP, 2015.3.18)
- '데이트 비용 절반 내놔 헤어진 애인협박'한 20대 (전북도민일보, 2014.11.21)
- "부모님께 연애 사실 알리겠다" 헤어진 또래 여학생 협박해 성관계한 10대 (국민일보, 2015.7.23)
- "농약 먹고 같이 죽자" 전 여친 협박한 30대 징역형 (제주도민일보, 2015.6.11)
- 전 여자친구 1년 2개월 동안 괴롭힌 50대 구속 (KBS NEWS, 2015.5.31)
- 옛 애인에게 '협박 문자질' 스토커 공무원 집행유예 (연합뉴스, 2015.5.31)
- 프랑스서 헤어진 여자친구에게 5일간 '2900번' 전화한 남성 체포돼 (metro, 2015.8.4)

5) 실연의 극복단계

실연의 아픔을 이겨내는 데 있어 가장 중요한 것은 절망하지 않는 일이다. 또한 절망하지 않는 가장 효과적인 방법은 사랑의 실패를 자기가치의 부정으로 연계시키지 않는 것이다. 다음으로 실연의 극복단계(김중술, 1992)를 살펴보면 구체적인 내용은 다음과 같다.

첫 번째 단계는 '충격과 고통의 단계'인데 누구나 실연을 하게 되면 충격과 고통을 받게 된다. 하지만 이 단계에는 실연 직후라 가장 고통을 심하게 느낀다. 이때에는 실연의 고통을 부인하거나 자신을 기만하지 말고, 자신이 실연으로 고통스럽고 괴로워한다는 사실을 마음속 깊이 받아들이며, 자신의 감정과 행동은 실연한 사람들의 자연스럽고 정상적인 반응임을 깨닫는 것이 필요하다.

두 번째 단계는 '실연의 상처를 치유하는 단계'로 이 단계에는 실연의 아픔을 이겨내기 위한 여러 가지 노력이 이루어진다. 하지만 노력을 하는 과정에서도 많은 아픔을 느낄 수 있다. 이때에는 실연의 고통을 주위 사람들에게 표현하여 도움을 청하거나 새로운 환경의 변화를 꾀하거나 기분전환을 하여 실연 전의 평상적 생활로 되돌아간다. 하지만 상실의 정도가 클수록 각 단계에서 경험하는 감정도 격렬하고 치유과정에 시간이 많이 걸릴 수도 있다.

세 번째 단계는 '성숙해지는 단계'로 실연의 아픔을 극복하는 과정에서 자기 자신에 대한 여러 가지 반성을 하게 되고 사랑에 대한 새로운 시각을 갖게 되는 단계이다. 즉, 자존심의 상처나 수치심을 느끼지 않고 자신을 사랑하고 타인을 사랑하는 것을 배우고 성장해 간다.

6) 실연의 극복방법

일반적으로 많은 사람들은 그냥 평소같이 지내는 것처럼 소극적인 대응으로 실연을 극복한다. 어떤 사람들은 슬픈 음악을 듣거나 친한 친구를 만나 좋은 시간을 보내기도 한다. 또 어떤 사람들은 결별의 긍정적인 면, 예를 들어 솔로가 되어 좋은 점에 보다 집중을 하기도 하고 소개팅이나 미팅을 통해 다른 인연을 만나는 경우도 있다. 그리고 실연 극복을 위해 취미나 스포츠에 열중하거나 술에 의존하는 경우도 있다. 많지는 않지만 어떤 사람들은 삶의 의욕을 잃어 아무것도 하지 못하는 사람들도 있다.

그럼 다음으로 실연에 대한 적절한 극복방법(권석만, 2009)에 대해 살펴보도록 하자.

첫 번째 극복방법은 자신이 실연으로 아파하며 슬퍼하고 있다는 사실을 분명히 받아들이는 것이다. 실연은 매우 고통스럽지만 이러한 고통으로부터 벗어날 수 있다는 점을 스스로 인식할 필요가 있다.

두 번째 극복방법은 실연의 경험을 충분히 아파하고 슬퍼하는 것이다. 실연의 아픔을 부인하거나 숨기려 하지 말고 드러내는 것이 중요하다. 아픔의 체험을 치유의 과정에서 나타나는 당연한 결과로 여기고 아픔을 충분히 느끼고 표현하여 빨리 아물도록 노력할 필요가 있다.

세 번째 극복방법은 실연에서 벗어나 새롭게 마음을 가다듬고 기분전환을 하는 것이다. 실연 후에 일상으로 돌아와 아무렇지 않게 생활하는 것이 쉽지 않기 때문에 기분전환을 통해 생활의 변화를 주는 것은 많은 도움이 될 수 있다.

네 번째 극복방법은 실연에 대해 반성하는 것이다. 상대방에도 문제가 있을 수 있지만 나에게도 문제가 있을 수 있기 때문이다. 나를 돌아보며 반성하는 시간을 가져보는 것은 이별의 고통에서도 더 빨리 치유되는 방법이 되며 무엇보다 외로움을 덜 느끼게 해준다.

다섯 번째 극복방법은 실연의 아픔으로부터 벗어나 일상생활로 돌아가는 것이다. 잠시 소홀히 했던 인간관계를 회복하고 학업이나 직업에서의 공백을 메우도록 노력하면 어느 순간 실연의 아픔도 사라지게 될 것이다.

실연에 관해 이런 말이 있다. 사람은 예전 상대를 그리워하는 것이 아니라 당시 느꼈던 사랑의 감정을 그리워하는 것이다(What you are missing is not the person, but the feeling of love). 실연에는 고통이 따르지만 이러한 고통은 자신을 더욱 성숙하게 한다는 점을 기억해야 한다.

참고자료 **실연을 극복하는 9가지 단계**

1단계 : 슬퍼하기
2단계 : 증오하기(전 애인 나쁜 버릇이나 행동 혹은 비매너적인 모습을 떠올리고 정 떼버리기)
3단계 : 고통 나누기(친구와 아픔 나누기, 전 연인 뒷담화, 친구의 진심 어린 조언 듣기)
4단계 : 자신 돌아보기(자기관리, 건강 챙기기)
5단계 : 전 연인의 SNS 더 이상 들어가지 않기(미련 버리기)
6단계 : 새로운 경험하기(외부활동, 여행 등)
7단계 : 전 연인과 연결고리 끊어버리기(술 마시고 전화하지 않기)
8단계 : 새로운 만남 갖기
9단계 : 같은 실수 반복하지 않기

출처 : HELLO GIGGLES(http://www.hellogiggles.com).

참고자료 **미혼 남녀가 실연을 극복하는 방법(N=496명, 남 : 247명, 여 : 249명)**

1위 : 그냥 평소와 같이 지낸다 (31%)
2위 : 소개팅, 미팅을 통해 다른 인연을 만난다 (28%)
3위 : 취미, 스포츠에 열중한다 (13%)
4위 : 술을 마신다 (15%)
5위 : 의욕이 사라져 아무것도 하고 싶지 않다 (11%)

출처 : 동아일보(2011.4.1).

MEMO

CHAPTER 05

가족과의 인간관계

이 장에서는 건강한 가족의 특징과 성공적인 부모-자녀, 형제자매, 부부관계에 대해 살펴보도록 한다. 구체적으로는 1절에서 가족의 개념과 특징, 가족생활 주기와 가족의 기능, 평화로운 가족의 원칙, 건강한 가족의 특징을 살펴보고 2절에서는 성공적인 부모-자녀 관계, 성공적인 형제자매 관계, 성공적인 부부관계에 살펴보도록 한다.

학습목표

1. 건강한 가족의 특징에 대해 이해한다.
2. 성공적인 부모-자녀, 형제자매, 부부관계에 대해 이해한다.

1 건강한 가족의 특징

1) 가족의 개념과 특징

'가족'은 결혼과 혈연, 법률로 맺어진 사람들이 생활과 운명을 함께하는 공동체라는 사전적 의미를 가지고 있다. 가족은 개인에게는 삶의 터전이자 생활의 기반인 동시에 사회의 안정과 발전을 위한 초석으로서 매우 중요한 의미를 가지고 있다.

이러한 가족은 몇 가지 특징을 보이는데 그 내용에 대해 살펴보면 다음과 같다 (유영주 · 김순옥, 1996).

첫째, 가족은 1차적인 집단이라고 할 수 있다. 세상에서 가장 가까운 관계로 매우 친밀하며 인성이나 태도를 형성하는 기본적인 역할을 수행하고 강한 '우리 의식'으로 일체감을 느낀다.

둘째, 가족은 공동사회 집단이다. 애정과 이해로 결합되어 결코 분열되지 않는 본질적 결합 관계를 가지고 행복을 위해 서로 사랑하고 희생하는 집단이다. 본인이 원한다고 해서 분리될 수가 없다.

셋째, 가족은 폐쇄적인 집단이다. 가족이 되는 것도 쉽지 않고 가족 관계를 포기하는 것도 불가능하다. 하지만 최근에 가족의 형태가 다양화해지면서 새로운 가족을 입양하면서 전통적인 가족의 모습과는 조금 다른 모습으로 변화하고 있다.

넷째, 가족은 형식적 집단이나 가족관계는 비형식적이다. 가족은 법적 절차에 의하여 부부관계가 성립(형식적이고 제도적인 집단)되지만 가족관계는 역할이나 책임이 규정되어 있지 않고, 관계양식도 보다 자유롭다.

2) 가족생활 주기와 가족의 기능

가족은 남녀의 결혼으로 새롭게 형성되고, 그들의 자녀가 태어나 자라면서 확대되며, 자녀가 성장한 후 자신들이 자라온 가족을 떠나면서 축소되고 부부의 사망으로 소멸한다. 이처럼 가족생활이 변화되어 가는 과정을 '가족생활 주기'라고 한다. 가족생활 주기는 크게 가정 형성기, 가정 확대기, 가정 축소기로 구분할 수 있는데 최근에는 결혼 연령의 상승, 출산율의 저하, 평균 수명의 연장 등으로 과거와 다른 가족생활 주기를 나타내고 있다(koc.chunjae.co.kr/main.do). 가족들은 가족 내에서 다양한 역할활동을 통해 가족의 기능을 수행한다. 사회적 변화에 따라 가족의 일부 기능이 학교와 지역사회로 이전되었지만 여전히 가족은 다른 집단과 차별화된 기능을 수행하는데 구체적인 내용을 살펴보면 다음과 같다(유영주 외, 2005; 조성연 외, 2009).

첫 번째, 가족은 개인의 성적 욕구 충족과 사회의 성적 질서를 통제하는 기능을 수행한다. 즉, 가족 안의 부부관계는 개인의 성적 욕구를 충족하게 하여 사회의 성적 질서를 통제하는 데 중요한 역할을 한다고 볼 수 있다.

두 번째, 가족은 자녀를 출산하여 재생산 기능을 수행한다. 가족이 사회에 기여하는 가장 큰 부분이 바로 자녀를 출산하여 재생산하는 기능이다.

세 번째, 가족은 자녀의 양육과 사회화 기능을 수행한다. 가족은 자녀를 어렸을 때 키워나가는 동안에 아이들이 건전한 사회구성원들로 자리매김할 수 있도록 가정교육을 시켜야 한다.

네 번째, 가족은 아동과 노인, 장애인 등을 보호하는 기능을 수행한다. 즉, 가족은 일차적으로 자녀인 아동과 부모인 노인을 보호할 뿐만 아니라 가족 구성원 중 장애가 있는 대상을 보호하는 역할을 한다.

다섯 번째, 가족은 경제적 기능을 수행한다. 가족은 생산과 소비 최소단위로서 사회경제에 있어서 중요한 역할을 미친다.

여섯 번째, 가족은 정서적 기능을 수행한다. 가족은 구성원들이 어려움과 힘든 일이 있을 때 함께 나누고 이겨낼 수 있도록 돕는 역할을 한다.

다음의 〈표 5-1〉은 가족기능이 잘 수행되는 가족과 그렇지 못한 가족의 특성에 대해 비교하여 정리한 것이다.

〈표 5-1〉 기능적 가족과 역기능적 가족의 비교

	기능적 가족	역기능적 가족
1	하위 체계의 경계선이 명확하지만 가족의 요구에 따라 변할 수 있다.	하위 체계의 경계선이 경직되거나 혼란되어 있으며 가족의 요구에도 변화하지 않는다.
2	가족규칙은 명확하여 공평하게 이루어지며 규칙은 가족 상황에 따라 변할 수 있다.	가족규칙이 명확하지 않으며 경직되어 있다. 또한 가족의 행동이나 방법에 규칙을 가지고 있지 않다.
3	가족 구성원은 자신들의 역할을 명확히 이해한다.	역할은 경직되거나 명확하지 않아서 가족 구성원은 자신에게 요구되는 기대가 무엇인지 잘 알지 못한다.
4	각 개인의 자율성이 존중되면서도 전체로서의 가족이 유지된다.	개인의 자율성은 가족 전체를 위해 희생되거나 반대로 가족이 통합되지 못해 지나친 자율성이 요구된다.
5	의사소통은 자유롭고 명확하며 직접적이다.	의사소통은 애매하고 간접적이고 권위적이다.

출처 : 김유숙(2002).

3) 평화로운 가족의 원칙

인생을 사는 동안 우리를 힘들고 지치게 하는 것이 남이 아닌 가장 가까운 가족들일 때가 있다. 좀 오래된 조사 결과지만 초등학생을 대상으로 한 조사에서 행복한 삶이 무엇인지를 묻는 질문에 대해 약 45%의 아이들이 '가족과 걱정 없이 사는 것'이라고 답하였다(한겨레신문, 2004.11.13). 이는 아이들이 평화로운 가족을 원하고 있음을 보여주는 것인데 지금도 여전히 유효하리라 생각된다. 이에 여기에서는 평화로운 가족이 가지는 몇 가지 원칙(임혜경 외, 2012)에 대해 살펴보도록 한다.

평화로운 가족이 되기 위해서는 첫째, 가족 구성원 간에 상호이해가 전제되어야 한다. 가족의 성격이나 습관, 꿈, 아픔, 좋아하는 것, 신념, 가치관에 대해서 알면 알수록 더 많이 이해할 수 있고 더 많이 사랑할 수 있기 때문에 가족 구성원들이 더 잘 알고 있어야 한다.

둘째, 가족 구성원들은 상호 인정해 주어야 한다. 이는 상대방을 있는 그대로 수용하는 것으로 동의와는 다른 개념이다.

셋째, 신뢰를 가지고 있어야 한다. 전폭적인 신뢰, 의심스러운 상황에서도 신뢰하고 믿는 대로 가족은 변화한다는 사실을 기억하고 가족 구성원들을 신뢰해야 한다.

넷째, 존중해야 한다. 이는 인정에서 한 단계 더 나아가는 것이다. 예로 가족 간에 서로 예의 있게 말하고 행동하는 것, 상대방의 입장과 마음이 다치지 않도록 배려하는 것과 같은 것들이 존중의 모습을 나타내는 것이라 하겠다.

다섯 번째는 협력으로 갈등 발생 시 탓하고 비난하기보다는 의논하여 해결하고 해결함에 있어서도 공평한 역할, 결과에 대해 함께 책임지려는 태도가 있어야 한다.

참고자료 **평화로운 가족이 지켜야 할 수칙**

1. 가족의 가훈이 없다면 함께 정하고, 있다면 월 1회 정도 확인하는 자리를 갖는다.
2. 하루 1회는 반드시 온 가족이 함께 모여 식사를 같이 한다.
3. TV를 배경음악으로 틀어놓거나 TV를 보면서 식사하거나 이야기하지 않는다.
4. 하루 중 30분~1시간 정도 부부만의 긴밀한 관계를 확인하는 시간을 갖는다.
5. 부모와 자녀 간의 자유로운 의사표현을 장려한다.
6. 자녀가 스스로 할 수 있는 일에 대해서는 믿고 맡긴다.
7. 이사나 가구 구입 등 집안의 중요한 결정에 자녀도 참여시킨다.
8. 부부, 자녀의 개인적인 기질과 취향, 습관에 대해 존중한다.
9. 가족 간에 서로 비난하고 강요하거나 일방적인 이야기 방식에서 벗어난다.
10. 아버지는 물론 자녀도 가사 일을 분담한다.
11. 가족과 함께 즐길 수 있는 여행이나 취미, 놀이를 정기적으로 한다.
12. 가족 내에서 해결하기 어려운 심각한 문제에 부딪쳤을 때 주변의 도움을 요청하거나 전문적인 상담/치료기관을 방문한다.

출처 : 밤비니몬테소리어린이집(http://cafe.daum.net/bambini2005).

4) 건강한 가족의 특징

급변하는 사회변화 속에서 가족해체의 문제가 가족의 문제를 넘어서 사회문제가 되고 있다. 따라서 우리는 건강한 가족이 되기 위해 그 특징이 무엇인지를 알 필요가 있다. 건강한 가족에 대해 학자마다 다른 주장들을 하지만 대체로 건강한 가족은 가족 구성원 상호 간 욕구를 충족시켜 주어 부부관계뿐만 아니라 부모-자녀관계도 좋다는 공통적인 특징을 보인다(Stinnett, 1985). 그럼 보다 구체적으로 건강한 가족이 어떠한 특징을 가지고 있는지를 살펴보도록 하자(권석만, 2019).

첫 번째, 건강한 가족은 가족 구성원들이 가족의 행복과 안녕에 깊은 관심을 가지며 이를 무엇보다 중요하게 여긴다. 즉, 건강한 가족은 개인적인 행복보다는 가족 구성원의 행복을 더 우선시한다.

두 번째, 건강한 가족은 가족 구성원 간에 서로에 대한 정서적 지지를 아끼지 않고 서로 힘들 때 함께하고 공감해 준다.

세 번째, 건강한 가족은 가족 구성원 간에 효과적인 의사소통을 한다. 대화시간도 많고 대화의 질적인 부분도 좋다.

네 번째, 건강한 가족은 가족 구성원끼리 자주 함께 하고 많은 활동을 공유한다.

다섯 번째, 건강한 가족은 효율적인 문제해결 능력을 지니고 있어 가족이 당면하는 여러 가지 문제나 위기를 잘 해결해 나간다. 건강한 가족은 문제에 직면했을 때 가족 구성원들이 함께 협력해서 슬기롭게 문제를 잘 해결해 나간다.

여섯 번째, 건강한 가족은 가족 구성원들이 자신의 가족 역할을 잘 수행한다. 즉, 가족 구성원들이 자기의 역할이 명확하게 규정지어 있지 않더라도 자기의 일을 스스로 잘 해나간다.

영화 '더 임파서블(2012)'

|영화 설명| 영화 '더 임파서블(2012)'은 인류 역사상 최대 재난으로 손꼽히는 '2004년 동남아 쓰나미'를 고스란히 재현해 그 속에서 기적 같이 살아난 마리아 벨론 가족(엔리케 알바레스, 마리아 벨론, 시몬, 토마스, 루카스 알바레스)의 감동 실화를 바탕으로 제작된 작품이다. 규모 9.1의 강진으로 발생한 거대한 쓰나미에 만신창이가 된 채 서로의 생사조차 모르고 흩어진 한 가족이 끝까지 희망을 잃지 않는 모습을 보여준다. 참고로 영화 속 배경이 되는 태국 외에 인도네시아와 그 주변국, 아프리카까지 영향을 끼친 남아시아 대지진은 역사상 두 번째로 컸던 최대 규모의 지진이며 이로 인해 30만 명의 사상자가 발생하고 5만 명 정도가 실종되었다.

가족치료의 대가인 보웬(Bowen, 1966)은 건강한 가족의 특징을 자아분화의 개념으로 설명하는데, '자아분화(differentiation of self)'란 자신과 타인을 분화시키는 능력인 동시에 사고와 감정을 분리시킬 수 있는 능력을 말한다. 그는 기본적으로 부모-자녀의 관계에서 자녀가 커나가는 부분에서 독립을 하게 되는데 이때 부모가 자녀와 적절하게 자아분화가 이뤄지지 않으면 가족 안에서 문제가 될 수 있다고 보았다.

영화 '올가미(1997)'

|영화 설명| 영화 '올가미(1997)'는 30년간 아들을 사랑해 온 엄마가 아들이 자기 이외의 다른 여자와 결혼하면서 겪는 정신 착란적 히스테리로 인해 파멸하는 한 집안의 이야기를 다룬 작품이다. 이 영화에서 엄마 진숙은 아들과의 관계에서 심리적 자아분화가 제대로 이뤄지지 않은 모습을 보여준다. 즉, 결혼 후 원가족과 정서적으로 미분화된 모습을 보여준다. 하지만 가족은 개별 구성원의 자아가 서로 건강하게 분리되어야지만 건강할 수 있다. 옆 사진은 성인이 되어 결혼한 아들을 시어머니가 옷을 다 벗기고 목욕시키는 영화 속 장면으로 며느리는 이 장면을 목격하고 소스라치게 놀란다.

이 밖에도 가족 내의 구조적 변화를 강조하고 개인이 아닌 가족 내의 개인에게 초점을 둔 구조적 가족치료의 선구자인 미누친(Minuchin, 1974)은 가족의 갈등해결 능력, 즉 '의사소통능력'을 건강한 가족의 특징으로 강조하였다.

가족

강대환 (시인)

사랑의 울타리 만들어
거센 비바람 몸소 막아내고
행복의 꽃 찬란하게 피어있는 곳
까르르 까르르
꽃들이 웃는다

이토록 세상살이
힘들다 말들 해도
층층돌담 가시밭길 맨발로 가도
사랑하는 가족이 있기에 행복합니다

고통을 웃음으로 참아내며
아버지의 그늘진 모습
축 처진 어깨 보이기 싫어서
때론 큰소리로 윽박을 지르기도 하지만

평생을 어루만질 나의 가족들
그리울 땐
한달음에 달려가 끌어안을
가족이 있어 행복합니다.

Activity 5-1 가족건강성 자가점검

※ 다음의 문항을 읽고 자신의 상황에 해당하는 것에 ✔표 하세요.

문 항	전혀 아니다	대체로 아니다	보통 이다	대체로 그렇다	매우 그렇다
1. 우리 가족은 서로 돕고 의지하며 산다.	1	2	3	4	5
2. 가족에 관한 사항들에 대해서 부모의 의견은 대부분 일치한다.	1	2	3	4	5
3. 우리 가족은 상당히 친한 편이다.	1	2	3	4	5
4. 우리 가족은 취미생활을 같이 한다.	1	2	3	4	5
5. 대부분의 경우 우리 가족은 서로 이야기로서 모든 문제를 해결할 수 있다.	1	2	3	4	5
6. 의견의 차이가 있어도 서로 간의 사랑이 줄지는 않는다.	1	2	3	4	5
7. 의도는 좋겠지만 우리 가족은 서로 간의 간섭이 너무 심하다.	1	2	3	4	5
8. 우리 가족은 서로 좋지 않은 감정을 많이 가지고 있다.	1	2	3	4	5
9. 우리 가족은 서로 오해를 하는 경우가 많다.	1	2	3	4	5
10. 우리 가족은 모든 사항에 대해서 계획을 하지도 못하고 결정도 잘 내리지 못한다.	1	2	3	4	5
11. 서로를 크게 변화시키기 위해서 노력을 한다.	1	2	3	4	5
12. 문제에 대해서 가족과 의논하기보다 제3자와 의논하는 것이 편하다.	1	2	3	4	5
13. 가족의 중요한 의사결정사항에는 모든 구성원들의 의견을 존중한다.	1	2	3	4	5
14. 우리 가족은 개개인이 무엇을 하든지 유연하고 개방적인 입장을 지닌다.	1	2	3	4	5
15. 가족 결정에서 가족 모두가 의견을 제시할 수 있다.	1	2	3	4	5
16. 부모는 모든 결정을 하기 전에 자녀의 의견을 듣는다.	1	2	3	4	5
17. 부모는 결정사항에 대해서 자녀들의 의견을 물어보고 같이 참여시킨다.	1	2	3	4	5
18. 우리 가족은 다른 사람의 도움 없이 각자의 능력껏 살아가고 있다.	1	2	3	4	5

※ 해석방법

이 척도는 김유숙 등(2003)이 번안한 ICPS family functioning Scales(Noller et al., 1992)을 권석만(2019)이 단축형으로 구성한 것이다.

- 가족친밀감(1~6번 문항) : 6개 문항의 점수를 합하면 총점이 되고 점수가 높을수록 친밀감이 높다고 해석한다.
  - 6~8점 : 가족관계가 소원한 편이다. 가족원 간의 지속적인 갈등이 존재할 수 있으며 이를 해결하기 위한 적극적 노력이나 이에 대한 적응이 필요하다.
  - 9~15점 : 가족관계가 소원한 편이며, 가족 간 친밀도를 높이는 노력이 필요하다.
  - 16~20점 : 보통 정도의 가족친밀도를 느끼고 있으나 좀 더 친밀도를 높이는 것이 바람직하다.
  - 21~26점 : 상당한 친밀한 관계를 가지고 있다.
  - 27~30점 : 매우 친밀한 가족관계를 지니고 있다. 그러나 가족관계에 비해 다른 인간관계가 소원하지 않은지 생각해 볼 필요가 있다.

- 가족갈등(7~12번 문항) : 6개 문항의 점수를 합하면 총점이 되고 점수가 낮을수록 가족갈등 수준이 낮고 관계가 좋다고 해석한다.
  - 6~8점 : 가족관계가 원활하며 가족문제의 해결능력이 매우 우수하다.
  - 9~15점 : 가족관계가 원활하며 가족문제의 해결능력이 우수하다.
  - 16~20점 : 보통 정도의 가족갈등을 느끼고 있다.
  - 21~26점 : 가족 간의 갈등과 관여가 상당하여 불만을 지니고 있다.
  - 27~30점 : 가족 간의 갈등과 관여가 심해 보이며 가족문제를 함께 해결해 나가는 능력이 매우 부족하다.

- 가족관계의 민주성(13~18번 문항) : 6개 문항의 점수를 합하면 총점이 되고 점수가 높을수록 가족관계의 민주성이 높다고 해석한다.
  - 6~8점 : 가족관계에서 민주성과 독립성이 매우 부족하다. 개인의 의사존중 및 자유로운 참여가 매우 필요하다.
  - 9~15점 : 가족관계에서 민주성과 독립성이 상당히 부족하다. 개인의 의사존중 및 자유로운 의사소통을 위한 노력이 필요하다.
  - 16~20점 : 보통 정도의 원만한 의사결정이 이루어지는 가족관계이다.
  - 21~26점 : 가족관계가 상당히 민주적이고 독립적이다.
  - 27~30점 : 가족관계가 매우 민주적이고 독립적이다. 그러나 가족관계에 리더십이나 중심점이 없어 어떤 일에서 결정을 쉽게 내지 못하는 경향이 있지는 않은지 생각해 볼 필요가 있다.

출처 : 권석만(2009).

2 성공적인 부모-자녀, 형제자매, 부부관계

1) 성공적인 부모-자녀 관계

(1) 부모-자녀 관계가 가지는 의미

성공적인 부모-자녀 관계를 이해하려면 이에 앞서 부모-자녀 관계가 서로에게 어떤 의미를 주는지 살펴보는 것이 필요하다. 먼저 부모-자녀 관계가 부모에게 어떤 의미를 주는지를 살펴보면 첫째, 부모-자녀 관계는 자기확장(self expansion)의 의미를 가진다. 즉, 사랑하는 사람과의 사이에서 자녀를 얻었을 때 자기확장의 의미가 있다. 둘째, 부모-자녀 관계는 부모가 아이를 키우는 과정에서 자신의 인지적, 정서적 발달을 촉진시킨다. 셋째, 부모-자녀 관계는 부모가 사회적 지위를 획득하여 성인으로 인정받게 한다. 즉, 결혼을 하고 아이를 낳으면서 성인으로서의 지위를 인정받게 된다.

다음으로 자녀의 입장에서 부모-자녀 관계가 어떤 의미를 가지는지 살펴보면 첫째, 부모-자녀 관계는 자녀의 성격과 인성의 측면에서 지대한 영향을 준다. 둘째, 부모-자녀 관계는 뗄 수 없는 관계로 다른 어떤 관계보다도 오래 지속되는 관계이며 이 관계는 평생 동안 지속이 된다. 셋째, 부모-자녀 관계는 자녀가 부모로부터 사회적 지위를 부여받게 한다. 넷째, 부모-자녀 관계는 자녀의 인지적 문제해결 방법, 사회적 관계를 유지하는 방법, 성역할 등에 많은 영향을 미친다. 자녀는 부모로부터 양육을 받는 과정에서 사회구성원으로 역할을 하는 기능을 배운다. 다섯째, 부모-자녀 관계는 다양한 삶의 경험을 같이 나누는 관계로 자녀의 모든 성장영역에 영향을 준다.

(2) 부모-자녀 관계의 독특한 특징

부모-자녀 관계는 우리가 인생에서 맺게 되는 다른 인간관계와는 다른 독특한 특징을 가지는데 그 내용을 살펴보면 다음과 같다(유수현 외, 2009).

첫째, 부모-자녀 관계는 인간관계 중에서 가장 혈연적인 관계이며 본능적인 애착이 강한 관계이고 가입, 탈퇴가 불가능하다. 하지만 부모의 본능적인 애착이 지나치면 많은 문제가 생길 수 있다.

둘째, 부모-자녀 관계는 가장 수직적, 종속적인 관계이고 나이 차이, 능력과 경험차이, 일반적인 상호작용이 이루어질 수 있다. 하지만 일반적인 상호작용은 자녀가 성장하게 되면서 점점 줄어들게 된다.

셋째, 부모-자녀 관계는 한 인간의 인격 형성에 있어서 가장 중요한 관계이다. 자녀 입장에서 보면 부모-자녀 관계는 최초의 인간관계이고 부모의 입장에서 보면 사랑의 결실이며 자신의 분신과 같은 존재이다. 따라서 대부분의 부모는 무조건적인 애정으로 자녀를 보호하고 양육하게 된다.

넷째, 부모-자녀 관계는 주요한 교육의 장이다. 사회생활에 필요한 기본 적응기술, 도덕적 규범과 가치를 가정에서 부모로부터 배우게 된다.

다섯째, 부모-자녀 관계는 세월이 흐르면서 관계의 속성이 현격하게 변화한다. 즉, 부모-자녀 간 의존적인 관계가 독립적인 관계로 변화된다. 그러나 변화가 잘 이루어질 때 부모-자녀 관계가 잘 유지될 수 있다.

한편 부모 자녀 간에 좋은 관계를 유지하려면 긍정(수용, 애정, 관심 등)의 대화와 부정(비난, 분노, 모욕/조롱)의 대화 비율이 적어도 5 : 1 정도가 되어야 한다고 한다. 하지만 이보다 훨씬 더 긍정적인 대화의 비율이 높게 나타나야지만 자녀들이 상대적으로 대화를 통해서 느끼는 행복감이 유지될 수 있다. 자녀들의 경우에는 성장과정 가운데 있기 때문에 긍정적인 칭찬이라든가 격려의 말을 들을 때 자기 스스로에 대한 자존감이라든가 자기 확신이 더 들 수 있다는 것이다(EBS, 2010.11.29).

참고자료 **칭찬의 요령**

1. 칭찬할 일이 생겼을 때 즉시 칭찬하라.
2. 잘한 점을 구체적으로 칭찬하라.
3. 가능한 한 공개적으로 칭찬하라.
4. 결과보다는 과정을 칭찬하라.
5. 사랑하는 사람을 대하듯 칭찬하라.
6. 거짓 없이 진실한 마음으로 칭찬하라.
7. 일이 잘 풀리지 않을 때는 더욱 격려하라.
8. 잘못된 일이 생기면 관심을 다른 방향으로 유도하라.
9. 가끔씩 자기 자신을 칭찬하라.

출처 : Blanchard et al., 조천제 역(2003).

(3) 부모 역할 수행 시 유의해야 할 점

부모 역할 수행 시 유의해야 할 점을 살펴보면 부모는 자녀의 욕구에 민감해야 한다. 그리고 자녀의 요구에 적절히 반응해야 한다. 여기서 중요한 것은 너무 지나쳐서는 안 된다는 것이다. 자녀에게 원하는 것을 해주되 어느 정도의 기준을 가지고 해주어야 하고 자녀와의 약속은 반드시 지켜야 한다. 이를 다르게 표현하면 지키지 못할 약속을 자녀와 해서는 안 된다는 것이다. 또한 부모는 자녀에게 권위가 있어야 한다. 특히 남편의 가장으로서의 권위가 잘 지켜져야 한다. 자녀에게 부모의 권위가 상실되게 되면 부모–자녀 간의 관계가 무너질 수 있다. 하지만 부모는 자녀에게 권위가 있되 권위적이어서는 안 된다. 부모가 지나치게 권위적이면 부모–자녀 간에 갈등이 생길 수 있다. 그리고 부모는 한 팀이 되어서 일관성 있게 자녀를 양육해야 한다. 자녀들은 부모의 뒷모습을 보고 배우기 때문에 부모는 자녀의 모델로서 최선의 역할을 해야 한다. 가장 좋은 자녀 교육은 부모가 자신의 좋은 모습을 자녀에게 생활로서 보여주는 것이다. 또한 부모는 자녀를 평등하게 대해야 한다. 미국 펜실베니아 주립대와 애리조나 주립대의 공동 연구에서는 부모가 자녀를 평등하게 대하지 않을 때 자녀 간 학력 차이가 발생할 가능성이 높아지는 것으로 나타났다. 이 밖에도 부모는 자녀에게 잘 대하는 것 못지않게 형제관계가 서로에게 얼마나 영향을 줄 수 있는지 알고 있어야 하며, 아이들의 상호작용을 면밀히 관찰해야 한다(Sun et al., 2018).

(4) 부모-자녀 관계의 갈등요인

부모-자녀 관계의 갈등요인은 다양하게 존재하는데 그 가운데 주요한 갈등요인을 살펴보면 다음과 같다(권석만, 2019).

첫째, '세대차이'다. 부모와 자녀가 성장한 사회적, 교육적 배경이 다름에 따라 가치관, 사고방식, 행동규범, 생활습관, 감정표현 방식 등 여러 면에 있어서 현저하게 차이가 나타나게 된다. 이러한 차이는 서로에 대한 이해와 공감영역의 괴리를 가져온다. 부모는 자녀의 태도나 생활방식에 대해 자신의 기준에 맞추어 간섭을 하게 되고, 반면 자녀는 부모의 간섭을 부당하다고 여길 수 있기 때문에 여러 마찰과 갈등이 생길 수 있다.

둘째, '독립과 보호'의 갈등이다. 청소년기 이후 자녀는 스스로 결정하고 행동하고자 하는 반면 부모는 여전히 자녀의 행동에 관여하고자 한다. 이 시기 자녀는 부모에 대한 독립과 의존의 갈등을 가지게 되고 부모는 자녀에 대한 통제와 허용의 갈등이 생기게 된다.

셋째, '애정표현 방식의 차이'이다. 부모의 애정표현 방식은 매우 다양하게 나타나는데 지나치게 통제하고 보호하는 방식으로 애정을 표현하는 부모들도 있고 자녀가 원하는 대로 허용하는 방식으로 애정표현을 하는 부모들도 있다. 이때 자녀가 통제와 보호를 간섭이라 여기고 불만을 토로하면 부모는 애정을 몰라준다고 서운해할 수 있고, 반면 자녀가 부모의 허용이 무관심이라고 불만을 가지면 부모는 지나치게 의존하지 않을까 걱정할 수 있다. 이렇듯 부모의 애정표현 방식과 자녀의 기대 간에 차이가 나타나게 되면 갈등이 발생하게 된다.

넷째, '부모의 불화'이다. 가정은 화목하고 편안한 안식처여야 하는데 부모의 불화로 가정이 불안해지면 자녀는 부모를 원망하거나 불만을 가지게 될 것이며 또한 부모는 배우자와의 갈등 때문에 자녀에 대한 배려나 애정을 기울이지 못하거나 때로는 그 스트레스를 자녀에게 표출하게 되는 경우도 발생하게 된다. 이렇게 되면 자녀는 부모에 대한 불만과 더불어 부모를 회피하게 될 수도 있다.

다섯째, '의사소통방식의 차이'이다. 부모–자녀 간 의사소통방식의 차이에 의해 갈등이 생길 수 있다. 부모와 자녀 관계는 수직적 관계이기 때문에 부모는 자녀에게 보호와 양육에 관한 내용을 전하고 자녀는 부모에게 자신의 의견이나 요구를 전하게 되는데 이 방식에서 갈등이 초래될 수 있다.

읽기자료 **엄마와 딸의 대화**

〈왜 가족이 힘들게 할까〉라는 책에서 모녀 사이에 다음과 같은 대화내용이 나온다.

"어떤 맛 먹을래?"
"바닐라 맛이요."
"초콜릿 맛도 있는데."
"아뇨. 바닐라 맛 먹을래요."
"엄마는 초콜릿 맛이 더 좋을 것 같은데."
"싫어요. 바닐라로 할래요."
"바닐라 맛 고르면 안 돼. 너는 초콜릿 맛을 좋아하잖아. 엄마는 알아."
"지금은 바닐라 맛 먹고 싶어요."
"왜 이렇게 고집을 부린담. 이상하네."

이 대화에서 엄마는 내내 딸의 감정과 판단을 부정하고 자신의 판단을 강요하고 있다. 이는 부모가 '사랑하니까, 가족이니까'라는 이유로 자녀를 통제하고 강요해서는 안됨을 보여준다.

출처 : 우즈홍 · 김희정 역(2020).

(5) 부모 – 자녀 관계의 갈등해결 방법

다음으로 성숙한 부모-자녀관계를 형성하는데 도움이 되는 부모–자녀 관계의 갈등해결 방법을 살펴보면 다음과 같다(김종운 · 박성실, 2011; Don Dinkmeyer, 이경우 역, 1985).

첫째, 부모는 자녀에게 적절히 격려를 사용하여야 한다. 격려는 자녀의 장점과 성취에 초점을 맞춤으로써 자녀에게 자신감과 자아존중감을 북돋아 준다. 과거에는 칭찬을 많이 사용하였는데 칭찬은 사용하려면 기대치가 있어야 하고 이러한 기대치에 대해 자녀가 잘 부응하지 못하면 오히려 그 기대치로 말미암아 자녀가 스트레스를 더 받을 수 있다. 칭찬과 격려의 차이는 칭찬이 잘했을 때와 성공했을 때 주어지는 것이라면 격려는 실패해서 넘어졌을 때 주어진다는 것이다. 하지만 꼭 실패하지 않았을지라도 지금보다 더 나은 방향으로 나아갈 수 있도록 하기 위해 격려를 사용할 수도 있다. 칭찬이 상대방에게 보상감을 심어주는 것이라면 격려는 있는 그대로 상대방을 인정해 주는 말이나 행동을 의미한다. 즉, 칭찬이 '행위나 일의 결과'에 초점이 맞추어 있다면 격려는 '그 일을 행한 사람'에게 초점을 맞춘다. 하지만 경우에 따라서는 사람에게 초점을 맞추기보다 과정에 초점을 맞출 수도 있다. 칭찬은 언제나 '더 잘해야지' 하는 강박관념을 심어줄 수 있지만 격려는 있는 그대로 자신이 인정되고 있다는 신뢰와 믿음을 자리 잡게 해 준다.

참고자료 **성공적인 부모-자녀 관계를 위한 격려의 올바른 사용법**

1. 부모는 자녀를 있는 그대로 수용하고 신뢰한다.
2. 부모는 자녀의 고자질과 같은 부정적인 행동은 무시한다.
3. 부모는 자녀에게 긍정적인 태도나 언어를 사용한다.
4. 부모는 자녀가 과제를 수행하거나 어려운 문제를 수행하고자 할 때 지나치게 간섭하지 않는다.
5. 부모는 자녀의 단점이나 못한 점보다 장점이나 잘한 점 등에 초점을 맞춘다.
6. 부모는 결과보다 자녀의 노력을 알아주고 성취를 인정해 준다.
7. 부모는 자녀에게 칭찬을 해주기보다는 격려를 해준다.

출처 : 김종운 · 박성실(2011).

둘째, 부모는 자연적, 논리적 결과에 의한 자녀훈육을 해야 한다. 즉, 부모가 자녀의 행동에 대해 권위적인 벌을 사용하는 대신 '자연적, 논리적 결과'를 경험하도록 하는 것이다. 그러면 벌과 자연적, 논리적 방법의 차이는 무엇일까? 벌은 자녀의 행동에 대해 부모가 책임을 지지만 자연적, 논리적 방법은 부모가 아닌 아동이 자신의 행동에 책임을 지도록 한다. 또한 벌은 자녀 스스로 결정을 내리는 기회를 제공하지만 자연적, 논리적 방법은 자녀 스스로 어떤 행동이 적절한가를 결정하게 한다. 마지막으로 벌은 권위적인 모습을 보일 때만 바람직한 행동을 하게 만들고 강제로 순응하게 함으로써 반항심과 분노심이 생기게 하지만 자연적, 논리적 방법은 사건의 질서로부터 스스로 배우게 한다.

그럼 어떻게 하면 자연적, 논리적 결과를 잘 경험하도록 할 수 있을까?

첫째, 자녀에게 선택의 기회를 제공해야 한다. 부모는 자녀에게 대안을 제안하고 자녀의 결정을 수용할 수 있어야 한다. 둘째, 자녀의 결정을 따라야 한다. 일단 자녀가 선택하고 결정하면 그대로 실천하여야 한다. 셋째, 부모는 가능하면 말을 줄여야 한다. 자녀에게 필요한 말만 하고 행동으로 실천한다. 넷째, 엄격하면서도 친절하여야 한다. 여기서 엄격하다는 것은 완고함이나 가혹함을 의미하지 않고 결정에 대해 약속한 것을 지키도록 말하면서 원래의 결정대로 밀고 나아가는 태도를 의미한다. 다섯째, 자녀와 행동결과를 구분해야 한다. 논리적 결과는 자녀가 잘못 행동하기 때문에 자녀가 나쁘다고 비판하지 않는다. 여섯째, 부모는 동정심을 남용하지 말아야 한다. 동정심은 자녀에게 어딘가 결함이 있어서 문제를 해결할 능력이 없다고 간접적으로 말하는 것이다. 그렇기에 인간을 약하게 하는 동정심보다는 힘을 주는 공감을 적극 활용해야 한다.

참고자료 **자연적, 논리적 결과의 문제 상황 적용 예시**

1. 아침 일과 : 옷 입기, 아침식사 하기, 학교가기

① 전형적 부모의 행동 : 자녀의 아침 일과에 책임을 진다.

② 자연적, 논리적 결과 : 시간 안에 준비해야 하는 '자연적 결과'를 경험하게 한다.
→ 아침 일과 중 일부를 변경한다. 예 아침 거르기
→ 학교 결석에 대해 조건을 붙인다. 예 아프니까 놀지 못한다.

③ 기억할 점 : 부모가 자녀의 아침 일정에 대해 책임 있다고 생각하는 한, 자녀는 스스로 배우지 못하고 계속 의지한다.

2. 식사시간에 늦는 것

① 전형적 부모의 행동 : 여러 번 부르고 설교한다.

② 자연적, 논리적 결과 : 배고픔의 '자연적 결과'를 경험하게 한다.
→ 식사 시간 지나면 식사 끝

3. 편식

① 전형적 부모의 행동 : 어르고 달랜다.

② 자연적, 논리적 결과 : 음식을 준비할 때 자녀가 먹을 음식을 따로 차려 주지 않는다.

③ 기억할 점 : 상호 존중의 원리를 지킨다. 가족 구성원 중 특별 대우의 인상을 주지 않는다.

4. 씻지 않고 밥 먹으려 하는 것

① 전형적 부모의 행동 : 설교한다. 씻으러 보낸다.

② 자연적, 논리적 결과 : 자녀가 씻고 올 때까지 밥을 주지 않는다.

③ 기억할 점 : 식사 전에 깨끗이 하는 것은 자녀의 책임이다. 조용히 밥을 치움으로써 엄격하게 행동한다.

출처 : Dinkmeyer, 이경우 역(1985).

Activity 5-2 부모와의 관계 자가점검

※ 다음의 질문을 통해 나의 부모와의 관계를 점검해 보고 그것이 자신의 인간관계에 미친 영향에 대해 생각해 봅시다.

1. 부모와의 관계를 0~100점으로 나타내어 보고 그 이유를 적어보세요.
   1) 아버지 (관계 정도 :   점)
      이유 :

   2) 어머니 (관계 정도 :   점)
      이유 :

2. 아버지와의 관계가 나의 인간관계에 어떠한 영향을 주었나요?(예 아버지는 말이 없고 권위적인 분이라, 말이 없고 권위적인 사람에 대해 거부감이 든다. 아버지와 대화를 많이 하는 편이라 어른들과의 대화가 어렵지 않다)

3. 어머니와의 관계가 나의 인간관계에 어떠한 영향을 주었나요?(예) 어머니는 나를 늘 챙겨주셔서 나는 나를 챙겨주는 사람에 대해 편안함을 느낀다. 어머니가 간섭하고 잔소리를 하는 편이라 나에게 지나치게 관심을 보이는 사람은 간섭하는 것 같아 싫다)

4. 평소 부모님과 갈등이 있다면 무엇 때문인가요?

5. 대학생이 되어 부모와의 갈등이 심해졌다면 무엇 때문인가요?

출처 : 천성문 외(2019) 일부 수정.

2) 성공적인 형제자매 관계

(1) 형제자매 관계의 특징

형제자매 관계는 다른 인간관계와 구분되는 독특한 특성을 가지며 형제자매 관계는 가족관계의 하위영역이지만 부부관계나 부모관계와는 다른 독특한 특징을 가진다(권석만, 2009). 첫째, 형제자매 관계는 개인이 선택할 수 있는 관계가 아니며 혈연적 동료관계이다. 가장 오래 유지되는 인간관계이고 서로에 대한 정서적 규제나 속박은 없지만 형제자매 간의 상호영향력은 매우 크다. 둘째, 형제자매 관계는 수직적인 요소와 수평적인 요소가 복합적이며 경쟁적인 요소가 존재한다. 형제자매는 출생순위에 따라 위계가 정해지지만 대부분 나이차가 나지 않기 때문에 함께 커가고 함께 늙어간다. 또한 부모는 흔히 자녀를 서로 비교하여 평가하고 이에 따라 애정과 물질적 보상을 달리 주기 때문에 형제자매 사이에서 경쟁이 생기기도 한다. 셋째, 형제자매는 많은 시간을 함께 보내면서 유전자, 사회적 계층, 역사적 배경 등을 가장 많이 공유하는 존재인 동시에 가족과 함께 동고동락하는 운명 공동체이다. 따라서 형제자매는 서로를 가장 잘 이해하고 공감할 수 있는 상대이기도 하다. 넷째, 형제자매 관계는 개인의 사회적응에 중요한 영향을 미치고 개인이 대인관계를 학습하는 장으로서의 역할을 한다.

(2) 형제자매 관계의 역할

형제자매는 상호영향을 주며 다양한 역할을 수행한다. 형제자매는 놀이와 공부 친구로서의 역할을 하기도 하고 애착대상이 되기도 하며 자아정체감 형성에도 긍정적인 영향을 준다. 또한 좀 더 나이가 많은 자녀는 의식적, 무의식적으로 동생을 가르치는 교사로서의 역할을 함으로써 동생의 행동을 조정한다. 미국 펜실베이니아 주립대와 애리조나 주립대의 공동연구에서는 형제관계에 따라 자녀의 최종학력이 결정된다는 새로운 사실이 확인되었다. 즉, 형제관계가 좋지 않으면 형제간 학력차의 발생 가능성이 높아지는 것으로 나타났다(Sun et al., 2018). 형제자매는 사회정서적 적응에도 영향을 미치는데, 긍정적인 형제자매 관계는 공격성을 낮추는 데 도움이 된다. 실제로 미국 일리노이대 로리 크래머(Laurie Kramer) 교수팀의 연구결과 형제자매 간 사이가 좋으면 십대는 물론이고 성인이 돼서도 자신이 하는 일에 대해서 더 긍정적인 결과를 얻을 수 있지만 부정적인 형제자매 관계는 오히려 공격성, 불안 같은 문제를 높일 수 있음이 확인되었다(Kramer & Conger, 2009). 그리고 형제자매는 부모가 자녀를 훈계할 때 나름의 방어, 보호, 완충적 역할을 하며 부모의 사랑과 가정의 자원을 두고 경쟁을 하기도 한다. 이 밖에도 형제자매는 행동규제의 역할을 하기도 하고 성역할 개발의 역할을 하기도 한다(임혜경 외, 2014).

(3) 형제자매 관계의 갈등요인

형제자매는 인생에서 가장 친밀하고 지속적인 인간관계이다. 하지만 이러한 형제자매 관계 속에서도 다양한 갈등요인이 존재하는데 주요한 갈등요인을 살펴보면 다음과 같다(권석만, 2009).

첫째, '형제간 갈등'이다. 형제자매는 부모의 재정적, 심리적 지원을 받는 과정에서 경쟁을 할 수밖에 없다. 이러한 경쟁은 형제자매 관계를 가장 불편하고 위협적인 관계로 만들 수 있다.

둘째, '자녀에 대한 부모의 차별적 애정'이다. 부모의 편애는 소외된 자녀의 마음에 상처를 주며 부모의 관심과 사랑을 얻기 위한 자녀들의 경쟁과 다툼을 유발할 수 있다. 이러한 과정에서 형제자매는 서로에 대한 시기, 질투, 적개심, 우월의식과 열등의식으로 가장 불편하고 적대적인 관계가 될 수도 있다.

셋째, '성격과 능력의 차이'이다. 형제자매 간에도 출생순위나 부모의 양육태도에 따라 성격과 능력의 차이가 나타나는데 이러한 차이가 형제자매 간 갈등을 유발할 수 있다. 또한 부모가 자녀의 성격과 능력에 따라 차별적인 애정을 보이면 형제자매 간의 갈등이 커질 수도 있다.

넷째, '역할기대의 차이'이다. 형제간 서열에 따라 가족 내에서 기대되는 역할도 달라지는데 형제자매의 서열에 따른 역할기대와 역할수행의 괴리가 갈등의 요인이 될 수 있다.

다섯째, '경제적 이해관계'이다. 형제자매 간에는 미묘한 이해관계가 존재하는데 부모로부터 용돈, 학비, 결혼비용, 유산상속 등에서 공정한 분배가 이뤄지지 않는다고 생각될 때 형제자매 간에 갈등이 발생할 수 있다.

여섯째, '부모 간 갈등 및 가족 간 불화'이다. 부모의 불화가 형제자매의 불화로 확산될 수 있다. 부모에 대한 정서적 유대차이와 가정불화 유발 부모의 대처방식과 가정불화의 해결방법 등에 대한 형제자매의 이견으로 대립과 갈등이 발생할 수 있다.

(4) 좋은 형제자매 관계형성 방법

좋은 형제자매 관계를 만들기 위해서는 부모는 첫째, 정기적으로 자녀와 1대1로 만나는 시간을 가지는 것이 필요하다. 뉴저지몽클레어주립대 조나단 카스피 교수는 1대1로 시간을 가지면 부모의 관심을 놓고 싸워야 할 경쟁자가 없기에 승자 패자가 인식되지 않을 뿐만 아니라 이러한 시간은 자녀와 유대감과 친밀감을 형성하면서 아이를 칭찬하고 잘못된 행동을 바로잡는 시간이 될 수 있다고 하였다. 둘째, 부모는 자녀가 다툴 때 심판으로 활동하기보다 당면한 문제를 쉽게 해결할 수 있도록 중재자나 코치 역할을 해야 한다. 부모가 아무런 개입 없이 있으면 자녀들은 자신들의 행동이 괜찮다는 메시지로 오해할 수 있기 때문이다. 셋째, 부모는 형제에 대한 부정적 감정을 무시하지 말고 인정해 주어야 한다. 보통 형제 간에 싸움이 많이 이루어지는데 이때 자녀의 부정적인 감정을 무시하지 말고 인정해 주어야 한다. 즉, 자녀의 불평을 진지하게 들어주고 공개적으로 논의하는 것이 필요하다. 또한 형제자매 간의 적개심이나 불안을 창조적으로 표현할 수 있도록 유도해 주어야 하며 화나고 속상한 마음을 안전하게 표현하는 방법을 가르쳐 주어야 한다. 넷째,

부모는 형제자매 간 싸움을 부채질하는 행동을 삼가야 한다. 형제자매 간 비교하면 꾸짖지 말고 비교하면서 칭찬도 하지 말아야 한다. 부모의 비교하는 말은 형제자매 간 더 많은 경쟁과 싸움을 유발한다. 이 밖에도 형제 중 한쪽 편을 들어주는 행동 (예시 : "네가 나이가 더 많잖아, 형답게 굴어야지!", "동생은 아직 어리잖아, 그냥 네가 양보하렴.")도 피하는 것이 좋다(최세영 외, 2017, 코메디닷컴, 2021.4.13.).

칼릴 지브란(Kahlil Gibran)의 명언

Your children are not your children. They are the sons and daughters of Life's longing for itself. They come through you, but not from you. And though they are with you yet they belong not to you. You may give them your love, but not your thoughts. For they have their own thoughts.

"여러분의 아이들은 여러분의 아이들이 아닙니다. 그들은 스스로를 갈망하는 큰 생명의 아들과 딸들입니다. 여러분을 거쳐서 왔으나 여러분으로부터 온 것이 아닙니다. 또 여러분과 함께 있지만, 여러분의 소유가 아닙니다. 여러분은 그들에게 사랑을 줄 수 있으나, 여러분의 생각까지 줄 수는 없습니다. 그들에게는 나름의 생각이 있기 때문입니다."

Activity 5-3 형제관계 자가점검

※ 다음의 질문을 통해 자신의 형제관계(여기서는 형제관계, 남매관계, 자매관계를 형제관계로 묶어서 표현한다)를 점검해 보고 그것이 자신의 인간관계에 미친 영향에 대해 생각해 봅시다.

1. 본인의 출생순위는 몇 번째인가요?(예 첫째, 막내, 외동)

2. 형제와의 나이 차이는 몇 살인가요?

3. 형제관계의 성비는 어떻게 되나요?

4. 나와 특별히 사이가 좋은 형제는 누구이며 사이가 좋은 이유는 무엇인가요?(예 남동생, 나와 말이 통하고 나를 이해해 준다)

5. 나와 사이가 좋지 않은 형제가 있다면 누구이며 사이가 좋지 않은 이유는 무엇인가요?(예 언니, 엄마가 어릴 때부터 차별하였고 잘난 척한다)

6. 형제관계(외동인 경우 형제가 없는 경우)가 나의 인간관계에 미치는 영향은 무엇인가요?

출처 : 천성문 외(2019) 일부 수정.

3) 성공적인 부부관계

(1) 성공적인 부부관계의 기준

부부는 가족의 중심으로 행복한 부부관계는 화목한 가족관계의 기본 조건이 된다(유수현 외, 2009). 레슬리(Leslie, 1982)는 성공적인 부부관계에 대해 몇 가지 기준을 제시하였는데 그 내용을 살펴보면 먼저 성공적인 결혼생활이란 결혼생활이 계속 지속이 되어야 한다. 또한 결혼생활에서 갈등, 다툼, 불안, 문제가 적어야 하고 부부간의 일체감과 응집성이 높아야 하며 개인의 성장과 발달을 촉진하고 지원하는 부부관계여야 한다. 그리고 성공적인 부부관계는 결혼생활의 주요 문제에 대한 의견 일치도가 높아야 하며 결혼생활에 대한 주관적인 만족도와 행복감이 높아야 한다. 이 밖에도 사회적 요구나 기대에 부합된 결혼생활을 하여야 한다. 하지만 이 모든 것에 부합하는 부부관계를 만들기는 쉽지 않으므로 많은 부분에 부합하도록 최선의 노력을 다하여야 한다.

(2) 성공적인 부부의 심리적 특성

다음으로 보우만과 스패니어(Bowman & Spanier, 1978)가 제시한 성공적인 부부의 심리적 특성을 살펴보면 성공적인 부부는 주관적으로 행복감을 느끼고, 부부 사이에서 서로의 기본적인 욕구를 잘 충족시켜 준다. 즉, 어느 한쪽만 충족하는 것이 아니라 부부 모두의 욕구가 충족되도록 함께 노력하고 배우자의 삶이 풍요로워지도록 서로 돕는다. 이로 인해 결혼생활을 통한 인격적인 성숙과 잠재능력의 발휘가 이루어진다. 또한 성공적인 부부는 서로 정서적으로 지지하고 배우자를 깊이 이해하며 수용한다. 그리고 본인의 행복보다는 배우자의 행복에 관심을 가지며 가족과 배우자에 대해서 자발적인 책임감을 느낀다.

(3) 성공적인 부부의 필수요건

성공적인 부부의 필수요건에 대해 여러 학자들이 견해를 제시했지만 메이스와 메이스(Mace & Mace, 1980)는 계속적인 노력과 헌신, 효율적인 대화, 생산적이고 창의적인 갈등관리의 세 가지 요소를 제시했다. 모든 부부는 서로 다른 환경에 살아왔기 때문에 완벽할 수가 없다. 하지만 노력과 헌신이 있을 때 성공적인 부부가 될 수 있다. 그리고 고든(Gordon, 1975)은 사랑, 유머, 대화, 의무수행, 동료감, 성실성, 참을성, 융통성, 원만한 성관계, 함께 나눔 등 10가지 요소를 제시하면서 이러한 것들을 갖추었을 때 성공적인 부부가 될 수 있다고 주장하였다(유수현 외, 2009).

(4) 행복한 부부관계를 위한 방법

우리는 종종 부부관계가 좋다는 말을 금실이 좋다고 말한다. 금실은 본래 '금실지락(琴瑟之樂)'의 준말로서, 부부 사이의 다정하고 화목한 즐거움, 부부간의 애정을 뜻한다. 원말은 금슬(琴瑟)로서 여기서 '금(琴)'은 거문고를 의미하고 '슬(瑟)'은 비파를 뜻하므로 결국 '금실(琴瑟)'은 거문고과 비파 소리가 잘 어우러져서 아름답게 화음을 내는 것처럼 부부간에 화목하게 지내는 것을 나타낸다(참고적으로 현대 국어에서는 '금실', '금슬' 모두 표준어이지만 악기 거문고와 비파를 뜻할 때만 '금슬'로 쓰고 부부 간의 사랑을 의미할 때는 '금실', '금실지락'이라고 써야 한다). 부부가 함께 아름다운 멜로디를 만들어 내려면 상대방의 소리가 아름답게 울리도록 그 소리에 귀 기울이고 배려하며 서로서로 맞추는 노력이 필요하다. 그럼 행복한 부부관계를 위해서는 어떻게 해야 하는지를 살펴보도록 하자(임혜경 외, 2014).

먼저 행복한 부부관계가 되기 위해서는 첫째, 부부간에 서로에 대한 존재를 수용해 주어야 한다. 행복한 부부가 되는 첫걸음은 나의 배우자를 나에게 가장 좋은 배우자로 받아들이고 존재 자체에 대해서 감사하며 수용하는 것이다.

둘째, 부부간에 서로의 욕구에 대해 이해하고 타협하여야 한다. 사람들은 욕구가 충족되고 가치가 실현되면 행복감을 느끼게 되는데 미국 정신과 의사이자 현실치료의 창시자인 윌리암 글래서(William Glasser, 1925~2013)는 인간에게는 생존, 사랑과 소속감, 힘, 자유, 즐거움의 다섯 가지 기본 욕구가 있고 이러한 욕구가 충족될 때 행복을 느낄 수 있다고 하였다(Glasser, 1998). 그렇기에 부부는 다양한 방법을 통해 상호 간의 욕구를 충족시키려 노력하고 더불어 관계의 내용과 질도 풍성해지도록 하는 것이 필요하다.

셋째, 부부관계가 유지되는 필수요건은 애정이다. 사랑은 감정이기 때문에 계속 변화하며 또한 사랑은 주관적이기 때문이 서로 사랑하고 사랑받는다고 느낄 때 비로소 사랑으로 인식하므로 부부는 서로에게 관심을 갖고 사랑을 지속적으로 표현하여야 한다. 이때 사랑을 표현하는 방법으로는 긍정적인 언어 표현, 선물, 스킨십, 성관계, 함께 시간 보내기, 봉사 등이 있는데 다양한 표현방법을 골고루 사용하는 것이 좋다.

넷째, 서로에게 힘이 될 수 있도록 격려해 주고 칭찬해 주는 부분이 필요하다. 잘못을 저질렀을 때에도 사랑으로 감싸주고 위로와 격려를 해주는 것이 중요하다.

참고자료 **부부의 날(5월 21일)**

부부의 날의 제정 이유는 평등하고 민주적인 부부문화를 퍼지게 하고 건전한 가족문화를 정착시키며 가족해체를 예방하기 위함이다. 민간단체인 부부의 날 위원회는 1995년부터 '건강한 부부와 행복한 가정은 밝고 희망찬 사회를 만드는 디딤돌'이라는 표어를 내걸고 가정의 달 5월에 둘(2)이 하나(1)가 된다는 의미에서 매년 5월 21일에 '부부의 날' 행사를 개최하였고, 2001년 4월 '부부의 날 국가 기념일 제정에 관한 청원'을 국회에 제출하였다. 2007년 5월 2일 「각종 기념일 등에 관한 규정」에 '부부의 날'이 법정기념일로 제정되었다.

출처 : 국가기록원(https://www.archives.go.kr).

부부를 위한 기도

양광모 (시인)

부끄럽게 하소서
내가 사랑했고
나를 사랑했던 사람에게
지지 않고 이기려 애쓰는 마음을

기뻐하게 하소서
내가 사랑했고
나를 사랑했던 사람의 뜻대로
인생의 크고 작은 일들이 결정되는 것을

용서하게 하소서
용서할 수 있는 것만이 아니라
용서할 수 없는 것까지
참사랑의 힘으로 용서하기를

사랑하게 하소서
지나간 추억이 아니라
살아 있는 고백으로
마지막 날까지 가슴 뛰며 사랑하기를

기도하게 하소서
내가 사랑하고
나를 사랑하는 사람을 위해
매일 아침 맑은 눈물로 기도하기를

Activity 5-4 결혼만족도 자가점검

※ 다음의 문항을 읽고 자신의 상황에 해당하는 것에 ✔표 하세요.

내 용	전혀 아니다	대체로 아니다	보통 이다	약간 그렇다	매우 그렇다
1. 지금까지의 내 결혼생활은 성공적이었다.	1	2	3	4	5
2. 나는 배우자와 사이좋게 지내고 있다.	1	2	3	4	5
3. 나는 확실히 나의 결혼생활에 만족한다.	1	2	3	4	5
4. 내 결혼생활의 미래는 희망적이다.	1	2	3	4	5
5. 내 결혼생활은 다른 어떤 일보다 내게 더 큰 만족감을 준다.	1	2	3	4	5
6. 내 결혼생활은 생각했던 것만큼 행복하다고 생각한다.	1	2	3	4	5
7. 나는 지금의 배우자와 결혼한 것을 후회한다.	5	4	3	2	1
8. 나는 배우자를 신뢰하기 어렵다.	5	4	3	2	1
9. 지금의 내 결혼생활은 확실히 불행하다.	5	4	3	2	1
10. 나는 결혼생활을 잘 해보려고 노력하는 일을 포기했다.	5	4	3	2	1
11. 나는 내 결혼생활에서 일어나는 일들 때문에 화가 나고 짜증스럽다.	5	4	3	2	1
12. 내 배우자는 나를 매우 당황하게 하고 신경과민을 일으키게 한다.	5	4	3	2	1
13. 나는 나의 이혼이나 별거에 대한 이야기를 자주 한다.	5	4	3	2	1
14. 나와 배우자는 이혼이나 별거에 대한 이야기를 자주 한다.	5	4	3	2	1
15. 나는 3년 이내에 이혼할 것을 생각하는 중이다.	5	4	3	2	1

※ 해석방법

이 척도는 로치, 프레이저, 보든(Roach, Frazier, & Bowden, 1981)의 Marital Satisfaction Scale(MSS)을 최규련(1987)이 번안 · 수정한 것을 김경미(2009)가 사용한 것으로 15개 문항의 점수를 합하면 총점(75점 기준)이 되고 점수가 높을수록 결혼만족도가 높다고 해석한다. 단 7~15번 문항은 역문항이므로 점수를 반대로 계산(5→1점, 4→2점, 3→3점, 2→4점, 1→5점)한다.

출처 : 김경미(2009).

CHAPTER 06

직장에서의 인간관계

이 장에서는 직장에서의 인간관계에 대한 이해, 직장인의 스트레스와 인간관계 갈등에 대해 살펴보도록 한다. 구체적으로는 1절에서 직장의 개념과 특성, 직장인에게 필요한 가치관, 직장생활을 잘하기 위해 필요한 자세, 직장에서의 인간관계, 성공적인 직업인이 되기 위해 필요한 기술과 태도에 대해 살펴보고 2절에서는 직장에서의 인간관계 스트레스 유형, 직장에서의 스트레스 모형, 직장에서의 인간관계 갈등과 해결방법에 대해 살펴보도록 한다.

학습목표

1. 직장에서의 인간관계에 대해 이해한다.
2. 직장인의 스트레스와 인간관계 갈등에 대해 이해한다.

1 직장에서의 인간관계에 대한 이해

1) 직장의 개념과 특성

'직장'은 공동목표와 업무수행을 위해 구성된 사회적 조직이다. 또한 직장은 위계적인 인적 구조 속에서 업무를 수행하는 독특한 인간관계의 장이다. 개인의 입장에서 보면 위로는 상사가 있고 좌우로는 동료들이 있으며 아래로는 부하가 있는 상하좌우의 모든 방위에 위치하는 사람들과 인간관계를 맺게 되는 상황이라고 할 수 있다. 이처럼 직장에서는 매우 다양한 인간관계가 펼쳐지게 되는데 크게 상사-부하관계와 동료관계로 구분하여 볼 수 있다. 사회진출 후 직장생활에서의 인간관계는 직장생활을 잘하는 데 매우 중요한 영향을 끼친다. |그림 6-1|에서 보면 직장에서 선호하는 사람은 1사분면에 해당하는 사람인데 이러한 사람은 업무능력도 좋고 인간관계도 좋은 사람이다(권석만, 2009).

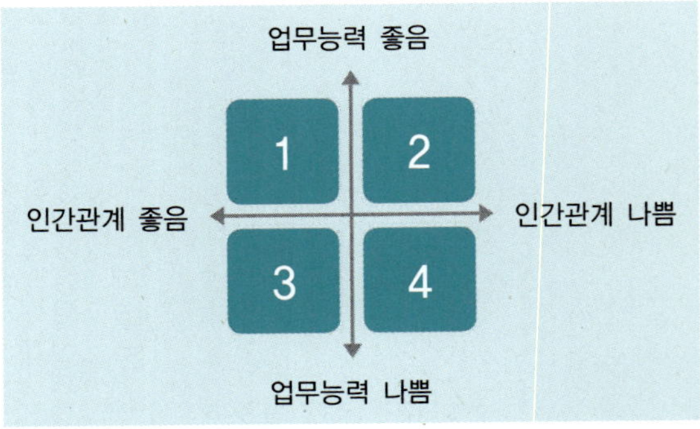

|그림 6-1| 직장에서의 인간관계

2) 직장인에게 필요한 가치관

직장에서 성공적으로 생활을 하기 위해서는 직장인에게 요구되는 가치관들을 잘 갖추는 것이 필요하다. 직장생활에서 필요한 주요 가치관들을 살펴보면 다음과 같다(임혜경 외, 2014).

첫째, 직장인은 직장에 대한 주인의식이 있어야 한다. 즉, 직장에 들어가게 되면 '직장이 나의 것이다'라는 마인드로 최선을 다해 임해야 한다.

둘째, 적극적이고 긍정적인 태도를 갖는 것이다. 누구나 처음에는 업무를 처리하는 데 익숙하지 않기 때문에 나름대로 좌절감을 느끼게 되고 상사로부터 질책을 받기 마련이다. 이러한 상황을 더 노력하기 위한 기회로 받아들일 수 있는 긍정적인 태도를 가지는 것이 필요하다.

셋째, 민주의식을 가지고 상급자의 권위를 인정하고 하급자를 존중할 줄 알아야 한다. 직장에서는 서로 배려하고 협력을 중시하는 태도가 있어야 직장생활이 즐겁고 성공에도 도움이 된다.

넷째, 남에게 양보할 줄 알아야 하고 나보다는 조직의 이익을 위해서 자신의 것을 나눌 수 있는 봉사정신을 가져야 한다.

다섯째, 업무에 대한 감사정신이 있어야 한다. 물론 지나친 업무가 주어질 경우 감사가 나오기 쉽지 않지만 많은 부분에 감사하는 마음을 가지고 임하는 것이 필요하다.

여섯째, 적극적이고 발전지향적인 정신이 있어야 한다. 여기서 '발전지향적인 정신'이란 미래의 목표를 중시하고 미래를 대비하며 발전적 상태를 추구하는 정신을 의미한다.

3) 직장생활을 잘하기 위해 필요한 자세

직장생활을 처음 시작할 때는 업무파악과 새로운 직장환경에 적응해야 하기 때문에 신입직원 대부분이 비슷한 고민을 한다. 하지만 일정한 시기가 지나면 각자의 자세에 따라 직장생활을 하게 되면서 직장생활에 적응하는 정도에 있어 확연한 차이가 나타난다. 여기에서는 직장생활을 잘하기 위해 필요한 자세에 대해 구체적으로 살펴보도록 한다(이태연 외, 2006).

첫 번째는 자신의 업무에 필요한 능력과 기술이 잘 갖추어져 있는지를 확인하는 것이다. 직장생활에서 중요하게 보는 것이 업무능력과 기술이기 때문이다.

두 번째는 적극적이고 긍정적인 태도를 가지는 것이다. 이러한 태도는 조직문화에 적응하는 데 매우 도움이 된다.

세 번째는 직장에서 동료들과 조화를 이루어 나가려는 자세이다. 사회생활에서 인화(人和)는 매우 중요한 생활덕목이다.

네 번째는 원만한 인간관계를 유지하기 위한 능력이 중요하다. 그래서 인간관계를 제2의 실력이라고도 한다.

다섯 번째는 건강을 유지하는 것이다. 직장생활을 하면서 건강을 잃은 경우가 많기 때문에 건강을 지키는 것은 매우 중요하다.

4) 직장에서의 인간관계

직장에서 대표적인 인간관계는 상사와 부하관계 그리고 동료관계이다. 직장에서는 상사의 리더십과 부하의 펠로우십이 적절하게 조화를 이루어야 할 필요성이 있다. 또한 동료관계에서 협동과 경쟁의 균형감각을 지녀야 한다(권석만, 2009).

(1) 상사와 부하관계

① 직장상사의 유형

직장에서 경험하는 가장 큰 어려움 중 하나가 직장상사와의 관계에서 느끼는 어려움이다. 직장상사의 유형은 그들의 행동양식에 따라 구분할 수 있는데 이러한 유형에 따라서 부서의 분위기나 업무스타일이 달라지기도 한다. 블레이크와 머튼(Blake & Mouton, 1964)은 직장상사의 유형을 리더십 관리망 모형에 기반하여 일에 대한 관심의 정도와 인간에 대한 관심의 정도에 따라서 다섯 가지 유형으로 구분하고 있다. 구체적으로 살펴보면 먼저 자신의 자리 보존에만 연연하는 '무심형'과, 업무성과에만 관심이 있는 '과업형', 부서 직원에만 관심이 있는 '인기형', 업무성과 인간에 적절한 관심으로 균형을 유지하는 '타협형', 업무와 인간에 대한 관심과 구성원의 사기와 협동을 중시하는 '이상형'의 유형이 있다. 이러한 직장상사 유형들 중에서 가장 선호되는 유형은 '타협형', '이상형'이라고 볼 수 있다(김종운 · 박성실, 2011).

② 부하의 유형

직장생활에 있어 상사를 모시는 것도 어렵지만 부하를 이끄는 것도 쉽지 않다. 부하의 유형은 상사의 입장에서 부하가 나타내는 행동양식에 따라 여러 유형으로 구분할 수 있다. 이러한 부하의 유형은 상사-부하관계에도 크게 영향을 주고 업무수행의 효율성이나 구성원의 응집력에도 영향을 미친다. 부하의 유형에는 상사의 의견을 존중하고 순종하는 '추종형', 지휘 방식에 불만을 가지고 반항하는 '저항형', 지시내용의 적절성을 합리적으로 판단하고 행동하는 '합리형', 상사와 소원한 관계를 가지고 지시에 무반응하고 무관심한 태도를 보이는 '분리형'이 있다. 이러한 부하의 유형들 중 직장에서 가장 선호되는 유형은 '합리형'이라고 할 수 있다(권석만, 2009).

③ 직장상사의 행동적 특성

직장생활은 개인플레이가 아닌 팀플레이로 이뤄지기 때문에 나와 조직이 윈-윈(win-win) 하기 위해서는 직장상사와 코드를 잘 맞추는 것이 필요하다. 이를 위해 상사의 행동유형을 아는 것이 도움이 될 수 있는데 유기설과 김명소(2004)는 상사들의 행동특성을 다음과 같이 아홉 가지로 제시하였다.

첫 번째는 '통솔력'으로, 이는 책임을 맡고 일을 지시하며 다른 사람들을 관리하고 조직화하며 감독하는 것을 의미한다.

두 번째는 '사회적 자신감'으로, 새로운 사람을 만나도 거부감 없이 당당히 대응하며 쉽게 다른 사람의 앞에 나서는 것을 의미한다.

세 번째는 '보수지향성'으로, 검증된 방법을 고수하며 전통적인 것이나 규범적인 일을 선호하는 것을 의미한다.

네 번째는 '혁신지향성'으로, 아이디어를 생각해 내고 독창적인 접근을 시도하며 해결책을 생각해 내는 것을 의미한다.

다섯 번째는 '강직성'으로, 쉽게 마음의 상처를 받거나 화를 내지 않으며 모욕에도 잘 견디고 부당한 말을 들어도 영향을 받지 않는 것을 의미한다.

여섯 번째는 '자제력'으로, 자신의 기분이나 감정을 억제하고 감정을 숨기며 갑작스러운 감정폭발을 자제하는 것을 의미한다.

일곱 번째는 '경쟁성'으로, 이기기 위해 경쟁을 즐기고 다른 사람을 이기고 싶어하며 지는 것을 싫어하는 것을 의미한다.

여덟 번째는 '성취지향성'으로, 야망이 있고 높은 목표를 세우며 자신의 일과 경력을 중요하게 여기고 결과 지향적인 것을 의미한다.

아홉 번째는 '결단성'으로, 결론을 내리는 것이 빠르며, 신속하게 일의 중요성을 정하고 성급한 판단을 내릴 수 있으며 모험을 즐기는 것을 의미한다.

이러한 모습들이 잘 갖추어 있을 때 부하들에게 존경의 대상이자 선망의 대상이 될 수 있다.

④ 불만을 느끼는 상사, 부하 직원의 유형

대학생이 졸업을 하고 사회에 진출하면서 직장에서 가장 많이 경험하는 어려움들 중 하나가 인간관계의 어려움이다. 특히 상사와 부하의 관계에서 어려움이 많이 생기는데 성격, 업무수행방식, 일반적 행동방식 등에 있어서 상사와 공통점이 많을수록 원만한 관계가 형성되는 것으로 알려져 있다. 하지만 흔히 상사와 부하는 서로에게 불만을 갖는 적대적 관계를 맺게 되고 업무에도 부정적인 영향을 미치는 경우가 발생한다. 다음으로 직장에서 불만을 느끼는 상사와 부하 직원의 유형을 살펴보도록 한다(권석만, 2009).

가. 상사가 불만을 느끼는 부하직원 유형

㉠ 지시한 일을 제대로 수행하지 못하는 부하
㉡ 사사건건 이의를 제기하고 저항하는 부하
㉢ 상사에 대한 예의나 존중하는 태도가 없는 부하
㉣ 조직의 규율을 지키지 않고 제멋대로 행동하는 부하
㉤ 조직에 대한 소속감 없이 개별적으로 행동하는 부하

나. 부하직원이 느끼는 상사 유형

㉠ 부당하고 무리한 업무를 강요하는 상사
㉡ 평소 업무 지시나 언행에 있어서 부하를 비인격적으로 대하는 상사
㉢ 부하직원의 능력을 무시하고 부하직원에 대한 업무 수행에 대한 정당한 평가나 보상을 해주지 않는 상사
㉣ 특정한 부하직원을 편애하거나 홀대하는 상사

참고적으로 고재원(1995)은 '상사 비위 맞추기 행동(ingratiatory behavior)'을 위한 여섯 가지 방법을 제시하였는데 이러한 행동이 아첨으로 비춰질 수 있지만 어떤 면에서는 긍정적인 강화행동이 될 수도 있다. 구체적으로 첫 번째는 '상사의 자존심을 고양시키기'로, 상사의 업적이나 장점에 대해 찬사를 보내거나 상사의 좋은 자질들을 과장하여 이야기하는 것이 여기에 해당한다. 두 번째는 '상사에게 호의를 제공하기'로, 상사의 개인적 이야기를 들어주거나 집안 경조사나 업무 이외의 일을 지원하는 것이 여기에 해당한다. 세 번째는 '나의 가치를 알리기'로, 자신의 좋은 평판이나 좋은 수행결과 및 업적을 의도적으로 상사에게 알리는 행동이 여기에 해당한다. 네 번째는 '과잉 업무행동'으로, 상사가 지시한 것보다 더 많은 일을 한다거나 나의 일을 제쳐두고 상사의 일을 먼저 처리하는 것이 여기에 해당한다. 다섯 번째는 '상사의 의견에 동조하기'로, 상사가 아이디어를 내면 공감하는 것처럼 행동하고 상사가 흥미를 보이는 것에 함께 관심을 표현하는 것이 여기에 해당한다. 여섯 번째는 상사와의 유사성을 강조하기로, 상사와 유사한 업무태도를 의도적으로 표현하거나 자신이 좋아하지 않지만 상사가 좋아하는 운동이나 취미에 함께 참여하는 것이 여기에 해당한다.

(2) 동료관계

① 동료관계의 의미

직장에서의 인간관계 중 상사와 부하직원의 관계만큼이나 중요한 것이 동료관계이다. 직장동료들은 나이, 전공, 관심사, 업무 내용, 조직에서 겪는 고충 등 여러 측면에서 유사성이 많기 때문에 가장 친밀한 직업적 동반자이자 사교적 동반자라고 할 수 있다. 하지만 진급과정에서 직장 동료들은 경쟁자가 될 수도 있다. 그렇기에 직장에서의 동료관계는 애착과 경쟁이 복합적으로 나타나는 미묘한 관계라고 볼 수 있다.

한편 동료 간에 지지적 관계는 상호 간의 건강을 증진시키고 일의 능률도 높여주지만 경쟁적이거나 적대적 관계는 오히려 상호 간의 갈등과 스트레스를 유발시켜 건강을 해치게 할 수 있다(유수현 외, 2009).

② 동료관계의 유형

다음으로 직장에서의 동료관계 유형을 살펴보면 다음과 같다(권석만, 2015).

첫 번째는 '돌출형'으로, 이러한 유형의 사람은 동료에 대한 경쟁의식이 강하고 자신의 업무내용, 성취를 과장되게 표현하며 각별한 충성행동을 보인다.

두 번째는 '희생형'으로, 좋은 유형이지만 사회생활을 함에 있어서는 큰 빛을 발하기는 어려운 유형이다. 이러한 유형의 사람은 동료를 위해 자신의 이익을 희생하고 손해를 감수한다.

세 번째는 '원만형'으로, 직장에서 가장 적절한 유형이다. 이러한 유형의 사람은 업무활동이나 상사와의 관계에서 동료들과 균형을 유지하고 동료관계에서 협동과 경쟁에서 균형을 이룬다.

네 번째는 '위축형'으로, 직무능력에 자신감이 부재하고 동료들에 대한 열등감을 가지고 있으며 동료관계에서 소극적인 행동을 보인다.

5) 성공적인 직업인이 되기 위해 필요한 기술과 태도

성공적인 직업인이 되기 위해서는 몇 가지 필요한 기술이 있다. 즉, 직장인이 직업적으로 성공하려면 기능적 기술, 개념적 기술, 인간관계 기술을 갖추는 것이 필요하다(Halloran & Benton, 1987; 설기문, 1997 재인용).

여기서 '기능적 기술'이란 자기가 맡은 전문분야의 업무에 대한 능력을 말하는데 대표적인 것은 말과 글로 자신의 의사를 표현하는 능력, 컴퓨터를 사용하여 정보를 얻고 제시하는 능력, 외국어 능력과 국제 정세에 관련된 지식 등이 여기에 해당된다.

'개념적 기술'이란 자기가 속해 있는 부서나 조직 전체의 일을 총괄하여 조직이 나아가야 할 방향과 업구를 기획하고 업무의 효율성을 위하여 적재적소에 인재를 배치하며 업무를 적절히 분배함으로써 거시적으로 조직 전체의 목표달성과 생산성 향상을 꾀할 수 있는 기술을 말한다.

마지막으로 '인간관계 기술'은 직장의 동료, 상사, 부하들과 원만한 인간관계를 유지할 수 있는 기술을 말한다. 직장의 인간관계에서 서툴면 업무의 파악이나 수행도 힘들고 직장생활에 적응하기도 그만큼 어렵다. 따라서 원만한 인간관계를 유지할 수 있는 기술을 습득하는 것이 필요하다.

또한 직장에서의 성공적인 인간관계를 위해서는 다음과 같은 태도(김혜숙 외, 2008)를 가지는 것이 도움이 된다. 첫 번째는 상대방을 존중해야 한다. 두 번째는 효과적인 의사소통 방법을 써야 한다. 세 번째는 협력해야 한다. 네 번째는 비판을 수용해야 한다. 다섯 번째는 자기주장을 해야 한다. 여섯 번째는 칭찬해야 한다. 일곱 번째는 융통성을 가져야 한다. 여덟 번째는 친절해야 한다. 아홉 번째는 자기를 개방해야 한다. 열 번째는 정직하고 성실해야 한다. 열한 번째는 서로 간 이해의 폭을 넓혀야 한다. 열두 번째는 경청자가 되어야 한다. 단순한 듣기가 아니라 말하는 사람의 의미까지 파악할 수 있어야 한다. 열세 번째는 긍정적으로 사고하고 행동해야 한다. 열네 번째는 유머감각을 살려야 한다. 열다섯 번째는 먼저 베풀어야 한다.

참고자료

인간관계를 넓힐 수 있는 10가지 대화기술

첫 번째는 잘 들어주는 연습을 해야 한다.
사람마다 조금씩 다를 수는 있지만 대개 사람들은 듣는 것보다 말하는 것을 좋아한다. 잘 들어주는 것은 상대방을 향한 관심과 존중의 표현이다.

두 번째는 다른 사람의 이야기 도중에 끼어들지 않아야 한다.
자칫 그런 행동을 했을 때 상대방의 기분을 나쁘게 하거나 감정을 상하게 할 수 있다. 되도록 이야기 도중에 끼어들지 않고 이야기가 끝난 후에 이야기를 하도록 한다.

세 번째는 말하기 전에 먼저 생각해야 한다.
생각 없이 그냥 말하게 되면 횡설수설하는 경우가 생기게 되므로 신중하게 말하는 것이 필요하다. 해도 되는 이야기인지, 어떻게 말해야 할지 등을 미리 생각하고 신중하게 말한다.

네 번째는 당황하면서 서둘러 대답하지 않아야 한다.
보통의 경우 당황하게 되면 실수를 하기 때문에 서둘러 대답하지 않도록 한다.

다섯 번째는 질문과 대답을 간결하게 해야 한다.
말하고자 하는 요지를 간략하게 말한다.

여섯 번째는 처음 할 이야기와 나중에 할 이야기를 구별하여야 한다.
말을 할 때 무슨 말로 시작해서 어떻게 끝낼지를 미리 생각해야 한다. 그렇지 않으면 말이 꼬이고 말의 핵심을 잃게 된다.

일곱 번째는 잘 알지 못하고 말했거나 잘못 말한 것은 솔직하게 인정해야 한다.
자신의 잘못을 인정하지 않은 상태에서는 이야기가 겉돌고 자칫 말다툼으로 번질 수 있다.

여덟 번째는 본인이 없는 자리에서 그의 이야기를 하지 않아야 한다.
우리가 보통 뒷담화라고 하는데 이야기 하는 대상이 그 자리에 없을 경우는 그 사람에 대해 이야기하지 않는 것이 좋다.

아홉 번째는 언제나 긍정화법을 사용해야 한다.
여기서 긍정화법은 긍정마인드를 높이는 대화법을 의미한다. '나쁘다'보다는 '좋지 않다', '안 된다'보다는 '노력해 보겠다'같이 가능한 한 긍정적인 방향의 단어를 쓰는 것이 좋다.

열 번째는 상대방을 품어주고 살리는 말을 해야 한다.
남을 흉보거나 꾸짖는 말보다는 칭찬하고 격려하는 말을 하는 것이 좋다.

출처 : 우지은 W스피치 커뮤니케이션(http://blog.naver.com/wspeech_4012/220361416758).

참고자료 직장생활에서의 신입사원 에티켓

Tip 1 전화 받는 에티켓

- 전화를 받을 때 상대방에서 회사명, 부서명, 이름을 말한다.
- 상대가 자신을 밝히지 않을 때는 '실례지만 어디십니까'라고 정중히 묻고 중요한 정보, 시간, 용건 등을 빠짐없이 메모한다.
- 다른 직원이 부재중일 경우 전화를 당겨 받아 내용을 메모하여 자리에 없는 동료에게 전달한다.
- 모든 통화가 끝나면 상냥하게 인사를 해준다.
- 사무실 전화 외에 휴대폰은 매너모드로 하되 개인적인 통화는 밖으로 나가서 받는 것이 예의이다.

Tip 2 명함을 주고받는 에티켓

- 명함을 건낼 때는 일어서서 교환하는 것이 예의이다.
- 왼손으로 받쳐서 오른손으로 드리며 이름이 가려지지 않게 한다.
- 명함을 받을 때는 두 손으로 공손히 받고 상대방 앞에서 명함꽂이나 주머니에 넣는 것은 실례이다.
- 상대방으로부터 받은 명함에 낙서하거나 훼손시키는 것은 큰 결례이니 주의하여야 한다.

Tip 3 악수 에티켓

- 악수는 오른손으로 하는 것이 원칙이다(단, 오른손을 다쳤을 경우 상대에게 양해를 구한다).
- 상사가 악수를 청할 때는 일어서서 한다.
- 악수를 할 때 주머니에 손을 넣지 않는다.
- 악수는 윗사람이 먼저 청하는 것이 올바르다.

Tip 4 엘리베이터 에티켓

- 엘리베이터 벽에 기대지 않으며 업무나 개인 이야기를 자제해야 한다.
- 문이 닫힐 때 무리하게 타지 말고 다음에 탄다.
- 뒤에 오는 사람을 위해 '문 닫기' 버튼 사용을 자제한다.
- 엘리베이터 문이 닫히지 않도록 버튼을 누르고 상사가 탄 뒤에 탄다.
- 원하는 층에 멈추면 먼저 내려 버튼을 누르고 상사가 내릴 때까지 기다린다.

출처 : tvN(2014.12.1). 직장지식in #5 신입사원 에티켓 미생 15화.

2 직장인의 스트레스와 인간관계 갈등

스트레스 학설을 제창한 한스 셀리에(H. Selye)는 '타인과 함께 생활한다'는 것은 그 자체가 스트레스가 된다고 이야기하였다. 직장인은 직장생활을 하면서 다양한 스트레스를 겪게 되는데, 통계청이 만 13세 이상 가구원 약 38,600명을 대상으로 실시한 스트레스 원인조사에 따르면, 한국인의 스트레스 원인은 1위 직장생활, 2위 일상생활, 3위 학교생활, 4위 가정생활인 것으로 나타났다(통계청, 2016). 또한 2017년 한국건강개발원의 보고서에 따르면 다양한 계층 중에서도 성과에 대한 압박을 받는 중년층(30~49세)과 소득이 월 200만 원 이상 400만 원 이하인 그룹이 직장 스트레스 강도가 가장 심한 것으로 나타났다(한국건강개발원, 2017). 또한 ISSP(International Social Survey Programme)라는 국제사회조사프로그램이 2014년 직장인을 대상으로 직무만족도와 직무스트레스 비율을 조사한 결과, 직무만족도 비율은 우리나라가 69%로, OECD 평균인 81%보다 크게 낮았고 직무스트레스 비율은 우리나라가 87%로, OECD 평균인 78%보다 더 높게 나타났다. 특히, 직무스트레스는 업무량이 많기로 소문난 일본(72%)이나 경제 대국 미국(79%)보다도 심각한 수준이다(SBS CNBC, 2014.1.15).

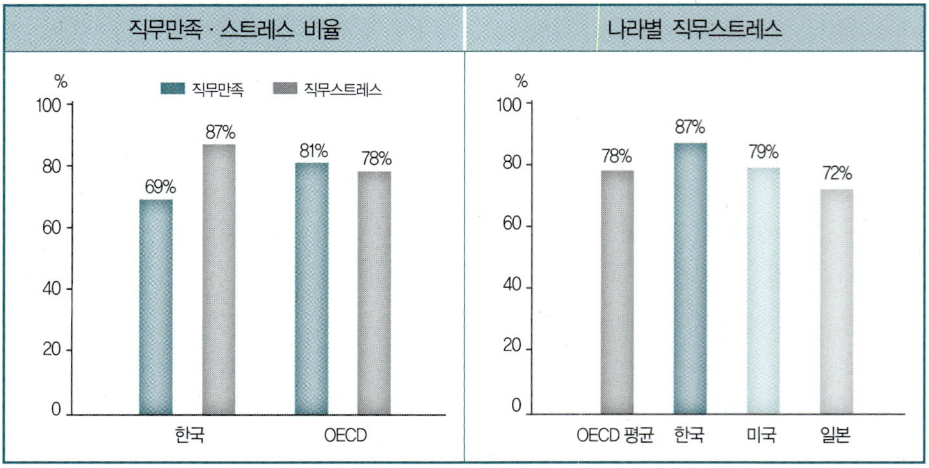

|그림 6-2| 국내외 직장인 직무스트레스, 직무만족도 실태 비교(ISSP, 2014)

1) 직장에서의 인간관계 스트레스 유형

먼저 직장에서의 인간관계 스트레스 유형(권석만, 2009; 김종운 · 박성실, 2001; 유수현 외, 2009)을 살펴보면 첫 번째는 입사 후 새로운 인간관계를 형성하는 과정에서 겪게 되는 스트레스이다. 두 번째는 위계조직인 직장에서 업무를 지시하는 상사와 이를 수행하는 부하직원 간의 갈등에서 비롯된 스트레스이다. 세 번째는 동료 간의 갈등에서 오는 스트레스이다. 네 번째는 직장의 분위기에 잘 적응하지 못함으로써 오는 스트레스이다. 이것은 인간관계에서 직접적으로 부딪히는 부분일 수도 있지만 직장 내의 한국적인 집단주의적인 문화라든지 비공식주의적 직장문화에 적응하지 못할 때 오는 스트레스일 수도 있다. 다섯 번째는 직장과 가정생활의 부조화에서 오는 스트레스이다.

2) 직장에서의 스트레스 모형

직장에서는 개인차가 있지만 다양한 측면이 스트레스 원인이 행동적, 인지적, 신체적인 결과를 유발한다. 다음의 |그림 6-3|은 박양근 외(2015)가 직장에서의 스트레스 모형을 도식화한 것을 일부 수정한 것이다.

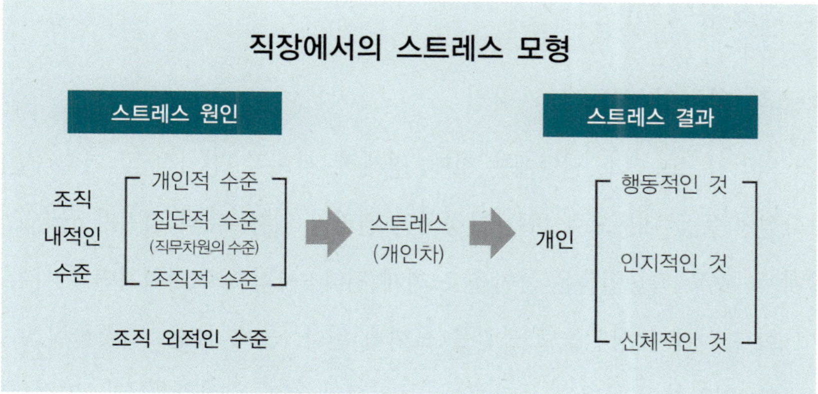

|그림 6-3| 직장에서의 스트레스 모형

(1) 직장에서의 스트레스 원인

① 개인적 수준의 스트레스 원인

개인 차원의 스트레스를 신입사원의 경우로 예를 들어 설명하면 인간관계 형성 및 적응에서 오는 스트레스, 내적 동기, 기대 부적합, 역할 갈등(맡은 역할이 다른 사람과 중첩될 때), 역할 모호(내가 맡은 역할이 정확하지 않을 때) 질적 또는 양적인 업무 과중, 질적 또는 양적인 업무과소가 있다.

② 조직 차원의 스트레스 원인

조직 차원의 스트레스 원인에는 먼저 동료와 상사의 지지부재 등의 관계 갈등에서 오는 어려움으로 타인의 일에 대한 책임, 창의적인 활동을 해야 하는 기능, 연결고리 역할의 어려움, 상하 간의 관계를 유지해야 하는 어려움이 있다. 또한 경력의 불확실성에서 오는 스트레스와 조직운영체계와 조직 내 갈등이 있다.

③ 집단 차원의 스트레스 원인(직무차원의 스트레스 원인)

집단 차원의 스트레스 원인을 직무 차원의 스트레스 원인이라고도 하는데 어떤 직무는 다른 직무들보다 더 많은 스트레스를 일으키기도 한다. 여기에는 불명확한 업무나 권한부여 부적절, 직무부담, 업무시간이나 교대근무 등의 시간적 압박과 같은 스트레스 등이 있다.

④ 조직 외적인 스트레스 원인

조직 외적인 스트레스 원인에는 첫째, 경제적, 사회적, 정치적 및 기술적인 변화와 불확실성 등을 내용으로 하는 환경적인 원인이 있다. 대외 경기가 급속도로 좋지 않게 될 경우 직장인들은 불안을 느끼게 된다. 사회가 어려워지면 회사가 어려워지고 회사 안에 직장인들도 불안을 느끼게 된다. 둘째, 소음, 화학물질, 수작업, 좁은 공간, 열악한 근무환경 등과 같은 물리적인 것과 대인관계문제, 가정문제 등과 같은 개인생활에서의 삶을 내용으로 하는 것들이 있다.

(2) 직장에서의 스트레스 결과

① 개인에 미치는 스트레스 결과

직장에서의 스트레스가 미치는 결과는 개인적 차원에서 보았을 때 행동적, 인지적, 신체적인 것으로 나타나는데 먼저 행동적 측면에서는 연필을 가지고 논다거나 클립을 구부린다거나 손을 만지작거리는 등의 동작을 계속하기도 한다. 그리고 무관심하거나 도전적인 일을 하려 하지 않고 과음, 과식, 지나친 흡연을 하는 경우도 있다. 인지적 측면에서는 직장 또는 식당 등과 같은 공공장소에서 타인의 업적을 고운 시선으로 보지 못하고, 질병, 회의시간, 약속 시간과 같은 중요한 정보를 기억하기 어려운 경우가 있으며 중요한 의사결정을 하는 데 있어서 망설이게 되며 타인을 지나치게 비판하고 실수를 용납하지 않으려는 경향을 보인다. 마지막으로 신체적인 측면에서는 식욕부진, 소화불량, 두통 등의 질병이 나타나고 긴장감, 신경성과 불만의 감정을 가지게 된다.

② 조직에 미치는 스트레스

직장에서의 스트레스가 조직적 차원에 미치는 결과를 살펴보면 종업원들의 결근과 이직, 직무불만 증가, 업적과 생산성 감소, 사고율 증대, 노사관계 악화 등이 있다. 따라서 개인적으로 자신의 직장 스트레스를 관리하는 것 외에 회사에서도 직원의 직장 스트레스가 적절히 관리되도록 지원해 주는 것이 필요하다.

(3) 스트레스의 관리

'스트레스(stress)'는 평균 이상의 긴장을 유발하는 것으로 외부로부터의 공격에 대한 몸과 마음이 나타내는 위험신호이다. 따라서 적정 수준으로의 스트레스를 유지 및 관리하는 것이 필요하다. 이에 먼저 개인적으로는 자기 삶의 목표를 가지고 진정한 자신을 찾는 것이 필요하다. 또한 완벽해지려고 하지 말고 실패를 두려워하지 말아야 하며 일에 얽매이지 말고 적당한 취미와 여가생활을 하는 것이 좋다.

직장에서는 상사의 경우 자신의 능력과 권한을 고려하여 도저히 할 수 없는 일은 과감히 포기하고 부하 직원에게 잘못을 지적할 때는 '보고서를 이 정도로 밖에 못 써!'라고 질타하기보다 '자네의 보고서는 이 부분에서 문제가 있는 것 같네'라고 명확하게 수정해야 할 부분을 지적해 주는 것이 좋다. 부하의 경우에는 상사의 지시나 명령을 받을 때 긍정적인 자세로 접근하고 스트레스를 받는 상황에서 심신이 건강할 수 있는 방법을 찾기 위해 본인이 노력을 해야 한다.

참고자료 **직장 스트레스 증상 다섯 가지와 관리법**

① **잦은 두통** : 미국 스트레스연구소에 따르면 잦은 두통은 스트레스의 가장 강력한 신체 신호이다. 만성 두통인 경우, 상담을 받거나 약을 복용할 필요가 있다.

② **턱의 통증** : 이를 악물거나 밤에 이를 가는 것은 직장 스트레스 증상에 속한다. 잠깐의 명상, 얼굴을 부드럽게 풀어주는 안면운동을 하면 관리에 도움이 된다. 치과의사와 상의해 마우스가드를 착용하는 것도 도움이 된다.

③ **배탈** : 위를 비롯한 장 문제가 발생하는 것은 직장 스트레스 증상 중 하나이다. 관리법은 식습관을 바꿔 오트밀과 같은 고섬유질 음식, 지방이 풍부한 생선을 먹으면 염증을 감소시켜 위장질환을 완화시킨다. 그리고 가급적 스트레스를 악화시키는 카페인, 술, 정크푸드(junk food)는 피한다.

④ **피부 트러블** : 스트레스에 반응할 때 코르티솔이 많이 분비되어 여드름이 생긴다. 피부 건강에 좋은 음식, 수분 섭취, 운동을 하며 잠을 충분히 자서 관리해 준다.

⑤ **탈모** : 노화와 호르몬 감소에 따라 머리가 어느 정도 빠질 수는 있지만 머리털이 한 움큼씩 빠진다면 스트레스 증상 중 하나이다. 스트레스에 의한 탈모는 일시적인 것이어서 스트레스를 잘 통제하면 없앨 수 있다.

출처 : 코메티닷컴(2016.10.15).

Activity 6-1 인간관계 스트레스 자가점검

※ 여러분이 평소 친하게 지내는 친구나 동료들과의 인간관계에서 맞는다고 생각되는 것에 체크해 보세요.

문 항	예	아니요
1. 약속시간에 늦는 일이 잦고, 약속을 지키지 않는 친구들이나 동료들이 많다.		
2. 주위 사람들에게 고민과 불평을 얘기해도 "또 시작이다" 하며 대수롭지 않게 대한다.		
3. 별일 아닌 용건인데 하루에도 몇 번이고 전화나 문자 메시지를 보내는 친구가 있다.		
4. 남들한테 설교를 들으면 나도 모르게 "너나 잘하세요" 라고 대꾸하고 싶어진다.		
5. 영문도 모르는데 갑자기 샐쭉 말을 안 하는 친구나 동료가 있다.		
6. 친구들 중 누군가가 "이건 다른 사람한테 말하지 마" 하고 못을 박은 이야기도 다른 친구들한테 얘기하고 만다.		
7. 이야기한 직후 상대의 표정과 반응에서 "괜히 얘기했구나" 하고 후회한 일이 몇 번이나 있다.		
8. 몇 번이고 돈을 빌리러 오는 친구나 돈을 빌려가서 갚지 않는 친구가 있다.		
9. 전달한 내용이 잘못된 형태로 주위에 알려지는 일이 있다.		
10. 다른 이에게 사람을 소개받아도 그 후 인간관계가 발전하는 일이 거의 없다.		
11. 좋은 일이 있어도 주위에서 질투를 사는 것이 싫어 되도록 숨긴다.		
12. 여러 명이 모인 곳에서 누가 먼저 집에 가면 대개 그 사람 소문에 관해서 이야기한다.		
13. 때때로 주위 사람들이 나를 좀 우습게 보는 듯한 느낌이 들 때가 있다.		
14. 친구들 사이에서 인간관계 문제에 말려든 적이 있다.		
15. 친구나 지인의 불행을 소재거리로 다함께 재미있어한 적이 있다.		
16. "넌 이런 면이 있구나" 하고 친구의 성격을 자주 화제로 삼는다.		
17. 친구들끼리만 통하는 말이나 신호가 있다.		
18. 주위 사람들보다 능력이 있는 사람이나 매력적인 사람이 있으면 "우리하고는 다르네" 하고 서로 위로한다.		
19. 친한 동아리 멤버가 가끔 바뀌는 일이 있으며 누가 언제 소외될지 모른다.		

※ 해석방법 : 각 문항에 체크한 개수를 합산한 후 해석내용을 참고한다.

체크한 개수	해석내용
3개 이하	'인간관계 스트레스 지수 20%' 친구도 당신도 스트레스 요인이 적은 편임
4~8개	'인간관계 스트레스 지수 40%' 좋은 인간관계를 유지하려면 노력이 필요함
9~13개	'인간관계 스트레스 지수 70%' 자주 문제에 휘말리는 편일 수 있음
14개 이상	'인간관계 스트레스 지수 90%' 지금 인간관계를 되돌아볼 필요가 있음

출처 : 네오피지오(https://www.neophysio.com).

3) 직장에서의 인간관계 갈등과 해결방법

직장에서는 상사와 부하직원 간의 갈등이 자주 발생한다. 직장은 업무수행을 위한 위계적 조직사회이므로 업무를 지시하는 상사와 이를 수행하는 부하 간에 갈등이 생겨나기 쉽다(이태연 외, 2006).

먼저 상사와 부하직원 간의 갈등을 부하 측면에서 살펴보면 상사의 무리한 업무 강요나 능력 무시, 불공정한 평가와 보상, 비인격적 언행, 특정 직원에 대한 편애 또는 홀대 등이 갈등원인이 된다. 또한 상사와 부하직원 간의 갈등을 상사 측면에서 살펴보면 부하직원의 업무능력 부족 및 이의제기, 규율위반, 개인행동, 예의부족, 소속감 부족 등이 갈등원인이 된다.

동료직원들은 흔히 나이나 직위가 비슷하기 때문에 매우 친밀한 동료관계를 맺을 수 있지만 또한 갈등을 초래할 소지도 높다. 구체적으로 직장동료 간의 갈등원인에는 업무의 불공정한 분담, 업무 수행방식의 차이, 승진에 따른 경쟁 등이 있다.

한편 직장에서 이러한 인간관계 갈등을 해결하는 일반적인 방법(김종운 · 박성실, 2011)으로는 다음의 것들이 있다. 첫 번째는 입장을 바꿔서 생각해 본다. 두 번째는 나의 잘못이 과연 무엇인가 객관적으로 판단해 본다. 세 번째는 투덜대는 모습을 보이지 않도록 한다. 네 번째는 변화를 위해 노력한다. 다섯 번째는 자신이 감정을 적절히 관리한다. 여섯 번째는 상대방에게 탓을 돌리는 너－전달법(You-message)보다 나－전달법(I-message)를 이용한 의사소통방식을 선택한다.

참고자료 인생에서 사람을 얻는 다섯 가지 성공 비결

첫째, '매력'이 경쟁력이다. 우선 나부터 먼저 좋은 사람, '매력'적인 사람이 되는 것이다. 매력적인 사람 주변에는 저절로 많은 사람들이 모여들어 그만큼의 기회를 얻는다.

둘째, 유쾌한 '소통'이 중요하다. 상대의 마음을 이해하며 진심으로 공감하는 소통을 해야 한다.

셋째, 창조적 '배려'가 필요하다. 창조적 배려를 통한 협업과 융합은 상상을 현실로 만드는 기폭제가 된다.

넷째, '갈등'의 맥을 풀어야 한다. 갈등은 언제 어디에나 있는 것이다. 갈등을 해결하려는 의지를 가지는 것, 그 맥을 제대로 짚는 것이 중요하다.

다섯째, '행복'도 품격이 있다. 행복은 누구와 함께 가느냐에 달려 있으며 진심 어린 인간관계를 위해 늦은 때란 없는 법이다.

출처 : 이재만(2014).

참고자료 드라마 '미생'의 대사를 통해 본 직장생활의 Tip

1. 전부인 것처럼 보여도 조금만 벗어나 보면 아주 작은 부분의 일부임을 알게 된다.
2. 남들에게 보이는 것은 상관없어요. 화려하진 않지만 필요한 일을 하는 게 중요합니다.
3. 기초가 없으면 계단을 오를 수 없다. 기초 없는 성취는 오르는 것이 아니라 바닥으로 떨어지는 것이다.
4. 아무리 빨리 이 새벽을 맞아도 어김없이 길에는 사람들이 있었다. 남들이 아직 꿈속을 헤맬 거라 생각했지만 언제나 그랬듯 세상은 나보다 빠르다.
5. 순류(順流)에 역류(逆流)를 일으킬 때 즉각 반응하는 것은 어리석다. 상대가 역류를 일으켰을 때 나의 순류를 유지하는 것은 상대의 처지에서 보면 역류가 된다.

Activity 6-2

갈등 대처 유형 자가점검

※ 다음 문항들을 읽고 갈등상황에 있어 자신은 친구들 혹은 동료들과의 관계에 있어 얼마나 자주 그러한 행동을 했는지 체크해 보세요.

문 항	거의 그렇지 않은 편이다	그렇지 않은 편이다	보통이다	그런 편이다	항상 그런 편이다
1. 나는 동료들에게 내 주장이 옳다는 것을 강력히 반박한다.	1	2	3	4	5
2. 나는 타협점에 도달하기 위하여 다른 사람들과 협상한다.	1	2	3	4	5
3. 나는 다른 사람들의 기대를 충족시키기 위하여 노력한다.	1	2	3	4	5
4. 나는 문제의 원인을 검토한 후 상대방과 서로에게 유익한 해결책을 찾기 위해 노력한다.	1	2	3	4	5
5. 나는 내 입장을 관철하는 데 확고하다.	1	2	3	4	5
6. 나는 될 수 있는 대로 문제가 될 사안에 대해서 관여하지 않으려고 한다.	1	2	3	4	5
7. 나는 내가 정한 문제해결방식을 고수한다.	1	2	3	4	5
8. 나는 상대방에게 줄 것은 주고 받을 것은 받음으로써 타협점을 모색하려고 한다.	1	2	3	4	5
9. 나는 상대방과 문제를 함께 해결하기 위하여 정확한 정보를 교환하려고 노력한다.	1	2	3	4	5
10. 나는 의견 차이에 대하여 터놓고 말하는 것을 피한다.	1	2	3	4	5
11. 나는 다른 사람들의 요구를 다 들어준다.	1	2	3	4	5
12. 나는 모든 문제를 확 터놓고 토의하려고 노력한다.	1	2	3	4	5
13. 나는 문제를 끝내기 위해 중도노선을 제안한다.	1	2	3	4	5
14. 나는 상대방의 제안을 수용하는 편이다.	1	2	3	4	5
15. 나는 서로 감정 상하는 것을 피하기 위하여 동료들과 의견차가 있더라도 나타내지 않는다.	1	2	3	4	5

※ 해석방법

각 문항의 점수를 합산한 후 가장 점수가 높은 유형에 따라 해석내용을 참고한다.

제휴		수용		경쟁		회피		타협	
문항	점수	문항	점수	문항	점수	문항	점수	문항	점수
4 9 12		3 11 14		1 5 7		6 10 15		2 8 13	
합계		합계		합계		합계		합계	

갈등 대처 유형	바람직한 상황
제휴	• 양자의 입장이 서로 중요하여 통합적 해결방안을 찾아야 할 때 • 틀린 견해를 가진 사람들의 식견을 수렴하고자 할 때 • 공통적인 관심사에 대한 합의를 도출함으로써 적극적 협조를 얻어내고자 할 때
수용	• 내가 잘못되었다는 것을 알고 더 나은 방안을 수용하고자 할 때 • 나보다 상대방에게 그 이슈가 더 중요하기 때문에 상대방의 요구를 수용하면 협조를 얻어낼 수 있을 때 • 조화와 안정이 매우 중요할 때 • 나중의 중요한 시안에서 유리한 입장을 얻기 위해 신뢰를 쌓을 필요가 있을 때
경쟁	• 빠른 결정이 요구되는 비상시 • 예산삭감, 해고 등과 같이 중요한 문제에 대하여 단호한 조치가 요구될 때 • 회사의 운명에 관한 이슈에 대하여 리더가 옳다고 확신할 때
회피	• 시안이 별로 중요하지 않거나 보다 중요한 시안이 압박할 때 • 해결되었을 때의 이점보다 문제가 확대될 가능성이 더 클 때 • 시간을 두고 정보 수집을 하는 것이 당장의 결정보다 더 중요할 때 • 다른 사람들이 그 갈등을 더 효과적으로 해결할 수 있을 때
타협	• 목표가 중요하나 조직의 분열을 가져오기를 원하지 않을 때 • 비슷한 권력을 가진 상대방과 서로 추구하고자 하는 목표가 충돌하지 않을 때(give and take) • 복잡한 시안에 대하여 시간적 압박 때문에 일시적인 합의에 이르고자 할 때 • 경쟁이나 제휴의 대처방안이 수용되지 않을 때의 차선책

출처 : Nelson & Quick(2013).

MEMO

CHAPTER 07

인간관계에 대한 진단과 분석

이 장에서는 인간관계에 대한 자기분석의 이해와 인간관계를 위한 습관진단 및 변화시키는 방법에 대해 살펴보도록 한다. 구체적으로는 1절에서 자기분석으로 보는 나, 나의 장점과 단점에 대한 평가, 나의 성격 특성 파악하기에 대해 살펴보고 2절에서는 습관의 개념과 특성, 성공한 사람들의 일곱 가지 습관, 인간관계를 위한 습관 변화시키기에 대해 살펴보도록 한다.

학습목표

1. 인간관계에 대한 자기분석에 대해 이해한다.
2. 인간관계를 위한 습관진단 및 변화시키는 방법에 대해 이해한다.

1 인간관계에 대한 자기분석

인간관계의 개선을 위해서는 자신의 대인관계를 다양한 각도로 평가하는 일이 선행되어야 한다. 아울러 자신의 대인관계에 영향을 미치는 요인들을 자세히 살펴보는 것도 필요하다. 우리가 인간관계를 잘 맺지 못하는 가장 큰 이유는 자신의 소중한 점을 알지 못하고 자신을 사랑하지 못하는 데서 기인한다. 자신을 소중하게 여기는 것은 모든 인간관계의 가장 기본적인 원리임을 기억해야 한다. 이를 위해서는 무엇보다 자기 자신을 객관적으로 돌아보고 자신을 소중하고 귀하게 생각하는 것이 필요하다(김종운 · 박성실, 2011). '나는 누구인가?', '어떤 과거의 경험들이 오늘의 나를 있게 했는가?', '나의 마음속 깊은 곳에는 어떤 심리적 욕망과 신념이 있는가?' 이러한 물음들에 대해서 자신을 다각적으로 살펴보는 것을 '자기분석(self-analysis)'이라고 한다. 자신의 심리적 특성을 살펴보는 이러한 자기분석은 크게 세 가지 방법을 통해 이루어질 수 있는데, 첫 번째는 '횡단적 자기분석'으로 이는 '현재의 나'를 여러 측면에서 살피고 평가하는 것이다. 예를 들어, 성격이나 특성, 장 · 단점 같은 자기개념을 체계적으로 살펴보는 것이 여기에 해당한다. 두 번째는 '종단적 자기분석'으로 이는 현재의 내가 형성되어 온 성장과정을 상세하게 살펴보는 것이다. 세 번째는 '심층적 자기분석'으로 이는 우리 자신이 지각하지 못하는 무의식적인 심리적 세계를 살펴보는 것이다(권석만, 2015). 종단적 분석은 생활력표나 사건이나 경험에 관한 질문들을 통해 살펴보는게 가능하고 심층적 분석은 전문가의 도움을 필요로 하기에 이 절에서는 횡단적 자기분석을 중심으로 살펴보도록 한다.

1) 자기분석으로 보는 나

자기개념(self-concept)은 인간의 행동과 정서에 영향을 미치는 매우 중요한 심리적 요인이다. 자기개념은 생활 속의 경험 내용을 저장하는 인지구조로서 다양한 하위요소로 구성되어 있다. 윌리엄 제임스(James, 1890)는 자기개념을 크게 물질적 자기(외모, 건강, 체력, 재산 등), 심리적 자기(성격, 능력, 지식, 성적 등), 사회적 자기(가족, 친구, 연인, 지위 등)로 구분하였지만 자기개념은 자신을 구성하는 여러 가지 요소를 평가하는 다양한 차원, 즉 자기요소의 중요도, 현실적 자기(real self), 이상적 자기(ideal self), 의무적 자기(ought self), 가능한 자기(possible self) 등의 차원에서 평가해 볼 수 있다(권석만, 2015).

(1) 자기 구성요소에 대한 중요도

다음에 제시된 각각의 자기요소에 대해 얼마나 중요하다고 생각하는가? 중요하다고 생각하는 정도에 따라 해당되는 숫자의 위치에 ✔표를 해보고 표시한 숫자를 이어 선그래프를 그려봅시다.

	거의 중요하지 않다		약간 중요하다		웬만큼 중요하다			상당히 중요하다		매우 중요하다	
	0	1	2	3	4	5	6	7	8	9	10
외모 및 신체적 매력											
신체적 건강 및 체력											
가족의 재산											
성격 및 성격적 매력											
자기조절 능력											
지적 능력											
대인관계 능력											
지식수준											
학업성적											
인생관 및 가치관											
교우관계											
이성관계											
가족관계											
사회적 지위와 신분											
	0	1	2	3	4	5	6	7	8	9	10

(2) 현실적 자기에 대한 평가

'현재의 나'에 대해 평가를 하되 각각의 자기요소에 대해 어느 정도 우수하다고 생각하는가? 우수하다고 생각되는 정도에 따라 해당되는 숫자의 위치에 ✔표를 해 보고 표시한 숫자를 이어 선그래프를 그려봅시다.

매우 부족 / 상당히 부족 / 약간 부족 / 보통 / 약간 우수 / 상당히 우수 / 매우 우수

	0	1	2	3	4	5	6	7	8	9	10
외모 및 신체적 매력											
신체적 건강 및 체력											
가족의 재산											
성격 및 성격적 매력											
자기조절 능력											
지적 능력											
대인관계 능력											
지식수준											
학업성적											
인생관 및 가치관											
교우관계											
이성관계											
가족관계											
사회적 지위와 신분											
	0	1	2	3	4	5	6	7	8	9	10

(3) 이상적 자기에 대한 평가

'이상적인 나의 모습'에 대해 평가하되 각각의 자기요소에 대해 어느 정도 우수하기를 원하는가? 우수하기를 원하는 정도에 따라 해당되는 숫자의 위치에 ✔표를 해보고 표시한 숫자를 이어 선그래프를 그려봅시다.

	매우 부족		상당히 부족	약간 부족		보통		약간 우수	상당히 우수		매우 우수
	0	1	2	3	4	5	6	7	8	9	10
외모 및 신체적 매력											
신체적 건강 및 체력											
가족의 재산											
성격 및 성격적 매력											
자기조절 능력											
지적 능력											
대인관계 능력											
지식수준											
학업성적											
인생관 및 가치관											
교우관계											
이성관계											
가족관계											
사회적 지위와 신분											
	0	1	2	3	4	5	6	7	8	9	10

(4) 의무적 자기에 대한 평가

'의무적인 나의 모습'에 대해 평가하되 여러분의 부모와 중요한 타인들(은사, 애인 등)은 각각의 자기요소에 대해 당신이 어느 정도 우수하기를 원한다고 생각하는가? 우수하기를 기대하는 정도에 따라 해당되는 숫자의 위치에 ✔표를 해보고 표시한 숫자를 이어 선그래프를 그려봅시다.

	매우 부족		상당히 부족	약간 부족		보통		약간 우수	상당히 우수		매우 우수
	0	1	2	3	4	5	6	7	8	9	10
외모 및 신체적 매력											
신체적 건강 및 체력											
가족의 재산											
성격 및 성격적 매력											
자기조절 능력											
지적 능력											
대인관계 능력											
지식수준											
학업성적											
인생관 및 가치관											
교우관계											
이성관계											
가족관계											
사회적 지위와 신분											
	0	1	2	3	4	5	6	7	8	9	10

(5) 가능한 자기에 대한 평가

'가능한 나의 모습'에 대해 평가하되 향후 여러분의 노력으로 우수해질 수 있다고 생각하는가? 우수해질 수 있다고 생각하는 정도에 따라 해당되는 숫자의 위치에 ✔표를 해보고 표시한 숫자를 이어 선그래프를 그려봅시다.

	매우 부족		상당히 부족	약간 부족		보통		약간 우수	상당히 우수		매우 우수
	0	1	2	3	4	5	6	7	8	9	10
외모 및 신체적 매력											
신체적 건강 및 체력											
가족의 재산											
성격 및 성격적 매력											
자기조절 능력											
지적 능력											
대인관계 능력											
지식수준											
학업성적											
인생관 및 가치관											
교우관계											
이성관계											
가족관계											
사회적 지위와 신분											
	0	1	2	3	4	5	6	7	8	9	10

(6) 종합평가

앞선 (1)~(5)까지의 평가 내용을 토대로 아래의 표에 숫자를 적고 각각의 숫자를 아래 그래프에 표시한 후 평가 내용별로 다른 색으로 선그래프를 그려봅시다.

	물질적 자기			심리적 자기							사회적 자기			
	신체적 매력	신체적 건강	가족의 재산	성격적 매력	자기 조절	지적 능력	대인 관계	지식 수준	학업 성적	가치관	교우 관계	이성 관계	가족 관계	사회적 지위
(1) 자신의 생각														
(2) 현실적 자기														
(3) 이상적 자기														
(4) 의무적 자기														
(5) 가능한 자기														

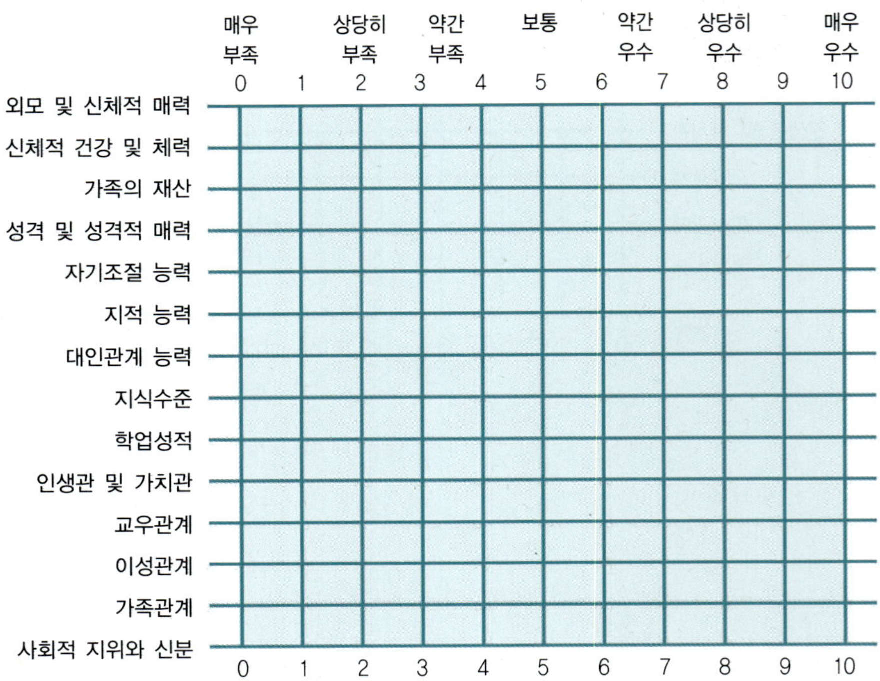

(6) 종합평가를 통해 자기 개념을 구성하는 각각의 요소에 대해 직접 평가하여 확인 및 비교할 수 있었다. 다음의 질문을 통해 자신에 대해 좀 더 구체적으로 분석해 봅시다.

- 나는 자기 구성요소들(물질적 자기, 심리적 자기, 사회적 자기) 중 어떤 것들을 중시하고 어떤 것들을 경시하고 있는가?

- 나는 자기 구성요소들(물질적 자기, 심리적 자기, 사회적 자기) 중 어떤 자기 구성요소에 대해서 높은 평가를 하고 있는가?

- 나는 자기 구성요소들(물질적 자기, 심리적 자기, 사회적 자기) 중 어떤 자기요소에 대해서 낮은 평가를 하고 있는가?

- 내가 자기 구성요소들(물질적 자기, 심리적 자기, 사회적 자기) 중에서 열등하다고 생각하는 자기 구성요소는 무엇인가?

- 나는 자기 구성요소들(물질적 자기, 심리적 자기, 사회적 자기) 중 어떤 자기 구성요소에 대해서 높은 이상적 기준을 가지고 있는가?

- 나는 자기 구성요소들(물질적 자기, 심리적 자기, 사회적 자기) 중 어떤 자기 구성요소에서 부모나 주변 사람들의 높은 기대를 의식하고 있는가?

- 나는 자기 구성요소(물질적 자기, 심리적 자기, 사회적 자기) 각각에 대해서 어느 정도 개선이 가능하다고 생각하는가?

- 나는 자기 구성요소들(물질적 자기, 심리적 자기, 사회적 자기) 중 어떤 자기 구성요소에서 현실적 자기와 이상적 자기 간에 괴리를 느끼고 있는가?

- 나는 자기 구성요소들(물질적 자기, 심리적 자기, 사회적 자기) 중 어떤 자기 구성요소에서 현실적 자기와 의무적 자기 간에 괴리를 느끼고 있는가?

2) 나의 장점과 단점에 대한 평가

사람은 누구나 장점과 단점을 가지고 있다. 이러한 장, 단점은 부모에게 물려받을 것일 수도 있고 후천적으로 습득된 것일 수도 있다. 대부분의 단점은 다른 시각에서 생각해 보면 장점이 될 수도 있는데 보통은 우리의 부정적 시각으로 그렇게 생각하지 못한다. 일례로 "나는 내성적이라 사람들의 대인관계가 약하다"라는 측면을 다른 시각에서 생각해 보면 "나는 내성적이라 대인관계가 약하지만 한번 좋은 관계를 형성하면 오래 깊이 있게 사귄다"라고 달리 생각할 수도 있다. 하지만 어떤 경우에는 오히려 지나친 우월감이 문제가 되는 경우가 있다. 일례로 "나는 친구관계가 아주 좋다"라는 장점이 가족보다 친구들과 함께하는 것을 더 선호함으로써 가족들에게 상처를 주는 단점이 될 수도 있다(김종운 · 박성실, 2011).

나 자신에 관한 노래

월트 휘트먼 (미국 시인)

너는 이제 더 이상 남을 통한 간접적인 방법으로
뭔가를 얻을 수가 없을 것이며,
죽은 사람의 눈으로도 볼 수 없을 테고,
책 속에 있는 유령들을 만족시킬 수도 없을 것이다.
마찬가지로 내 눈을 통해서도 볼 수가 없을 것이고,
나를 통해서도 뭔가를 얻을 수 없으리라.
너는 스스로 모든 방면에 귀를 기울이고 필요한 것을 걸러내야 할 것이다.

Activity 7-1 자신의 장 · 단점 변화시키기

※ 자신이 생각하는 단점을 장점으로 바꿔보고 이어 자신이 생각하는 장점을 단점으로 바꿔봅시다.

단점		장점(열등감 없애기)
1. 2. 3.	➡	1. 2. 3.

장점(우월감 없애기)		단점
1. 2. 3.	➡	1. 2. 3.

3) 나의 성격 특성 파악하기

사람들은 살아가면서 다양한 대인관계를 맺게 되는데 이 과정에서 성격은 큰 영향을 미친다(최세영 외, 2017). 여기에서는 인간관계에 영향을 미치는 성격을 측정하는 다양한 방법들(MMPI, MBTI, CPI, 다요인 인성검사, 대인관계성향검사, A형 성격검사, 에고그램, 자아긍정도 검사 등)중에서 에고그램과 MBTI를 중심으로 자세히 살펴보도록 한다.

(1) 에고그램

'에고그램(egogram)'은 미국의 정신의학자 에릭 번(Eric Berne)의 교류분석 이론을 바탕으로 동료이자 후학인 존 듀세이(John M. Dusay)가 고안한 성격 진단 방법이다. 사람은 누구나 부성, 모성, 현실성, 분방성, 순종성의 다섯 개의 마음을 가지고 있다는 것을 전제로 하고 있다. 이 다섯 개의 마음의 비율이 개인의 성격을 결정한다고 한다(에노모토 히로아키, 신정길 역, 2004). 에고그램에서는 에너지 보존법칙의 원리가 적용되어 개인의 내부에 있는 심리적 에너지의 양이 일정하다고 본다. 예를 들어, FC(분방성)가 많은 에너지를 취하면 다른 자아상태에서 사용할 수 있는 에너지를 양은 줄어들게 된다는 것이다. 또한 에고그램은 연령, 발달단계, 생활경험 및 환경 등에 따라 상이하지만, 특정한 삶의 방식에서는 보편적으로 공통적 유형이 나타나게 된다. 그러나 에너지의 배분에 편향이 있으면 불균형 상태가 되어 여러 가지 증상이나 이상행동이 나타나게 된다(Dusay, 1977). 다음의 내용은 에고그램에서 진단하는 다섯 개 마음의 개념과 역할에 대해 정리한 것이다.

① **부성**(CP : Critical Parent)

부성은 다른 사람을 질타, 격려, 명령하거나 벌을 주거나 하는 엄격한 마음, 그것에 의해 현실, 양심, 책임감, 강함의 획득으로 인도하려는 마음으로 법, 도덕, 질서, 윤리, 규율, 규범 등을 지키는 역할을 수행한다.

② **모성**(NP : Nurturing Parent)

모성은 애정 깊게 공감, 보호하고 실수를 용서하며 선악을 넘어 통째로 껴안으려는 다정한 마음으로 친절, 동정, 애정, 보호, 헌신, 위로, 공감 등의 관용적 태도를 나타내고 보살펴 주는 역할을 수행한다.

③ **현실성**(A : Adult)

현실성은 현실의 상황을 정확하게 판단하고, 사물을 냉정하게 판단하는 현실적인 마음으로 지성, 이성, 정보수집, 사실에 입각한 판단, 냉정한 계산, 분석적 사고 등의 역할을 수행한다.

④ **분방성**(FC : Free Child)

분방성은 생각한 것을 말로 하거나 하고 싶은 일을 하는 자발성, 천진난만함 등 어떤 것에도 얽매이지 않는 자유분방한 마음으로 자유로운 감정표현, 직관력, 충동성, 호기심 등의 역할을 수행한다.

⑤ **순종성**(AC : Adapted Child)

순종성은 권위나 명령에 고분고분하게 따르고, 자기의 기분을 억누르며 사람에게 맞추려는 소극적인 마음으로 인내, 감정억제, 타협, 신중, 타인기대에 부응 등의 역할을 수행한다.

〈표 7-1〉 에고그램의 특성

<table>
<tr><td rowspan="4">부모
마음
(P)</td><td rowspan="2">부친적
마음
(CP :
부성)</td><td>+</td><td>이상의 실현, 양심, 정의감, 책임감, 구분 짓기, 벌주기, 강함, 엄함, 엄격하게 단련하고 명령하기, 야단치기</td></tr>
<tr><td>-</td><td>권력을 내세우기, 많은 비난, 많은 잔소리</td></tr>
<tr><td rowspan="2">모친적
마음
(NP :
모성)</td><td>+</td><td>동정심, 공감, 동정, 보호, 용서, 이해, 다정함, 따뜻한 위로, 선악을 초월하여 전체로 받아들임, 애정 깊게 공감하기</td></tr>
<tr><td>-</td><td>응석, 묵인, 쓸데없는 참견</td></tr>
<tr><td colspan="2" rowspan="2">어른
마음
(A : 현실성)</td><td>+</td><td>이성적, 적응적, 정확한 정보 수집 사실에 근거한 판단, 냉정한 상황 분석, 현실감각을 갖고 냉정하게 상황 분석, 사물을 이성적으로 판단하여 적응적 행동으로 이끔</td></tr>
<tr><td>-</td><td>지성화, 이기주의, 빈틈없음, 인간미 없음</td></tr>
<tr><td rowspan="4">아이
마음
(C)</td><td rowspan="2">자유로운
아이마음
(FC :
분방성)</td><td>+</td><td>자발성, 천진난만, 순진함, 자유분방함, 자유스러운 감정 표현, 적극성, 왕성한 호기심, 무엇에도 얽매이지 않고 있는 그대로의 모습을 표현하고 생기가 넘침</td></tr>
<tr><td>-</td><td>충동적, 제멋대로임, 잔혹함, 무책임함</td></tr>
<tr><td rowspan="2">순응하는
아이마음
(AC :
순종성)</td><td>+</td><td>순종, 순진, 권위에 따름, 참음, 감정 억제, 타인을 신경 씀, 순진한 아이로서 보호받음, 자신을 억누르고 다른 사람에게 맞춤</td></tr>
<tr><td>-</td><td>주체성 결여, 소극적, 불만을 쌓아둠, 꾸물거림, 눈치를 봄</td></tr>
</table>

출처 : え本博明, 신정길 역(2004).

참고자료 다섯 가지 마음구조의 특성

	특 징	상대의 느낌	언어적 표현	바디랭귀지
부성 (CP)	• 보수적, 도덕적 • 엄격(비판적) • 규제, 규칙 중시 • 선악의 판단 • 목표의식 투철 • 주도적, 책임의식 • 부정적–권위적	• 깔본다 • 무시한다 • 융통성이 없다 • 깐깐하다 • 리더십이 강하다	• 바보같이 그것도 못해 • 내가 시키는 대로 하라고 • 옛날부터 그렇게 했어 • 규칙대로 해야지	• 손가락질한다 • 팔짱을 낀다 • 찡그린 표정 • 허리에 양손 • 안경 너머로 상대를 본다
모성 (NP)	• 양육적, 보호적 • 남을 위하는 마음 • 격려하고 칭찬함 • 동정심, 자상함 • 부정적–참견	• 위로받고 있다 • 자신을 이해하고 도와주려고 한다 • 따뜻한 사람이다	• 내가 해줄게 • 정말 수고 많았어 • 내가 도와줄까? • 참 안되었군	• 어깨를 두드린다 • 안아준다 • 미소 짓는다 • 부축해 준다
현실성 (A)	• 논리적, 합리적 • 객관적, 이성적 • 사실 중시 • 냉철함 • 현실적 • 부정적–계산적	• 안정된 사람이다 • 똑똑하다 • 냉정, 침착 • 감정이 메말랐다	• 왜 그럴까? • 내 생각에는 … • 누가, 언제, 어디서 • 다른 생각은 없을까?	• 주의 깊게 관찰 • 메모한다 • 머리에 손을 대고 골똘히 생각한다
분방성 (FC)	• 충동적, 감정적 • 적극적, 자발적 • 창의력, 직관력 • 향락적, 반항적 • 부정적–자기 중심적	• 활발하고 명랑 • 희로애락을 쉽게 느낄 수 있다 • 이기적이고 안하무인이다	• 와! 대단해 • 더 이상은 못 참겠어 • 도저히 못해, 도와줘 • 난 상관없어	• 박장대소한다 • 손뼉을 친다 • 동작이 크다 • 빤히 쳐다본다
순종성 (AC)	• 순응적, 소극적 • 감정억압 • 잘 참는다(인내) • 대결회피 • 불안초조 • 타인의식 • 부정적–폐쇄적	• 뭔가 참고 있다 • 조용하고 착하다 • 무슨 생각을 하는지 좀처럼 모르겠다 • 수줍음이 많다	• 남들이 뭐라고 할까 • 어떡하지 • 자신 없어 • 너 좋을 대로 해 • 전 아무래도 괜찮아요	• 남의 눈치를 살핀다 • 말을 더듬는다 • 입을 다물고 있다 • 손을 만지작거린다

Activity 7-2 성격특성 자가점검(에고그램 검사)

※ 다음의 내용을 읽고 자신의 특성과 유사하다고 생각하는 것에는 ○, 해당하지 않는 것에는 ×, 어느 쪽도 아닌 것에는 △를 기입하세요.

내 용	해당 되는 것 (○)	해당하지 않는 것 (×)	어느 쪽도 아닌 것 (△)
1. 비판적인 것을 잘 말한다.			
2. 다른 사람에 대해 친절하다.			
3. 세밀한 계획을 세우는 것을 좋아한다.			
4. 누구와도 즐겁게 떠들 수 있다.			
5. 망설이기를 잘하여 판단을 잘 못하는 편이다.			
6. 사람을 질타, 격려하는 것을 좋아한다.			
7. 축 쳐져 있는 사람을 보면 그냥 내버려 두지 못한다.			
8. 의문점은 확실하게 하지 않으면 직성이 풀리지 않는다.			
9. 기분이 표면으로 내비치기 쉽다.			
10. 자신이 가질 수 없어 겁먹을 때가 있다.			
11. 완고하고 융통성이 없을 때가 있다.			
12. 사람을 잘 보살피는 편이다.			
13. 숫자나 데이터에 관심이 많다.			
14. 말하고 싶은 것은 서슴지 않고 하는 편이다.			
15. 싫어하는 것도 확실히 싫다고 말할 수 없다.			
16. 사람의 장점보다 단점이 눈에 띄는 편이다.			
17. 사람을 비판하기보다 칭찬할 때가 많다.			
18. 일은 능률적으로 처리하는 편이다.			

내 용	해당 되는 것 (○)	해당하지 않는 것 (×)	어느 쪽도 아닌 것 (△)
19. 버릇이 없는 경우가 있다.			
20. 눈치를 볼 때가 있다.			
21. 자신의 생각을 사람에게 강요하는 면이 있다.			
22. 봉사 활동 등 사람에게 도움이 되는 것을 좋아한다.			
23 손익을 계산하고 행동하는 면이 있다.			
24. 농담을 하거나 장난치는 일이 많다.			
25. 무엇이든 소극적인 편이다.			
26. 사람의 부정이나 태만에는 엄격한 편이다.			
27. 정에 휩쓸리기 쉽다.			
28. 사물을 사실에 준해서 판단하는 편이다.			
29. 호기심이 강하다.			
30. 말하고 싶은 것을 말하지 않아서 후회하는 일이 많다.			

※ 채점 방식

○는 2점, △는 1점, ×는 0점으로 하여 각 마음별로 계산한다. 그리고 계산한 결과값을 토대로 그래프를 그려본다(p.198).

	부성 (CP)	모성 (NP)	현실성 (A)	분방성 (FC)	순종성 (AC)
문 항	1(　　) 6(　　) 11(　　) 16(　　) 21(　　) 26(　　)	2(　　) 7(　　) 12(　　) 17(　　) 22(　　) 27(　　)	3(　　) 8(　　) 13(　　) 18(　　) 23(　　) 28(　　)	4(　　) 9(　　) 14(　　) 19(　　) 24(　　) 29(　　)	5(　　) 10(　　) 15(　　) 20(　　) 25(　　) 30(　　)
합 계	점	점	점	점	점

출처 : 에노모토 히로야키, 신정길 역(2004).

Activity 7-3 성격특성 자가점검(에고그램 검사)

※ Activity 7-2에서 확인된 다섯 가지 마음에 대한 점수를 토대로 아래의 그래프에 표기해 보고 자신의 에고그램 패턴은 어떤 형태인지 확인해 봅시다.

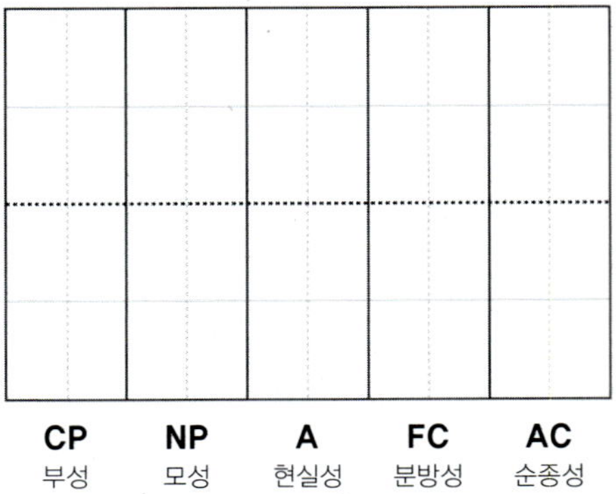

※ 에고그램 패턴

에고그램의 패턴은 크게 7가지 형태로 나타나는데 구체적인 내용을 살펴보면 다음과 같다(한국교류분석협회, http://www.ta.or.kr).

ㅅ형 : 원만 패턴(보통)

A(현실성)를 정점으로 하는 [ㅅ]형의 에고그램을 나타낸다. 일반적으로 대인관계에 있어서 문제가 적고 자타를 모두 긍정하는 가장 이상적인 사람(나도 OK, 타인도 OK : 자타긍정)이라고 할 수 있다. 이 패턴은 '인화'를 강조하는 사람에게 많이 나타나는 패턴이라고 할 수 있다.

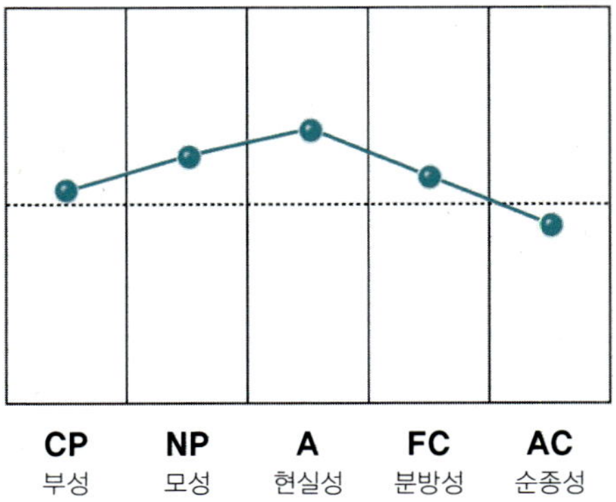

N형 : 헌신 패턴(슈바이처형)

NP(모성)를 정점으로 하고 FC(분방성)를 낮은 점으로 하는 N형은 자기부정적이고 타인에게 의존적인 유형이다. NP(모성)가 높고 타인에 대한 배려나 온정이 있지만, AC(순종성)가 높으므로 하고 싶은 말을 하지 못하고 마음속으로 삭이는 것이 특징이다. 따라서 '재미있다', '한번 해보자'는 마음으로 적극적으로 뛰어드는 자세가 중요하다. 유머나 농담을 통해 유쾌한 기분에 젖어보는 것이 필요하고, 보다 강인한 근성을 키우는 훈련을 하는 것이 권장된다.

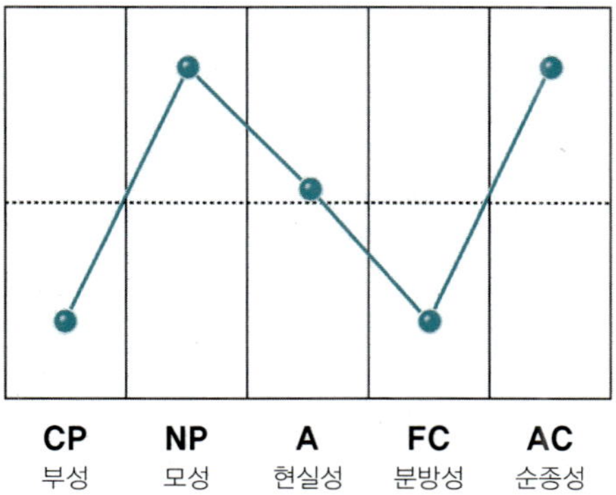

역 N형 : 자기주장 패턴(돈키호테형)

CP(부성), FC(분방성)가 높고, NP(모성), AC(순종성)가 낮은 역N형은 자기중심적인 사람으로 자기주장형이다. 책임의 소재는 타인에게 있고 자신은 항상 옳다고 하는 자기반성이 부족한 사람이지만 야망이나 욕망이 예술이나 예능 방면으로 향했을 때는 능력을 발휘한다. 따라서 주변 사람들의 좋은 점을 발견하도록 노력해서 칭찬하는 연습을 하는 것이 중요하다. 또한 늘 상대방 입장에서 이해하고, 부드러운 말을 쓰며 따뜻한 느낌을 주도록 노력하는 것이 필요하다.

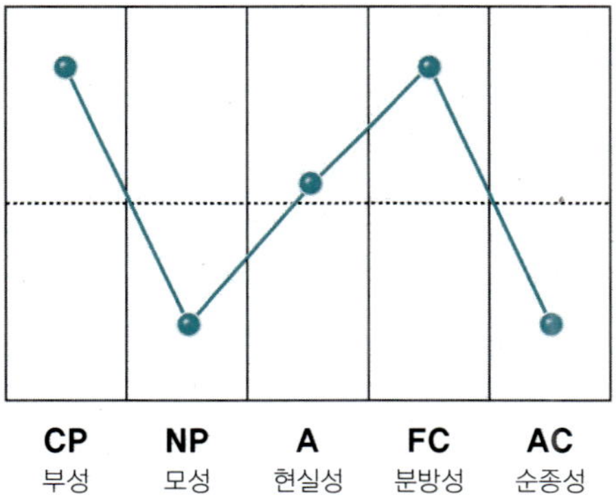

V형 : 갈등 패턴(햄릿형)

양끝의 CP(부성), AC(순종성)가 높고 전체가 V형으로 자신이나 타인에게 완전함을 요구하지만 마음속으로 갈등을 반복하고 후회를 많이 하는 사람이다. 책임감이나 사명감에 사로잡혀 있는 엄격한 자신과 타인으로부터의 평가에 신경을 쓰는 자신이 끊임없이 갈등을 반복하고 있는 것이 특징이다. 따라서 현실에 근거하여 상황에 대한 정확한 판단을 하는 것이 중요하다. 감정적으로 행동하지 않도록 스스로 통제하며, 침착하고 객관적이며 공정한 태도를 가지는 것이 필요하다.

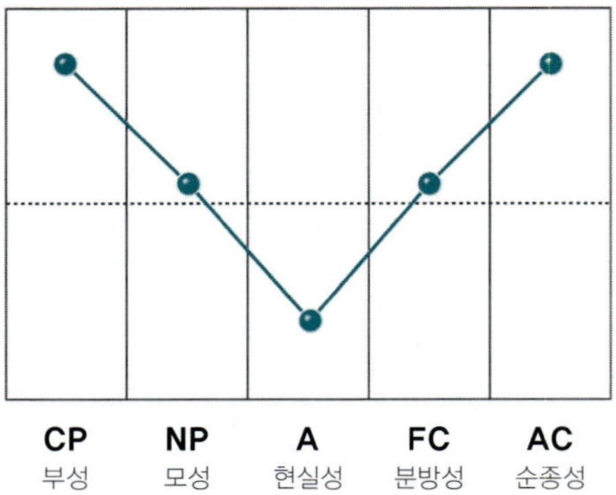

W형 : 고뇌 패턴(베르테르형)

앞의 V형의 아류형태로 양쪽의 CP(부성), AC(순종성)가 높은 데다 A(현실성)도 높은 점이 특징이다. CP(부성), AC(순종성)의 갈등상황은 V형과 같지만 A(현실성)가 높아 현실을 음미하거나 분석하려고 하는 만큼 이 부분의 고민은 심각하다. 따라서 '재미있을 것 같다', '한번 해보자' 또는 '즐겁다'는 마음으로 호기심을 가지고 생활하는 것이 중요하다. 또한 감정과 느낌을 겉으로 드러내는 것을 연습하고, 마음대로 하고 싶은 일을 찾거나 많은 사람과 이야기 나누고 재미있는 일들을 만들어 보는 것이 필요하다.

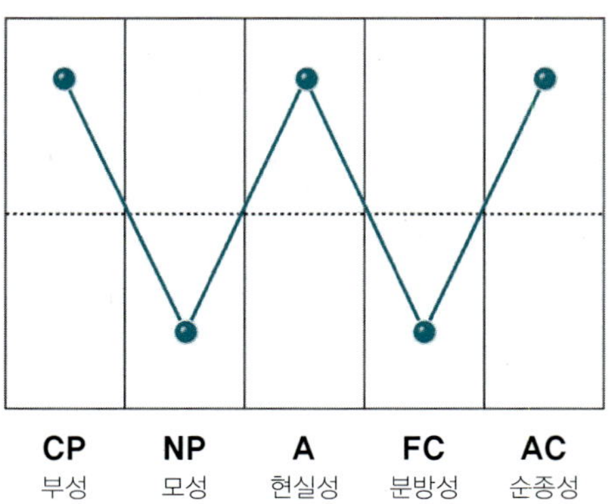

M형 : 명랑 패턴(우상형)

NP(모성), FC(분방성) 양쪽이 높고 다른 것은 그것보다는 낮은 것이 특징이다. 이 패턴은 밝고 명랑한 젊은 여성에게 잘 나타나고, 타인에 대한 배려가 있고 호기심이 왕성하며 즐거운 것을 아주 좋아하는 사람이라고 할 수 있다. 분위기를 주도하는 밝고 유쾌한 사람이다. 현실에 근거하여 상황에 대한 정확한 판단을 하는 것이 중요하다. 감정적으로 행동하지 않도록 하고, 감정이 높아져 있을 때는 '조금만 생각할 여유를 주십시오.' 하고 사이를 두는 것이 필요하다.

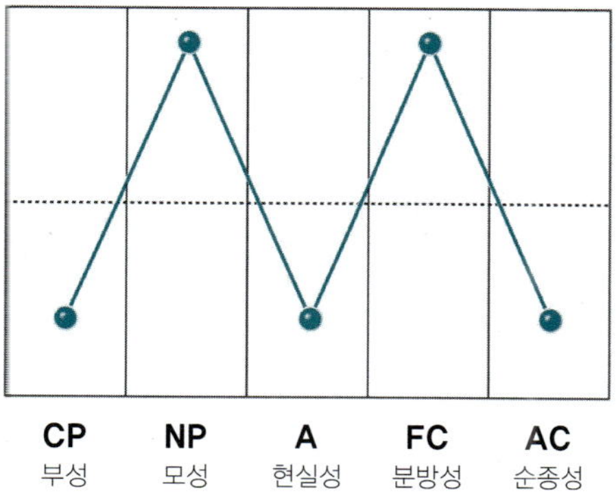

우경사형 : 완고 패턴(황소형)

CP(부성)를 정점으로 우측으로 내려가는 우경사형의 특징은 완고하다는 것이다. AC(순종성)가 가장 낮아 타인의 의견에는 귀를 기울이지 않으며 타인이 하는 일에 화끈대는 경우가 많아 두통이나 고혈압이 되기 쉬운 형이다. 매사를 즐겁게 인식하고 적극적으로 생활하는 것이 중요하다. 그리고 자기의 주관만 고집하기보다는 다른 사람들의 의견에도 적극 귀를 기울이는 타인 존중의 태도가 필요하다.

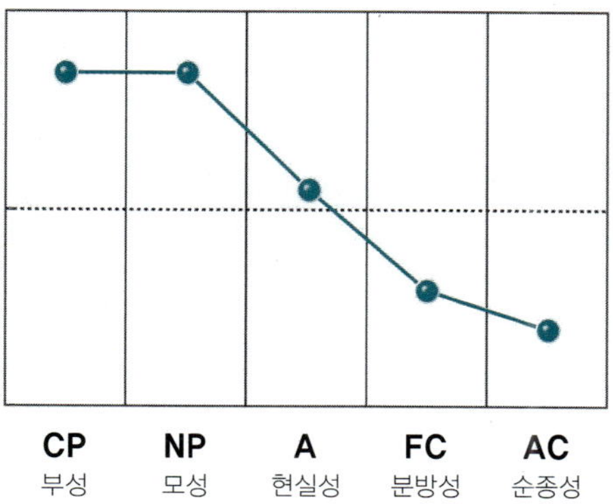

참고자료 **다섯 가지 마음 활성화 방법**

CP(부성) 활성화 방법	NP(모성) 활성화 방법
1. 자신을 갖고 큰 소리로 이야기한다. 2. 등을 펴고 동작을 크게 한다. 3. 인생목표, 업무목표 등을 명확히 세운다. 4. 결정, 결심한 것을 끝까지 한다. 5. 가훈, 좌우명을 만들어 수시로 읽는다. 6. 자기 의견, 소신을 미리 준비한다. 7. 시간, 금전 등의 계획을 세우고 엄격히 지킨다. 8. 사물의 옳고 그름을 명확히 가린다. 9. 타인에 대한 평가를 확실하게 한다. 10. 주위의 좋지 않은 행동에 주의를 준다.	1. 상대의 이야기를 친근감 있게 듣는다. 2. 사람을 좋아하고 싫어하는 편견을 없앤다. 3. 타인을 격려하고 용기를 북돋아 준다. 4. 타인에의 관심을 높이고 장점을 배운다. 5. 모임에서 총무나 서기의 역할을 맡는다. 6. 타인에게 관심과 호의를 몸으로 표현한다. 7. 타인의 부탁은 기분 좋게 받아들이고 최대한 지킨다. 8. 사회봉사활동에 앞장서서 참가한다. 9. 관대한 애정으로 타인을 바라본다. 10. 타인이 듣고 싶어하는 일을 준비해 둔다.
A(현실성) 활성화 방법	**FC(분방성) 활성화 방법**
1. 무엇이든 계획을 세우고 행동한다. 2. 같은 상황에서 타인은 어떻게 할까를 생각한다. 3. 가능성과 결과를 예측하고 전체를 보며 추진한다. 4. 찬반 양쪽을 모두 파악하고 판단한다. 5. 하려는 것을 미리 문장화, 구체화한다. 6. 언제, 어디서 무엇을 어떻게 왜 등을 활용하여 묻고 생각한다. 7. 감정이 격할 틈을 두고 천천히 말한다. 8. 현실상황, 여건을 감안해 행동한다. 9. 요가, 명상, 자율훈련 등 자기조절훈련을 한다. 10. 상대 말의 내용을 확인 후 내 말을 한다.	1. 생각을 하면 곧 행동에 옮긴다. 2. 자질구레한 일에 구애받지 않는다. 3. 낙관적으로 생각하고 행동한다. 4. 자신의 생각을 적극적으로 피력한다. 5. 자신의 태도, 감정을 그대로 나타낸다. 6. 코미디를 보고 유행하는 농담을 해본다. 7. 등산, 수집, 감상 등 취미활동을 적극적으로 한다. 8. 즐거운 공상을 통해 좋은 기분에 빠진다. 9. 사물에 대해 강한 호기심을 갖는다. 10. 최선을 다할 수 있는 일을 갖는다.
AC(순종성) 활성화 방법	
1. 내심 불만이라도 즉각 표현하지 않는다. 3. 상대가 어떻게 느끼는지 확인한다. 5. 부정, 거부하는 말을 한 번 더 생각한다. 7. 스스로 겸손하고 상대를 추켜세운다. 9. 자신의 기분, 감정을 조절, 억제한다.	2. 집단이나 타인이 정한 사항에 따른다. 4. 주위를 생각하고 상대의 안색을 살핀다. 6. 상대 얘기를 잘 듣고 맞장구쳐 준다. 8. 세부적인 일까지 신경을 쓰고 배려한다. 10. 평지풍파나 분란을 일으키는 일을 주도하지 않는다.

(2) MBTI

MBTI(Myers-Briggs Type Indicator)는 스위스의 정신과 의사인 칼 융(C. G. Jung)의 성격모형 이론에 기초해서 브릭스(K. Briggs)와 마이어스(I. Myers) 모녀가 개발했다. MBTI 성격유형은 네 가지 지표 차원으로 나눌 수 있으며 이는 개인의 선천적인 선호도와 관련되어 있다(이임정, 2011; 조선화 외, 2007; Myers, I. B., & McCaulley, M. H., 김정택 외 공역, 2009).

① 첫 번째 차원은 에너지의 방향이 어느 쪽으로 향하는가를 기준으로 외향형(E : Extroversion)의 성향과 내향형(I : Introversion)의 성향으로 나눈다. 즉, 외향적인 사람인가 내향적인 사람인가를 밝히기 위한 지표이다. 융(Jung)은 외향성과 내향성이 상호보완적인 태도로서 개인이 사회생활을 해나갈 때 관심의 방향이 외부세계 또는 내부세계인가를 결정짓는다고 하였다. 외향형 성향의 사람들은 에너지가 주로 외부세계로 나아가려고 하기 때문에 자신 바깥의 사람이나 사물에 대해 자기 인식과 판단을 사용하려는 경향을 보인다. 다시 말해 외부 활동에 매우 적극적이기 때문에 사람들에게 쉽게 눈에 띈다. 또한 정열적이고 활동적이며 글보다는 말로 표현하는 경향이 있고 경험한 다음에 이해하려는 특징을 보인다. 이에 반해 내향형 성향의 사람들은 에너지가 주로 자기 내부세계로 향하기 때문에 자기 자신의 마음속 개념이나 아이디어에 대해 인식과 판단을 사용하려는 경향이 있다. 구체적으로는 내부 활동에 에너지를 쏟기 때문에 외부에 천천히 알려지며 조용하고 신중하다. 또한 말보다는 글로 표현하는 경향이 있고 이해한 다음에 경험하는 특징을 보인다.

② 두 번째 차원은 인식을 하려고 할 때 어떤 종류의 인식을 선호하는지를 기준으로 감각형(S : Sensing)의 성향과 직관형(I : Intuition)의 성향으로 나눈다. 감각형 성향의 사람들은 오감을 통한 관찰 가능한 사실이나 사건을 잘 인식한다. 구체적인 특징으로는 지금, 현재에 초점을 맞추어 실제의 경험을 중시한

다. 정확하고 철저하게 일을 처리하며 사건에 대한 묘사 시 매우 사실적이다. 숲보다는 나무를 보려는 성향이 있다. 이에 반해 직관형 성향의 사람들은 의식을 넘어서서 어떤 사실이나 사건 이면에 감추어진 의미나 관계 또는 가능성을 더 잘 인식한다. 구체적인 특성으로는 미래 가능성에 초점을 두기 때문에 아이디어 뱅크로 불린다. 신속, 비약적인 일처리 스타일을 보이며 나무보다는 숲을 보려는 경향이 있다.

③ 세 번째 차원은 의사결정을 내릴 때 어떤 종류의 판단을 더 선호하는가를 기준으로 사고형(T : Thinking)의 성향과 감정형(F : Feeling)의 성향으로 나눈다. 사고형 성향의 사람들은 사고를 통해 논리적인 결과를 바탕으로 결정하려고 한다. 구체적인 특징으로는 진실과 사실에 초점을 두기 때문에 원리와 원칙을 중시하고 논리적이며 분석적이다. 옳고 그름, 규범, 기준과 같은 것들을 중시하고 지적 논평을 선호한다. 이에 반해 감정형 성향의 사람들은 주로 개인적 또는 사회적 가치를 바탕으로 감정에 따라 결정을 하려는 경향을 보인다. 구체적인 특징으로는 사람과 관계에 초점을 두기 때문에 사건의 의미와 영향력을 살펴보기를 좋아한다. 상황과 포괄적 맥락에서 사건을 파악하는 편이고 옳고 그름보다는 좋고 나쁨이 판단의 기준이 된다. 또한 사건이 나에게 주는 의미를 중시하고 우호적인 협조자가 되는 경우가 많다.

④ 네 번째 차원은 외부세계에 대처해 나갈 때 어떤 태도를 취하는가를 기준으로 판단형(J : Judging)의 성향과 인식형(P : Perceiving)의 성향으로 나눈다. 판단형 성향의 사람들은 외부세계에 대처해 나갈 때 판단과정(사고나 감정)을 주로 사용한다. 구체적인 특징으로는 정리정돈과 계획성이 생활 스타일로 자리 잡혀 있다. 의지하에 일을 추진하고 신속한 결론에 도달한다. 통제하고 조정하는 것을 좋아하며 분명한 목적의식과 방향감각이 있다. 또한 기준이 필요하

며 자기 의사를 정확하게 표현할 수 있다. 이에 반해 인식형 성향의 사람들은 외부세계에 대처해 나갈 때 인식과정(감각이나 직관)을 주로 사용한다. 구체적인 특징으로는 상황에 맞추는 개방성을 가지고 있으며 이해로 수용하는 경우가 많다. 유유자적한 과정을 즐기며 융통성과 적응력이 뛰어나다. 목적과 방향은 변할 수 있다는 개방성을 갖고 있고 재량에 따라 처리될 수 있는 포용성을 갖고 있는 것이 특징이다.

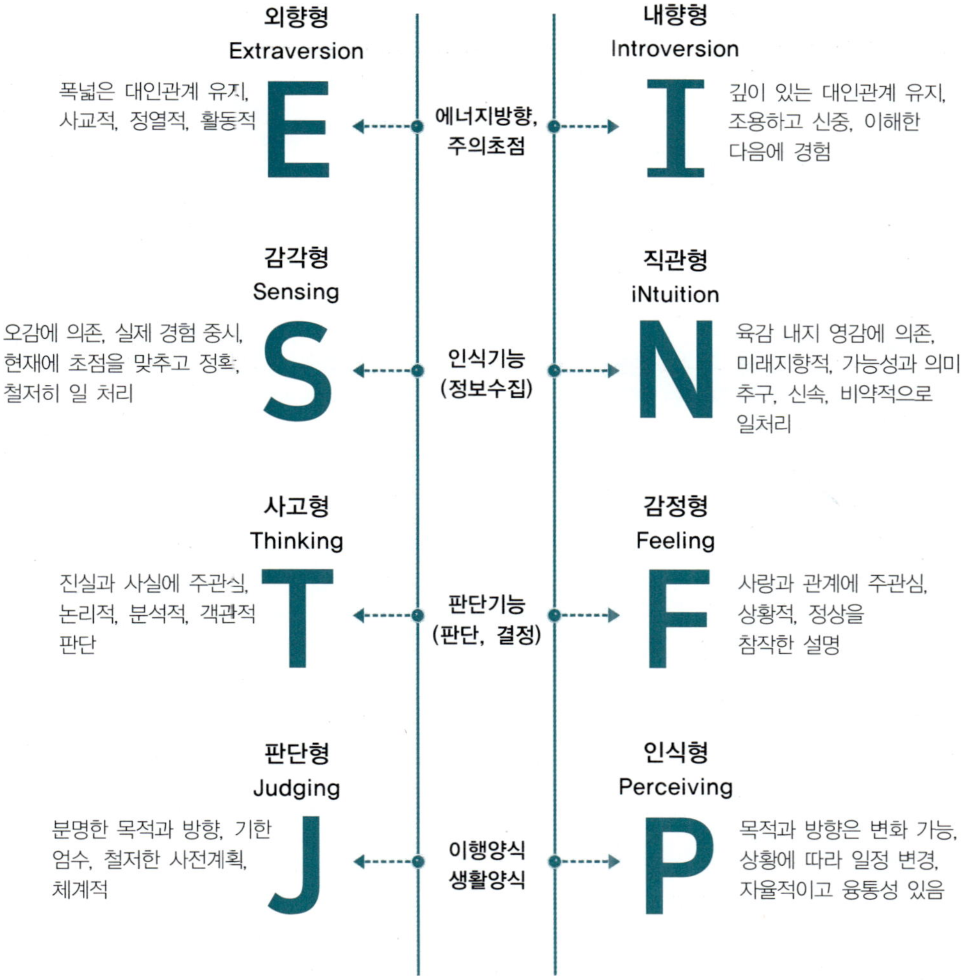

|그림 7-1| MBTI 네 가지 지표

Activity 7-4 성격유형 자가점검(MBTI 검사)

※ 다음 각 번호별로 제시되어 있는 두 개의 문장을 읽고 나에게 보다 많이 해당되는 것에 ○표 하세요. 이후 ○ 개수를 세어 합계란에 쓰고 점수가 큰 쪽의 유형을 괄호 안에 쓰고, 마지막으로 괄호 안에 쓴 영어 알파벳을 맨 나중에 차례대로 네 가지를 붙여 써보세요.

번호	E 유형	표시	I 유형	표시
1	나는 여러 친구들과 많이 사귀는 편이다.		나는 몇 명의 친구들과 깊이 사귀는 편이다.	
2	새로운 모임을 갈 때 새로운 친구들을 만나는 것이 신난다.		새로운 모임에 갈 때 처음 보는 친구들과 앞으로 어떻게 지낼까 하는 걱정이다.	
3	처음 보는 친구들을 만나면 내가 먼저 말한다.		처음 보는 친구들을 만나면 다른 친구가 나에게 먼저 말한다.	
4	나의 생각이나 느낌을 다른 사람에게 이야기하는 편이다.		나의 생각이나 느낌을 내 마음속에 간직하는 편이다.	
5	나는 친구들과 함께 하는 놀이가 좋다.		나는 나 혼자 재미있게 하는 놀이가 좋다.	
6	나는 많은 친구들에게 이야기하기를 좋아한다.		나는 친한 친구들에게 이야기하기를 좋아한다.	
7	친구들과 함께 공부하면 잘된다.		나 혼자 공부하면 더 잘된다.	
8	나는 나의 생각과 느낌을 말로 표현하는 것이 편하다.		나는 나의 생각과 느낌을 글로 표현하는 것이 편하다.	
9	주위 사람들은 내가 활발하다고 말한다.		주위 사람들은 내가 얌전하다고 말한다.	
합 계			합 계	
나의 에너지 방향은? ( )				

번호	S 유형	표시	N 유형	표시
1	나는 친구들에게 내가 직접 보고 들은 것에 대해 얘기하는 것을 좋아한다.		나는 친구들에게 내가 상상한 것을 이야기하는 것을 좋아한다.	
2	나는 실제로 있었던 사람이나 사실에 대한 책을 좋아한다.		나는 상상으로 지어낸 이야기를 좋아한다.	
3	어려운 일에 부딪히면 하던 일을 잘못한다.		어려운 일에 부딪히면 도전하고 싶은 마음이 생긴다.	
4	나는 무엇을 할 때 전에 배웠던 대로 하는 것이 편하다.		나는 무엇을 할 때 새로운 방법을 생각해서 해볼 때 더 재미있다.	
5	나는 그려진 그림에 색칠하기를 좋아한다.		나는 이야기 지어내기를 좋아한다.	
6	나는 현재에 최선을 다하는 것이 중요하다고 생각한다.		나는 미래에 대한 꿈을 갖는 것이 중요하다고 생각한다.	
7	나는 교수님이 가르쳐 주신 방법대로 하는 편이다.		나는 나 스스로 나만의 방법을 만들어서 하는 편이다.	
8	내가 좋아하는 책은 읽은 것이라도 또 읽는다.		나는 새로운 다른 책을 읽는 것이 좋다.	
9	나는 부지런하고 성실하다는 얘기를 듣는 편이다.		나는 기발하고 엉뚱하다는 얘기를 듣는 편이다.	
합 계			합 계	
나의 인식 기능은? (　　　)				

번호	T 유형	표시	F 유형	표시
1	나는 불공평한 것이 가장 나쁘다고 생각한다.		나는 다른 사람의 마음에 상처를 주는 것이 가장 나쁘다고 생각한다.	
2	나는 공부 잘하는 실력 있는 사람으로 인정받고 싶다.		나는 친구들 사이에서 인기가 좋은 사람으로 인정받고 싶다.	
3	우리 편이 지면 다음 번에는 이기도록 계획을 짠다.		우리 편이 지면 '다음에 이기면 되지' 하면서 친구들의 기분을 좋게 해준다.	
4	친구의 잘못된 점은 지적해 주는 편이다.		친구의 잘못된 점을 지적해 주면 친구가 어떻게 생각할까 걱정이 돼서 말하지 않는 편이다.	
5	나는 공평한 사람이 되고 싶다.		나는 친절한 사람이 되고 싶다.	
6	승부에서 이기면 기분이 아주 좋다.		승부에서 이기면 기분은 좋지만 진 사람은 기분이 어떨까 생각한다.	
7	나는 똑똑한 사람으로 인정받고 싶다.		나는 따뜻한 사람으로 인정받고 싶다.	
8	도둑질을 하는 사람은 벌을 받아야 한다고 생각한다.		도둑질을 하는 사람은 도둑질을 하지 않도록 도움을 받아야 한다고 생각한다.	
9	벌금을 받을 때는 규칙대로 정확하게 받아야 한다.		벌금을 받을 때는 상황에 따라 그 사람의 사정을 고려해서 받아야 한다.	
합 계			합 계	
나의 판단 기능은? ( )				

번호	J 유형	표시	P 유형	표시
1	내가 해야 할 일을 먼저 하고 논다.		내가 할 수 있는 일이라면 먼저 재미있게 놀고 난 후에 해도 괜찮다.	
2	수업 계획에 따라 차근차근 가르쳐 주시는 교수님이 좋다.		그때그때마다 우리가 좋아하는 것에 맞추어 수업내용을 바꾸어서 가르치는 교수님이 좋다.	
3	나는 정리정돈된 깨끗한 방이 좋다.		나는 내 마음대로 흩어놓을 수 있는 방이 좋다.	
4	하기 쉽게 잘 짜여진 과제를 나는 좋아한다.		새로운 방법으로 하는 과제를 나는 좋아한다.	
5	자전거를 탈 때 어디로 갈지 미리 생각하고 탄다.		자전거를 탈 때 그냥 달리고 나서 어디로 갈지 생각한다.	
6	나는 준비물이나 과제물을 잘 챙기는 편이다.		나는 준비물이나 과제물을 잘 잊어먹는 편이다.	
7	무엇을 공부해야 할지 자세히 가르쳐 주시는 교수님이 좋다.		우리들 스스로 공부할 것을 선택하도록 맡기시는 교수님이 좋다.	
8	게임의 규칙은 절대로 바뀌어서는 안 된다.		게임의 규칙은 경우에 따라 바뀔 수 있다.	
9	나는 일을 계획적으로 해내는 편이다.		나는 일을 그때그때 해내는 편이다.	
합 계			합 계	
나의 생활 양식은? (　　　)				

⇒ **나의 성격유형은?**

※ 해석방법 : 앞선 체크리스트를 통해 정해진 성격유형에 따라 해석내용을 참고한다.

성격유형	특 징	관련 직업
ISTJ	실제 사실에 대하여 정확하게 체계적으로 기억하며 일처리에 신중하며 책임감이 강하다.	회계, 법률, 생산, 건축, 의료, 사무직, 관리직 등
ISTP	말이 없으며 객관적으로 인생을 관찰하는 편이고 필요 이상으로 자신을 발휘하지 않는다.	법률, 경제, 마케팅, 판매통계분야 등
ESTP	사실적이고 관대하며 개방적이고 사람이나 일에 대한 선입견이 별로 없다.	의사, 군인, 검사, 경찰관, 운동가 등
ESTJ	실질적이고 현실감이 뛰어나며 일을 조직하고 계획하여 추진시키는 능력이 있다.	사업가, 행정관리, 생산건축 등
ISFJ	책임감이 강하고 온정적이며 헌신적이고 침착하며 인내력이 강하다.	의료, 간호, 교직, 사무직, 사회사업 등
ISFP	말없이 다정하고 양털안감을 넣은 오버코트처럼 속마음이 따뜻하고 친절하다.	농장경영, 교통, 유흥업, 간호직, 비서직 등
ESFP	현실적이고 실제적이며 친절하다. 어떤 상황이든 잘 적응하며 수용력이 강하고 사교적이다.	의료판매, 교통, 유흥업, 간호직, 비서직 등
ESFJ	동정심이 많고 다른 사람에게 관심을 쏟으며 인화를 중시한다. 동료애가 많고 친절하다.	교직, 성직, 판매, 간호, 의료분야 등
INFJ	창의력, 통찰력이 뛰어나며 강한 직관력으로 말없이 타인에게 영향력을 미친다.	성직, 심리치료와 상담, 예술과 문학 분야 등
INFP	마음이 따뜻하고 조용하며 자신이 관계하는 일에 대하여 책임감이 강하고 성실하다.	언어, 학문, 문학, 상담 등
ENFP	온정적이고 창의적이며 항상 새로운 가능성을 찾고 시도한다.	상담, 교육, 저널리스트, 광고, 판매, 작가 등
ENFJ	민첩하고 동정심이 많고 사교적이며 인화를 중요시하고 참을성이 많다.	교직, 성직, 심리상담, 예술, 문학 등
INTJ	행동과 사고에 있어서 독창적이며 강한 직관력과 의지와 결단력, 인내심이 있다.	과학, 엔지니어링, 발명, 정치, 철학 등
INTP	과묵하나 관심이 있는 분야에 대해서는 말을 잘하며 이해가 빠르고 높은 직관력으로 통찰하는 재능과 지적 호기심이 많다.	순수과학, 연구, 수학, 엔지니어링, 경제, 철학, 심리학 등의 학문
ENTP	독창적이며 창의력이 풍부하고 넓은 안목을 갖고 있으며 다방면에 재능이 많다.	발명가, 과학자, 언론, 마케팅, 컴퓨터 분석 등
ENTJ	활동적이고 솔직하며 결정력과 통솔력이 있고 장기적 계획과 거시적 안목을 선호한다.	판매업, 건축업, 선장, 군인, 경찰관 등

출처 : MBTI연구소(http://www.mbti.co.kr).

2 인간관계를 위한 습관진단 및 변화시키기

1) 습관의 개념과 특성

'습관(習慣)'이란 뜻은 어린 새가 날갯짓을 연습하듯 매일 반복하여 마음에 꿰인 듯 익숙해진 것을 말한다. 예를 들어, 어지르기, 밥 대신 과자 먹기, 흡연, 지각, 구토 등이 여기에 해당한다.

습관은 타고난 것도 있으며 획득된 것도 있다. 심리학의 아버지 윌리엄 제임스(William James)는 전자를 '본능(instinct)'이라고 했고 경험, 교육 및 활동의 결과로 얻어진 습관을 '이성의 행동(acts of reason)'이라고 불렀다(이위환 · 김용주, 2012). 그는 우리의 삶을 습관 덩어리로 보고 하나하나의 습관이 뭉치면 전반적인 건강, 생산성, 안정, 행복에 영향을 준다고 하였다. 즉, 생각이 바뀌면 행동이 바뀌고 행동이 바뀌면 습관이 바뀌고 습관이 바뀌면 인격이 바뀌고 인격이 바뀌면 운명까지도 바뀐다고 보았다. 이러한 습관과 관련하여 우스운 에피소드가 있는데 어느 퇴역군인이 양손에 음식을 들고 옮기고 있던 중에 옆에서 누군가가 농담으로 "차려!"라고 말하자, 퇴역군인은 양손을 내리고 차려 자세를 취해버렸고 당연히 들고 있던 고기와 감자는 바닥으로 떨어지고 말았다는 이야기이다. 이렇듯 습관은 한번 길들여지면 자신도 모르는 사이 우리의 삶을 지배하게 된다(James, 1890).

영국 UCL(University College London)의 필리파 랠리(Phillippa Lally) 교수는 습관형성에 평균 66일의 시간이 걸린다는 연구결과를 발표하였다. 그만큼 습관을 바꾸는 것이 쉽지 않다는 것이다. 그래서 습관을 제2의 천성이라고도 한다. 하지만 이러한 습관은 제1의 천성을 파괴할 수도 있다. 습관은 반복행동으로 형성되는데 처음에는 거미줄 같으나 나중에는 밧줄과도 같아진다. 습관의 쇠사슬은 거의 느낄 수 없을 정도로 가늘지만 깨달았을 때는 이미 끊을 수 없을 정도로 강해진다. 그렇기에 습관을 별 의미 없이 생각했다가는 나중에 그것이 내 생활에 나쁜 영향을 미칠 수 있다(KBS, 2010.1.2).

18세기 영국의 문학자 사무엘 존슨(Samuel Johnson)은 친구가 와인을 한 모금이라도 마실 것을 권하자 "조금 마실 수 없기 때문에 입에 대지 않는 거야. 끊는 것은 쉬워도 양을 제어하는 것은 나에게 너무 어렵거든"이라고 답하였다고 한다. 나쁜 습관을 완전히 끊지 않고 다양한 예외 상황들을 만들어 놓으면 절대 끊을 수 없다. 예컨대 18세기 독일의 철학자 임마누엘 칸트(Immanuel Kant)의 경우 하루에 한 번 파이프로 담배 피우는 것을 자신에게 허용했는데, 세월이 흐르면서 파이프가 점점 커졌다고 한다. 규칙에 예외를 두면 그 규칙은 제대로 지켜지기가 매우 어렵다(사사키 후미오, 정지영 역, 2019). 하지만 습관은 삶의 중요한 기능을 담당하기에 반드시 나쁜 것이라고만 볼 수 없다.

2006년 미국의 듀크 대학교 연구진에서 발표한 논문에 따르면 우리의 행동 중에서 40%는 두뇌 활동과는 무관한 습관적인 행동이라고 한다. 그만큼 우리의 행동에서 습관이 차지하는 비중이 크다는 것이다. 습관은 "신호(cue) → 반복행동(routine) → 보상(reward)"이라는 연결고리로 이루어져 있다. 예를 들어, 2시 전후에 커피에 대한 유혹을 느끼는 사람에게는 2시라는 시간이 습관의 "신호"가 될 수 있다. 만약 그 사람이 엘리베이터를 타고 1층에 있는 카페에 가서 "커피"를 사먹는 "반복행동"을 하였으며 커피를 마시면서 동료들과 이야기를 하는 것에 만족을 느끼는 "보상"을 얻고 있었다고 가정해 보자. 이 습관을 고치는 가장 좋은 방법은 습관의 연결고리를 찾아서 끊어주는 방법이며, 연결고리를 끊는 가장 좋은 방법은 기존의 나쁜 습관을 대신할 수 있는 새로운 "반복행동"을 만들어서 대체해 주는 것이다. 습관은 완전히 사라지지 않으며 강하기 때문에 새로운 반복행동을 대체시켜 주지 않으면 그 습관은 언젠가 다시 자동적으로 나타날 수 있기 때문이다. 따라서 앞선 사례에서 그 사람은 2시경 커피를 마시고 싶은 신호가 오면, 자리에서 일어나 사무실을 둘러보고 주변에 있는 동료에게 가서 10분 정도 수다를 떨다가 돌아오는 방법을 선택할 수 있다. 즉, "신호"와 "보상"은 그대로 둔 채 "반복행동"만을 바꾼 것으로 이는 새로운 "반복행동"에 익숙하게 함으로 커피의 유혹에서 벗어나게 할 수 있다.

습관은 남이 만들어 주는 것이 아니라 개인적 만족에 의하여 스스로 시작하게 된 행동을 수없이 반복하면서 자기 스스로 만든 것이다. 그러므로 어떤 습관도 "신호(cue) → 반복행동(routine) → 보상(reward)"의 연결고리를 깨면 바꿀 수 있다고 하버드대학교 MBA출신으로 뉴욕타임스의 심층보도 전문기자인 찰스 두히그(Charles Duhigg)는 이야기한다(Duhigg, C., 강주헌 역, 2012).

참고자료 **바람직한 습관을 만드는 방법 10(미국 헬스라인 닷컴)**

1. 큰 소리로 목표를 말한다.
스스로 목표를 소리 내어 들려주는 것이 실제로 실천 가능성을 더 높게 만들고 자존감을 높이는 데 도움을 줄 수 있다.

2. 오래된 습관을 새로운 습관으로 대체한다.
습관화된 행동을 단숨에 끊기보다는 작은 조각을 대체하거나 조정하는 것이 더 효과적이다.

3. 작은 목표에서 시작한다.
아주 작은 목표라도 달성하는 것이 행동을 강화하고 그 다음 단계로 발전할 수 있는 동기를 제공할 수 있다. 초기에 난관을 극복해야 그 위에 습관도 쌓을 수 있다.

4. 기존 루틴에 추가한다.
이를 닦으면서 까치발 드는 운동을 추가하는 식으로 기존에 있는 습관에 긍정적인 습관을 추가하는 것이다.

5. '전부 아니면 전무' 사고방식을 버린다.
무엇이든 안 하는 것보다는 조금이라도 하는 것이 낫다. 하루 1시간씩 운동하는 습관보다는 하루 15분씩 하는 습관이 더 쉽다.

6. 자신의 장점에 맞는 계획을 세운다.
시각적인 또는 공간적인 사람이냐에 의해 접근방법이 달라질 수 있다. 자신에게 잘 맞는 형식을 중심으로 새로운 습관을 기른다.

7. 긍정적 언어로 바꾼다.
싫고, 몸이 힘들어도 긍정적 언어로 재구성하는 것이 습관형성에 효과적이다

8. 성공하는 모습을 시각화한다.
스포츠심리학에서 널리 알려진 '시각화'는 목표도달을 위한 놀라운 도구이다.

9. 자신의 환경에 맞는 신호를 정한다.
습관을 바꾸기 위해 환경을 바꾸는 것이 효과적이다. 예를 들어, 감사하는 마음을 습관화하고 싶다면 감사 일기와 펜을 침대 옆 테이블 위에 두도록 한다.

10. 스스로에게 기회를 준다.
긍정적 습관을 새롭게 익히거나 오래된 나쁜 습관을 버리거나 인내심은 필수적이다. 자기 행동의 패턴을 깨려고 할 때에는 스스로에게 친절해야 한다. 실패해도 다시 시도할 수 있다는 생각을 가지고 꾸준함을 가지는 것이 성공의 열쇠다.

출처 : 코메디닷컴(2022. 1. 10).

Activity 7-5 자신의 습관 점검하기

다음은 일반적으로 습관이라고 할 때 언제 습관이 되었는지, 왜 습관이 되었는지를 확인하는 질문이다. 아래의 질문들을 참고하여 자신의 습관을 점검해 봅시다.

1. 이 행동을 자주 했나요?

2. 자동적으로 했나요?

3. 의식적으로 기억하지 않고 행동했나요?

4. 하지 않으면 이상한가요?

5. 내 일상생활에 속해졌나요?

6. 하고 있는지도 몰랐는데 하고 있었나요?

7. 해야 하는데 생각할 필요가 있나요?

참고자료 습관 형성의 세 가지 요소 : 신호, 반복행동, 보상

'신호(Cue)'는 어떤 습관을 사용하라고 명령하는 방아쇠 역할, 즉 자극을 주는 요소
'반복행동(Routine)'은 몸의 행동 혹은 심리상태에 따른 감정의 변화들
'보상(Reward)'은 위의 과정을 거치며 하는 반복행동들이 계속 기억할 가치가 있는지 판단하는 기준(예 물리적 획득, 심리적인 뿌듯함, 자신감, 성취감 등)
'습관 고리(The Habit Loop)'는 "신호(Cue) → 반복행동(Routine) → 보상(Reward)"의 순환에 대하여 만족하고 계속 반복하게 되면서 이 행동이 습관으로 굳어지게 된 것을 의미

참고자료 좋은 습관을 갖기 위한 여섯 단계 법칙

Step 1. 나의 습관을 찾아 분석한다.
Step 2. 부정적인 생각은 하지 않는다.
Step 3. 다양한 보상을 자주 준다.
Step 4. 힘들 때에는 잠시 쉬어간다.
Step 5. 다양한 신호를 수립한다.
Step 6. 구체적인 계획을 세운다.

참고자료 습관형성을 위한 자기평가

Step 1. 반복행동을 정리한다.
Step 2. 신호를 찾아본다.
Step 3. 보상을 설정한다.
Step 4. 자기평가에 수정 방법을 넣어본다.

출처 : 경기도 무료온라인 평생학습 GSEEk(https://blog.naver.com/gseekcampus/221571274128).

2) 성공한 사람들의 일곱 가지 습관

다음으로 성공한 사람들은 어떤 습관들을 가지고 있는지 스티븐 코비(Covey, 1994)가 제시한 성공하는 사람들의 일곱 가지 습관(The 7 Habits of Highly Effective People)을 통해 살펴보도록 한다.

(1) 습관 1 : 개인 비전의 원칙(Be Proactive)

먼저 성공하는 사람들의 첫 번째 습관은 '개인 비전의 원칙을 가지는 것(주도적이 된다는 것)'이다. 우리가 마음대로 할 수 있는 것은 우리에게 일어난 일에 어떤 반응을 보이는 것들과 관련이 있다. 습관 1을 갖춘 주도적인 사람들은 쉽게 상처를 받지 않고, 자신의 선택에 책임을 지며, 생각한 후에 행동을 한다. 또한 나쁜 일이 생기면 한 걸음 물러서고 항상 일을 해낼 수 있는 방법을 찾는다. 일이 어렵다고 쉽게 포기하지 않고 계속적으로 해낼 수 있는 방법을 찾는다. 그리고 자신이 뭔가 할 수 있는 일에 집중하고 할 수 없는 일은 걱정하지 않는다.

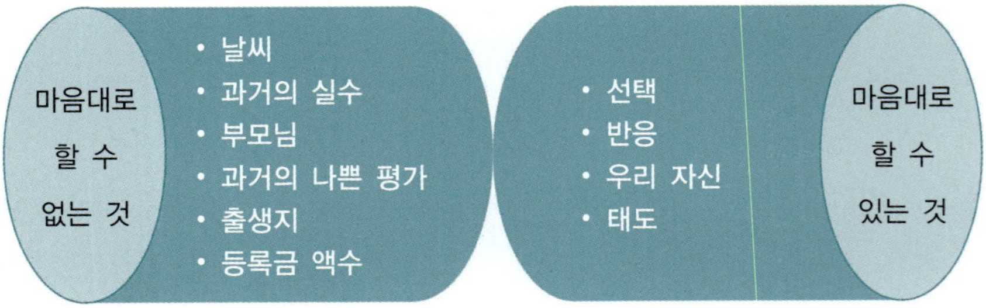

|그림 7-2| 우리가 마음대로 할 수 있는 것과 할 수 없는 것

(2) 습관 2 : 개인 리더십의 원칙(Begin with the End in Mind)

성공하는 사람들의 두 번째 습관은 '개인 리더십의 원칙(목표를 확립하고 행동하는 것)'이다. 자신의 운명을 스스로 조절하지 않으면 다른 사람에게 조절당한다는 말이 있다. 목표를 확립하고 행동하라는 것은 어디로 가고 싶은지 마음속에 명확한 그림을 그려나가는 것을 의미한다. 즉, 인생에 있어서 어떤 목표를 가지고 있는지를 생각해 보고 그 목표를 이루기 위해서 행동하는 모습이 있어야 한다는 것이다. 설계도 없이 집을 짓는 것과 설계도를 가지고 집을 짓는 것은 분명한 차이점이 있다. 설계도가 없는 경우는 제대로 된 집을 지을 수 없고 여러 가지 문제점과 하자가 있을 수 있다. 반면 설계도를 가지고 집을 지으면 목표한 대로 집을 잘 지을 수 있다. 이처럼 인생에 대한 명확한 목표를 가지고 있으면 설계도를 가지고 집을 지은 것처럼 성공적인 인생을 분명하게 이룰 수 있다. 하지만 목표를 세울 때 기억해야 할 중요한 점은 필요한 시간과 노력을 사전에 충분히 계산해 봐야 한다는 것이다. 또한 중요한 것은 평상시 꾸준히 메모하는 것과 결정한 것을 반드시 실행하는 것이다. 이밖에도 목표를 세우기에 적절한 시기를 잡는 것과 이미 목표를 세운 사람들의 도움을 받는 것도 도움이 될 수 있다.

(3) 습관 3 : 개인관리의 원칙(Put First Things First)

성공하는 사람들의 세 번째 습관은 '개인관리의 원칙(소중한 것부터 먼저 하는 것)'이다. 삶을 성공적으로 살려면 중요한 인간관계, 주요 역할, 각종 활동들을 균형 있게 유지해야 한다. 때로는 중요하지 않은 일들 또는 소용없는 일들 때문에 중요한 일을 미루게 된다. 이에 할 일과 안 할 일을 구별하는 것은 중요하다. 또한 내가 찾는 것을 얻기 위해서는 내가 극복해야 할 것에 어떤 것들이 있는지 확인해야 한다. 이 밖에도 내가 소중하게 생각하는 것들이 무엇인지를 확인하고 그것들을 먼저 해나가는 것이 중요하다. 이를 위해 일주일 단위로 계획표를 작성하고 실행하는 시간관리 훈련, 두려움 떨쳐내는 훈련, 힘들 때 용기를 가지도록 돕는 훈련, 주변 사람들의 눈치를 극복하는 훈련을 가지는 것이 도움이 될 수 있다.

(4) 습관 4 : 대인관계 리더십의 원칙(Think Win-Win)

성공하는 사람들의 네 번째 습관은 '대인관계 리더십의 원칙(상호이익을 모색하는 것)'이다. 인간의 상호작용에는 〈표 7-2〉에서 보는 바와 같이 ① NOT OK(자기부정 : 패) - OK(타인긍정 : 승), ② NOT OK(자기부정 : 패) - NOT OK(타인부정 : 패), ③ OK(자기긍정 : 승) - NOT OK(타인부정 : 패), ④ OK(자기긍정 : 승) - OK(타인긍정 : 승) 등 크게 네 가지 패러다임이 존재한다(윤대혁, 2010). 이 가운데 가장 적절한 유형은 OK(자기긍정 : 승) - OK(타인긍정 : 승)이라고 할 수 있는데 성공한 삶을 사는 사람들은 대부분 대인관계에서 나의 이익과 상대방의 이익을 동시에 모색하는 사람이다. 많은 사람들은 자신의 이익을 추구하기 때문에 성공한다고 생각하지만 나와 상대방의 이익을 함께 생각할 때 더 큰 성공을 할 수 있다. 따라서 성공한 삶을 살기 위해서는 다른 사람과의 관계를 잘 가꿀 수 있어야 한다. 이를 위한 구체적인 방법으로는 첫째, 약속을 잘 지켜야 한다. 서로 윈-윈하는 상황에서 약속을 잘 지켜야 한다. 둘째, 친절하게 행동해야 한다. 셋째, 신뢰 있는 행동을 해야 한다. 넷째, 경청을 해야 한다. 여기서의 경청은 적극적인 경청으로 단순한 듣기가 아니라 메시지에 담겨져 있는 그 사람의 감정까지 읽어내는 것임을 기억해야 한다. 다섯째, 사과할 상황에서 미안하다고 말할 수 있어야 한다. 여섯째, 능력상의 과장된 기대가 아닌 현실적으로 실현될 수 있는 합리적인 기대를 해야 한다.

〈표 7-2〉 인생태도와 행동과의 관계

태도 행동측면	NOT OK - OK	NOT OK - NOT OK	OK - NOT OK	OK - OK
타인과의 관계	타인으로부터 도피	타인 불신, 타인에게 공격적	지배, 추궁, 징벌, 배타적	누구와도 친밀
자신과의 관계	자신감 부족, 열등감	존재 부정, 수용 거부	타인 호의를 왜곡수용	소중하게 생각
분노의 감정	욕구불만을 마음에 축적	세상에 대한 반항, 분노	원한의 분노를 품음	분노를 자유롭게 표현
두려움의 감정	실패에 대한 두려움	버림받거나 혼자인 두려움	지배력의 상실이 두려움	두려움을 그대로 표현
인생에의 지향	목표 불확실, 도피, 낙담, 자기 몫도 차지 못함	인생 목표가 없음, 될 대로 되라는 사고방식	흑백논리, 경직된 인생	'지금, 여기'를 중시 성공목표, 자유로운 삶
커뮤니케이션	타인비난, 자기방어, 합리화	적대, 험악, 당돌, 반항적	자기 방어적, 타인 공격적	개방적
역할, 책임	두려움으로 억지로 인수	회피하거나 타인에게 전가, 불평, 불만을 가지고 인수	거래를 함, 끝까지 지연	언제나 수용할 태세
발전, 성장 학습, 계발	코칭을 원함, 안정이 필요, 느림	곤란, 퇴행, 실수 반복	곤란, 학습에 벽 있음	자주적으로
타인과의 불일치 처리	불일치는 자기 탓이라 생각	불일치를 더욱 조장하거나 제3자를 끌어 들인다	상대를 몰아붙임	불일치의 근원을 찾아서 해결방법을 모색
문제해결	타인에게 의존	문제에 압도 당한다	타인 의견 무시 및 거부	자신 있게 타인과 협력
시간구조화	고립, 쉼 없이 활동 구원자 탐색, 희생자 연출	자폐상태, 게임열중 박해자 탐색, 희생자 연출	고함치고 타인에게 화냄, 박해자와 구원자 역할	필요행동만 함 친교, 게임하지 않음
자기느낌	부족감, 열등의식	낙담, 소외	타인보다 우월하다고 느낌	평등

출처 : 서울특별시 지정 종로여성인력개발센터(http://blog.naver.com/sbwomen11/220087941233).

(5) 습관 5 : 감정이입적 대화의 원칙(Seek First to Understand, Then to Be Understand)

성공하는 사람들의 다섯 번째 습관은 '감정이입적 대화의 원칙(경청한 다음에 이해를 시키는 것)'이다. 우리는 두 개의 귀와 하나의 입을 가지고 있다. 그만큼 듣는 것이 중요하다는 것이다. 바른 처방을 위해서는 진단을 해야 하나 우선 제대로 상황을 파악하기 위해 경청을 해야 한다. 경청에는 높은 수준의 성품인 인내심, 솔직함, 그리고 이해심이 포함되어 있어야 한다. 그래서 공감적 경청 기술을 잘 활용할 수 있어야 한다. 공감이라는 것 자체가 상대방의 신을 신고 상대방의 눈으로 세상을 바라보는 것과 같기 때문에 상대방의 입장에서 경청하는 것이 중요하다는 것이다.

(6) 습관 6 : 생산적 협조의 원칙(Synergize)

성공하는 사람들의 여섯 번째 습관은 '생산적 협조의 원칙(시너지를 활용하는 것)'이다. 전체는 각 부분의 합 그 이상이다. 구성원들 간의 정신적, 감정적, 심리적 차이점들을 소중히 여기는 것이 시너지의 본질이다. 결과적으로 협조를 함에 있어서 상대방의 차이, 입장을 함께 고려하고 상호 이익을 모색할 때 윈-윈할 수 있는 시너지 효과가 나올 수 있다. 즉, 차이점을 존중하고 강점을 활용하며 나아가 약점을 보완하는 데서 시너지가 나올 수 있다.

(7) 습관 7 : 균형적인 자기쇄신의 원칙(Sharpen the Saw)

성공하는 사람들의 일곱 번째 습관은 '균형적인 자기쇄신의 원칙(심신을 단련하는 것)'이다. 조직 및 개인의 발전을 위해서는 자기쇄신, 즉 재충전을 위해 항상 노력해야 한다. 존 케네디(John F. Kennedy) 미 대통령은 '맑은 날 지붕을 고쳐놓아야 비가 와도 걱정이 없다'고 하였다. 예를 들어, 스트레스는 누구에게나 생길 수 있다. 하지만 미리 준비한다면 스트레스가 생겼을 때 잘 대처할 수 있다. 지금까지 살펴본 성공하는 사람들의 일곱 가지 습관들 중 습관 1, 2, 3은 독립적 단계로 발전시켜 주고, 습관 4, 5, 6은 상호의존적 단계로 발전시켜 주며 습관 7은 전체를 재충전하게 해준다.

참고자료 **성공하는 사람들의 아홉 가지 행동양식**

1. **구체적이 되라.** 결과적으로 구체적인 목표를 가지고 있어야 한다는 것이다. '3kg 빼기'가 '체중감량'보다 구체적인 목표이다. 왜냐하면 구체적인 목표는 성공했을 때의 자신의 모습을 명확히 그려볼 수 있기 때문이다. 또한 구체적인 목표가 있어야 구체적인 행동이 담긴 계획이 있을 수 있고 그 계획을 실행함에 따라 목표를 달성할 수 있다.
2. **목표를 위해 행동할 시간을 마련하라.** 목표를 급하게 정하다 보면 실수를 할 수 있기 때문에 미리미리 준비하는 것이 필요하다.
3. **가야 할 남은 거리가 정확히 얼마나 되는지 확인하라.** 목표를 성취하기 위해서는 현재까지 진행과정을 스스로 규칙적으로(매주 혹은 매일) 점검하는 것이 필요하다. 얼마나 잘하고 있는지를 자주 점검 및 확인하지 않으면 향후 행동 혹은 전략을 조정할 수 없다.
4. **현실적 낙관주의자가 되라.** 현실을 긍정적으로 바라보는 시각은 성공을 향한 동기유발 및 유지에 도움이 된다.
5. **훌륭한 상태가 아니라 더 나은 상태가 되는 것에 집중하라.** 너무 이상적인 관점보다는 현실적인 상태를 바라보고 해나가는 것이 중요하다. 너무 높은 수준에 이르기 위해 준비를 해나가다 보면 이루지 못했을 때 스스로에게 낙망하고 절망할 수 있다.
6. **투지를 가져라.** 투지는 긴 목표를 이행하려는 그리고 직면한 어려움에 맞서려는 의지이다. 많은 연구에서 투지를 가진 사람들이 일생에서 더 많은 교육을 받고 더 높은 학점을 얻는다고 보고하고 있다.
7. **의지력, 근육을 키워라.** 현실적으로 힘을 키우라는 것이다. 자기 쇄신을 위해 심신을 기르고 힘을 기르라는 것이다.
8. **운명을 시험하지 말라.** 사람은 누구나 자기가 해낼 수 있는 것과 해낼 수 없는 것이 있다. 그러므로 내가 감당할 수 없는 일을 두고 힘들어하기보다는 자기가 할 수 있을 일을 가지고 노력하는 것이 중요하다.
9. **하지 않을 것이 아닌 할 것에 집중하라.** 자신이 미래에 할 것에 초점을 두고 집중하는 것이 중요하다. 생각 억제에 관한 연구는 어떤 생각을 피하려 하는 것이 오히려 머릿속에 그 생각을 더 활성화시킨다는 것을 확인해 주었다. 이것은 행동에서도 마찬가지다. 나쁜 습관을 버리려고 하는 것은 그것을 끊어버리기보다 그것을 더 강화하게 한다.

출처 : Halvorson, H. G., 장원철 역(2019).

3) 인간관계를 위한 습관 변화시키기

인간은 습관의 동물이다. 인간의 행동 중 40%가 습관에 의해 결정된다고 한다. 미국의 심리학자 윌리엄 제임스(William James)는 "우리 삶이 일정한 형태를 띠는 한 우리 삶은 습관덩어리일 뿐이다"라고 말했다. 또한 우리의 옛 속담에 '세 살 버릇 여든 간다'는 말이 있는데 이 말은 한 번 잘못 들인 버릇은 쉽게 고쳐지지 않음을 의미한다. 습관은 행동 하나하나로 만들어진다. 단 한 번의 붓질도 반복하면 어느 날 거대한 페인트 공을 만들어 낸다. 그렇기에 반대로 오래된 습관을 새로운 것으로 바꾸려면 시간이 걸린다. 또한 나쁜 습관은 없애기보다는 좋은 행동으로 대체하는 것이 중요하다. 그 이유는 행동을 바꿔야 습관이 변하고 습관이 변해야 인격이 변하기 때문이다. 그렇기에 좋은 인격을 갖기 위해서는 좋은 습관을 개발해 나가야 하는데 이를 위해서는 인식, 기량, 욕구 등 세 가지 요소가 필요하다. 구체적으로 무엇을 왜 해야 하는지를 파악하는 것(인식)이 필요하고, 어떻게 하는가 하는 방법(기량)이 필요하며, 하고 싶도록 하는 동기유발(욕구)이 필요하다.

다음으로 습관을 변화시키기 위한 구체적인 방법에 대해 살펴보도록 하자.

① 습관 변화시키기 1단계 : 자기행동 계약서 만들기

1단계는 '자기행동 계약서(self contract) 만들기'로 문제 행동을 얼마나 줄일 것인지 기준을 정하고 스스로와 지인들에게 약속하는 것이다. 이를 위해 계약서를 만들고 서명하는 공식절차를 거칠 수 있는데 이렇게 만들어진 계약서는 구체적이고 강력한 시작점이 된다.

② 습관 변화시키기 2단계 : 자기기록하기

2단계는 '자기기록(self recording)하기'로 각각의 바꾸고 싶은 습관에 대해 자신에게 맞는 형식으로 시간대별 또는 요일별, 행동별로 형식을 만들어 자신이 어떻게 행동했는지 즉시 기록한 후 자기피드백, 객관적인 자기 행동을 관찰하는 것이다. 습관을 고치기 위해서는 의식적으로 깨어있는 것이 중요하다. 무의식이 주도권을 차지하는 순간 물리치기 어려운 순간이 찾아오기 때문이다. 흡연을 예로 들면 '담배 안 피우고 스트레스 받느니 차라리 맘 편히 피우는 게 어때?'라든가 '이렇게 해봤자 얼마나 산다고?'라는 식의 의문이 자라는 것이다. 이처럼 수시로 떠오르는 무의식의 횡포를 막기 위해서는 시간대별 자극하는 환경 등을 체크리스트 형태로 만들고 과정을 상세히 기록하는 것이 필요하다. 영국 버크벡 대학의 리처드 쿠퍼(Richard Cooper) 교수는 "습관이 없다면 우리는 매일 무슨 일을 해야 하는지 매번 생각하고 배우는 데 많은 시간이 걸리게 될 것이다"라는 말을 함으로써 습관의 중요성을 강조하였다.

③ 습관 변화시키기 3단계 : 자기조절하기

3단계는 '자기조절(self control)하기'로 이는 크게 두 단계로 진행된다.

가. 자기조절 1단계 : 행동의 고리 끊기

자기조절 1단계는 습관을 하게 되는 이유를 찾아내어 그 이유가 습관으로 연결되도록 하는 연결고리를 끊는 행동을 끼워 넣어 나쁜 습관이 반복되지 않도록 유도 하는 것이다.

㉮ 졸린다 ➡ 담배를 핀다
졸린다 ➡ 장소를 옮긴다 ➡ 담배를 핀다

나. 자기조절 2단계 : 보상과 벌 주기

자기조절 2단계는 적당한 보상과 벌을 주는 것이다. 중앙대학교 가족복지학과 홍준표 교수는 "행동을 지속하게 하는 것은 뒤따라오는 이득 때문이고, 좋은 것이 자꾸 따라오게 되면 좋은 결과가 따라오는 행동의 미래 발생확률도 자연스럽게 더 증가하게 되어있다"고 말하였다. 이는 효과의 법칙에 관한 것으로 습관을 고치려면 그에 따른 이득이 따라와야 한다는 것을 의미한다.

오래되고 익숙해진 습관은 한번에 쉽게 고치기가 어렵다. 그래서 습관을 고칠 때는 인내심을 가지고 뚜렷한 동기를 가지고 고쳐야지만 이러한 습관을 잘 고칠 수 있다. 어떤 습관은 고치는 것이 특히 힘든 경우가 있는데 이때는 변화시켜야 할 행동을 세분화하고 목표를 세우며 도전해야 한다. 자신이 한 행동에 대해서는 미루지 말고 즉시 기록하여 자신의 상태를 체크해야 하며 마지막으로 힘들고 안 되더라도 반복적으로 수행하는 것이 중요하다. 자신이 바꾸고자 했던 나쁜 습관의 변화는 단 한 가지의 변화뿐만 아니라 자신감과 목표에 대한 행동변화와 인식변화까지 이끌어 낼 수 있음을 기억해야 한다.

참고자료 습관에 관한 격언

- 특별한 삶은 매일 끊임없는 개선을 통해 만들어지는 것이다. – 로빈 샤르마 (미국 작가)
- 신념이 깊은 확신이 되는 순간 위대한 일이 일어난다. – 무하마드 알리 (미국 권투선수)
- 습관은 제2의 천성으로 제1의 천성을 파괴한다. – 블레스 파스칼 (프랑스 수학자)
- 우리는 자연의 법칙에 따라 생각하고, 규칙에 따라 말하며 습관에 따라 행동한다. – 프란시스 베이컨 (영국 철학자)
- 인생은 결국 습관이다. 그러므로 어떤 습관을 내 것으로 만드느냐가 인생 최대의 과제이다. – 빌 게이츠 (미국 기업인)
- 우리가 습관을 만들면 그 습관이 우리를 만든다. – 존 드라이든 (영국 시인)
- 습관은 처음에는 눈에 안 보이는 실과 같다. 그러나 행동을 되풀이할 때마다 그 끈이 차츰 강화된다. 거기에 또 한 가닥이 더해지면 마침내 굵은 밧줄이 되어, 우리의 사고와 행동을 돌이킬 수 없게 묶어 버린다. – 오리슨 스웨트 마든 (미국 작가)
- 습관이란 인간으로 하여금 어떤 일이든지 하게 만든다. – 표도르 도스토예프스키 (러시아 소설가)
- 행동의 씨앗을 뿌리면 습관의 열매가 열리고, 습관의 씨앗을 뿌리면 성격의 열매가 열리고, 성격의 씨앗을 뿌리면 운명의 열매가 열린다. – 나폴레옹 (프랑스 군인 및 정치가)

Activity 7-6 성공하는 사람들의 일곱 가지 습관 자가점검

※ 다음의 내용을 읽고 자신의 특성과 유사하다고 생각하는 것에 ✔표 하세요.

	진단 항목	매우 그렇지 않다	그렇지 않다	중간 이다	그렇다	조금 그렇다	항상 그렇다
감정	1. 다른 사람들에게 친절하게 배려를 한다.	1	2	3	4	5	6
	2. 약속을 지키고 언약을 한다.	1	2	3	4	5	6
	3. 그 자리에 없는 사람에 대해 부정적으로 이야기하지 않는다.	1	2	3	4	5	6
삶의 균형	4. 인생의 다양한 측면, 즉 직장, 가족, 친구의 사이에 적절한 균형을 유지할 수 있다.	1	2	3	4	5	6
	5. 임무를 수행할 때 함께 일하는 사람들의 관심사와 필요에도 유념한다.	1	2	3	4	5	6
	6. 열심히 일하지만 심신이 피곤할 정도로까지 일하지는 않는다.	1	2	3	4	5	6
주도적	7. 자신의 삶을 통제하고 있다.	1	2	3	4	5	6
	8. 자신의 통제권 밖의 일보다는 자신이 영향력을 행사할 수 있는 일에 집중한다.	1	2	3	4	5	6
	9. 자신의 행동을 다른 사람이나 환경 탓으로 돌리지 않고 자신이 책임을 진다.	1	2	3	4	5	6
목표 세우고 행동	10. 인생에서 이루고자 하는 것을 안다.	1	2	3	4	5	6
	11. 하루하루 하는 일이 의미가 있고 나의 인생의 전체 목표에 기여한다.	1	2	3	4	5	6
	12. 이루고자 하는 것에 대한 명확한 주간 계획을 세워 매 주일을 시작한다.	1	2	3	4	5	6
소중한 것부터 먼저 시작	13. 자꾸 미루거나 시간낭비 등을 하지 않고 내가 만든 계획을 실천할 의지가 있다.	1	2	3	4	5	6
	14. 일생에 정말로 소중한 활동이 바쁜 일상적 활동에 파묻혀 버리지 않도록 한다.	1	2	3	4	5	6
	15. 위기상황에서 일해야 하는 상황을 줄이도록 미리 준비한다.	1	2	3	4	5	6

	진단 항목	매우 그렇지 않다	그렇지 않다	중간이다	그렇다	조금 그렇다	항상 그렇다
상호 이익 추가	16. 나 자신의 성공뿐만 아니라 다른 사람의 성공에도 관심을 기울인다.	1	2	3	4	5	6
	17. 다른 사람들과 협력한다.	1	2	3	4	5	6
	18. 갈등을 해결할 때 모두에게 도움이 되는 해결책을 찾으려고 한다.	1	2	3	4	5	6
경청한 다음 이해	19. 다른 사람의 느낌이나 기분에 마음을 써준다.	1	2	3	4	5	6
	20. 다른 사람의 관점이나 견해를 이해하려고 애쓴다.	1	2	3	4	5	6
	21. 다른 사람이 이야기할 때 나 자신의 관점에서뿐만 아니라 다른 사람의 관점에서도 사물을 보려고 노력한다.	1	2	3	4	5	6
시너지 활용	22. 다른 사람의 통찰력을 소중히 여기고 적극적으로 도움을 구한다.	1	2	3	4	5	6
	23. 새롭고 보다 우수한 해결책과 아이디어를 창의적으로 모색한다.	1	2	3	4	5	6
	24. 다른 사람과 자신의 견해를 피력하도록 장려한다.	1	2	3	4	5	6
심신 단련	25. 자신의 신체적 건강과 행복을 돌본다.	1	2	3	4	5	6
	26. 다른 사람들과 좋은 관계를 맺고 향상시키려고 노력한다.	1	2	3	4	5	6
	27. 인생의 의미와 즐거움을 찾는 데 시간을 할애한다.	1	2	3	4	5	6

※ 채점 방식

9개의 항목별로 3문항에 대한 반응점수를 합산한다. 각 항목마다 최고 18점, 최저 3점이 나온다. 점수가 높을수록 성공하는 사람들의 일곱 가지 습관에 근접해 있다고 본다.

02

PART

실천편

MEMO

CHAPTER 08

인간관계 개선방법 (1)
대화기회 포착하기, 자기공개하기

이 장에서는 대화기회 포착하기와 자기공개하기에 대해 살펴보도록 한다. 구체적으로는 1절에서 대화기회 포착의 개념, 대화의 시작, 대화기회 포착방법에 대해 살펴보고 2절에서는 자기공개의 개념과 효과, 인간관계에서의 자기공개, 인간관계 형성단계에서의 자기공개, 인간관계 심화단계에서의 자기공개, 조해리의 마음의 창에 대해 살펴보도록 한다.

학습목표

1. 대화기회 포착하기에 대해 이해한다.
2. 자기공개하기에 대해 이해한다.

1 대화기회 포착하기

1) 대화기회 포착의 개념

인간관계는 잦은 만남과 대화를 통해서 발전한다. 인간관계의 발전을 위해서는 대화의 기회를 포착하고 조성하는 것이 중요하다(김종운 · 박성실, 2011). '대화'란 서로 마주하여 이야기를 주고받는 것을 의미한다. 그리고 '기회'는 어떠한 일이나 행동을 하기에 가장 좋은 때나 경우를 의미한다. 마지막으로 '포착'은 놓치지 않고 꼭 붙잡는 것을 의미한다. 따라서 '대화기회 포착'이란 서로 마주하여 이야기를 주고받기에 가장 좋은 때나 경우를 놓치지 않고 꼭 붙잡는 것을 의미한다고 볼 수 있겠다. 대화기회를 포착하려면 대화를 할 수 있는 분위기를 조성했는지가 중요하다. 대화기회 포착이라는 것이 대화전개 상황 속에서 기회를 잡는 것도 대화기회 포착이 될 수 있지만 대화를 시도할 때 적용할 수 있는 개념이 될 수도 있기 때문이다. 대화를 하려면 대화를 할 마음의 준비가 되어있어야 한다. 또한 대화기회를 잡기 위해서는 어떤 이야기를 나눌 것인지 대화 주제에 대해 준비를 한 다음 대화를 시작하는 것이 중요하다. 예를 들어, 잭 니콜슨(Jack Nicholson) 주연의 영화 '어바웃 슈미트(2003)'에서는 주인공 슈미트가 아내를 포함한 이웃들과 대화하는 자리에서 대화기회를 포착하지 못하여 하고 싶은 말을 못해서 아내에게 마음이 상하는 장면이 나온다. 이는 인간관계에서 적절한 대회기회 포착이 가지는 중요성과 대화매너의 필요성을 잘 보여준다.

한편 우리는 살아가면서 많은 사람들과 알고 지내지만 그들과 피상적인 관계에서 벗어나지 못하는 경우가 많다. 그 이유는 좀 더 잦은 만남과 대화의 기회를 갖지 못하기 때문이다. 아는 사람과 자주 만나더라도 그저 스쳐 지나가기 때문에 인간관계가 더 발전하지 않는다. 그러나 대화기회를 잘 포착하면 인간관계를 잘 개선할 수 있으며 더 나아가 좀 더 친밀한 관계를 유지할 수 있다.

2) 대화의 시작

미국의 철학자이자 심리학자인 윌리엄 제임스(William James)는 사람들이 대화에 자신 없어 하는 이유가 그들이 '너무 시시하거나, 진부한 이야기를 하거나, 진실해 보이지 않거나, 상대방이 전혀 관심 없는 이야기를 하게 되거나, 상황에 맞지 않는 엉뚱한 이야기를 할 것 같은 두려움' 때문이라고 하였다. 대화를 시도할 때 대화에 참여하는 것에 대한 두려움을 가질 필요는 없다. 다만 내가 어떤 이야기를 할지 준비된 상태에서 대화를 하는 것이 적절하다. 그리고 처음 대화를 시작할 때는 편안한 분위기를 이끌어 갈 수 있는 일상적인 평범한 대화를 하는 것이 목적 있는 대화 전 워밍업(warming up) 작용을 할 수 있다(Giblin, L. T., 노지양 역, 2010).

참고자료 **대화예절**

〈좋은 매너〉

1. 진지한 태도로 상대방을 바라보면서 대화한다.
2. 존칭과 품위 있는 언어를 사용한다.
3. 상대방의 입장을 생각하면서 무리한 표현은 삼간다.
4. 상대방의 이야기에 관심을 가지며 적절한 반응을 보인다.
5. 자신 있는 모습으로 대화를 한다.
6. 사무실 내에서 조용히 이야기하며 타인에게 방해되지 않도록 한다.
7. 상대방의 말이 끝난 후 본인의 의사를 정확하게 말한다.

〈나쁜 매너〉

1. 상대방이 말하는 도중에 말을 가로챈다.
2. 큰소리로 대화하고 저속한 언어를 사용한다.
3. 말끝을 분명히 하지 않고 주눅 들고 자신감 없는 태도를 취한다.
4. 지나가는 말처럼 하거나 자세를 바르게 하지 않고 예의 없이 대화한다.
5. 상대방의 약점만 골라 이야기하고 시비조로 말한다.
6. 자신의 잘못을 정확히 설명하지 않는다.

출처 : 최애경(2015).

3) 대화기회 포착방법

인간관계의 발전을 위해서는 대화기회 포착이 중요한데 이를 위해 어떻게 해야 하는지를 살펴보면 다음과 같다(권석만, 2015).

첫째, 관심이 있는 주제나 상대방에 대한 관심으로 대화를 시작하는 것이 중요하다. 예를 들어, 반갑게 인사를 나누고 안부를 묻는 등 상대방에게 관심을 표현하는 것이다.

둘째, 우연히 마주친 경우에는 대화를 나누기 적절한 기회를 조성하는 것이 필요하다. 예를 들어, 상대방의 상황 파악 후 시간이 있다면 "나중에 식사 함께 하자"와 같이 제의를 하는 것도 하나의 방법이 될 수 있다.

셋째, 대화를 나눌 적절한 장소를 알아두는 것이 중요하다. 만남 상대에 따라 적절한 장소를 선택하는 것도 중요한 대인기술 중 하나이다.

넷째, 편안한 대화를 위해서는 자연스럽고 부담 없는 화제를 시작하는 것이 필요하다. 예를 들어, 최근 생활, 학업이나 직장생활, 누구나 관심 있는 사회적 이슈 등을 활용할 수 있다.

다섯째, 친밀한 관계로 발전할 수 있는 대화의 기회를 차단하는 여러 가지 요인에 대한 자각이 필요하다. 예를 들어, 인간관계에 대한 무관심, 여유 없이 바쁘게 사는 생활, 인간관계에 소극적이고 수동적인 태도, 타인에 대한 불신감과 비관적 태도 등이 이러한 요인에 해당할 수 있다.

Activity 8-1

대화기회 포착 자가점검

※ 다음은 대화기회를 잘 포착하지 못한 사례와 대회기회를 잘 포착한 사례를 정리한 것이다.

1. 두 사례를 비교할 때 어떤 점에서 차이가 나타나는지를 정리해 봅시다.

대화기회를 잘 포착하지 못한 사례
A군은 같은 동아리 모임에서 B양과 처음 인사를 나누었다. 그 후 A군은 B양에게 호감을 가지게 되었으며 대학 캠퍼스에서 B양을 자주 마주치게 되었다. 그러나 A군은 B양과 마주치면 그저 인사를 하고 스쳐 지나갈 뿐 개인적인 대화를 나눌 기회를 잡지 못했다. 이렇게 한 학기를 보내면서 B양과 여러 번 마주쳤지만 깊은 대화를 나누지 못했으며 그 결과 B양과 관계를 발전시키지 못했다.

대화기회를 잘 포착한 사례
같은 동아리 모임에서 서로 알게 된 C군은 D양과 마주치게 되면 학교생활과 동아리 활동에 대한 간단한 대화를 나누고 "다음에 커피 한잔 하자"고 제안하며 여러 가지 이야기를 나누었다. 이야기 도중 D양이 준비 중인 레포트 주제가 C군의 전공분야여서 적극 도와주었다. D양은 도움을 받고 C군에게 고맙다고 밥을 한번 사겠다고 했다. 두 사람은 저녁에 같이 식사를 하면서 많은 이야기를 나누었다. 이런 만남이 지속되면서 서로에 대한 이해가 깊어지고 친밀감이 형성되어 한 학기를 마칠 때쯤 C군과 D양은 연인이 되었다.

2. 여러분이 대화기회를 잘 포착하고 있는지를 살펴보기 위해 아래의 질문에 대해 스스로 답해봅시다.

Q1. 여러분은 처음 알게 된 사람과 어떻게 인간관계를 발전시키나요?
Q2. 여러분은 그러한 사람과 우연히 만나게 되면 어떻게 행동하나요?
Q3. 여러분은 그 상황에서 어떤 말을 건네고 어떻게 헤어지나요?
Q4. 여러분은 좀 더 많은 이야기를 나눌 수 있는 자연스러운 대화기회를 잘 포착하나요?
Q5. 여러분은 상대방에게 먼저 대화를 제안하나요?
Q6. 여러분은 대화를 제안할 때 어떻게 하나요?

출처 : 권석만(2009) 일부 수정.

Activity 8-2 대화기회 포착하기 연습

1. 대화기회 포착하기 연습을 위해 우선 학교 내의 대화하기 좋은 공간을 찾아 적어봅시다(참고적으로 일상적인 편안한 대화는 조금의 소음이 있어도 충분히 대화를 할 수 있지만, 진중하거나 무거운 대화를 할 때는 어느 정도 밀폐된 공간을 선호할 수 있다).

2. 인사를 나눈 적이 있고 호감을 느끼고 있지만 아직 친밀한 관계를 형성하지 못한 사람을 생각해 보고 자연스러운 대화를 시도해 봅시다(선, 후배나 동기들 또는 교수님들 중에서도 찾아볼 수 있다).

3. 인간관계가 시작되는 초기단계에 보통 어떤 주제의 대화를 하는지를 돌아봅시다(인간관계가 시작되는 초기에 자기중심적이거나 말을 많이 하는 등 부족한 스킬을 보이는 경우가 많다. 여러분들은 일반적으로 관계를 형성할 때 어떻게 하는지 살펴봅시다).

4. 인간관계가 원만하고 활발한 친구, 선후배의 행동을 관찰해 보고 특징을 정리해 봅시다(내게 없는 특징들을 살펴보고 고려해서 여러분을 변화시키기 위해 노력해 봅시다).

출처 : 권석만(2009) 일부 수정.

2 자기공개하기

1) 자기공개의 개념과 효과

'자기공개(self-disclosure)'는 자기개방, 자기노출, 자아개방이라는 용어로 사용되기도 하는데 이는 있는 그대로의 자기 자신을 다른 사람에게 보이는 것을 말한다(김혜숙 외, 2016). 캐나다 심리학자인 시드니 쥬라드(Jourard, 1971)는 『투명한 자아(The Transparent Self)』라는 자신의 저서에서 자기공개를 자신의 정체와 입장을 분명히 밝히고 자기 자신을 남에게 보여줌으로써 타인이 자신을 알 수 있도록 하는 행위라고 정의하였고, 피셔(Fisher, 1984)는 자기공개를 인간관계에서 주변 사람들에게 일반적으로 알려져 있지 않은 자신의 개인적인 정보를 상대방에게 의도적으로 노출시키는 행위라고 정의하였다.

이러한 자기공개에는 두 가지 조건이 선행되어야 하는데 첫째는 나 자신에 대한 정확한 이해, 즉 '자기이해(self-understanding)'이고 둘째는 새롭게 발견한 자신을 있는 그대로 수용하고 인정하는 '자기수용(self-acceptance)'이 이루어져야 한다. 이러한 자기이해와 자기수용은 인간관계에서뿐만 아니라 건전한 성장, 발달을 위해서도 필수적인 요건이 된다.

자기공개는 상호이해의 깊이를 증진함으로써 인간관계에 발전을 가져오는 중요한 과정이라고 할 수 있는데, 이러한 자기공개에는 몇 가지 효과가 있다. 첫째는 '자기이해 증진'으로, 자기공개를 통해 자기 자신을 좀 더 정확하게 그리고 객관적으로 이해할 수 있게 된다. 둘째는 '관계의 친밀성 증진'으로, 자기공개를 통해 공감대가 확대되면 상호 간의 거리감이 줄어들고 친밀감이 커지게 된다. 셋째는 '의사소통의 증진'으로, 자기공개는 상대방의 자기공개를 가능하게 하여 상호 간의 의사소통을 증진하는 효과가 있다. 넷째는 '감정 정화'로, 어떤 실수나 잘못한 일을 했을 때 또는 어떤 불가피한 상황으로 심리적 상처를 입었을 때 자기 공개를 통해 죄책감이 줄어들거나 마음이 후련해질 수 있다. 다섯째는 '에너지 증진'으로, 자기공개는 새로운 에너지를 얻은 것과 같은 효과를 제공한다(김종운, 2017).

2) 인간관계에서의 자기공개

인간관계에서 친하다는 것은 그 사람을 잘 안다는 뜻을 포함하고 있다. 일반적으로 서로를 알아갈 때 인간관계는 더욱 심화된다. 현재 여러분의 친구를 떠올린 후 다음의 질문에 대해 스스로 답해보자.

1. 어떤 사람이 나에게 친한 친구가 된 것일까?
2. 지금 나에게 친구는 누구인가?
3. 왜 그 친구가 나의 친한 친구가 되었을까?

결과적으로 이러한 질문들은 내가 선호하는 친구는 어떤 친구이고 그 친구에 대해서 내가 어떤 이야기를 했을까? 하는 것을 묻는 것이다. 앞서 이야기했듯이 친한 친구라는 것은 그 친구에 대해 잘 안다는 것인데 적절한 자기공개는 서로에 대해 잘 알아감에 있어 꼭 필요한 것이다. 이것은 어느 정도의 시간과 기간, 상대방에 대한 인식이 전제되었을 때 이루어질 수 있다.

자기공개는 스스토 자신의 비밀을 타인에게 드러내는 것으로 많으면 많을수록 서로에게 친밀한 사이가 될 수 있는 기본적인 요건이 준비된 것으로 볼 수 있다. 인간관계에서 자기공개가 중요한 이유는 서로의 속마음을 알게 됨으로써 불필요한 긴장과 갈등을 감소시키기 때문이다. 사람마다 자신을 알리고 공개하는 방법에는 다소 차이가 있을 수 있다. 또한 사람마다 자기공개의 수준도 다를 수 있는데 이는 상호적이어야 한다. 어떤 사람에게 얼마만큼의 자기공개를 할지를 결정하는 것은 인간관계의 성공과 실패가 걸린 중요한 문제이다. 영화 '굿 윌 헌팅(1998)'에서 '윌 헌팅' 역을 맡은 맷 데이먼(Matt Damon)과 '숀 맥과이어' 역을 맡은 로빈 윌리엄스(Robin Williams)가 심리치료 중에 나눈 대화에서 자기공개에 대하여 나온다. 부모에게 학대받은 경험이 있는지를 묻는 윌의 질문에 숀은 '20년간 상담하다 보니 별별 끔찍한 것 다 보았다'고 답하고 이에 윌은 다시 '직접 경험했는지?'를 묻는다. 이에 숀은 '나 말야?'라고 되묻고 이어 '있다'라고 답한다. 이에 윌은 '더러운 기분이었겠죠?'라고 묻는다. 이어 숀은 자신의 학대경험 이야기를 하고 윌도 자신의 학대경험을 이야기하면서 상호 간에 묘한 동질감을 느낀다. 하지만 영화 속 장면과 같이 내담자와 상담가의 전문적 관계에서 나타나는 자기공개는 신뢰관계가 어느 정도 형성된 이후에 나타날 수 있는 모습이다. 일반적으로 인간관계 형성단계에서는 피상적 수준의 공개가 이루어지는데 자신의 이름, 출신학교, 고향, 직장, 직업, 나이 등이 이에 속한다. 그리고 인간관계 심화단계에 이르러 중요한 정보가 공개되는데, 예를 들어 개인적 차원의 내용으로서 주요 관심사, 취미, 가족에 관한 정보, 사회문제, 종교문제 등의 공개가 이에 속한다.

3) 인간관계 형성단계에서의 자기공개

인간관계 형성단계는 관계가 시작되는 단계로 첫 만남이 이루어지는 상황은 매우 다양하다. 만남의 계기, 목적, 대상에 따라서 우연한 만남과 계획된 만남, 사적인 만남과 공식적 만남, 친목적 만남과 업무적 만남, 개인적 만남과 집단적 만남, 동성과의 만남과 이성과의 만남, 연장자와의 만남과 연하자와의 만남 등으로 구분할 수 있다. 자기공개는 이러한 만남의 특성에 따라 자연스럽게 하는 것이 중요하다. 그렇지만 자기공개는 상호적이어야 하고 대상에 따라 자기공개에 대한 부분도 고려가 필요하다.

한편 '자기소개(self-introduction)'는 자기공개와는 다른 개념으로 처음 대하는 사람에게 자신을 소개하는 것을 의미한다. 다음으로 첫 만남 자기소개 시 유의사항(권석만, 2015)에 대해 살펴보면 다음과 같다.

첫째, 자기소개는 만남의 목적과 대상을 생각해 보고 그에 알맞게 행해져야 한다. 대상과 목적, 대상의 성격과 취향에 따라 소개내용, 길이, 깊이, 방법 등을 조절하는 것이 좋다.

둘째, 자신의 특성을 잘 알릴 수 있는 자기소개를 해야 한다. 자신의 이름, 외모, 신분, 성격, 관심사, 취미, 특기 등에 있어서 독특한 점을 잘 부각하여야 한다. 보통 첫 만남에서는 명함을 주고받게 되는데 명함은 되도록 사전에 준비하고 명함 안에 자기를 부각시킬 수 있는 내용을 넣는 것이 좋다.

셋째, 첫 만남에서의 자기소개는 상호적이어야 한다. 개인적 만남에서는 일반적이고 장황한 자기소개보다는 깊이 있고 상세한 자기소개, 상대방의 공개수준에 맞춘 자기소개가 필요하다.

넷째, 자기소개는 언어적인 표현을 통해서 이루어질 뿐만 아니라 외모, 옷차림, 자세, 몸짓 등의 비언어적인 수단을 통해서 이루어진다는 점에 유의해야 한다. 자기소개를 잘 준비하는 것도 중요하지만 외모에 대한 준비된 자세도 중요하다.

다섯째, 자신의 특성을 잘 알릴 수 있는 자기소개 방법을 생각하여 미리 준비해 두는 것이 필요하다. 일상적인 자기소개보다는 자기만의 특별하고 차별화된 자기소개가 중요하다. 하지만 자신의 장점이나 특성을 지나치게 부각한 자기과시적이거나 자화자찬식의 소개는 피하는 것이 좋다.

4) 인간관계 심화단계에서의 자기공개

인간관계 심화단계는 단순히 '아는 관계' 수준에서 '친한 관계' 수준으로 넘어가는 단계이다(유수현 외, 2009). 초기의 인간관계에서는 자신에 대한 피상적이고 긍정적인 정보를 공개하게 되지만 점차 인간관계가 진행되면서 아무에게나 이야기하지 않는 개인적인 정보를 공개한다. 또한 자기에 대해서 긍정적이지만은 않은 정보를 공개하기도 한다. 특히 수용적이고 공감적인 태도를 가진 사람에게 좀 더 깊은 자기공개를 하게 된다. 깊은 수준의 자기공개는 타인의 부정적 반응보다는 긍정적 반응을 유발하는 경우가 많다. 하지만 반드시 그렇지 않을 수도 있기 때문에 적정수준에서 자기를 공개하는 것이 중요하다.

인간관계의 심화를 위해서는 상대방에 대해 지니고 있는 감정과 생각들을 공개하는 것이 매우 중요하다. 상대방에 대한 긍정적인 생각과 감정을 공개하는 것은 호감과 애정의 표현이므로 인간관계를 강화시킨다. 또한 상대방은 자신의 어떤 행동이 이러한 긍정적 감정을 유발하게 되었는지를 알게 됨으로써 그러한 행동을 통해서 긍정적 교류가 증진된다. 상대방에 대한 부정적 감정 역시 적절하게 잘 공개되면 서로의 이해를 높이고 인간관계를 심화하는 계기가 된다(권석만, 2009).

5) 조해리의 마음의 창

인간관계에서 자신의 마음을 잘 조절하고 상대에게 적절히 공개하는 것은 행복한 인간관계를 만드는 데 도움이 된다. '조해리의 마음의 창(Johari's Window of Mind)'은 자신의 인간관계에서 어떻게 자기공개와 피드백이 이루어지는지를 점검해 볼 수 있는 이론으로 심리학자인 조셉 루프트(Joseph Luft)와 해링턴 인햄(Harrington Ingham)의 의해 개발되었다. 이들은 인간관계의 유형을 마음에 비유하여 설명하였는데 이 이론을 Joe(조)+Harry(해리)의 합성어로 '조해리의 마음의 창'이라고 하였다. 이들은 인간관계 속에서 자신이 타인에게 자신을 나타내 보이는 것(자기공개)과 타인이 자신을 겉으로 드러낸 모습을 보는 것(피드백)이라는 두 가지의 관점을 가지고 마음의 공간(네 가지 영역)에 대해 정의를 하였다(김종운 · 박성실, 2011).

- '공개적 영역(open area)'은 나도 알고 타인도 알고 있는 나의 정보(의식적으로 하는 말과 행동, 성별, 나이, 외모, 출신 학교, 직업에 관한 정보 등)를 의미한다. 예를

들어 나도 남도 내가 커트 헤어스타일을 선호하고 정장 스타일을 즐겨 입는다는 사실을 알고 있다면 이는 공개적 영역에 해당한다.

- '숨겨진 영역(hidden area)'은 나는 알고 있지만 타인에게는 알려지지 않은 나의 약점, 나의 비밀처럼 타인에게 공개되지 않은 나의 정보(남에게 알리고 싶지 않은 단점, 습관, 신체 비밀 등)를 말한다. 예를 들어 내가 출근을 하기 전에 꼭 모닝커피를 마신다는 사실을 나만 알고 많은 사람들이 모른다면 이는 숨겨진 영역에 해당한다.
- '맹목적 영역(blind area)'은 나는 모르지만 타인이 알고 있는 나에 관한 정보(타인을 통해 알게 되는 나의 말버릇, 특이한 행동과 습관 등)를 말한다. 예를 들어 내가 긴장하면 헛기침을 한다는 사실을 아내를 통해 알게 되었다면 이는 맹목적 영역에 해당한다.
- '미지의 영역(unknown area)'은 나도 모르고 타인도 모르는 나의 마음의 깊은 곳의 무의식 세계에 존재하는 나의 모습을 말한다.

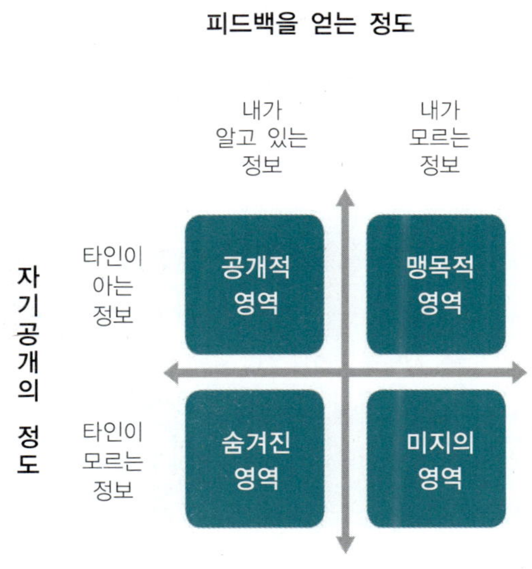

|그림 8-1| 조해리의 마음의 창

Activity 8-3 자가진단 : 조해리의 마음의 창

※ 다음 문항들에는 인간관계에서 나타날 수 있는 일반적인 행동양식이 기술되어 있습니다. 각 항목들이 자신의 행동양식을 얼마나 잘 나타내는지 1~10점까지의 점수로 솔직하게 표현하세요.

그렇지 않다(1점), 약간 그렇다(2~4점), 그렇다(5점), 상당히 그렇다(6~9점), 매우 그렇다(10점)

번호	내 용	점수
1	나는 잘 몰랐을 경우에는 이를 바로 인정한다.	
2	나는 납득하기 어려운 지시를 받을 경우 지시한 이유를 물어본다.	
3	나는 다른 사람의 잘못을 지적할 필요가 있을 때에는 직접 말한다.	
4	나의 의견에 대해 남들이 어떻게 생각하는지 물어본다.	
5	나의 느낌을 솔직하게 표현한다.	
6	다른 사람의 감정을 존중한다.	
7	나는 걱정거리가 생길 경우, 터놓고 의논한다.	
8	나 혼자 이야기를 계속하여 남을 짜증나게 하지 않는다.	
9	나는 진심으로 남의 이야기를 들어준다.	
10	나는 아이디어를 권장하고 대화를 독단적으로 끌고 가지 않는다.	
11	내 잘못을 숨기거나 남의 탓으로 돌리지 않는다.	
12	나는 다른 사람의 충고를 잘 받아들인다.	
13	달가운 일이 아닐지라도 남들이 알아야 할 사항이라면 알려준다.	
14	남의 의견이 나와 다를 경우, 나의 생각을 말하고 함께 검토해 본다.	
15	나는 말하기 거북한 내용을 거리낌 없이 말한다.	
16	나는 변명을 하지 않고 비판에 귀를 기울인다.	
17	나는 있는 그대로를 나타내며 가식이 없는 편이다.	
18	나에게 찬성하지 않는다고 남의 마음을 상하게 하지 않는다.	
19	나는 확신하는 것을 굽히지 않고 말한다.	
20	나는 다른 사람에게 그들의 생각을 발표하도록 권장한다.	

※ **채점표**

번호	1	3	5	7	11	13	14	15	17	19	S 총점 (자기공개, 말하기)
점수											
번호	2	4	6	8	9	10	12	16	18	20	L 총점 (피드백, 듣기)
점수											

출처 : 심리분석 오경주 교수(http://lli.or.kr).

※ **채점표의 총점을 토대로 가로선(S)과 세로선(L)을 그어봅시다. 이후 결과를 토대로 자신의 마음의 창 유형을 확인해 봅시다.**

			피드백 받은 정도 (듣기 : 존중 · 수용)										
			내가 아는 정보						내가 모르는 정보				
		S\L	0	10	20	30	40	50	60	70	80	90	100
자기공개 정도 (말하기 : 신뢰 · 노출)	타인이 아는 정보	0											
		10											
		20											
		30											
		40											
	타인이 모르는 정보	50											
		60											
		70											
		80											
		90											
		100											

※ 조해리의 마음의 창은 크게 네 가지 형태(개방, 주장, 신중, 고립형)로 나타나는데 구체적인 내용을 살펴보면 다음과 같다(손재석 · 권성민, 2012).
(참조 : 각 유형에의 그림은 S총점과 L총점을 각각 10로 나눠 제시한 것임)

① 개방형(유리창형)
개방형은 공개적 영역이 가장 넓은 사람으로 대체로 인간관계가 원만하다. 적절한 자기표현을 하고 타인의 말을 잘 경청하기 때문에 타인에게 호감과 친밀감을 준다는 것이 개방형의 장점이다. 하지만 말이 많고 경박한 사람으로 비칠 수 있다는 단점이 있다.

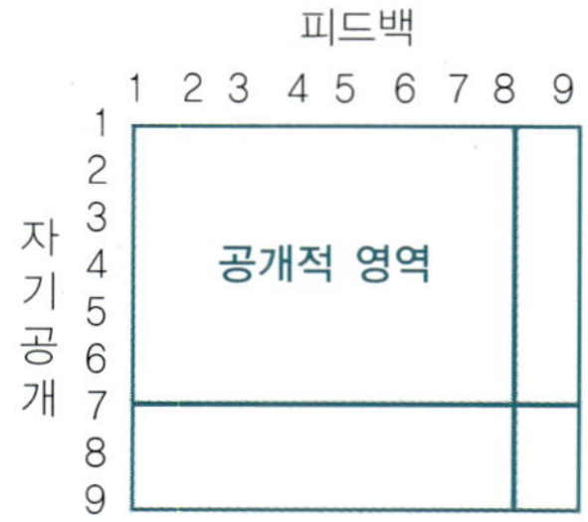

② 주장형(황소형)
주장형은 맹목의 영역이 가장 넓은 사람으로 자신의 기분이나 의견을 잘 표현하며 나름대로의 자신감을 지닌 솔직하고 시원시원한 사람이다. 하지만 사람들의 반응에 무관심하거나 둔감해서 때로는 독단적이며 독선적인 모습으로 비춰질 수 있다. 이에 다른 사람들의 말에 좀 더 진지하게 귀를 기울이는 노력이 필요하다.

③ 신중형(올빼미형)
신중형은 숨겨진 영역이 가장 넓은 사람으로 다른 사람에 대해 수용적이며 속이 깊고 신중한 사람이다. 다른 사람의 이야기는 경청하지만 정작 자신의 이야기는 잘 하지 않는다. 자신의 속마음을 잘 드러내지 않으며 약간 계산적이고 실리적인 경향이 있다. 신중형은 적응은 잘 하지만 내면적으로 고독감을 느끼는 경우가 많으며 현대인에게 가장 많이 나타나는 유형이다. 자기개방을 통해 다른 사람과 좀 더 넓고 깊이 있는 교류가 필요하다.

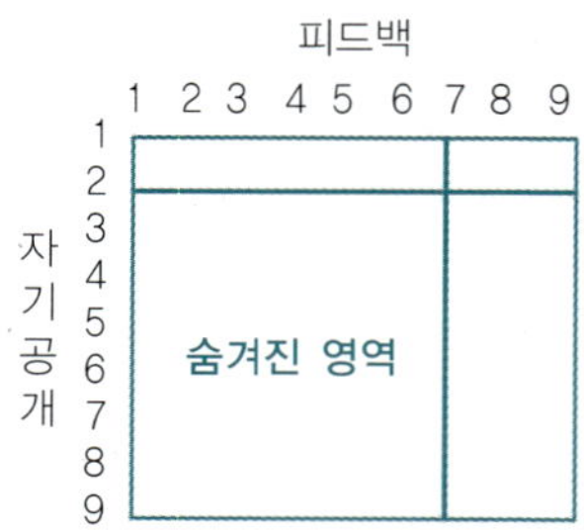

④ 고립형(거북이형)
고립형은 미지의 영역이 가장 넓은 사람으로 인간관계에 소극적이며 혼자 있는 것을 좋아한다. 다른 사람과 접촉하는 것을 불편해하거나 무관심해서 고립된 생활을 하는 경우가 많다. 이런 유형 중에는 고집이 세고 주관이 지나치게 강한 사람도 있지만 대체로 심리적인 고민이 많고 부적응적인 삶을 살아가는 사람도 많다. 인간관계에 좀 더 적극적이고 긍정적인 태도를 가질 필요가 있다.

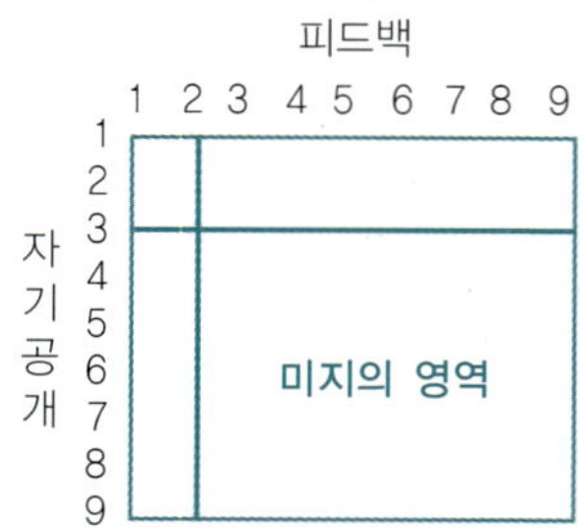

CHAPTER 09

인간관계 개선방법 (2)
경청하기와 반응하기, 효과적 의사소통하기

이 장에서는 경청하기와 반응하기 그리고 효과적인 의사소통하기에 대해 살펴보도록 한다. 구체적으로는 1절에서 경청의 개념, 경청의 수준, 적극적 경청, 적극적 경청을 하지 못하는 이유, 비언어적 경청, 효과적이고 적극적인 경청기법 및 지침, 반응하기(공감하기)에 대해 살펴보고, 2절에서는 의사소통의 개념, 의사소통의 특성, 의사소통의 단계, 효과적인 의사소통을 위한 기본 원칙 및 지침, 효과적인 의사소통 방법에 대해 살펴보도록 한다.

학습목표

1. 경청하기와 반응하기에 대해 이해한다.
2. 효과적인 의사소통하기에 대해 이해한다.

1 경청하기와 반응하기

1) 경청의 개념

'경청'이란 한자로 기울 경(傾), 들을 청(聽) 자로, 기울여 자세히 듣는 것을 의미하며(임혜경 외, 2014), 의사소통의 기본적 과정으로서 상대방이 전달하고자 하는 메시지 내용에 주의를 기울이고 이해하려고 노력하는 행동을 뜻한다(김혜숙 외, 2016). 경청한다는 것은 자신의 시간과 관심을 쏟는 사랑의 적극적 선택 행위라고 볼 수 있으며, 경청에도 일정한 방법과 기술이 존재한다. 경청을 하기 위해서는 자신의 시간과 노력을 쏟아야 한다.

2) 경청의 수준

경청의 수준은 크게 배우자 경청, 수동적 경청, 적극적 경청, 맥락적 경청으로 구분될 수 있는데 네 가지 경청 중 가장 적절한 경청은 맥락적 경청이다.

(1) 배우자 경청(Spouse Listening)

경청의 가장 하위 단계의 경청으로 부부간의 대화에서 가장 많이 나타나기 때문에 배우자 경청이라고 한다. 배우자 경청은 다른 것을 하면서 "응", "그래" 하며 건성으로 듣거나, "나중에 이야기하자" 하는 식으로 상대방의 말을 가로막기까지 하는 유형이다.

(2) 수동적 경청(Passive Listening)

수동적 경청은 상대에게 주의를 기울이거나 공감해 주지 않고 그저 상대가 말하도록 가만히 놓아두는 것이다. 수동적 경청은 말하는 사람의 대화 의욕을 저하시키기 때문에 소통과 공감을 가로막는다. 예를 들어, 15년 차 부부가 쇼핑 중에 "여보, 나 빨간색 원피스가 나아? 아님 파란색 원피스가 나아?"라고 물었을 때 수동적 경청을 하는 남편은 건성으로 "어~~ 둘 다 좋은데"라는 반응을 보인다.

(3) 적극적 경청(Active Listening)

적극적 경청은 말하는 사람에게 주의를 집중하고, 공감해 주는 경청이다. 상대방과 눈을 맞추고 고개를 끄덕이며, "정말?", "그래서?" 등의 추임새를 넣으면서 듣는다. 적극적 경청이 이뤄지면 의사소통이 원활해지고 존중받고 있다는 생각으로 더욱 마음을 열게 된다. 예를 들어, 15년 차 부부가 쇼핑 중에 "여보 나 빨간색 원피스가 나아? 아님 파란색 원피스가 나아?"라고 물었을 때 적극적 경청을 하는 남편은 "빨간색 원피스가 더 어울리는데"라고 하든지 "둘 다 예쁘긴 한데 개인적으로 난 파랑색 원피스가 더 좋아"라는 반응을 보인다.

(4) 맥락적 경청(Contextual Listening)

경청의 최고 단계로 상대방의 의도, 감정, 배경처럼 말하지 않은 부분까지 전체적인 맥락을 파악하며 듣는 방법이 맥락적 경청이다. 어떤 이는 이를 공감적 경청이라고도 한다. 상대방의 마음까지 헤아리기 때문에 원활한 소통과 공감이 가능해진다. 예를 들어, 15년 차 부부가 쇼핑 중에 "여보 나 빨간색 원피스가 나아? 아님 파란색 원피스가 나아?"라고 물었을 때 맥락적 경청을 하는 남편은 "오랜만에 하는 쇼핑이라 사고 싶은 게 참 많지? 빨간색 원피스는 젊어 보이고 파란색 원피스는 날씬해 보이니까 둘 다 사는 건 어때?"라는 반응을 보인다.

3) 적극적 경청

'적극적 경청(active listening)'이란 칼 로저스(Rogers, C)가 제안한 것으로 커뮤니케이션 활동을 수행하는 데 있어 적극적인 청취 태도에 대한 사고방식을 뜻한다(한국기업교육학회, 2010). 구체적으로 적극적 경청은 소리를 듣기만 하는 것이 아니라 상대방이 전달하고자 하는 말의 내용은 물론 그 내면에 깔려 있는 동기나 정서에 귀를 기울여 듣고 이해된 바를 상대방에게 피드백을 해주는 것이다(윤대혁, 2010). 다시 말해 이것은 평가, 의견, 분석, 의문을 전달하는 것이 아니라 상대방이 의미하는 것 그 자체가 무엇인가를 이해하며 듣는 것을 의미한다. 적극적 경청을 위해서는 비판적, 충고적인 태도를 버려야 한다. 또한 상대가 말하고 있는 의미 전체를 이해해야 하고 단어 이외의 표현에도 신경을 쓰며, 상대가 말하고 있는 것을 피드백해보고, 감정을 흥분시키지 않는 것 등이 중요하다(한국기업교육학회. 2010). 이러한 적극적 경청의 네 가지 반응 표현에는 명확화하기, 반영하기, 환언하기, 요약하기가 있는데(Cormier & Cormier, 1991) 구체적인 내용은 다음과 같다.

(1) 명확화하기

'명확화하기(clarification)'는 상대방이 하는 말을 정확하게 이해하기 위하여 검토하기 위한 반응 표현이다. 예를 들면, "~이런 뜻으로 한 말인가요?", "당신이 ~게 말한 것인가요?"로 표현된다. 이러한 명확화의 반응은 상대방으로 하여금 더욱 구체적으로 설명하도록 하게 한다.

(2) 반영하기

'반영하기(reflection)'는 상대방이 하는 말의 정서적인 부분을 다시 나의 말로 바꾸어 말해주는 것이다(상대방 감정에 반응). 예를 들어, "제가 느끼기에는 ~인 것 같군요", "제가 듣기에는 ~라고 말씀하시는 것 같네요"로 표현된다. 이러한 반영하기는 상대방이 더욱 감정의 표현을 정확하게 하도록 격려해 주는 역할이 될 수 있다.

(3) 환언하기

'환언하기(paraphrase)'는 상대방이 하는 말의 내용을 다시 나의 말로 바꾸어 말해 주는 것이다. 환언하기는 상대방이 보다 말의 내용에 초점을 갖게 하고 강조되는 내용에 집중하게 한다. 환언하기와 해석은 조금 다른 개념인데 환언하기가 말 그대로 상대방이 하는 말의 내용을 다시 나의 말로 바꾸어 말해 주는 것이라면 해석은 상대방이 이야기한 것을 내가 그것이 어떤 의미를 갖고 있는지를 이해하고 이해한 것을 말하는 것이다.

(4) 요약하기

'요약하기(summarize)'는 상대방의 생각, 감정, 한 말 등을 전체적으로 묶어 간략하게 정리하는 것이다. 요약하기는 상대방의 메시지 혹은 대화의 일정 시점이 지난 순간 내용의 진행 정도를 파악하고 이야기를 일정한 주제로 통일감 있게 방향성을 갖게 해준다. 이를 통해 상대방의 이야기를 잘 듣고 있음을 나타낼 수 있으며 너무 많은 양의 정보가 나왔을 때 상대방의 이야기를 잠시 제지시키는 데도 효과가 있다.

읽기자료 **아내를 실망시키는 남편의 반응**

아내가 "오늘 윗집 아줌마랑 싸웠어. 글쎄 윗집 아줌마가~~"하고 이야기를 했을 때 아내를 실망시키는 남편의 반응은 다음 세 가지 중 하나다.

판사형 : "당신이 잘못했구만"

탐정형 : "그 아줌마 그렇게 한 이유는 이러이러한 사정 때문이었을 거야"

코치형 : "그럴 때는 이렇게 해"

출처 : 가족상담센터 다온(http://blog.naver.com/coldsea911/221836010249).

참고자료 적극적 경청의 예 : 친구들과 놀지 않는 딸과의 대화

아빠 : 너는 왜 다른 친구들과 놀지 않아?
딸 : 아빠. 친구들이 저랑 놀려고 하지 않아요.

아빠 : 너는 친구가 없다고 생각하구나. 그것 때문에 기분이 나쁘니?
딸 : 네. 저는 친구들이 다 미워요.

아빠 : 아 우리 딸이 친구 모두를 미워하는구나.
딸 : 네. 특히 영희가 제일 미워요.

아빠 : 영희가 제일 나쁘다고 생각하니?
딸 : 네! 영희는 맨날 저를 놀려요. 항상 공을 똑바로 못 던진다고…

아빠 : 아… 우리 딸이 영희가 계속 놀리니깐 속상해하는구나.
딸 : 맞아요. 다른 사람들을 그런 식으로 대하는 것은 좋지 않아요.

아빠 : 우리 딸은 네가 실수한 것에 대해 영희가 놀려서는 안 된다고 생각하는구나.
딸 : 네, 그 아이는 나를 놀려요.

아빠 : 너는 놀림받는 것이 싫구나.
딸 : 네, 저는 그 아이를 놀리지 않았어요.

아빠 : 만약 영희가 너를 놀리지 않는다면 너는 영희와 잘 지내겠니?
딸 : 네. 저는 영희와 친구지만 놀림받는 건 너무너무 싫어요.

아빠 : 너는 영희를 친구라고 생각하는구나. 친구면 서로 잘 지내야지.
딸 : 네. 친구들은 서로 도와야 해요. 영희에게 어떻게 하면 공을 잘 던질 수 있는지 그 방법을 물어볼 수 있을 것 같아요. 그렇게 되면 아마 저를 놀리지 않게 되겠지요!

출처 : 두드림 상담 & 교육센터(http://blog.naver.com/dodreami1/221651800334).

4) 적극적 경청을 하지 못하는 이유

적극적 경청을 못하는 첫 번째 이유는 사람은 말보다 생각을 더 빨리 한다. 보통의 사람은 1분 동안 600~700개의 어휘를 처리하면서도 125개 정도의 어휘를 말한다. 그래서 말을 해야 하는 상황을 놓치는 경우가 많다. 그래서 말을 많이 하기보다는 생각을 하면서 말을 많이 하는 것이 필요하다.

두 번째 이유는 발신자와 견해가 다르거나 개인적 특성이 상이한 사람의 이야기를 경청할 때 일반적으로 감정이 어떤 메시지를 봉쇄하게 된다. 말하는 사람(발신자)과 듣는 사람(수신자)의 견해 차이가 있을 때 이야기를 나누는 과정에서 경청을 하다가 상대방의 이야기를 끊는 경우가 생기게 되는데, 본인 스스로가 적절히 스스로 조절하는 것이 필요하다.

세 번째 이유는 대답을 준비하면서 경청해야 한다. 다음 대답을 준비하면서 경청을 한다는 것은 쉬운 일은 아니다.

나는 들려지고 싶습니다

데이빗 옥스버거 (미국 신학자)

나는 당신을 듣고,
당신이 보는 것을 보고,
당신이 느끼는 것을 느끼고 싶습니다.

나는 들리게 하고 싶습니다.
내가 당신을 들은 것처럼 나를 들어 주세요,
들어 주세요, 난 당신을 듣고 있습니다

그러면 분명한 단어의 창문을 통해
난 단순하게 말할 겁니다.
모든 것을 당신에게 보여 줄 겁니다.
내가 웃으며 울며 살아가는 그곳을

Activity 9-1 자신의 경청을 방해하는 요소 파악하기

※ 대화 중에 상대방의 다음과 같은 행동 때문에 기분이 나쁘거나 신경이 거슬렸던 적이 있었는가? 혹 내가 그렇게 하지는 않았는가? 다음 중 몇 가지에 해당되는지 점검해 봅시다.

1. 다른 사람이 말할 때 혹은 내가 말할 때 자꾸 끼어든다. (　　)
2. 말하는 사람을 쳐다보지 않는다. (　　)
3. 자꾸 재촉해서 말하는 상대방에게 시간을 빼앗고 있다는 죄책감이 들게 한다. (　　)
4. 대화보다 다른 것에 더 흥미를 보인다. (　　)
5. 미처 말을 끝내기도 전에 결론을 내버린다. (　　)
6. 상대 요구에 반응하지 않는다. (　　)
7. 마치 마음을 정한 것처럼 "그래, 하지만…" 하고 말한다. (　　)
8. "그 이야기를 들으니 생각나는데…" 또는 "별것 아니네, 내 이야기 좀 들어봐…" 하는 말로 상대방의 말허리를 잘라버린다. (　　)
9. 이전에 이야기한 것을 잊어버린다. (　　)
10. 세부적인 것까지 너무 꼬치꼬치 캐묻는다. (　　)
11. TV 소리처럼 정신을 산만하게 하는 요소를 방치한다. (　　)
12. 멀찍이 떨어져 있다. (　　)
13. 중요한 이야기인데도 메모를 하지 않는다. (　　)
14. 고개를 끄덕이는 등 비언어적 반응이 전혀 없다. (　　)

출처 : Barker, L. & Watson, K., 윤정숙 역(2003).

5) 비언어적 경청

상대방과 대화 시 우리는 상대방에게 몸을 기울여 단순히 언어적 메시지만 듣는 게 아니라 상대방의 표정, 몸짓, 자세 등도 함께 살펴보아야 하는데 여기에 해당하는 비언어적 경청에 대해 살펴보도록 하자.

(1) 눈 맞춤

첫 번째는 눈 맞춤으로 대화 시 상대방의 눈을 바라본다는 것은 대화 참여의 중요한 신호가 된다. 그 상대방이 대화를 하는 가운데 어떤 마음 상태인지 파악할 수 있기 때문에 상대방과 눈을 맞추며 대화를 나누는 것은 매우 중요하다. 반면 눈 맞춤을 회피하거나 중단하는 것은 관심이 없다는 신호가 될 수 있다(김혜숙 외, 2016). 1989년 미국의 심리학자 캘러먼과 루이스(Kellerman, J. & Lewis, J)는 '바라봄과 사랑(Looking and Loving)'이라는 논문을 통해 낭만적 실험결과를 발표하였다. 그 실험은 생면부지의 남녀 48명을 모집하여 한 그룹에게는 특별한 지시를 하지 않고, 다른 한 그룹에게는 2분간 상대의 '눈'을 바라볼 것을 지시하였다. 2분 후, 특별한 지시가 없었던 그룹에 비해 눈 맞춤을 지시받은 그룹은 "가까이서 보니 그녀의 눈이 참 예쁘더군요", "눈을 마주치고 있으니 나도 모르게 설레었어요"라고 말하는 등 눈 맞춤만으로 서로에 대한 호감도가 상승하였다. 이 연구의 결론은 '눈 맞춤은 호감도와 비례한다'는 것이었다. 사회적 상호작용의 시작은 눈 맞춤에서 시작한다(지식채널e, 2012. 4. 30). 적절한 눈 맞춤은 시선의 위치를 상대방과 비슷한 높이를 맞출 때로 이를 통해 상대방에게 수용과 존중감을 전달할 수 있다. 대화 시 상대방의 두 눈 사이 미간을 쳐다본다는 느낌으로 적절하게 시선 처리를 하는 것이 좋다.

(2) 얼굴 표정

얼굴 표정은 보통 6,000개에서 10,000개 정도가 있으며 사람의 얼굴에 있는 22개의 근육의 조합을 통해 만들어진다. 대화 시 적절한 얼굴 표정은 보통 대화 내용과 일치되는 감정을 분명하게 드러낸다. 그러나 좀 더 공식적인 관계이거나 상황에 따라서는 얼굴 표정을 드러내지 않아야 하는 경우도 있다. 우리가 대화를 할 때 일반적으로는 웃으며 상대방을 편하게 해주는 것이 필요하지만 보통의 경우 새로운 관계 형성을 한다거나, 상대가 나에게 있어 중요한 사람일 경우 그렇게 하지 않는 경우가 많다. EBS 다큐프라임 '표정의 비밀'(2010. 5. 16) 편에서는 얼굴 표정 인식을 얼마나 정확하게, 얼마나 빠르게 할 수 있는지를 확인하기 위해 정서반응 감지실험을 하는 장면이 나온다. 높은 공감집단 20명, 낮은 공감집단 19명, 총 39명의 실험 참가자를 대상으로 한 실험에서 정서적으로 공감수준이 높은 사람들은 타인의 감정에 대해서 빨리 알아차리고 정확하게 인식을 하였다. 이러한 결과는 정서적 공감 수준이 높은 사람들은 그렇지 않은 사람들에 비해서 얼굴 표정이 잘 드러나는 곳(눈, 코, 입 등)을 자주 민감하게 오랫동안 본다는 사실을 확인시켜 준다.

참고자료 **미소의 가치**

- 미소는 아무런 대가를 치르지 않고서도 많은 것을 이루어 낸다.
- 미소는 받는 사람의 마음을 풍족하게 해주지만, 주는 사람의 마음을 가난하게 만들지는 않는다.
- 미소는 순간적으로 일어나지만, 미소에 대한 기억은 때때로 영원히 지속된다.
- 미소 없이 살아갈 수 있을 만큼 부자인 사람은 없고, 그 혜택을 누리지 못할 만큼 가난한 사람도 없다.
- 미소는 가정의 행복을 만들어 내며 사업에서는 호의를 베풀게 하고, 우정의 표시로 나타나기도 한다.
- 미소는 지친 사람에게는 안식이며 절망에 빠진 사람에게는 햇빛이고, 슬픈 사람에게는 태양이며, 또한 모든 문제에 대한 자연의 묘약이기도 하다. 하지만 미소는 살 수도 없고 구걸할 수도 없으며 빌리거나 훔칠 수도 없다. 왜냐하면 미소는 누구에게 주기 전에는 아무런 쓸모가 없기 때문이다.

출처 : Giblin, L. T., 노지양 역(2010).

참고자료 **호감을 얻는 여섯 가지 방법**

하나! 다른 사람들에게 진정한 관심을 가져라.
둘! 웃어라.
셋! 상대방에게는 자신의 이름이 사람의 입에서 나오는 가장 달콤하면서도 가장 중요한 말임을 기억하라.
넷! 잘 듣는 사람이 되어라. 상대방이 스스로에 대해 말하도록 이끌어라.
다섯! 상대방의 관심사에 관해 이야기하라.
여섯! 상대방이 인정받는다고 느끼게 하라. 그리고 진심으로 인정하라.

출처 : Carnegie(2004).

(3) 신체언어

신체언어는 손과 팔, 머리와 다리, 몸통으로 연결되는 신체의 움직임을 적절히 사용하는 메시지로 더 적극적으로 전달할 수 있으며 이의 관찰을 통해 적극적으로 이해할 수 있다. 신체적 제스처는 다양한 정보를 전달할 수 있지만 해당 상황에 대한 맥락과 행위를 하는 사람, 그가 속한 문화에 대한 이해가 고려되어 이해되어야 한다.

참고자료 **각 나라 얼굴 제스처의 문화적 차이**

- **눈 깜박이기**(blink) : 대만에서 눈을 깜박이면서 바라보면 무례한 행동이 된다.
- **눈꺼풀 잡아당기기**(eyelid pull) : 유럽과 라틴 아메리카에서는 '주의하십시오' 또는 '나는 주의하고 있다'는 뜻이다.
- **귀를 움켜잡는 것**(ear grasp) : 인도에서는 후회나 진실의 표시이며 브라질에서는 감사를 의미한다.
- **코를 가볍게 치는 것**(nose tap) : 영국에서는 비밀이라는 표현이며, 이탈리아에서는 호의적인 경고를 의미한다.
- **뺨 쓰다듬기**(cheek strokes) : 그리스, 이탈리아, 스페인에서는 매력적인 표현이며 유고에서는 성공을 뜻한다.

- **턱을 가볍게 때리는 것**(chin flick) : 이탈리아에서는 '관심 없다' 또는 '꺼져'라는 표현이며, 브라질과 파라과이에서는 '나는 모자란다'라는 뜻이다.
- **귀 근처에 손가락으로 동그라미를 그리는 것**(head circle) : 대부분의 나라나 유럽, 라틴 아메리카에서는 '미쳤다'라는 의미, 네덜란드에서는 전화가 왔다는 뜻이다.
- **머리 끄덕이기**(head nod) : 불가리아나 그리스에서는 'NO'를 뜻하며, 다른 나라에서는 'YES'를 뜻한다.
- **머리를 가볍게 두드리는 것**(head tap) : 아르헨티나, 페루에서는 '나는 생각하고 있다' 또는 '생각해 보십시오'라는 뜻이나 다른 나라에서는 '그는 미쳤다'라는 뜻일 수도 있다.

출처 : 손태빈(2003).

(4) 거리

대화의 상황과 대화 상대와의 친밀도에 따라 적절한 거리 설정이 필요하다. 너무 먼 거리도 잘 들리지 않지만, 너무 가까운 거리도 경청을 방해할 수 있다. 보통은 120cm 정도의 거리가 적절하다고 말한다. 그러나 이것은 어디까지나 물리적 거리를 의미하고 대화를 함에 있어서는 침묵을 통해 적정한 심리적 거리를 유지하는 것도 필요하다. 너무 많은 말은 오히려 상대방의 집중력을 떨어뜨리고 실수를 하기가 쉽다. 하지만 대화할 때 질문을 하고 잠시 침묵하면 상대는 그 질문을 곱씹으며 답을 찾기 위해 여러분의 이야기에 더 귀를 기울일 것이다. 따라서 중요한 이야기를 상대방에게 전달하고 싶다면 말을 많이 해서 상대를 설득하기보다 조용히 상대의 이야기를 듣고 잠시 침묵한 후에 중요한 이야기를 꺼내는 편이 효과적이다. 즉, 말에도 적당한 거리가 필요하다(다니하라 마코토, 우다혜 역, 2020).

6) 효과적이고 적극적인 경청기법

로빈스(Robbins, 1993)는 효과적이고 적극적인 경청기법에 대해 다음과 같이 제시하였다.

첫 번째는 눈을 맞춰라. 눈 맞춤은 상대방의 감정 이해와 원활한 의사소통에 도움이 된다.

두 번째는 고개를 끄덕이며 적절한 표정을 지어라. 반응을 보이라는 것이다.

세 번째는 주위를 산만하게 하는 행동이나 제스처를 피해라. 시계를 쳐다본다든지, 다리를 흔드는 등의 행동을 피해야 한다.

네 번째는 질문하라. 대화를 듣기만 하기보다는 대화 내용에 대해 적절한 질문을 하라는 것이다. 유도형 질문, 질문자의 욕구에 맞춘 질문, 한꺼번에 쏟아내는 질문은 오히려 경청에 방해가 된다.

다섯 번째는 "내가 듣기로는 당신이 말하는 바가…" 또는 "당신이 말하는 바는…" 하는 등의 표현으로 부연하라. 적절한 자기표현으로 환언하라는 것이다.

여섯 번째는 말하는 사람들 사이에 끼어들어 방해하지 말아라. 대화를 방해하는 것은 상대방의 심기를 건드리는 무례한 행동으로 여겨질 수 있다.

일곱 번째는 너무 많이 말하지 말라. 대화의 주도권을 한 사람이 너무 많이 갖지 말라는 것이다.

여덟 번째는 말하는 사람과 듣는 사람의 역할 간의 전환을 자연스럽게 하라. 대화가 어느 한쪽으로 편중되면 상대방을 따분하게 만들 수 있다. 대화의 묘미는 주고받기에 있다.

또한 더브린과 아일랜드(Dubrin & Ireland, 1993)도 효과적이고 적극적인 경청기법으로 다음과 같은 여섯 가지를 제시하였다.

첫 번째는 의미에 집중하라. 다시 말해 하나하나의 어휘를 경청하려고 하지 말고 전체적인 요점을 파악하라는 것이다.

두 번째는 생각과 사전정보를 동원해서 말하는 것에 몰입하라. 이러할 때 상대방의 대화내용을 이해할 수 있다.

세 번째는 말하는 것을 모두 경청해라. 말이 끝나기 전에 결론을 내리지 말라는 것이다.

네 번째는 감정을 인정하라. 사실 자체만을 청취하는 것은 충분하지 못하므로 상대방의 입장에서 사실과 함께 감정을 인정하라는 것이다.

다섯 번째는 50대 50의 법칙으로 자신을 평가하라. 자신이 말하는 시간에 50% 이상을 할애하지 말라는 것이다.

여섯 번째는 경청한 바를 요약하라. 요약은 대화 주제에 초점을 맞출 수 있도록 도와주며, 대화 상대와 다른 의견을 제시할 때 아주 효과적이다.

참고자료 **공감을 실천하기 위한 다섯 가지 행동가이드**

1. **공감을 준비하자** : 대화를 시작할 때는 먼저 나의 마음속에 있는 판단과 선입견, 충고하고 싶은 생각들을 모두다 비워내자. 그냥 들어주자. 사운드박스가 텅 비어 있듯 텅 빈 마음을 준비하여 상대방과 나 사이에 아름다운 공명이 생기도록 준비하자.
2. **상대를 인정하자** : 상대의 말과 행동에 잘 집중하여 상대방이 얼마나 소중한 존재인지를 인정하라. 상대를 완전한 인격체로 인정해야 진정한 마음의 소리가 들린다. 자녀든 부하직원이든 상사든 한 인격체로 상대방을 인정하고 대화를 시작하자.
3. **말하기를 절제하자** : 말을 배우는 데는 2년이 걸리지만 침묵을 배우는 데는 6년이 걸린다고 한다. 누구나 듣기보다 말하기를 좋아하는 이유는 상대를 이해하기 전에 내가 먼저 이해받고 싶은 욕구가 앞서기 때문이다. 이해 받으려면 내가 먼저 상대에게 귀 기울여야 한다. 먼저 이해하고 다음에 이해 받아라. 말하기를 절제하고 먼저 상대에게 귀 기울여 주자.
4. **겸손하게 이해하자** : 겸손하면 들을 수 있고, 교만하면 들을 수 없다. 상대가 내 생각과 다른 말을 해도 들어줄 줄 아는 자세가 가장 중요하다. 경청의 대가는 상대의 감정에 겸손하게 공감하며 듣는 사람이다. 사람들이 원하는 것은 자기 말을 전정으로 들어주고 자기를 존중해주며 이해해 주는 것이다. 항상 겸손한 자세로 상대를 이해하자.
5. **온몸으로 응답하자** : 경청은 귀로만 하는 것이 아니다. 눈으로도 하고 입으로도 하고, 손으로도 하는 것이다. 상대의 말에 귀 기울이고 있음을 계속 표현하라. 몸짓과 눈빛으로 반응을 보이라. 상대에게 진정으로 귀 기울이고 있다는 신호를 온몸으로 보내자.

출처 : 조신영 · 박현찬(2007).

Activity 9-2 경청수준 자가점검

※ 다음 문항을 읽고 자신에게 해당되는 칸에 ✔표 하세요.

문 항	전혀 그렇지 않다	그렇지 않다	보통이다	그렇다	매우 그렇다
1. 나는 타인의 말 듣기를 좋아한다.	1	2	3	4	5
2. 나는 내가 커다란 관심을 보이거나 호의적으로 말하는 사람에게 보다 주의를 집중한다.	5	4	3	2	1
3. 나는 타인이 말할 때 그의 어휘력과 비언어적인 의사소통 능력을 평가한다.	5	4	3	2	1
4. 나는 정신이 산만하지 않도록 한다. 주위가 산만하면 조용한 자리로 옮기도록 권유한다.	1	2	3	4	5
5. 타인들이 나로 하여금 이야기를 하지 못하게 방해할지라도 나는 그들에게 주의를 기울여 경청한다.	1	2	3	4	5
6. 타인이 말할 때에는 이야기가 끝날 때까지 기다려 준다.	1	2	3	4	5
7. 나는 나와 관심사를 같이하는 사람에게 흥을 돋운다.	5	4	3	2	1
8. 타인의 말을 들으면서도 개인적인 생각으로 오락가락한다.	5	4	3	2	1
9. 나는 타인의 말할 때 그가 전하고자 하는 바를 잘 이해할 수 있도록 상대방의 비언어적 의사소통에 깊은 관심을 표명한다.	1	2	3	4	5
10. 나는 다소 난해한 대화를 나눌 때 애써 아는 척한다.	5	4	3	2	1
11. 나는 타인의 말을 들으면서 대답할 것에 대해 골몰한다.	5	4	3	2	1
12. 나는 타인이 잘못을 저지르고 있다고 생각되면 더 충분히 설명할 수 있도록 질문을 던진다.	1	2	3	4	5
13. 나는 내 스스로 이해하지 못하더라도 상대방은 이해하도록 노력한다.	1	2	3	4	5
14. 나는 타인의 말을 청취할 때 그의 입장에서 서서 듣고 사물을 바라볼 수 있도록 노력한다.	1	2	3	4	5
15. 대화를 나눌 때 상대방의 메시지를 정확하게 이해했음을 확인시켜주기 위해 청취한 메시지를 복창한다.	1	2	3	4	5

출처 : 이한검 · 이수광(2000).

※ 채점과 해석

각 칸에 적혀있는 점수를 합산하여 나온 점수를 다음의 연속선상에 표시한다. 점수가 높을수록 좋은 경청수준을 가지고 있다고 해석한다.

15 — 25 — 35 — 45 — 55 — 65 — 75

좋지 않은 청취자 ... 좋은 청취자

7) 반응하기(공감하기)

대화과정에서 상대방의 말을 잘 듣는 것도 중요하지만 그에 대한 적절한 반응을 보여주는 일 또한 중요하다. 원활한 대화를 위해서는 상대방의 말을 수용하고 공감하며 지지해 주는 반응이 필요하다. 이는 상대방의 의견에 무조건 동의를 해야 한다는 것이 아니며 상대의 의견에 동의하지 않더라도 상대가 말하고, 바라고, 느끼는 것이 무엇인지를 그 사람의 입장이 되어 반영해 주는 것이라 할 수 있다. 공감적 반응을 위해서는 여러 가지 다양한 노력이 필요한데 구체적으로 살펴보면(권석만, 2009) 첫째, 상대방의 말을 자신의 관점에서 이해하기보다 상대방의 관점에서 이해하려는 태도를 지니는 것이 필요하다. 둘째, 공감을 위해서는 상대방의 말 속에 담겨 있는 감정과 생각을 잘 포착하는 일이 중요하다. 셋째, 상대방의 감정과 자신에게 느껴진 감정을 잘 전달하는 일이 중요하다. 그런데 공감을 해준다고 자신의 입장과 관점을 무시해서는 안 된다. 상대방과 내가 다른 관점을 가질 수 있다는 것을 분명히 해야 한다.

이러한 반응하기의 과정은 먼저 상대방이 당면한 문제에 대해 어떻게 생각하고 느끼는지 이야기 내용을 주의 깊게 경청하는 것에서 시작된다. 다음으로 수신자(청자)가 자신을 발신자(화자)의 위치에 놓고 생각하고 느껴본 후 수신자는 발신자의 생각이나 느낌을 잘 반영해 줄 수 있는 말을 찾아야 한다. 마지막으로 발신자를 이해하고 있음을 구체적인 언어적 표현과 비언어적 표현을 통하여 발신자에게 전달한다(고영인, 1997).

> "다른 사람들의 눈을 통해 공감하는 것은 세상을 자신의 눈에 비추는 것이 아니라, 다른 사람의 눈으로 보는 것이다."
>
> – 칼 로저스

2 효과적인 의사소통하기

1) 의사소통의 개념

'의사소통(communication)'은 발신자가 전달내용인 메시지를 수신자에게 전달하는 과정을 의미하고 효과적인 의사소통은 자신의 의도, 생각, 감정을 효과적으로 상대방에게 전달하는 동시에 상대방의 전달내용을 정확하게 전달받는 것을 의미한다(임혜경 외, 2014). 즉, 소통이라는 것은 쌍방으로 이루어지는 것이다.

2) 의사소통의 특성

인간과 인간 사이에서 주고받는 대화가 소통이 되도록 하기 위해서는 몇 가지 특성이 고려되어야 한다. 그 특성을 살펴보면 다음과 같다(서혜석 외, 2017).

첫째, 의사소통은 최소한 두 사람을 필요로 한다. 두 사람만 관련된 전형적 의사소통을 2인 의사소통이라 한다. 하지만 두 사람 이상으로 구성된 소집단이나 조직체에서도 이와 같은 의사소통은 존재한다.

둘째, 의사소통에서 우리는 발신자(화자/송신자)임과 동시에 수신자(청자)이다. 직접적 대면관계 상황에서 발신자가 먼저 말을 하면 다음에 수신자가 듣고 말하는 선형적이면서 순서적인 대화가 아니라 말하면서 듣고 들으면서 말하는 두 가지 역할을, 즉 발신자와 수신자의 역할을 동시에 수행한다.

셋째, 의사소통은 대부분 면 대 면으로 이루어진다. 하지만 전화, 통신, 편지 등 매체를 통해 의사소통이 이루어지기도 하는데 우리는 이를 의사소통이라고 하기보다는 매체에 의해 중재된 의사소통이라고 한다.

넷째, 의사소통은 의도적 또는 비의도적으로 이루어진다. 부탁, 직언, 조언을 하는 경우는 보통 신중하게 생각해서 말하는 의도적 의사소통이 이루어지지만 화가 난 상황에서는 전혀 의도하지 않은 의사소통을 하기도 한다.

다섯째, 한번 이루어진 의사소통은 되돌릴 수 없다. 그렇기 때문에 신중하게 의사소통하려는 노력이 필요하다.

여섯째, 의사소통은 반복될 수 없다. 의사소통은 계속 진행되는 과정이기 때문에 같은 것을 반복하기가 불가능하다.

일곱째, 의사소통은 상황 속에서 발생하고 상황으로부터 영향을 받는다. 여기서 상황은 의사소통이 발생하는 환경을 의미하는데 우리의 의사소통은 시간적, 공간적, 문화적, 심리적, 사회적 상황 등에 따라 해석과 반응이 달라진다.

3) 의사소통의 단계

의사소통은 우리가 만나게 되는 대상과 발생하게 되는 상황 그리고 여러 목적에 따라 5단계로 분류할 수 있다(서혜석 외, 2017).

(1) 1단계 : 형식적 의사소통 단계

이 단계에서는 형식적인 인사와 일상적인 대화를 나누는데 이는 앞으로 친해질 수 있는 시발점을 만들어 준다.

참석자 A : 안녕하세요? 저는 K대 아동복지학과에 재학 중인 김영희입니다.
참석자 B : 안녕하세요? 저는 Y대 경영학과에 재학 중인 박철수입니다.
참석자 A : 만나서 반갑습니다.
참석자 B : 네, 반갑습니다.

(2) 2단계 : 사실과 정보교환의 의사소통 단계

이 단계에서는 사실과 정보를 이야기하는 의사소통을 한다.

학생 A : 어제 이태원 클라쓰 봤어?
학생 B : 응 봤어. 박서준 생각보다 연기 잘하더라.
학생 A : 그러게 그런데 이번 주에 우리 지역에서 드라마 촬영을 한대!
학생 B : 그래? 오면 꼭 보러 가야겠다. 우리 같이 가자!

(3) 3단계 : 생각 및 의견 표현의 의사소통 단계

이 단계에서는 점차 '자기 자신'의 일부를 노출하기 시작한다. 말하는 사람의 생각이나 의견 그리고 자신이 판단한 것이나 결정한 것에 대해 이야기한다. 따라서 전 단계보다 위험부담이 큰데 인사는 그냥 지나칠 수도 있고, 사실과 정보 등의 내용은 자신과 무관할 수 있지만 말하는 사람 자신의 생각이나 의견 등에는 자신의 일부가 들어 있기 때문에 위험부담이 클 수밖에 없다.

(4) 4단계 : 느낌 표출의 의사소통 단계

대부분 일시적 관계나 업무상의 관계에서 하는 대화는 1~3단계에서 머문다. 4단계의 대화는 인간적으로 잘 아는 사람이나 친밀한 관계를 지닌 중요한 타인들과 대화할 때 이루어진다. 이 단계에서는 좀 더 자기 자신을 개방하여 자신의 느낌을 표출하면서 서로의 느낌을 공유하는 의사소통을 하게 된다. 자기 내면세계가 많이 노출되므로 생각이나 의견을 표현하는 의사소통보다 훨씬 더 위험부담이 커진다.

(5) 5단계 : 감정이입의 의사소통 단계

이 단계에서는 상대방을 이해하는 데 있어 차이가 있음을 인정하고 상대방이 경험한 세계를 알고자 노력한다. 이 단계의 소통에 이르려면 오랜 시간이 필요하다.

4) 효과적인 의사소통을 위한 기본 원칙 및 지침

효과적인 의사소통 과정은 명확하게 보내기와 정확하게 받아들이기의 두 가지 요소로 구성되어 있다. 명확하게 보내기를 위해서는 듣는 사람이 잘 알아들을 수 있도록 적절한 수준의 크기로 정확하게 말해야 한다. 그리고 정확하게 받아들이기 위해서는 언어적 메시지와 함께 비언어적 메시지를 집중해서 들어야 한다(김종운, 2018). 여기서 효과적인 의사소통을 위한 기본 원칙(Ellenson, 1982)을 살펴보면 다음과 같다.

첫째, '감정이입'이다. 다른 사람의 입장에서 생각해 보는 태도, 온정과 이해의 감정을 전달하는 태도가 필수적이다. 공감은 상대방의 신을 신고 상대방의 시선으로 세상을 바라보는 것을 말한다.

둘째, '장애물에 대한 인식'이다. 자신의 과거 경험, 예견, 신념, 가치관, 관심사가 스스로의 지각에 영향을 미친다는 사실을 인식하고 자신의 마음을 개방한 상태에서 타인의 이야기를 듣되 선입견을 버리고 의사소통의 과정에 참여하는 것이다. 우리가 어떤 만남을 가지게 되면서 이전의 경험들을 새로운 사람에게도 동일하게 적용하는 경우가 있다. 그러나 사람마다 다르기 때문에 새로운 사람과의 만남 속에서 다르게 적용해야 한다.

셋째, '피드백 주고받기'이다. 피드백은 상대방에게 그의 행동의 결과가 어떠한지에 대해 정보를 제공해 주는 것이다. 또한 정보의 의미를 정정하거나 조정하며 내용을 명확히 하고 초점을 맞추어 주는 과정이다. 전달되는 내용이 명백하게 전달되고 있는지를 알아보고 상호이해를 하기 위해 각자의 해석이 표현되고 검토되어야 한다.

넷째, '타인의 말을 경청하기'이다. 의사소통 과정에서 한 사람이 말을 하면 다른 한 사람은 듣는 사람이 되는데 이런 경우 단순히 그 사람이 하는 말뿐만 아니라 그 사람의 생각과 감정을 알아차리는 공감적 경청이 필요하다. 여기서 공감적 경청은 맥락적 경청과 의미적인 차이는 별로 없다.

다섯째, '권력 사용과 타인 조종 피하기'이다. 우리는 때로 권위자의 입장에 있는 사람은 타인에게 마음대로 행동할 수 있는 권리가 있다고 느낄 때가 있다. "내가 상사이므로 내 방식대로 할 수 있다"는 주장은 지위에 부여된 힘을 강제로 사용하겠다는 태도로서 적절하지 않다. 그리고 일방적으로 타인을 조정해서는 안 된다.

여섯째, '인격 대 인격의 관계'이다. 상대방을 한 인격체로 다루고 진정으로 염려하는 태도를 전달한다면 의사소통의 길은 저절로 열리게 된다. 인격 대 인격의 관계는 이해와 존중을 바탕으로 해야 한다.

일곱째, '상대방을 수용하고 신뢰하기'이다. 예의를 갖추고 상대방의 입장을 고려하면서 상대방의 관점을 인정하고, 상대방의 장점을 격려하며 강화해 주는 것이 수용적인 태도이다. 대화의 관계가 서로 동등한 관계가 아닐 때 상대방에 대한 신뢰가 잘 이루어지지 않을 때가 많다. 그러나 있는 그대로의 상대방을 인정하고 신뢰하며 존중해 주고 차이를 인정해 주는 것이 중요하다. 이러한 태도에는 타인과 함께 대화하려는 개방성과 의지가 포함되어 있다.

5) 효과적인 의사소통 방법

효과적인 의사소통을 위해서는 메시지를 효과적으로 전달하는 것과 메시지를 정확하게 전달받는 것이 중요하다(Johnson, 2000). 즉, 효과적인 의사소통의 핵심기술은 말하는 것과 듣는 것이다.

(1) 효과적으로 메시지를 전달하는 방법

먼저 메시지를 효과적으로 전달하는 방법(권석만, 2009)에 대해 살펴보도록 하자.

첫 번째는 발신자는 상대방에게 전달하고자 하는 자신의 의도(설명, 요청, 부탁, 거절 등), 생각이나 의견(특정 주제에 대한 주체적 생각, 믿음, 입장 등), 감정(호감, 애정, 분노, 실망감 등)을 분명하게 인식하는 것이 필요하다.

두 번째는 전달하고자 하는 의도, 생각이나 적절한 메시지로 전환(나-전달법 활용, 정확한 어휘 선택, 명료한 문장구조 사용, 문장들의 논리적 배열과 구성)해야 한다.

세 번째는 메시지를 전달하는 매체와 경로를 신중하게 선택(직접 말로 하는 방법, 친구를 통해 전하는 방법, 문자 메시지로 전달하는 방법, 이메일로 전하는 방법, 편지로 전하는 방법 등)해야 한다. 가장 효과적인 방법은 직접 전달하는 것이지만, 상황이 그렇지 못할 경우 매체를 활용한다. 그러나 이메일이나 편지는 시간적인 여유가 필요하다.

네 번째는 메시지가 수신자에게 어떻게 받아들여지는지에 관한 피드백을 받는 것이 중요하다. 즉, 자신의 메시지가 수신자에 의해 어떻게 해석되었는지를 잘 인식하는 것이 효과적인 의사소통을 위해 중요하다. 또한 피드백을 계속적으로 받는 것이 필요하다. 피드백이 없는 대화는 일방적인 대화가 될 수 있다.

다섯 번째, 의도와 감정을 효과적으로 전달하기 위해 비언어적 메시지(얼굴 표정, 눈 맞춤, 목소리와 높낮이, 몸동작 등)를 활용해야 한다. 단순히 언어적인 메시지뿐만 아니라 비언어적인 메시지도 적절히 활용해야 한다.

여섯 번째, 수신자에게 자신의 의도나 감정을 확고하게 전달하기 위해 반복적 전달을 시도해야 한다. 나의 이야기를 상대방이 이해하지 못하는 경우도 있을 수 있기 때문이다. 그런 경우 자신의 의도를 명확히 전달하기 위해 반복적으로 전달을 시도해야 효과적이다. 예를 들어, 친구에게 어려운 부탁을 하거나 이성 친구에게 호감을 전달하는 경우에는 메시지를 다양한 형태로 구성하여 여러 전달경로로 반복적으로 전달하는 것이 효과적이다.

(2) 메시지를 정확하게 전달받는 방법

다음으로 효과적인 의사소통을 위해 메시지를 정확하게 전달받는 방법(이기춘, 2003)에 대해 살펴보도록 하자.

첫째, 눈 맞춤을 유지하는 것이 필요하다.

둘째, 몸을 약간 앞쪽으로 기울이는 것이 필요하다.

셋째, 고개를 끄덕이거나 바꿔 말함으로써 말하는 사람에게 강화를 주는 것이 필요하다. 상대방의 이야기에 대한 반응이나 추임새 등이 좋은 방법이 될 수 있다.

넷째, 질문을 해서 명료화하는 것이 필요하다.

다섯째, 화가 나거나 기분이 나쁘더라도 상대방의 대화를 이야기하기 위해 최선을 다하는 것이 필요하다. 화가 났을 경우 대화를 미루는 것이 가장 좋은 방법이지만, 그럴 수 없는 경우는 상대방과 대화를 하기 위해 최선을 다해야 한다.

다음으로 우연이와 엄마와의 대화사례를 통해 효과적인 의사소통이 무엇인지를 살펴보도록 하자.

효과적인 의사소통
• 우연 : 엄마, 나 오늘 친구가 메일 보낸다고 해서 확인해야 하거든요? 컴퓨터해도 돼요? • 엄마 : 메일 확인하기 위해 컴퓨터를 해야 된다고? 엄마가 허락하지 않을까 봐 걱정이 되는 모양이구나. • 우연 : 네, 엄마. • 엄마 : 그래, 시간이 얼마나 걸리는데? • 우연 : 30분 정도요. • 엄마 : 그래, 메일 확인하면 컴퓨터 게임하고 싶을 텐데. 네 결심이 대단하구나! 그래, 알았어. 엄마가 간식 준비할게.

적절하지 않은 의사소통
• 우연 : 엄마, 나 오늘 친구가 메일 보낸다고 해서 확인해야 하거든요? 컴퓨터해도 돼요? • 엄마 : 너 또 컴퓨터하려고 그러지? • 우연 : 아니에요. 메일만 확인할 거예요. • 엄마 : 거짓말하지 마! ㄴ 저번에도 메일만 확인한다고 해놓고 한 시간 동안이나 게임했잖아. 계속 이러면 너 아빠에게 다 이야기한다. • 우연 : 제가 그때 잘못했다고 했잖아요. • 엄마 : 너 정말 말 안 들을 거야? 맞고 싶어? 빨리 들어가서 공부해! • 우연 : (투덜대며 작은 목소리로) 에이, 짜증나! 알겠어요.

출처 : 전라남도교육감 후보 윤기선 블로그(http://blog.naver.com/edu6192/120104298434).

첫 번째 사례에서는 엄마가 효과적인 의사소통방법을 사용하여 우연이와 기분 좋은 대화를 나눴지만 두 번째 사례에서는 엄마가 적절하지 않은 의사소통방법을 사용하여 결국 엄마와 우연이 모두 기분이 상하게 된 것을 확인할 수 있다. 이 두 사례의 비교는 효과적인 의사소통의 중요성을 다시 한번 일깨워 준다.

참고자료 **효과적인 의사소통을 위한 다섯 가지 비결**

1. **무장해제** : 상대방의 말이 전혀 비합리적이거나 부당하다고 해도, 안에서 일말의 진실을 찾아낸다.

   "맞아, 네 기분이 어떨지 생각을 못했어. 나한테 화내는 것도 당연하지.
   내가 잘못이라니, 나도 힘드네. 내가 널 무시하거나 이기적으로 대한 적이 또 있니?"

2. **공감하기** : 상대방의 입장에서 생각하면서 그 사람의 눈으로 세상을 보도록 노력한다.

   생각공감 : 상대방의 말을 자기의 것으로 바꾸어 말한다.
   감정공감 : 상대방의 말에 기초해서, 그 사람의 기분을 짐작하여 인정해 준다.

3. **확인 질문하기** : 상대방이 어떻게 생각하고 느끼는지 확인하는 질문을 부드럽게 던진다.

   "지금 말씀하신 내용이 아주 중요한 것 같습니다.
   이 문제에 대해 어떻게 생각하시는지 말씀해 주시겠어요?"

4. **내 기분 말하기** : 자신의 기분을 말할 때 표현의 방법을 고민한다.

   '너는 이러이러하다'는 말, 즉 '네가 틀렸어, 당신이 날 화나게 해' (X)
   '내 기분은 이러저러하다', 즉 '나는 화가 나' (O)

5. **달래기**

   둘 사이의 다툼이 치열할 때에도 상대방에게서 정말로 긍정적인 면을 찾아낸다.
   상대방에게 잔뜩 화가 났을 때에도 존중하는 태도를 보여준다.

출처 : Burns, D. D., 차익종 역(2015).

Activity 9-3

의사소통기술 자가점검

문 항	매우 그렇지 않다	그렇지 않다	보통 이다	그렇다	매우 그렇다
1. 나는 주의력 집중시간이 매우 길다.	1	2	3	4	5
2. 나는 잘 잊는다.	5	4	3	2	1
3. 나는 나 자신을 좋아한다.	1	2	3	4	5
4. 나는 타인의 성격을 잘 판단한다.	1	2	3	4	5
5. 나는 어휘력이 좋다.	1	2	3	4	5
6. 나는 문장력이 특별히 좋지는 않다.	5	4	3	2	1
7. 나는 타인들과 이야기할 때 그들이 손, 눈 그리고 얼굴 표정 등을 어떻게 사용하는지 관찰한다.	1	2	3	4	5
8. 나는 이야기할 때 매우 활기 있게 하지 않는다.	5	4	3	2	1
9. 나는 사람들과 이야기하는 것을 즐긴다.	1	2	3	4	5
10. 나는 말하기 전에 생각한다.	1	2	3	4	5
11. 나는 남의 말을 귀 기울여 잘 듣는다.	1	2	3	4	5
12. 나는 뜻이 통하지 않는 말을 하는 사람들의 말은 듣지 않고 무시한다.	5	4	3	2	1
13. 나는 친구를 쉽게 사귄다.	1	2	3	4	5
14. 나는 내가 만나는 사람마다 더 잘 알고자 노력한다.	1	2	3	4	5
15. 나는 타인들과 이야기할 때 나의 감정을 숨긴다.	5	4	3	2	1
16. 나는 타인들에게 개방적이고 정직하다.	1	2	3	4	5

문 항	매우 그렇지 않다	그렇지 않다	보통 이다	그렇다	매우 그렇다
17. 나는 동성뿐만 아니라 이성과 이야기할 때도 똑같이 기분이 편하다.	1	2	3	4	5
18. 나는 예외가 없이 남성은 남성답게 여성은 여성답게 이야기해야 한다고 믿는다.	5	4	3	2	1
19. 나는 가족들과 자유롭게 의사소통한다.	1	2	3	4	5
20. 나는 부모님보다 형제자매와 이야기하는 것이 더 편하다.	1	2	3	4	5
21. 나는 다른 사람들보다 더 논쟁을 좋아한다.	5	4	3	2	1
22. 나는 친구들이 괴로워할 때라도 그들의 사생활에 전혀 관여하지 않는다.	5	4	3	2	1
23. 나는 적극적인 인생관을 가지고 있다.	1	2	3	4	5
24. 이슈에 대한 나의 태도는 종종 불확실하다.	5	4	3	2	1
25. 나는 사람들을 설득할 때 다양한 전략을 사용한다.	1	2	3	4	5

출처 : 서해석 외(2017).

※ 채점과 해석

각 칸에 적혀있는 점수를 합산하여 나온 점수 총점이 110점 이상이면 의사소통기술이 좋다고 본다. 반대로 70점 이하이면 의사소통기술을 개선할 필요가 있다. 그러나 점수가 높든 낮든 일반적으로 사람들과 의사소통을 잘하기 위해서는 계속 노력해야 한다. 점수가 높은 사람은 자신의 의사소통기술로 타인의 의사소통기술을 변화시키기 위한 노력을 해야 하며, 점수가 낮은 사람은 자신의 의사소통기술을 향상시키기 위하여 노력해야 한다.

Activity 9-4

효과적인 의사소통하기 연습

1. 현재 전공학과가 부모님께서 적극적으로 권했던 학과로 본인의 적성이나 성격에 맞지 않으며 전공학문의 내용이 재미없고 성적도 잘 나오지 않는다. 부모님에게 어떻게 설명할 것인가요?

2. 교수님에게서 책을 빌렸는데 그 책을 잃어버렸다. 책을 찾아보려고 노력했지만 찾기가 어려웠고 결국 돌려드리기로 한 날짜보다 두 달을 넘기게 되었다. 교수님에게 이러한 상황을 어떻게 설명할 것인가요?

출처 : 권석만(2009) 일부 수정.

읽기자료 달과 공주 이야기

옛날 어느 나라에 공주님이 살고 있었다. 공주는 왕과 왕비의 사랑을 듬뿍 받으며 아름답고 건강하게 잘 자라고 있었다. 그러던 어느 날 공주는 하늘 높이 금빛을 내며 떠있는 달을 보고 갑자기 그 달을 가지고 싶은 마음이 들었다. 그리하여 공주는 부모님께 달을 따다 달라고 보채기 시작했다. 왕과 왕비는 공주에게 달은 따올 수 없는 것이라고 열심히 타일렀다. 그러나 공주는 들은 체 만 체 여전히 달을 따다 달라고 조르는 것이었다. 공주가 쉽게 물러서지 않자 왕은 유명하다는 학자를 불러들이고 의원도 불러들이는 등 온갖 노력을 아끼지 않았다. 학자와 의원들은 한결같이 공주에게 왜 달을 따올 수 없는지 설명하려고 애썼다.

'공주님, 달은 너무 멀리 있어서 가까이 갈 수 없습니다.'
'달을 따온다는 것은 불가능합니다.'

'공주님, 달은 너무 커서 설령 가까이 갔다 하더라도 따올 수는 없습니다.'
'제발 더 이상 달 생각은 마십시오.'

그러나 공주는 자신의 뜻을 굽히기는커녕, 달을 따다 달라는 요구를 들어주지 않는다고 단식투쟁에 들어갔다. 왕과 왕비는 설득과 협박을 반복했지만 공주는 서서히 말라가고 있었다.

이때 공주와 친하게 지내던 광대가 나섰다. 전후 사정을 잘 아는 광대는 공주를 만나자 몇 가지 질문을 하였다.

광대 : 공주님 달은 어떻게 생겼나요?
공주 : 달은 동그랗게 생겼지 뭐.
광대 : 그러면 달은 얼마나 큰가요?
공주 : 바보 그것도 몰라? 달은 내 손톱만 하지, 달이 떴을 때 보면 손톱으로 딱 가려지거든…
광대 : 그럼 달은 어떤 색인가요?
공주 : 달이야 황금빛이 나지.
광대 : 알겠어요. 공주님. 제가 가서 달을 따 가지고 올 테니 조금만 기다리세요.

공주의 방을 나온 광대는 왕에게 아뢰고 손톱 크기만 한 동그란 황금구슬을 만들어 공주에게 가져다주었다. 공주는 뛸 듯이 기뻐하였다. 단식투쟁을 하면서까지 원했던 달을 드디어 손에 넣은 것이다. 기뻐하는 공주를 보며 광대는 슬그머니 걱정이 되었다. '달을 따왔는데 마침 보름달인 오늘밤 달이 또 뜨면 공주가 뭐라고 할까?' 염려가 된 광대가 공주에게 말을 건넸다.

광대 : 공주님 달을 따왔는데, 오늘밤 또 달이 뜨면 어떻게 하지요?

공주 : 이런 바보. 그것을 왜 걱정해? 이를 빼면 새 이가 또 나오지? 그것과 같은 거야. 하나를 빼도 달은 또 나오게 되어있어. 그리고 달이 어디 하나만 있니? 달은 호수에도 떠있지. 물컵에도 떠있지. 세상 천지에 가득 차있는데 하나쯤 떼어온다고 문제될 게 없지.

왕과 왕비는 물론 초청받은 학자나 의원들은 한결같이 공주가 말하는 달을 자신이 생각하는 달과 같은 것이라고 판단하였다. 공주의 달이 자기가 생각하는 달과 다를 수 있다는 의심조차 하지 않았기 때문에 달에 대한 자신의 입장 위에 굳건히 서서 공주를 설득하고 협박하는 일로 일관할 수밖에 없었던 것이다. 자신의 준거틀로 공주의 달에 대해 진단하고 처방을 내린 것이다. 사람 내면의 주관세계는 그 주관 속으로 뛰어들어야 이해할 수 있으나 자신의 준거틀이 먼저 작용함으로써 이해의 여지가 사라진 것이다. 정확한 공감적 이해를 하려면 그만큼 상대방이 사용하는 낱말의 의미, 그 낱말에 담겨 있는 개인적 분위기 등을 정확하게 파악해야 한다.

출처 : 박성희(2005).

MEMO

CHAPTER 10

인간관계 개선방법 (3) 자기표현하기, 대인갈등 해결하기

이 장에서는 자기표현하기와 대인갈등 해결하기에 대해 살펴보도록 한다. 구체적으로는 1절에서 자기표현의 개념, 인간관계에서의 자기표현, 긍정적 감정 표현하기, 부정적 감정표현하기, 부탁하기와 거절하기에 대해 살펴보고, 2절에서는 대인갈등의 개념, 대인갈등의 유발 원인, 대인갈등 대응방식, 대인갈등의 딜레마, 파괴적 갈등해결과 건설적 갈등해결, 대인갈등 해결전략, 상호이득전략, 협상을 통한 갈등해결에 대해 살펴보도록 한다.

학습목표

1. 자기표현하기에 대해 이해한다.
2. 대인갈등 해결하기에 대해 이해한다.

1 자기표현하기

1) 자기표현의 개념

'자기표현(self-expression)'은 자신의 생각, 감정, 욕구를 잘 드러내어 다른 사람에게 전달하는 대인기술을 의미한다(Lange & Jakubowski, 1976). 전통적인 한국문화에서는 자신의 감정이나 욕구를 겉으로 드러내지 않는 것을 미덕으로 여겨왔다. 특히 윗사람에 대한 불쾌한 감정을 직설적으로 표현하는 것에 대해 불손한 행동으로 여겨왔다. 그래서 과거의 우리나라 사람들은 자신의 감정을 우회적으로 표현하거나 비언어적인 의사소통을 사용하였고 이 과정에서 여러 가지 오해와 불필요한 갈등이 유발되었다. 그렇게 때문에 상대방에게 자신이 원하는 바를 효과적으로 전달하는 자기표현은 인간관계에서 매우 중요한데, 특히 자신의 긍정적 감정과 부정적 감정을 적절히 표현하는 일이 그러하다. 하지만 무엇보다 자신의 욕구나 감정을 드러내는 자기표현을 하는 것이 꼭 나쁜 것이 아니라는 인식을 가지는 것이 필요하다(권석만, 2009).

2) 인간관계에서의 자기표현

뉴저지주립대학 러트거즈 대학교(Rutgers University) 심리학과 명예교수인 아놀드 라자러스(Lazarus, 1971)는 인간관계에 있어 중요한 자기표현을 몇 가지로 제시하였다. 첫째, 자신의 긍정적 감정과 부정적 감정을 적절하게 표현하는 일이다. 많은 사람들이 자신의 감정, 즉 좋아한다거나 사랑한다는 표현, 싫어한다는 표현 등을 하는 것에 대해 부담스러워하거나 어려워한다. 하지만 자신에게 긍정적 감정과 부정적 감정이 생기고 표현하는 것이 자연스러운 것임을 인식해야 한다.

둘째, 타인에게 부탁이나 요청을 하는 일이다. 대부분의 사람들은 요구사항이 있어도 다른 사람들에게 들어달라고 부탁이나 요청을 하지 않는다. 이는 거절에 대한 두려움 때문인데 부탁이나 요청할 만한 사람에게 끈기를 가지고 기분 좋게 요청을 하고 도움을 받은 뒤에는 답례를 하는 것이 필요하다. 원하는 것을 얻기 위해서는 부탁이나 요청을 할 수 있어야 한다. 요청하는 사람이 성공할 수 있다. 성공은 내가 하는 것이 아니라 남이 시켜주는 것이기 때문이다. 도움을 요청한다는 것은 자신의 한계를 알고 있다는 뜻이다. 한계를 알고 기꺼이 도움을 요청하는 사람은 필요한 도움을 받을 수 있는 겸손한 사람으로 인식될 가능성이 높다. 물론 요청하면 당연히 거절당할 가능성이 높다. 하지만 그 과정에서 많은 것을 배울 수 있다. 내가 어떤 사람이고 어떤 사람이 진정한 친구인지 알 수 있다. 그 자체가 학습이고 배움이다. 요청하지 않으면 거절당할 일도 없다. 당연히 배우는 것도 없다(김찬배, 2014).

셋째, 들어주기 어려운 타인의 요청을 거절하는 일이다. 거절을 잘하기 위해서는 거절에 대한 인식을 바꾸어야 한다. 대부분의 사람들은 거절이 부정이라고 생각하지만 자신을 위해서는 '거절'이 가장 먼저 선택할 사항이다. 거절은 나를 지키면서 건강한 대인관계를 유지하는 일이다. 또한 오래도록 유쾌한 관계를 지키기 위한 조건 중 하나이기도 하다. 거절은 부탁을 거절하는 것이지 그 사람 자체를 밀어내는 것이 아니기 때문에 거절을 함에 있어 솔직하고 당당하게 해야 한다(이하늘, 2018).

넷째, 대화를 원하는 때에 시작하고 원하는 때에 종결하는 일이다. 본인이 원하지 않은 상황에서 누군가 대화를 시도할 때 그 상황에서 적절하게 대화를 미루는 것이 필요하다. 그러나 상대방이 대화를 원한다고 본인의 의사표시를 안 하고 대화를 하다 보면 본인의 불편함이 말 속에 표현되어 상대방의 기분을 상하게 할 수도 있다.

3) 긍정적 감정 표현하기

한 논문 연구결과에 따르면 우리나라 언어에는 약 434가지의 감정을 표현하는 단어가 있다고 한다. 그런데 긍정적인 어휘는 단 30%에 불과하다. 나머지 70%는 부정적인 어휘라는 것이다. 평소 자주 사용하는 감정 단어는 긍정 표현보다는 '짜증 나', '힘들어', '괴로워', '열 받아' 등의 부정적 단어가 훨씬 많은 비중을 차지하고 있는 것으로 나타났다(장한이, 2017). 인간관계는 서로에 대한 긍정적 감정을 주고받으면서 발전하는데 특별히 자신에게 호감과 애정을 표현하는 사람을 좋아하고 신뢰하게 된다. 하지만 인간관계가 어려운 이유는 거절에 대한 두려움, 어색하고 쑥스러움, 아첨 행위로 생각 등의 이유로 상대방에 대해 긍정적 감정을 표현하는 것이 쉽지 않기 때문이다(권석만, 2009). 그러나 상대방에 대한 진실된 자신의 긍정적 감정을 표현하며 전달하는 것은 바람직한 것이며 인간관계를 발전시키는 효과적인 방법이다.

그럼 어떻게 하면 긍정적 감정을 효과적으로 전달할 수 있을 것인지에 대한 방법을 살펴보도록 하자. 먼저 정종진(2009)은 첫째, 긍정적 감정을 진실성이 느껴지도록 솔직하고 진지하게 표현하여야 한다고 하였다. 과장되거나 장난스러운 표현은 진실성을 떨어뜨리게 되고 때로는 놀리거나 비꼬는 행위로 비칠 수도 있다는 것이다. 둘째, 모호한 어휘보다는 명료하고 구체적인 어휘를 사용해야 한다. 구체적이고 명료한 표현일수록 그 전달 효과가 증대되기 때문이다. 셋째, 상대방에 대한 판단이 아닌 나의 느낌을 중심으로 표현해야 한다. 넷째, 막연히 긍정적인 감정을 느꼈다기보다는 구체적으로 어떤 모습과 행동이 그런 긍정적 감정을 느끼도록 했는지 긍정적 감정을 느낀 이유나 근거를 함께 전달해야 한다. 다섯째, 긍정적 감정은 언어적 표현뿐만이 아니라 관심과 애정이 담긴 눈빛, 얼굴 표정, 미소, 자세, 몸동작, 신체적 접촉 등과 같은 다양한 비언어적 표현과 함께 이루어진다면 훨씬 더 상대방에게 호소력 있고 긍정적인 감정이 전달될 수 있다.

권석만(2009)도 긍정적인 감정을 효과적으로 전달하기 위해서는 다음과 같은 노력이 필요하다고 보았다.

첫째, 상대방에 대해서 긍정적인 감정을 느끼는 일이 선행되어야 한다. 이를 위해 상대방의 긍정적인 면을 발견하기 위해 노력하는 자세가 필요하다.

둘째, 긍정적인 감정을 표현하기 위해서는 그러한 감정을 자각하는 일이 중요하다. 여기서 자각이라 함은 자신이 느낀 감정을 포착하고 구체화하는 일을 의미하는데 감정을 자각하고 구체적인 언어로 전달해 주는 것이 중요하다. 그것을 말로 표현하지 않았을 때 상대방은 인식하지 못할 수 있다. 따라서 가장 적절한 표현은 언어로 전달하는 것이다.

셋째, 긍정적 감정을 상대방에게 표현하는 것은 자연스럽고 성숙한 행동이라는 생각을 갖는 것이 중요하다. 자신이 표현하는 것에 대해 상대방이 부담스러워할 것이라고 생각하면 표현하는 것이 자연스러울 수 없다. 거절에 대한 두려움으로 표현하지 못한다는 것은 성숙하지 못한 행동이다. 긍정적 감정을 교환하는 과정을 통해서 인간관계는 발전하게 됨을 기억해야 한다.

넷째, 상대방에 대한 긍정적 감정을 구체적인 방법으로 전달하는 노력이 필요하다. 표현되지 못하여 상대방에게 전달되지 않은 감정은 인간관계에 어떠한 영향도 못 미친다. 긍정적 감정을 적절하게 표현하는 것은 매우 중요한 대인기술이다.

다섯째, 긍정적 감정을 진실성이 느껴지도록 솔직하고 진지하게 표현해야 한다(과장되거나 장난스러운 표현 지양).

여섯째, 모호한 어휘보다는 명료하고 구체적인 어휘를 사용하는 것이 바람직하다. 예를 들어, "철수 씨가 좋게 느껴져요"보다는 "철수 씨가 믿음직스럽게 느껴져요"나 "철수 씨가 따뜻하게 느껴져요"라는 말이 구체적이고 훨씬 더 명료한 표현이 된다.

일곱째, 상대방에 대한 판단을 전달하기보다는 나의 느낌을 중심으로 표현하는 것이 효과적이다. 예를 들어, "철수 씨는 따뜻한 사람인 것 같아요"란 말보다는 "철수 씨는 나에게 따뜻한 사람으로 느껴져요"나 "철수 씨와 함께 있으면 따뜻함이 느껴져요"라는 표현이 더 강한 호소력을 가진다. 단순히 자신의 주관적인 느낌을 생각해서 전달하기보다는 자신의 생각과 자신의 느낌을 적절하게 결합해서 전달하는 것이 좋다.

이 외에도 긍정적 감정을 언어적으로 표현할 때는 어휘 선택이나 언어구사 방법도 중요하지만 관심과 애정을 담은 눈빛, 얼굴 표정, 미소, 자세, 몸동작, 신체적 접촉과 같은 다양한 비언어적 표현도 함께 이뤄지는 것이 효과적이다. 또한 선물하기, 도움 주기, 음식 사기와 같은 행동을 통해 호감을 전하면서 긍정적 감정을 표현하면 그 전달효과가 훨씬 더 증대된다.

과거 KBS에서 방영되었던 '파랑새의 집(2015)'이라는 주말 드라마에서 주인공 '이

준혁'을 짝사랑하는 이웃집 동생 '강영주'는 거절에 대한 두려움으로 몇 년간 마음 고백을 주저하다 자신의 마음이 얼마나 절실한지를 깨닫고 용기를 내어 고백하였다. 긍정적 감정을 표현하는 데 있어 구체적인 방법도 중요하지만 이보다 더 중요한 것은 실행하는 용기라는 것을 기억해야 한다.

4) 부정적 감정 표현하기

인간관계를 맺으며 살다 보면 우리는 분노, 실망감, 좌절감, 배신감, 원망감, 섭섭함 등과 같은 다양한 부정적 감정을 경험하게 된다. 부정적 마음들은 긍정적인 마음보다 오래 남기 때문에 상대방의 마음을 상하게 할 수 있다. 또한 부정적 감정이 적절하게 표현되지 못하면 인간관계를 악화시키거나 와해시키는 원인이 될 수 있다(정종진, 2009). 일반적으로 부정적 감정 표현이 상대방의 마음을 상하게 하는 이유는 그 표현방식에 문제가 있기 때문이다. 상대방을 질책하거나 공격하는 방식의 표현은 상대방을 불쾌하게 만들고 상황을 악화시킨다. 따라서 적대감과 방어본능을 불러오지 않는 효과적 대화를 위해서는 부정적 말을 쉽게 배설하는 습관부터 고쳐야 한다(장한이, 2017).

다음으로 표현되지 않은 부정적 감정이 어떠한 영향을 미치는지에 대해 살펴보자(권석만, 2009).

첫째, 표현되지 않고 억제된 부정적 감정은 마음에 남아 기분을 저조하게 한다. 본인이 표현하지 않고 불쾌감을 계속 유지하면 결국 심리적 스트레스로 남는다.

둘째, 불쾌감이 표현되지 않으면 상대방은 자신이 다른 사람을 불쾌하게 만드는지를 자각하지 못하게 된다. 따라서 관계를 유지하려면 자신의 감정을 솔직하게 표현해서 상대방이 문제를 자각하여 문제를 바로 잡을 수 있도록 해야 한다.

셋째, 불쾌감을 유발한 사람에 대한 분노감정이 우회적으로 다른 영역에 표출되어 인간관계의 문제를 유발할 수 있다. 자신이 가지고 있는 분노감정을 적절하게 표현하지 못할 때 그 감정은 그대로 남아있고 그 감정을 다른 쪽으로 표출할 수 있다. 하지만 그러한 표출은 결과적으로 두 사람의 인간관계 속에서 또 다른 문제를 유발할 수 있는 단점이 있다.

넷째, 불쾌감이 해소되지 못하고 누적되어 참을 수 없는 상태가 되면 과격한 방법으로 표출되어 인간관계를 악화시키거나 와해시킬 수 있다. 어느 정도의 수준까지는 본인이 불쾌감을 관리할 수 있지만, 관리할 수 있는 수준을 넘어서면 폭발을 하게 되고 그렇게 되면 화를 낸다든지, 폭력을 사용한다든지, 물건을 던지는 등 과격한 행동을 하게 되면서 인간관계가 약화되거나 와해될 수가 있다. 그렇기 때문에 자신의 부정적 감정을 표현하는 것은 매우 중요하다.

부정적 감정을 효과적으로 표현하는 것은 매우 중요한 대인기술이다. 이를 위해서는 상대방의 잘못을 힐난하는 방식보다는 상대방의 행동으로 인한 나의 불편함과 불쾌함을 전달하는 표현이 바람직하다(Rosenberg, 2003).

이때 사용할 수 있는 첫 번째 방법은 'I-message 활용'이다. 예를 들어, "네가 그런 말을 할 때 나는 속상하고 화가 났어"라고 말을 하며 자신의 솔직한 감정을 드러내되 상대방의 탓을 하거나 상대방의 행동을 규제하는 방식보다는 상대방에 대한 나의 바람을 전달하는 표현이 바람직하다. 또한 '~하지 마'라는 표현보다는 '~해주기를 바란다'는 표현을 사용하는 것이 적절하다(권석만, 2009).

두 번째 방법은 존중과 배려를 일으키는 '쿠션화법의 사용'이다. 이 대화법은 상대방에게 부탁, 거절, 지시(제안), 부정적인 말 등 껄끄러운 말을 할 때 상대방이 느낄 부정적 감정을 완화시키는 화술이다. 쿠션화법의 대표적인 예로는 첫째, '예스 벗(yes but) 화법'이 있는데 먼저 긍정적인 정보(상대방이 잘한 점, 장점, 이점)를 전하여 긍정적인 분위기를 만들고 나서 나쁜 뉴스를 전하는 방법이다. 상대방이 받는 심리적 타격은 상당히 완화된다(예 최근에 매출 실적도 올랐고 정말 애썼어. 다만 지각이 많아서 문제야. 시간 엄수 부탁해). 두 번째는 '예스 앤드(yes and) 화법'인데 긍정적인 정보에 긍정적인 정보를 더하여 상승작용을 일으키는 화법이다. 꾸짖거나 결점을 지적하기보다 '해줬으면 좋겠어', '할 수 있으면 좋겠네'라고 덧붙이면 아주 부드럽게 내 의도를 전할 수 있다(예 최근에 매출 실적도 오르고 정말로 애썼어. 거기에 시간만 지켜주면 바랄 게 없어). 셋째, '예스 하우(yes how) 화법'이 있다. 나쁜 뉴스를 직접 전하지 않고 의문문 형식으로 본인에게 생각할 시간을 주는 방법이다(예 최근에 매출 실적도 오르고 정말로 애썼어. 어떻게 하면 더 좋아질지 같이 생각해 보자)(가바사와 시온, 전경아 역, 2019).

〈표 10-1〉 일반화법과 쿠션화법의 비교

내 용	일반화법	쿠션화법
부 탁	"다시 한번 말씀해 주시겠어요?"	"죄송하지만, 다시 한번 말씀해 주시겠어요?"
거 절	"이번 주 말고 다음 주에 만나자!"	"실례가 안 된다면, 이번 주 말고 다음 주에 만나면 좋겠어요."
제 안	"같이 가요!"	"괜찮으시다면, 같이 갈까요?"
지 시	"이번 주에 오세요!"	"바쁘시겠지만/가능하시다면/어려우시겠지만, 이번 주에 오면 좋겠어요."
양 해	"3일 걸립니다."	"불편하시겠지만, 3일 정도 걸립니다."
부 정	"담당부서가 아닙니다."	"번거로우시겠지만, 해당 부서로 찾아가시면 도움을 받을 수 있습니다."

세 번째는 상대방의 행동을 통제하거나 규제하는 방식보다는 상대방에 대한 나의 바람을 전달하는 표현을 사용해야 한다. 즉, 부정적 감정은 상대방에 대한 자신의 기대나 욕구가 좌절되어 생기는 경우가 많으므로 자신이 상대방에게 기대하는 욕구나 바람을 솔직하게 전달하는 표현방식 사용이 중요하다. 예를 들어, '내가 마음이 아팠던 것은 너한테서 인정을 받지 못했다는 생각이 들었기 때문이야'와 같이 자신의 불쾌한 감정을 느끼게 된 좌절의 욕구를 상대방에게 잘 전달하는 것이 효과적이다.

네 번째는 상대방에게 원하는 것을 구체적으로 요청하되 부정적 표현보다는 긍정적 표현을 사용해야 한다. 예를 들어, '앞으로 그 같은 자존심 상하는 말을 하지 마'와 같은 부정적 표현보다는 '앞으로 날 좀 더 존중해 주는 말을 해주면 좋겠어'와 같은 긍정적 표현이 훨씬 더 부드럽고 상대방에게 수용되기 쉽기 때문이다(정종진, 2009).

5) 부탁하기와 거절하기

인간관계는 도움을 주고받는 과정을 통해서 발전하게 된다. 하지만 많은 사람들은 쉽게 다른 사람에게 도움을 청하지 못하는데 그 이유는 다음과 같다. 구체적으로는 첫째, 거절당하는 것에 대한 두려움 때문이다. 둘째, 타인에게 부탁하는 것이 자신의 나약함이나 열등함을 드러내는 일이라고 생각하기 때문이다. 셋째, 자신의 부탁이 상대방에게 과중한 부담을 줄 것이라는 걱정 때문이다. 넷째, 도움을 받을 경우 그에 대해서 보답을 해야 한다는 부담감 때문이다.

그러나 더 나은 삶을 위해서는 다른 사람에게 도움을 요청할 줄 알고, 무리한 부탁은 거절할 줄 아는 기술을 습득하는 것이 중요하다. 그럼 어떻게 부탁을 해서 도움을 받을 수 있는지에 대해 살펴보자.

첫째, 도움을 받고자 하는 내용을 분명히 하여 부탁을 하는 것이 바람직하다. 도움 받을 일의 내용과 범위를 명료하게 정리하여 부탁하여야지만 부탁을 받는 상대방도 마음의 부담이 줄어들 것이기 때문이다.

둘째, 도움을 요청하기 전에 상대방이 처한 상황을 파악하는 것이 필요하다. 상대방이 어려운 처지에 있을 때 도움을 청하면 당연히 거절을 할 수밖에 없다. 상대방이 도움을 청하는 것을 받아들일 수 있는 충분한 여유와 상황이 되는지 먼저 파악해야 한다.

셋째, 도움을 받기 위해서는 정중하고 설득력 있게 부탁하는 것이 중요하다. 도움을 요청하는 쪽에서 정중하지 않게 강요하는 식으로 부탁한다면 상대방이 불편함을 느끼게 된다. 도움이 필요한 자신의 상황과 도움의 절실함을 충분히 설명하고 도움을 청해야 한다.

또한 부탁을 통해 상대방의 도움을 얻어내는 과정에는 절충과 협상이 필요하기도 하다. 자신의 요청과 상대방의 여건을 적절히 고려하여 일부분만 도움을 얻을 수도 있는데 그중 첫 번째 방법은 '한 발 들여놓기 기법(foot-in-the-door-technique)'으로 상대방이 충분히 들어줄 수 있는 작은 요청을 한 후에 일단 수용이 되면 조금씩 요청을 증가시켜 나감으로써 자신이 원하는 도움을 얻어내는 방법이다. 이는 이솝우화 '낙타와 아라비아인'에서 보여주는 형태와 같다. 예를 들어, 방문 보험 설계사가 물을 마시게 해달라는 인간적인 부탁을 허락받은 후 자연스럽게 대화하며 본래 목적하던 보험에 관한 장점을 설명하며 대화를 이끌어 가는 것이다. 또 다른 예는 어느 대학생이 여행비로 50만 원이 필요한 경우 30만 원을 부모님께 허락받고 교통비, 음식비 명목으로 부모님으로부터 돈을 더 받는 것이 여기에 해당된다.

두 번째 방법은 앞의 방법과 반대되는 '얼굴 부딪히기 기법(door-in-the-face-technique)'으로 자신이 원하는 것보다 훨씬 큰 것을 상대방에게 요청하고 그가 이를 거절하면 요구의 규모를 조금씩 축소하면서 결국 자신이 원하는 것을 얻어내는 방법이다. 예를 들어, 미국의 워터게이트 사건 당시 닉슨 대통령의 참모는 정부에 엄청난 정책 비용을 요구했지만 거절당했다. 하지만 결국 규모를 조금씩 축소하여 필요 이상의 정책 비용을 받아내었다. 또 다른 예는 어느 대학생이 10만 원이 필요한 경우 친구에게 30만 원을 빌려달라고 요청하고 거절하면 20만 원, 10만 원 금액을 낮춰 요청해 빌리는 것이 여기에 해당한다.

도움을 요청받는 상황에서 도움을 거절하는 것도 중요한 대인기술에 속한다. 부탁을 들어주기에는 자신의 상황이 여의치 않거나 과도한 부담이 되는 경우에는 부탁을 거절할 수 있어야 한다. 친한 친구이거나 가까운 사람일수록 더욱 그렇다. 다만 도움을 요청한 사람의 입장을 충분히 고려하여 인간관계를 해치지 않도록 신중하게 거절하는 것이 중요하다. 효과적으로 거절을 하기 위해서는 첫째, 도움이 필요한 상황을 충분히 이해했음을 표명한다. 둘째, 도움을 주지 못하는 자신의 상황이나 이유를 분명하고 구체적으로 설명한다. 아울러 도움을 주지 못하는 아쉬움과 미안함을 전달함으로써 상대방의 섭섭한 마음을 달래는 것이 바람직하다(권석만, 2009). 하지만 산뜻하게 거절을 잘하기 위해서는 몇 가지 필요한 요소들이 있는데 첫째, '내 영역 의식 갖기'로 자신과 타인 간의 선 긋기를 잘하라는 것이다. 예를 들어, 함부로 상대방에게 묻거나 궁금해하지 않고 나의 안쪽도 잘 보여주지 않는 것이다. 이것은 자신의 자유를 지키면서 상대방의 자유도 존중하는 방법이다. 둘째, '자기 신뢰감 쌓기'로 남들의 간섭이나 사소한 의견 등에도 동요하지 않고 자신을 지킬 수 있는 여유를 갖는 것을 말한다. 이것은 내가 나를 믿고 의지하는 연습을 할 때 쌓을 수 있다. 셋째, '무의식 속 죄책감 없애기'로 남들의 기대를 저버리거나 불만을 사더라도 충분한 판단 없이 무조건 자신에게서 잘못을 찾거나 미안해하고 보는 버릇을 없애야 한다는 것이다. 넷째, '자신의 힘은 자신을 위해 사용하기'로 자기가 바라는 일과 바라지 않는 일을 명확히 구분하고, 내가 원하는 일, 내가 좋아하는 일에 더 많은 힘을 쏟아야 한다는 것이다(다카미 아야, 신 찬 역, 2019).

읽기자료 **낙타와 아라비아인의 이야기**

어느 추운 겨울 밤, 한 아라비아인이 천막 안에서 쉬고 있었다.
그때 천막의 커튼이 조심스럽게 걷히더니 그의 낙타가 비죽 얼굴을 들이밀며 사정하였다.
"주인님, 밖이 너무 추워서 얼어 죽을 것 같아요. 얼굴만 천막 안에 좀 넣게 해주세요."
아라비아 사람은 흔쾌하게 허락했다. 잠시 후 낙타는 말했다.
"주인님, 앞발에 너므 힘을 주고 서 있었더니 얼어붙어서 다리가 부러질 것 같아요. 좀 녹일 수 있게 해주세요."
아라비아 사람은 천막 안에 그 정도 여유는 있어서 허락했다. 잠시 후 낙타는 말했다.
"주인님, 앞다리만 넣고 있으니 자세도 불편하고 커튼이 열려있어 바람도 많이 들어와 추운데 그냥 절 들어가게 해주시면 안될까요?"
동정심 많은 아라비아 사람은 낙타를 천막 안에 완전히 들어 올 수 있게 허락해 주었다. 하지만 천막 안은 둘이 있기에 너무 좁았다. 쪼그려 앉아있던 낙타가 몸을 일으키며 아라비아 사람에게 말했다.
"당신과 내가 있기에 이 천막은 너무 좁은 것 같네요. 나보다 당신의 체구가 작으니 당신이 비켜주는 편이 좋겠어요."
낙타는 아라비아 사람을 그 큰 덩치로 밀어붙이더니 아라비아 사람을 천막 밖으로 쫓아내고 말았다.

출처 : Aesop, 윤석화 역(2005).

2 대인갈등 해결하기

1) 대인갈등의 개념

'대인갈등(interpersonal conflict)'은 대부분 개인 간의 목표의 차이, 구성원 개인 성격의 차이 등에 의한 원인으로 발생한다. 즉, 대인갈등이란 대인관계에서 서로의 욕구와 목표가 대립하거나 충돌되는 경우를 말한다. 미국 심리학자 데이비드 존슨(D. W. Johnson)에 따르면 대인갈등은 한 사람에 의한 행동이 다른 사람의 의도된 행동을 간섭하고 방해할 때는 언제나 존재한다. 이것은 경쟁자들과 적들 사이에서뿐만 아니라 친구들과 사랑하는 사람들 간에도 발생한다. 대인갈등은 실질적 갈등과 감정적 갈등으로 구분되는데, 실질적 갈등에는 정책이나 습관에 대한 의견 불일치, 자율에 대한 경쟁, 역할에 대한 상이한 개념 등이 있으며, 감정적 갈등은 화·불신·원망·거절 등이 속한다. 일반적으로 실질적 갈등이 감정적 갈등으로 변하는 경우가 많다(김범주, 2012). 대인갈등을 잘 해결하지 못하면 서로에 대한 부정적 감정이 초래되어 인간관계가 약화되거나 붕괴되기도 한다. 그러나 잘 해결되면 서로를 이해하는 기회가 되고 미래의 갈등을 예방하는 긍정적 효과가 있어 오히려 인간관계가 강화될 수도 있다. 즉, 인간관계에서 발생하는 갈등이 꼭 나쁜 것만이 아니라 잘 해결만 된다면 오히려 인간관계에서 좋은 작용을 할 수 있다.

2) 대인갈등 유발 원인

대인갈등은 다양한 원인에 의해 유발되는데 첫째는 가치의 차이이다. 최근 연령과 집단 간 가치관 충돌로 발생하는 세대갈등이 큰 사회적 문제가 되고 있는데 이는 젊은 세대와 기성세대가 중요시하는 가치가 서로 다르기 때문이다. 이러한 가치의 차이로 갈등이 발생한다.

둘째는 기대가 어긋나는 경우이다. 예를 들어서, 부모가 자녀에 대한 어떤 기대가 있는데 기대가 어긋날 때 갈등이 발생할 수 있다.

셋째는 힘, 통제 및 권위를 더 가지려고 하는 것 때문에 갈등이 발생할 수 있다. 우리 정치 사회에서 더 많은 힘, 권위를 갖기 위해 경쟁하고 다툼을 가지는 것을 보게 되는데 그러한 결과로 갈등이 심화되고 상대방을 공격하는 일도 발생하게 된다.

넷째는 목표와 목표를 달성하기 위한 방법, 그리고 어떻게 자원을 할당할 것인가에 대한 불일치가 발생한 경우 대인갈등이 발생할 수 있다. 충분한 자원이 확보되지 않았는데 과도하게 자원을 할당하였을 때, 현실과는 동떨어진 목표를 세웠을 때 갈등이 생길 수 있다.

다섯째, 역할의 차이가 대인갈등을 가져올 수 있다. 즉, 상호 간의 역할의 차이가 있을 때 대인갈등이 생기는데 대표적인 예가 노사관계라고 할 수 있다. 회사의 관리자층에서 대외환경과 내부 현실적인 상황을 고려하여 노사합의를 통한 원만한 문제해결을 하고자 할 때 근로자에게 어느 정도의 희생을 요구하는 경우가 있다. 하지만 노동자의 입장에서도 대외 여건이 바뀌면서 물가가 상승하는 상황에서 회사가 임금을 동결하거나 삭감하게 되면 현실적인 어려움이 생길 수 있다. 이렇듯 회사 관리자와 노동자는 서로 다른 사회적 지위와 역할을 가지고 있기 때문에 서로의 이해관계가 다르면 갈등이 발생하기 쉽다.

여섯째, 경계와 영역의 침범에서 갈등이 발생할 수 있다. A라는 회사에 B부서와 C부서가 있고 각각의 부서가 하는 일이 다르다고 가정할 때 B부서가 C부서의 일에 대해 관여를 하거나 간섭을 하면 경계와 영역의 침범이 발생하는데 이것이 부서 간 갈등을 조장할 수 있다.

3) 대인갈등 대응방식

대인갈등에 어떻게 대응하느냐에 따라 인간관계가 악화될 수도 있고 관계단절이 있을 수도 있다. 대인갈등에 대응하는 방식은 크게 네 가지로 구분할 수 있다(권석만, 2009; 김종운, 2018).

첫 번째 방식은 관계를 중단하는 방법으로, 예를 들어 친구관계에서 갈등이 생겨 절교를 하거나 부부관계에서 갈등이 생겨 별거나 이혼을 하는 것이다.

두 번째 방식은 갈등을 방치하면서 언젠가는 개선이 되기를 기다리는 방법이다. 이는 갈등으로 인한 불만을 겉으로 표현하지 않을 뿐만 아니라 갈등을 위한 적극적인 노력을 하지 않고 그냥 인내하는 소극적인 방법이다. 이 방법을 사용했을 때 일부 상황의 변화나 외부요인에 의해서 갈등이 완화되는 경우도 있으나 대개 불만이 누적되면서 더 큰 갈등으로 비화되기도 한다.

세 번째 방식은 자신의 의견이 관철되도록 주장을 하거나 상대방을 비판하면서 관계를 유지하는 방법이다. 이 경우는 대부분의 인간관계가 악화되거나 와해되는 결과가 초래된다.

네 번째 방식은 갈등이 초래된 문제 상황을 상대방과 의논하면서 서로 합의할 수 있는 해결방식을 찾는 방법으로 인간관계를 유지하고 심화시키는 가장 합리적이면서도 바람직한 방법이다. 이 방법은 상대방을 비난하고 비판하는 정서 중심적 갈등해결방법이 아닌 문제 중심적 갈등해결방법이다.

4) 대인갈등의 딜레마

대인갈등은 크게 두 가지가 상충하여 나타날 수 있다. 하나는 자신의 욕구나 목표의 달성 여부이고, 다른 하나는 갈등으로 생겨난 인간관계의 악화 여부이다. 즉, 인간관계를 악화시키면서 자신의 욕구충족이나 목표달성을 할 것인지(상대방의 욕구 좌절, 인간관계 악화) 아니면 인간관계 악화방지를 위해 자신의 욕구나 목표를 희생 내지 포기할 것인지(불만과 좌절감 증가, 인간관계 악화)를 결정해야 한다.

5) 파괴적 갈등해결과 건설적 갈등해결

'파괴적 갈등해결'은 서로 분노하고 상처 주며 불신하는 상태로 결국은 한쪽이 희생 또는 한쪽이 승리를 만들어 내는 것이다. 이러한 갈등은 인간관계의 악화와 상호 간 불신을 만들어 낸다. 파괴적 갈등해결 방법에는 여러 가지가 있는데, 첫째, '물건 던지기'로 감정이 표출되는 방법을 통해 자신의 감정은 표출되지만, 상대방은 감정이 더 악화되는 경우가 발생한다. 둘째, '소리 지르기'로 이것 또한 상대방의 기분을 상하게 할 수 있다. 셋째, '폭력'으로 남녀관계에서 종종 발생하기도 하는데 대화가 이루어지지 않을 때 폭력을 사용하기도 한다. 넷째, '대화 회피'인데, 분위기가 좋지 않을 때에는 일정 기간 대화를 회피하는 것이 필요하지만 그렇지 않은 일상생활에서 일부러 대화를 회피하는 것은 대인관계에서 갈등을 만들게 된다. 그밖에도 상대방에게 비난을 하거나 분노, 화를 내는 것도 좋지 않은 파괴적 갈등해결 방법들이다. 영화 '호로비츠를 위하여(2006)'를 통해 어떻게 파괴적 갈등이 이루어지는지 살펴보면 극 중 주인공인 '김지수'는 열등감에 사로잡혀 사는 30살 노처녀로 우연찮게 절대음감을 가진 천재소년 '윤경민'을 만나 가르치다가 경민이 할머니가 위독하시게 되자 경민이를 맡아 키우려는 결심을 하게 된다. 시집도 안 간 아이가 애를 키우는 게 얼마나 힘든지 아냐며 말리러 온 오빠와 처음에는 좋게 대화를 하다가 서로의 심기를 건드리는 말을 하게 되고, 언성이 높아지다가 결국에는 오빠가 동생의 뺨을 때리는 폭력이 발생한다. 이와 같이 파괴적 갈등해결 방법은 종국에 좋지 않은 결과를 유발한다. 반면에 '건설적 갈등해결'은 파괴적 갈등해결과 달리 갈등의 대상들이 서로를 좋아하고 존경하며 신뢰하게 되는 것으로 문제해결 능력을 향상시킬 수 있게 하면 서로의 이해와 의사소통 수준이 증대된다. 건설적 갈등해결방법에는 대표적으로 상의, 대화, 토론 등이 있다.

영화 '호로비츠를 위하여(2006)'

|영화 설명| 영화 '호로비츠를 위하여(2006)'는 음악에 천부적인 재질을 가진 소년이 평범한 피아노 학원 선생님을 만나 한 사람의 피아니스트로 성장해 가면서 서로의 상처를 보듬어 준다는 잔잔한 휴먼드라마이다. 아무리 재능을 타고난 사람이라 할지라도 재능을 꽃 피우기 위해서는 연습이 필수요, 그 과정은 고통과 상실을 수반하기 때문에 좋은 스승과 조력자를 만나 동행해야 한다는 점을 이 영화는 시사한다. 호로비츠 같은 피아니스트를 꿈꿨지만 동네 학원 피아노 선생이 된 노처녀 지수는 우연히 말썽꾸러기 경민에게서 절대음감의 천재성을 발견한다. 경민을 통해 못다 이룬 자신의 꿈을 이루려던 지수는 또 한 번의 실패에 크게 절망하지만 결국 아이를 사랑으로 가르친다. 나중에는 자신의 능력이 경민이의 천재성을 감당하기 부족하다는 것을 깨닫고 외국으로 입양시키면서 큰 선생에게 보내게 되고 경민은 결국 훌륭한 피아니스트가 되어 돌아온다.

* 블라디미르 호로비츠(Vladimir Horowitz, 1903~1989)는 우크라이나 출신의 러시아-미국계 피아니스트로 한 명의 인간에게서 피아노라는 악기를 통해 구현해 낼 수 있는 모든 음악적인 표현과 가능성의 최고점에 도달한 20세기 최고의 피아니스트이다.

〈표 10-2〉 파괴적 갈등해결 방법과 건설적 갈등해결 방법

영역	파괴적 갈등해결 방법	건설적 갈등해결 방법
문제	과거의 문제를 들춘다.	현재의 문제를 다룬다.
감정	부정적인 감정만 표현한다.	긍정적, 부정적 감정을 모두 표현한다.
정보	제한된 정보만을 준다.	있는 그대로의 정보를 준다.
초점	문제보다 사람에 초점을 둔다.	사람보다는 문제에 초점을 둔다.
책임	상대방에게 모든 책임을 전가한다.	모두에게 책임이 있다고 인정한다.
인식	서로의 차이점에 초점을 둔다.	비슷한 점에 초점을 둔다.
변화	갈등이 잦아지고 변화는 줄어든다.	변화를 추구한다.
결과	관계에 손실이 있다.	두 사람 모두 이기거나 모두 진다.
친밀감	갈등이 커져 친밀감이 낮아진다.	갈등해결을 통해 친밀감이 높아진다.
태도	의심이 생긴다.	신뢰가 쌓인다.

출처 : Olson et al.(2012).

참고자료 **건설적 갈등해결을 위한 지침(Jourard & Johnson, 1975)**

1. 우선, 당신은 다른 사람의 욕구와 목표의 정당성과 갈등의 존재를 인정해야 한다.
2. 갈등은 승리/패배의 명제라기보다는 협동적으로 해결해야 할 상호적인 문제로 정의되어야 한다.
3. 갈등해결을 차분하게 할 수 있는 서로 좋은 시간을 선택하라. 최초로 갈등이 발생한 시간과 장소에서 갈등을 다루는 것이 항상 최선은 아니다.
4. 상대방의 입장을 존중해야 한다. 상대방의 참조 틀을 충분히 이해하고 강조하려고 노력하라.
5. 의사소통은 정직하고 개방적이어야 한다. 당신은 정보 제공을 보류하거나 당신의 입장을 오도하지 말라. 사기와 조작을 피해야 한다.
6. 불일치가 드러나는 경우 상대의 어리석음이나 바보스러움에 대해 경멸적인 언급을 하지 않으면서 그 사람의 생각을 비판한다.
7. 두 사람 간의 힘은 균형되어 있다. 그러므로 서로 동등한 입장에서 갈등에 접근하라.
8. 당신 개인의 입장을 명료하게 하는 데 많은 노력을 기울여라. 각자가 불일치의 정확한 본질을 이해하는 것은 필수적이다.
9. 당신의 입장을 수정할 수 있는 융통성과 자발성을 가지고 의사소통을 하라.
10. 당신의 입장에서 차이점보다는 유사성을 강조하라. 그러한 유사성을 상호 만족스러운 해결책을 세우는 데 사용하도록 노력하라.

출처 : Weiten, W., 김시업 역(1995) 재인용.

6) 대인갈등 해결전략

미국 네브래스카대학 경영학 교수인 프레드 루단스(Luthans, 1981)는 갈등을 "목표나 가치관의 비양립의 상태이며 타인의 목표나 성취를 의도적으로 방해하는 행위이며 감정적으로는 적개심"이라고 하였고 갈등해결 전략을 크게 패자－패자 접근법, 승자－패자 접근법, 승자－승자 접근법으로 나누어 설명하였다.

첫째는 '패자－패자 접근법(lose-lose approach)'으로 갈등 당사자 모두가 손해를 감수해야 하는 해결 전략이며 가장 적절하지 못한 방법이다. 이 방법에는 타협이나 중도를 취하거나 상대방에게 뇌물과 같은 부당한 대가를 지불하거나 관료적 규정으로 갈등을 해결하거나 또는 당사자들보다 더 권위 있는 제3자를 개입시키는 방법 등이 있다.

둘째는 '승자－패자 접근법(win-lose approach)'으로 갈등이 해결되려면 한쪽은 승리하고 한쪽은 패배할 수밖에 없는 갈등해결 전략으로 자유경쟁사회에서 흔히 볼 수 있는 방법이다. 이것은 이기려는 경쟁심을 자극하여 창의력과 단결심을 고취하는 순기능적 측면도 있으나, 협력적, 상호합의에 의한 갈등해결방법을 무시하고 반드시 남을 희생시킴으로써 패자로 하여금 복수심을 야기시키는 역기능적 측면도 있다.

셋째는 '승자－승자 접근법(win-win approach)'으로 갈등에서 승리하기 위해 싸우는 것이 아니라 문제해결이 주된 관심사이고 어느 쪽도 패자가 되지 않게 해결될 수 있다는 생각에 기초를 두고 있다. 지금까지 살펴본 대인 갈등 해결전략들 중 가장 좋은 접근법은 승자－승자 접근법이라고 할 수 있다. 이 방법은 문제의 해결에 창의력과 정력을 쏟아 결국은 당사자들의 요구를 동시에 충족시키고 보상을 받게 한다. 여기에는 무엇보다도 건전한 판단력과 우호적인 분위기가 중요하다.

다음으로 토마스(Thomas, 1976)는 대인 갈등해결을 위해 자신의 이익을 만족(독단성 : Assertiveness)시키려는 정도와 상대방의 이익을 만족(협력성 : Cooperativeness)시키려는 정도의 두 차원을 이용하여 2차원 모형을 제시했는데 이러한 두 차원을 서로 결합시켜 회피, 경쟁, 순응, 타협, 협력의 다섯 가지 대인 갈등관리 유형을 분류하였다.

첫째, '회피(avoiding)'는 양자가 갈등문제를 다루지 않겠다고 선택함으로써 갈등을 연기시키거나 그 문제들을 피함으로써 관련된 갈등문제들을 무시하는 갈등해결 전략이다. ① 의견이나 관심사가 반영될 기회가 없다고 생각할 때, ② 해결이 되는 것보다 그대로 두는 것이 유리할 때, ③ 상대자의 흥분을 식히고 이성을 회복하도록 할 때 사용한다.

둘째, '경쟁(competing)'은 양자가 논쟁, 권위, 위협 등 물리적 강제력을 통하여 상대방을 희생시켜 자신의 이익을 추구하는 전략이다. ① 양보할 수 없는 대단히 중요한 문제일 때, ② 신속하게 단호한 결정을 해야 하는 비상시, ③ 조직의 질서유지에 필수적인 법규의 시행 시 사용한다.

셋째, '수용(accommodation)'은 경쟁과는 반대로 자신의 관심사나 목표들을 포기함으로써 상대방을 만족시키려는 전략이다. ① 상대에게 압도되어 손실을 극소화할 필요가 있을 때, ② 화합과 안정이 특히 중요할 때, ③ 상대자가 잘못을 알게 하여 발전시킬 필요가 있을 때 사용한다.

넷째, '타협(compromising)'은 상호 희생을 반영하여 양자가 어느 정도 양보함으로써 자신과 상대방 이익의 중간 정도를 만족시키려는 전략이다. ① 세력이 비슷한 쌍방이 상호 배타적인 목표달성에 종사하게 될 때, ② 복잡한 문제를 임시로 해결하려 할 때, ③ 시간에 쫓기어 편법을 강구할 때에 사용한다.

다섯째, '협력(collaborating)'은 자신과 상대방 이익 모두를 만족시키려는 갈등해결 전략이다. ① 여러 사람의 견해와 통찰력을 모아야 할 때, ② 의견을 통합함으로써 관계자들의 협력을 얻을 수 있을 때, ③ 쌍방의 관심사가 모두 고려되어야 할 정도로 중요하여 통합의 해결책을 마련해야 할 때 사용한다.

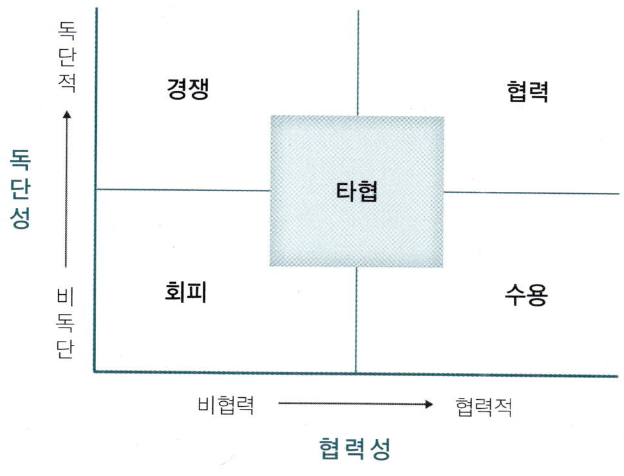

|그림 10-1| 토마스의 갈등관리 유형

Activity 10-1 갈등 해결 유형 자가점검

※ 다음 문항을 읽고 자신에게 해당되는 칸에 ✔표 하세요.

문 항	전혀 아니다	대체로 아니다	보통 이다	대체로 그렇다	매우 그렇다
1. 나는 문제에 대해 해결할 수 있는 해결책을 다른 사람과 함께 찾으려고 노력한다.	1	2	3	4	5
2. 나는 함께 결정을 내리기 위해 다른 사람의 아이디어와 내 아이디어를 포함하려고 노력한다.	1	2	3	4	5
3. 나는 우리 기대치를 만족하는 문제해결 책을 찾기 위해 다른 사람과 함께 노력한다.	1	2	3	4	5
4. 나는 다른 사람들과 문제를 해결해 나가기 위해 정확한 정보를 교환한다.	1	2	3	4	5
5. 나는 모든 문제들을 모두에게 공개해서 가장 바르게 해결되도록 노력한다.	1	2	3	4	5
6. 나는 우리가 수렴할 수 있는 결정들을 다른 사람과 함께 찾아낸다.	1	2	3	4	5
7. 나는 내 아이디어가 채택되도록 영향력을 행사하는 편이다.	1	2	3	4	5
8. 나는 유리한 의사결정을 위해 권한을 행사한다.	1	2	3	4	5
9. 나의 입장에서 문제에 접근하는 편이다.	1	2	3	4	5
10. 나는 때때로 경쟁의 위치에서 이기기 위해 나의 힘을 이용한다.	1	2	3	4	5
11. 나는 나의 의사가 관철되도록 인내를 가지고 끝까지 협상하는 편이다.	1	2	3	4	5
12. 나는 협상에서 나의 의사가 관철되지 않을 때 너무 힘들고 괴롭다.	1	2	3	4	5
13. 나는 원하는 결정을 내리기 위해 지식을 사용한다.	1	2	3	4	5
14. 나는 보통 의견 대립을 무마하기 위해 타협안을 제안한다.	1	2	3	4	5
15. 나는 다른 사람과 타협안에 도달하기 위해 협의를 한다.	1	2	3	4	5
16. 나는 타협안을 만들기 위해 협상을 한다.	1	2	3	4	5

문 항	전혀 아니다	대체로 아니다	보통 이다	대체로 그렇다	매우 그렇다
17. 나는 교착상태를 해결하기 위해 타협점을 찾으려고 노력한다.	1	2	3	4	5
18. 나는 협상을 할 때 상대방의 입장에서 생각하는 편이다.	1	2	3	4	5
19. 나는 난처한 질문을 받는 상황을 피하려고 한다.	1	2	3	4	5
20. 나는 나의 직장동료와 나의 의견 차에 대해 자유로운 토론을 피한다.	1	2	3	4	5
21. 나는 다른 사람과 의견 충돌하는 것을 피한다.	1	2	3	4	5
22. 나는 다른 사람이 나에 대해 나쁜 감정을 가질까 봐 그 사람과의 의견 차이를 말하지 않는다.	1	2	3	4	5
23. 나는 친구들과 관계에서 불쾌감이 생기는 것을 피하려고 노력한다.	1	2	3	4	5
24. 나는 친구들과의 의견 차이를 피하려고 노력한다.	1	2	3	4	5
25. 나는 다른 사람의 만족을 위해 노력한다.	1	2	3	4	5
26. 나는 다른 사람이 원하는 바를 수용한다.	1	2	3	4	5
27. 나는 나의 친구가 원하는 바에 따른다.	1	2	3	4	5
28. 나는 친구에게 양보를 해준다.	1	2	3	4	5
29. 나는 내 친구들의 제안을 따른다.	1	2	3	4	5
30. 나는 내 친구들의 기대에 만족시키려고 노력한다.	1	2	3	4	5

※ 채점 및 해석

획득한 점수를 다음의 표에 옮겨 적은 후 가장 많은 점수를 받은 부분이 어느 유형인지 확인해 봅시다.

갈등 해결 유형	항 목	점수	나의 유형은?
협력	1~6번 점수의 합계		
경청	7~12번 점수의 합계		
타협	13~18번 점수의 합계		
회피	19~24번 점수의 합계		
순응	25~30번 점수의 합계		

출처 : Rahim & Magner(1995), 김종운 · 박성실(2011) 재인용.

7) 상호이득 전략

상호 모두가 이익을 얻으려면 어떤 접근을 해야 할까? 첫 번째로 생각할 수 있는 전략은 양쪽이 모두 원하는 것을 얻을 수 있는 방법을 찾아보는 것이다. 그렇지 않고 자기만의 이익을 얻으려고 한다면 필히 갈등이 생길 수밖에 없기 때문이다.

두 번째로 생각할 수 있는 전략은 전체 파이의 크기를 늘리는 것이다. 예를 들면, 1박 2일 캠핑 계획을 세웠을 때 어느 구성원들은 바다를 가자고 하고 어느 구성원들은 산으로 가자고 의견대립이 생겼을 경우 일정을 2박 3일로 하여 하루는 산, 다른 하루는 바다로 일정을 조정하여 모두가 만족할 수 있도록 하는 것이다.

세 번째로 생각할 수 있는 전략은 또 다른 이익을 얻기 위해 하나의 이득을 양보하는 것이다. 예를 들면, 남편이 당장 자동차를 바꾸는 대신 아내가 원하는 세탁기를 우선 바꾸는 것이다.

네 번째로 생각할 수 있는 전략은 자신의 이익과 상대편의 이익 사이에 절충안을 마련하는 것이다. 예를 들면, 로맨틱한 드라마와 코미디물 사이에서 충돌이 있다면 로맨틱-코미디물을 봄으로써 두 사람이 함께 만족할 수 있는 장르를 선택하는 것이다.

8) 협상을 통한 갈등해결

'협상(negotiation)'은 서로 상반된 이해관계가 얽혀 있는 당사자들이 서로의 이익을 최대화할 수 있는 해결방법을 합의하기 위해 노력하는 과정을 말한다(Johnson, 2000). 갈등은 인간관계에 파괴적인 영향을 미칠 수도 있고 건설적인 결과를 초래할 수도 있다. 건설적인 결과를 위해서는 갈등해결을 위한 효과적인 방법에 대한 이해와 기술이 필요하다.

참고자료 **협상의 노력을 위한 전제조건**

1. 인간관계에서 서로에 대한 불만과 좌절을 초래하는 갈등을 무시하거나 회피하지 말아야 한다.
2. 승패방식의 협상(win-lose negotiation)을 하지 않는 것이 바람직하다.
3. 갈등과 관련된 이익이나 목표가 자신에게 중요하지 않은 반면 인간관계가 훨씬 중요할 경우에는 양보하는 해결방식을 취하는 것이 좋다. 그러나 모두 중요한 경우에는 갈등해결을 위한 협상을 상대방에게 제안하는 것이 효과적이다.

출처 : 권석만(2009).

갈등이 작고 구체적일 때는 조속한 시일 내에 협상을 하는 것이 효과적이다. 협상에 임할 때는 공동의 과제를 협동적으로 해결하는 자세로 우호적인 방식을 취하는 것이 좋다. 특히 유머는 협상의 긴장을 완화하고 건설적인 해결을 모색하는 데 도움이 된다. 협상을 할 때는 해결해야 할 문제에 주의 집중하는 것이 바람직하다. 이와 함께 나와 상대방이 지향하는 가치나 목표를 좀 더 분명하게 이해하는 것도 중요하다. 즉, 자신과 상대방이 어떤 가치를 가지고 있는지 이해하고 있어야 한다. 또한 상대방의 생각을 변화시키기 위한 노력을 기울이는 동시에 나 역시 생각을 바꿀 수 있다는 유연한 자세가 필요하다. 계속적으로 자기만이 옳다고 주장한다면 갈등이 악화될 수 있다. 갈등을 해결하는 협상과정에서는 흥미를 가지고 여유 있는 자세로 임하는 것이 좋다. 조바심을 가지고 협상을 하면 갈등이 더 악화될 수 있다 (권석만, 2009).

참고자료 협상과 교섭을 통한 갈등해결법

1. 협상을 위한 여유분을 참작하라. (Allow room for negotiation)
2. 그럴듯한 요구나 제의로 시작하라. (Beginning with plausible demand or offer)
3. 긍정적인 면을 그려보라. (Frame the outcome in positive terms)
4. 점진적으로 조금씩 양보하라. (Make small concessions gradually)
5. 데드라인을 이용하라. (Use deadline)
6. 감정을 통제하라. (Maintain emotional control)
7. 홈그라운드에서 협상하라. (Negotiate on your own turf)
8. 최후의 제안을 만들어라. (Make a cost and final offer)
9. 상대방의 체면을 세워줘라. (Allow for face–saving)

출처 : 김두열 강사 특강자료(http://cafe.daum.net/visionpia).

다음 사례를 가지고 협상의 6단계에 따라 어떻게 갈등을 해결할 수 있을지를 확인해 보도록 하자.

영희와 철수는 대학 전공수업을 함께 듣고 있는데 과제가 부여되었다. 과제는 지역사회 갈등사례를 찾아 발표하는 것으로 과제를 완성하려면 지역사회 갈등사례를 검색하고 그에 대한 해결방안을 발표 자료로 만들어야 한다. 철수는 이 과제를 오늘 하자고 하였지만 영희는 친구와 약속이 있다면서 내일 하자고 한다. 이에 철수는 자기가 발표 자료를 만들 테니 지역사회 갈등사례를 찾아 정리해 오면 좋겠다고 했다. 하지만 영희는 자기도 발표 자료를 만들고 싶다고 했다. 영희는 철수가 자신의 입장만 생각하는 것 같아서 기분이 좋지 않았고 철수도 영희가 과제수행에 협조하지 않는 것 같아 기분이 상했다.

협상의 단계	갈등 해결을 위한 대화
1. 각자가 원하는 것을 기술하라.	철수 : 과제를 오늘 하고 내가 발표 자료를 만들겠다. 영희 : 과제는 내일 하고 나도 발표 자료를 만들겠다.
2. 각자가 어떻게 느끼고 있는지를 표현해라.	영희 : 철수, 너는 너만 생각하는 것 같아. 철수 : 영희, 너는 과제수행에 협조하지 않는 것 같아.
3. 입장에 대한 이유를 서로 교환하라.	영희 : 오늘 내가 약속이 있기 때문에 과제는 내일 해야 하고, 발표 자료는 내가 더 잘 만들 수 있어. 철수 : 오늘부터 준비를 해야 하고 발표 자료 준비는 내가 더 적합해.
4. 각자의 시각을 이해하라.	영희와 철수 : 발표 자료 준비를 누가 하는 것이 더 적합한지 서로 이유를 들어보고 생각해 보자.
5. 상호 이익을 위해 선택 사항을 만들어 내라.	영희 : 발표 자료를 내가 준비하는 대신 함께 발표하는 것은 어때? 철수 : 과제는 내일 하기로 하고 발표 자료준비는 내가 할게.
6. 현명한 합의에 도달하라.	철수와 영희 : 발표 자료준비는 함께 하고 발표도 같이 하자.

Activity 10-2 협상을 통한 갈등 해결하기 연습

방학을 이용해 해외여행을 떠나기로 친구와 약속했다. 여행경비로 200만 원이 필요한데 현재 50만 원밖에 없다. 부모님께 부족한 경비 150만 원을 부탁했는데 지금 형편도 어렵고 고3인 동생도 영향을 받을 수 있으니 내년에 가라고 하신다. 부모님의 경제적 지원이 없이는 여행이 불가능할 뿐만 아니라 동생에 대한 배려도 필요한 상황이고 친구들과의 여행 약속도 너무나 아쉽다.

※ 위의 갈등 상황을 어떻게 해결할 수 있는지 생각해 보고 협상의 단계를 통해 갈등을 해결할 수 있는 구체적인 대화내용을 기술해 보시기 바랍니다.

협상의 단계	갈등 해결을 위한 대화
1. 각자가 원하는 것을 기술하라.	
2. 각자가 어떻게 느끼고 있는지를 표현해라.	
3. 입장에 대한 이유를 서로 교환하라.	
4. 각자의 시각을 이해하라.	
5. 상호 이익을 위해 선택 사항을 만들어 내라.	
6. 현명한 합의에 도달하라.	

MEMO

CHAPTER 11

인간관계 개선방법 (4) 부정적 감정 조절하기, 스트레스 관리하기

이 장에서는 부정적 감정 조절하기와 스트레스 관리하기에 대해 살펴보도록 한다. 구체적으로는 1절에서 부정적 감정의 영향, 부정적 감정을 조절하는 방법에 대해 살펴보고, 2절에서는 우리나라의 스트레스 상황, 스트레스 해소방법, 스트레스에 대한 새로운 인식에 대해 살펴보도록 한다.

학습목표

1. 부정적 감정 조절하기에 대해 이해한다.
2. 스트레스 관리하기에 대해 이해한다.

1 부정적 감정 조절하기

1) 부정적 감정의 영향

사람은 감정의 동물이다. 감정은 옳고 그름이 없고 소중한 것이지만 그것을 느끼고 표현하는 것에서 자유롭지 않으면 고통을 받을 수 있다(김용태, 2014). 특히 부정적인 감정은 더욱 그러한데 대표적인 부정적 감정으로는 짜증, 수치심, 상실감, 슬픔, 괴로움, 외로움, 분노, 불안, 우울 등이 있다. 부정적 감정은 타인과의 관계를 약화시킬 뿐만 아니라 이러한 감정이 누적될 경우 갈등과 다툼으로 비화되어 인간관계를 붕괴시킨다. 따라서 부정적 감정을 잘 조절하는 것은 인간관계에 있어 매우 중요하다. 정신과 전문의이자 심리학자인 프랑수아 를로르와 크리스토프 앙드레(Francois Lelord & Christophe Andre)는 이렇게 강조한다. "자신의 감정을 인정하는 것은 자기 내면의 반응에 주의를 기울이는 것이며, 특히 스스로 인정하기 힘든 반응에 사로잡힐 수 있음을 인정하는 것이다. 이러한 감정을 인정하고 조절하는 것은 자기 자신의 책임이다"라고 말이다(하유진, 2017). 또한 생각과 우리가 느끼는 감정은 언제나 연결된다. 즉, '안전한 생각(safe thinking)'은 긍정적인 감정과 정서를 일으키지만 '위험한 생각(unsafe thinking)'은 부정적 감정과 정서를 유발한다. 그리고 위험한 생각은 문제를 영구화시키는 경향이 있다. 따라서 생각을 바꿈으로써 감정 상태를 개선시킬 수도 있음을 우리는 기억해야 한다(Isett, R., 이문영 역, 2012).

2) 부정적 감정을 조절하는 방법

사람마다 부정적 감정을 조절하는 방법은 다를 수 있다. 중요한 것은 자신에게 맞는 자기만의 방법을 찾아 부정적 감정을 조절하는 것이다. 여기에서는 정서 회피적 방법, 정서 직면적 방법, 인지적 재구성법에 대해 살펴보도록 한다(권석만, 2009).

(1) 정서 회피적 방법

'정서 회피적 방법'은 불쾌한 부정적 정서를 회피하기 위해서 다른 활동에 주의를 돌려 기분을 변화시키는 방법이다. 예를 들어, 우울하거나 불안할 때 영화를 보거나 운동을 하는 것, 잠자기, 여행하기, TV 보기, 목욕하기, 쇼핑하기 등이 여기에 해당한다.

(2) 정서 직면적 방법

'정서 직면적 방법'은 부정적 정서에 주의를 기울이며 이를 해소하기 위해 노력하는 다양한 방법이다. 예를 들어, 부정적 감정을 당사자에게 직접 표현하기, 부정적 감정을 글로 쓰기, 부정적 감정과 관련된 사건에 대해서 다른 사람들과 이야기하기, 타인에게 조언 구하기 등이 여기에 해당한다.

(3) 인지적 재구성법

'인지적 재구성법(cognitive restructuring)'은 대상자의 부정적이고 자기 패배적 사고 대신에 긍정적이고 자기향상적 사고를 갖도록 가르치는 전략이다. 미국 심리학자인 마빈 골드프리드(Marvin R. Goldfried, 1936~) 등에 의해 제창된 방법으로 1955년 미국 심리학자이자 심리치료사인 알버트 앨리스(Albert Ellis, 1913~2007)에 의해 창안된 인지정서행동치료(REBT : Rational Emotive Behavior Therapy)에 그 이론적 근거와 기법을 둔 불안 감소의 방법이다(김춘경 외, 2016). 여기에서는 부정적 감정을 완화하거나 해소하며 부정적 감정을 초래한 대인사고와 대인신념을 변화시키는데 유용한 인지적 재구성법(권석만, 2009)을 어떻게 활용될 수 있는지에 대해 구체적으로 살펴보도록 한다.

① 대인사고의 발견

대인사건–대인사고–대인감정의 연결고리를 인식하고 부정적 감정을 유발한 대인사고를 찾아내는 것이 필요하다. 대인사고를 찾아내는 대표적인 방법이 A－B－C기법이다. 여기서 A(Activating event)는 '선행사건'을, B(Belief : mediating thought)는 '매개적 사고'를, C(Consequent emotion)는 '결과적 감정'을 의미한다. 그러면 부부 사이에 다툰 사례를 가지고 어떻게 ABC기법을 적용하는지를 살펴보도록 하자.

첫째, 불쾌하게 느낀 감정 C를 구체화한다.

둘째, 부정적인 감정을 유발한 사건인 선행사건 A를 객관적으로 기술한다. 어떤 친구가 어떤 상황에서 그 말을 했는지, 어떤 감정 상황에서 어떻게 말을 했는지 구체적으로 정리를 해본다.

셋째, 불쾌한 사건에 대한 사고내용인 B를 찾아낸다(A와 C를 연결하는 B를 찾아낸다).

이러한 방법을 통해 다음과 같이 내용을 정리할 수 있다.

A(선행사건) : "당신은 왜 그렇게 자기만 생각하나?"는 말
B(매개적 사고) : "나를 비난하는구나"
"흥, 당신은 어떤데"
C(결과적 감정/행동) : 배신감, 분노, 공격 행동

② 대인사고의 합리성 평가

A－B－C기법에 의해 불쾌감정을 유발한 사고내용이 확인되면 그러한 사고내용의 합리성을 생각한다. 여기서 합리성은 사고내용의 사실성, 논리성, 유용성을 의미한다. 사실성은 사고내용이 선행사건을 얼마나 사실적으로 해석한 것인가를 의미한다. 논리성은 선행사건에 대해 의미추론이 얼마나 논리적이었는지를 의미한다. 유용성은 특정한 사고내용이 자신이 추구하는 목표를 달성하는 데 도움이 되는 정도를 의미한다.

③ 대안적 사고(alternative thoughts)의 발견

사고내용의 사실성, 논리성, 유용성에 대해 살펴보고 난 후에는 대안적 사고를

찾아본다. 즉, 불쾌 감정을 유발한 사건의 의미를 달리 해석하는 방법은 없는지 생각해 본다. 보다 사실적이고 논리적이며 유용한 대안적 사고를 찾아 그러한 사고로 생각을 바꾸어 보는 일이 필요하다. 예를 들어, 아내가 "당신에 대해 이기적이다"라고 말한 경우, '무심결에 나온 말일 수 있다', '비난이지만 의도적이고 계획적인 비난은 아니다', '아내가 나의 모든 면을 비난하는 것은 아니다', '나의 단점을 생각해 볼 좋은 기회다'라고 대안적인 해석을 생각해 보는 것이다.

④ 대인신념의 변화

아내로부터 이기적이라는 말을 들은 경우 '아내가 의도적으로 나를 비난하고 괴롭히려 한다'는 것이 자명하고 확실하게 느껴질 수 있다. 아내의 전체 발언 내용과 행동을 보건대 이러한 해석 이외에 다른 대안적 해석이 불가능하다고 판단될 수 있다. 이 경우 다음과 같은 사고분석을 통해 자신의 대인신념을 찾아볼 수 있다.

아내가 "당신은 왜 그렇게 자기만 생각하냐?"라는 말을 함이
나에게 무엇을 뜻하는가?

⬇

'아내가 의도적으로 나를 비난하고 있다.'
이 해석이 사실이라고 하자.
그런데 이러한 의미해석이 왜 나를 화나게 하는가?

⬇

아내는 항상 어떤 점에 대해서든 비난해서는 안 되기 때문이다.
이러한 사고분석을 통해 '부부 사이에서는 어떤 경우든 서로 비난해서는 안 된다'는
대인신념을 확인할 수 있음

이처럼 부정적인 사고가 자신에게 의미하는 바를 지속적으로 자문함으로써 역기능적인 신념을 찾아내는 방법을 수직 화살표 기법(vertical arrow technique)이라고 한

다(Burns, 1989). 이렇게 부부관계에서 기대한 대인신념이 확인되면 그 신념의 타당성에 대해서 생각해 본다. 그리고 다음 단계에서는 좀 더 현실적이고 유연한 대인신념을 생각해 본다.

참고자료 **감정조절을 도와주는 10계명**

1. 오늘의 내 기분이 어떤지 물어본다.
2. 불편한 감정을 환영한다.
3. 부정적 감정일수록 표현한다.
4. 내 감정은 나의 것임을 명심한다.
5. 언어에 예민해진다.
6. 감정이 주는 신호를 읽는다.
7. 감정 조절의 7단계에 익숙해진다.
   1단계 : 느낌 알아차리기
   2단계 : 느낌 표현하기
   3단계 : 내 인생의 주제 찾기
   4단계 : 나를 깊이 이해하기
   5단계 : 원치 않는 내 모습 수용하기
   6단계 : 나를 성장시키는 긴 싸움
   7단계 : 새로운 가치관의 탄생
8. 자신이 작은 존재임을 인정한다.
9. 할 수 있는 것과 없는 것을 구분한다.
10. 가치관을 바꾼다.

출처 : 김용태(2014).

Activity 11−1 부정적 감정 조절하기 연습

1. 당신의 대인관계에서 때때로 하게 되는 위험한 생각 세 가지를 적은 다음 각 항목의 위험한 생각과 관련된 감정이나 정서를 적어보고 감정의 강도를 1~10점의 범주로 표현해 봅시다.

〈위험한 생각〉	〈관련된 감정이나 정서〉
①	① (　　점)
②	② (　　점)
③	③ (　　점)

2. 위의 활동에서 부정적인 감정의 강도를 스스로 만든다는 것을 깨닫는다면 위험한 생각의 내용을 수정해 부정적인 감정을 잘 대처 및 조절할 수 있다. 다음으로 아래의 내용에 대해 순서대로 실행해 봅시다.

① 화가 났을 때 어떤 위험한 생각을 하는지 생각해 봅시다.

② 일기장이나 노트에 위험한 생각의 내용을 구체적으로 기록해 봅시다.

③ 자신이 갖고 있는 위험한 생각의 종류와 그 빈도수를 인식해 봅시다.

④ 위험한 생각을 안전한 생각으로 바꾸어 봅시다.

출처 : Isett, R., 이둔영 역(2012).

2 스트레스 관리하기

1) 우리나라 스트레스 상황

우리나라의 스트레스 지수는 세계 1위이다. 라이나생명 모기업인 시그나그룹이 23개국에서 조사한 '시그나 360' 웰빙지수를 2018년에 발표했는데 여기서 스트레스 지수(최근 스트레스를 받았거나 받고 있다고 응답한 비율)가 우리나라는 97%로 23개국(평균 86%) 중 가장 높았다. 그리고 이러한 스트레스 원인은 일(40%), 돈 문제(33%), 가족(13%) 순으로 나타났다(시그나그룹, 2018.7.10). 또한 우리나라의 사교육비 지출도 세계 1위이다. 특히, 학업 자녀가 있는 가구에서는 '엔젤계수(교육비)'가 '엥겔계수(식료품비)'보다 훨씬 높은데, 이것은 세계 어디에서도 찾아보기 힘든 독특한 현상이다(뉴스핌, 2015.11.27). 사교육비의 지출실태를 통해 우리나라 청소년들이 많은 학업 스트레스를 경험하고 있다는 사실을 간접적으로 확인할 수 있다. 이러한 학업 스트레스와 지나친 학업 경쟁은 아이들의 정신건강 문제(우울, 불안, 자살 충동 등)들을 유발할 수도 있다. 그리고 고학력 고용률과 청장년층 취업률이 OECD 국가들 중 최하위권(https://doi.org/10.1787/pension_glance-2017-en)이라는 사실을 통해 우리나라의 취업 스트레스 수준이 높음을 간접적으로 알 수 있고 20대 구직자의 50%가 취업스트레스로 자살 충동을 느꼈다는 설문결과를 통해서도 확인할 수가 있다. 비록 7년 정도가 지난 상황이지만 여전히 청년 실업이 심각한 상황이고, 여전히 취업률로 인한 스트레스는 높다. 이 밖에 근로자 연간 노동시간 세계 1위(세계일보, 2015.11.29), 근로자 행복지수 세계 118위(헤럴드 POP, 2015.11.2)라는 사실을 통해서도 우리 사회가 직무스트레스로 인한 불안과 적응 장애수준이 증가하고 있음을 또한 알 수 있다. 요즘은 40대에 퇴사를 하는 경우도 많고 근로자들이 일하는 환경에서 받는 스트레스 수준도 높으며 가사를 맡고 있는 주부들의 스트레스 수준에 있어서도 우리나라 상황은 그다지 좋지 않은 모습을 보이고 있다. 이는 어머니가 되기 좋은 나라 세계 30위(연합뉴스, 2014.5.6)

를 보이고 있고, 실업률과 물가상승률을 더한 경제고통지수도 2011년 이후 최고 수준을 나타낸 사실을 통해서도 확인이 된다(헤럴드경제, 2018.12.10). 이렇듯 우리나라의 심각한 스트레스 상황과 스트레스의 영향력을 고려할 때 스트레스를 적절히 관리하는 것은 국가적으로나 개인적으로 매우 중요하다고 할 수 있다.

Activity 11-2 일상생활 스트레스 종합점검

※ 일상생활에서 경험하는 자신의 스트레스 수준을 점검해 봅시다.

① 주위 환경

- 저녁에 집에서 편하지 못한가?
- 집안에 작업 공간이 더 필요한가?
- 물건들을 놓기 위한 장소가 결코 충분하지 못하다고 느껴지는가?
- 집이 너무 작거나 비좁은가?
- 아침에 깨어날 때 등이 뻐근한가?
- 이웃들이 지나치게 시끄러운가?
- 오랫동안 앉아있으면 불편한가?
- 음산한 겨울 동안 의기소침해지는가?

※ 위의 8개 항목 중 5개 이상의 항목에 체크한 사람이라면 주위 환경에서 스트레스를 받고 있다고 볼 수 있다.

② 자기 자신

- 스스로의 재능이 매우 한정되어 있다고 느끼는가?
- 약간만 화가 나는 일이 있어도 울음이 터지는가?
- 어려운 상황에 직면했을 때 쉽게 당황하고 마는가?
- 다른 사람들이 원하는 것을 해야 하기 때문에 자신이 원하는 것은 포기해 버리는가?
- 스스로 결점이 많고 장점이 거의 없다고 느끼는가?
- 자신 스스로의 힘으로 어쩔 수 없는 주변 상황 속에 갇혀 있는가?
- 낯선 사람에게 대화를 시도할 때 걱정이 되는가?
- 자기 자신의 문제를 털어놓기가 거북하고 어려운가?

- 미래에 대해 걱정하는 데 많은 시간을 보내는가?
- 스스로 설정한 목표를 달성하지 못했을 때 의기소침해지면서 자책감이 드는가?
- 스트레스 받을 때를 대비해 뭔가 방법을 준비해 두지 못했고 그 준비가 어렵다고 느끼는가?
- 때로는 다른 사람들이 반대할지도 모른다는 생각 때문에 자신의 견해를 드러내지 못하는가?
- 어려운 일이 있으면 그 어려움을 피해보고 싶어 끝까지 일처리를 미루는 편인가?
- 쉽게 화를 내는 편인가?
- 마음을 편히 갖기가 어려운가?

※ 위의 15개 항목 중 9개 내지 10개 이상의 항목에 해당하는 사람은 자기 자신으로부터 연유된 스트레스를 평균 이상으로 지니고 있다고 생각하고 마음의 평정과 당당함을 기르기 위해 노력해야 할 것이다.

③ 인간관계

- 집에서 사생활 확보가 어렵다.
- 계속해서 어떤 관계를 지속시키는 것이 어렵다.
- 종종 너무 피로하기 때문에 사랑을 나눌 수가 없다고 느낀다.
- 가족들은 내가 집에서 충분한 시간을 보내지 않는다고 원망한다.
- 나 자신을 위해 한 번도 제대로 시간을 가져보지 못했다.
- 가족들에게 좀 더 많은 것을 해주지 못해 죄책감이 든다.
- 자신의 성적 행동이나 욕구 중에 비정상이라고 생각되는 것들이 있다.
- 자녀들이 버릇없이 무례하게 굴어 문제라고 생각한다.
- 배우자가 자신보다 더욱 돈을 잘 벌어 자신이 무능하게 느껴진다.
- 친구들을 충분히 만나지 못한다.

※ 위의 10개 항목 중 9개 이상의 항목에 체크했다면 인간관계로부터 스트레스를 받고 있는 것이다.

④ 시간 관리

- 정기적으로 약속이나 중요한 마감 시간을 깜빡 잊는다.
- 항상 바쁘다는 느낌이 든다.
- 러시아워 때 인파에 쓸려 출퇴근한다.
- 대부분의 시간을 다른 사람들과 함께 있고, 자신만의 시간을 갖지 않는다.
- 수첩을 활용하지 않는다.
- 하고자 하는 일을 끝마치기에 충분한 시간이 주어지지 않아 화가 난다.

- 일에만 시간을 쏟는다는 이유로 배우자가 짜증을 낸다.
- 시간이 너무 빨리 흘러간다고 느낀다.
- 하루나 이틀 정도 앞서서 활동을 계획하지 못한다.
- 될 수 있는 한 일을 빨리 해치우려고 한다.
- 중요한 사업에 몰두할 때 그 일에 모든 시간을 다 써버린다.
- 말을 할 때도 빨리 하고 걸음도 빠르다.
- 출퇴근 시간에 맥이 빠진다.
- 집에서 자녀와 너무 많은 시간을 보낸다고 느낀다.
- 놀거나 늘어지거나 몽상을 위한 시간을 내지 못한다.

※ 위의 15개 항목 중 9개 이상에 체크했다면 시간 관리를 효율적으로 할 방법을 계획해야 한다.

⑤ 식생활, 운동

- 식사하면서 다른 일을 한다. 예를 들어, 신문을 보거나 차를 타고 간다거나 TV를 보거나 요리를 하면서 음식을 먹는다.
- 자주, 거의 정기적으로 통조림으로 되어 있는 음식이나 정제된 음식, 인스턴트 음식, 지방이 많거나 튀긴 음식, 오랜 기간 저장되었던 야채 등을 자주 먹는다.
- 하루 4잔 이상의 포도주, 독한 술이나 맥주를 2잔 이상 마신다.
- 체중이 아주 빨리 불어나는 편이다.
- 담배를 피운다.
- 하루 중 쉬는 시간을 별로 할애하지 않는다.
- 하루 중에서 몸을 움직이는 활동, 예를 들면 산책, 조깅과 같은 적당한 운동을 하지 않는다.
- 하루 세 끼의 식사를 위해 소요하는 총 시간이 1시간 미만이다.
- 칼로리가 높은 음식물을 자주 먹는다(습관적으로).
- 하루에 다섯 잔 이상의 커피나 차, 탄산음료를 마신다.
- 날마다 간식을 꼭 먹는다.
- 감기와 같은 질병에 자주 걸린다.
- 하루에 단 한 번도 긴장을 풀기 위한 적극적인 노력을 실시하지 않는다.

※ 위의 13개 항목 중 9개 이상의 항목에 문제가 있다면 자신의 식생활과 운동 상태를 반드시 체크해야만 한다.

출처 : 손재석(2019).

2) 스트레스 해소방법

스트레스 해소방법은 적응하기 어려운 환경에 처할 때 느끼는 심리적·신체적 긴장 상태를 해소하는 방법을 의미하는데 크게 바람직한 인식으로 변화시키는 '인지적 대처방법'과 생활양식을 변화시키는 '행동적 대처방법'이 있다(김종운, 2018, 손재석, 2019).

(1) 스트레스 받아들이기

피할 수 없는 스트레스라면 잘 받아들이는 것도 중요하다. 스트레스는 긍정적이거나 부정적인 면을 떠나서 부담스러운 것이다. 스트레스를 피하려는 이유는 개인에게 신체적, 사회경제적 고통과 심리적인 부담증이 예상되기 때문이다. 피할 수 없는 스트레스와 마주칠 때 거기에서 벗어나려고 한다면 오히려 점점 더 스트레스에 둘러싸이게 된다.

(2) 생각하는 방식 바꾸기

사건 자체보다도 그 사건을 어떻게 해석하는가에 따라서 느껴지는 감정이 다르다. 즉, 스트레스를 어떻게 받아들이는가? 사고방식이 긍정적이면 스트레스 해결에 있어서도 긍정적 효과가 나타날 수 있다는 것이다.

(3) 긍정적인 자아개념 유지하기

똑같은 상황에 처해도 자존감이 낮고 자아개념이 부정적인 사람은 자존감이 높고 자아개념이 긍정적인 사람보다 훨씬 더 스트레스를 경험한다.

(4) 자기주장 훈련

자기주장은 자신의 의견과 감정, 욕구를 명확하게 표현하지만 결코 상대방의 감정을 해치거나 남을 비난하지 않는 효과적인 대화법이다. 대인관계에서 오는 여러 가지 스트레스를 완화할 수 있는 방법이다.

(5) 긴장이완

정신적으로 스트레스를 느끼면 신체적 긴장이 지속적으로 일어나는데 스트레스의 대처하는 가장 효율적인 방법은 긴장감이 느껴질 때마다 수시로 그것을 풀어주는 '이완'이다.

(6) 경직된 근육 이완

근육 이완 중 수면이 가장 좋은 방법이나 수면으로도 스트레스가 풀리지 않으므로 의식적인 이완 기술을 습득하는 것이 중요하다.

(7) 호흡법

호흡법은 이완과 관련되어 조금 더 깊이 들어가는 방법이다. 좀 더 시간을 두고 조용한 장소에서 편안하게 적용할 수 있다. 심호흡을 하는 것은 스트레스에 대해서 즉각적인 효과를 준다. 시간과 장소를 불문하고 항상 쓸 수 있는 방법이다.

(8) 자율이완법

자율이완법은 최면술과 같이 보통 무의식의 세계를 끄집어내는 방법으로 스스로에게 최면을 걸어 긴장을 이완시키는 것을 의미한다. 일반적으로는 많이 쓰이지 않고 전문가를 통해 사용된다.

(9) 명상법

명상은 의식적으로 마음을 비움으로써 이루어진다. 명상은 마음과 정신을 움직여 육체에 자극을 주는 스트레스를 떨쳐낼 수 있는 가장 효과적인 방법이다.

(10) 수면

'잠이 보약'이라는 말이 있듯이 '수면' 스트레스 해소에 중요한 역할을 한다. 잠깐의 낮잠은 스트레스뿐 아니라 무기력증 해소 등 건강에 도움이 된다.

(11) 운동

운동을 하면 스트레스로부터 오는 변화에 능동적으로 대처할 수 있다. 하루에 30분 정도 운동을 하면 스트레스로부터 오는 긴장을 푸는 데 도움이 된다. 고슬랭과 테일러(Gosselin & Taylor, 1999)가 주관적인 자기보고식 측정도구와 객관적인 생리적 각성에 대한 측정도구를 사용하여 운동과 스트레스에 대해 연구한 결과 신체활동이 활발한 사람은 그렇지 않은 사람보다 스트레스가 적었고 스트레스 관련 질환에 따르는 고통도 적은 것으로 나타났다.

(12) 독서

독서와 스트레스 양은 반비례한다. 영국 서섹스 대학교 인지신경심리학과 데이비드 루이스(David Lewis) 교수팀의 연구결과 스트레스 해소법으로 독서, 산책, 음악감상, 비디오 게임 등과 비교하였는데 가장 효과가 좋은 것이 독서로 나타났다(The Telegraph, 2009.3.30).

읽기자료 스트레스 해소에 도움이 되는 컬러

미국 LA 캘리포니아 대학의 심리학자 로버트 제라드(Robert Gerard) 박사는 빨강, 흰색, 파랑 3가지 색광에 대한 혈압과 손바닥의 땀, 호흡주기, 맥박, 근육활성도, 심장박동주기, 뇌파, 눈 깜박임 등의 생체 반응을 측정하였다. 그 결과 적색광은 혈압을 높이고 호흡수와 근육 긴장을 증대시킨 반면, 청색광은 신경계의 각성안정도, 호흡수와 눈 깜박임의 빈도 및 혈압을 감소시켜 행복감과 평안함, 즐거운 생각을 유발한다는 사실이 증명되었다. 또한 영국 에든버러 대학 스트레스 연구팀에서는 실험자들이 도심을 걸을 때보다 공원을 걸을 때 명상과 휴식의 감정을 경험한다고 주장하였으며 녹색의 휴식 효과가 단지 나무와 식물이 발산하는 물질에만 의존하는 것이 아니라 녹색 색상을 통한 우리 몸 속 신경전달물질의 순환에 의한 것이라는 증거를 발견하였다.

출처 : 김선현(2009).

참고자료 **건전한 수면 습관**

① 저녁에 과식하지 않는다.
② 늦은 저녁 시간 간식을 피한다.
③ 잠들기 전 적어도 두 시간가량은 수분 섭취를 금한다. 소변을 비우기 위해 너무 일찍 깨어나고 또 산란한 꿈을 꾸게 된다.
④ 술을 먹지 않는다. 알코올은 체내에서 탈수 작용을 하면서 자꾸 소변을 보고 싶게 만들 뿐만 아니라 위산과다와 위의 통증을 유발하고 특히 간에서 알코올을 분해할 때 생성되는 에틸알데히드가 혈류에 남아 신진대사가 활발하게 움직이기 때문에 숙면을 방해하는 요인이 된다.
⑤ 편안한 잠자리를 만든다. 침대가 너무 푹신하면 근육을 효과적으로 받쳐주지 못한다.
⑥ 조용한 침실환경을 구성하기 위해 카펫과 커튼을 설치한다.
⑦ 실내온도는 약 20드 정도로 한다. 너무 더운 실내는 오히려 숙면을 방해하는 요인이 되기도 한다.
⑧ 수면을 즐긴다. 수견은 좋은 것이고 에너지를 충전하여 다음 날 보다 활기차게 활동할 수 있다는 것을 인식한다.
⑨ 긍정적인 태도를 갖는다. 그날 있었던 불편한 일을 잊고 내일을 기대한다.
⑩ 잠자리에 들기 전 마음을 가라앉히는 습관을 갖는다. 따뜻한 목욕이나 하루 일과를 정리하는 일기 쓰기, 가벼운 독서, 음악 감상, 기분 좋은 상상, 근육이완, 자율훈련, 기도 등을 실시한다.
⑪ 긍정적인 자기 암시를 한다. '내가 깨어날 때 나는 기분이 상쾌하고 가뿐하고 편할 것이다'라는 암시를 하고 평화로운 숙면을 취한다.

출처 : 손재석(2019).

3) 스트레스에 대한 새로운 인식

사람들 중에는 상대적으로 스트레스를 적게 받는 사람도 있고 적당한 정도의 스트레스를 받는 사람도 있으며 아주 많은 스트레스를 받는 사람도 있다. 이러한 스트레스는 감기부터 심혈관 질환까지 위험성을 증가시키는 요인이 되기도 한다. 그런데 스탠퍼드 대학교(Stanford University) 건강 심리학자인 켈리 맥고니걸(Kelly McGonigal, Ph.D)의 연구를 보면 스트레스 때문에 건강이 안 좋아진 것이 아니라, 스트레스 때문에 건강이 안 좋아질 것이라는 믿음 때문에 더 건강이 안 좋아졌다고 주장한다(McGonigal K., 신혜경 역, 2019). 미국에서 공식적인 사망기록을 활용하여 8년간 진행된 연구에서 182,000(43%)명이 이른 시기에 사망하였는데 스트레스 때문이 아니라 스트레스가 본인에게 나쁘다는 믿음 때문이었다고 추정했다. 물론 모든 스트레스를 주는 주요한 경험들(경제적 어려움, 가족 위기 등등)이 사망의 위험성을 증가시키지만 스트레스가 건강에 해로울 것이라는 부정적인 신념이 죽음에 상당한 영향을 미쳤음을 확인시켜 준다. 이는 2011년 미국인 사망원인 순위(그림 11-1)에서도 확인이 되는데 스트레스 신념에 의한 사망인원이 피부암, HIV/에이즈, 살인에 의한 사망인원보다 많았다(CDC, 2012). 한편 예외도 있었는데 타인에게 관심을 쓰는 데 시간을 보낸 이들은 사망률에서 스트레스와 관련된 증가가 전혀 나타나지 않았다. 이는 '보살핌(caring)'이 '회복력(resilience)'을 만들어 낸다는 사실을 확인시켜준다. 지금까지 살펴본 내용들을 통해 스트레스가 건강에 미치는 해로운 영향이 불가피한 게 아니라 어떻게 생각하고 어떻게 행동하느냐에 따라 스트레스에 대한 경험을 바꿀 수 있다는 사실을 알 수 있었다. 또한 스트레스를 피하기보다 의미(보살핌과 같은 의미있는 행동 수행)를 좇는 것이 건강에 좋다는 것을 알 수 있었다(인생의 의미를 창조하는 그것을 좇으라).

2011년 미국인 사망원인의 순위(CDC, 2012)

1. 심장병 (596,339)
2. 암 (575,313)
3. 호흡기 질환 (143,382)
4. 뇌혈관 질환 (128,931)
5. 사고 (122,777)
6. 알츠하이머 병 (84,691)
7. 당뇨병 (73,282)
8. 독감 (53,667)
9. 신장염 (45,731)
10. 자살 (38,285)
11. 패혈증 (35,539)
12. 간 질환 (33,539)
13. 고혈압 (27,477)
14. 파킨스병 (23,107)
15. ~~폐렴 (18,090)~~ 스트레스 신념 (20,231)

|그림 11-1| 스트레스 신념에 의한 사망순위

출처 : http://www.ted.com/talks/kelly_mcgonigal_how_to_make_stress_your_friend?language=ko#t-838521

CHAPTER 12

인간관계 개선방법 (5)
설득하기와 협상하기, 이미지 메이킹하기

이 장에서는 설득하기와 협상하기 및 이미지 메이킹하기에 대해 살펴보도록 한다. 구체적으로는 1절에서 설득의 개념, 설득 시 효과적인 화법, 협상의 개념, 효과적인 협상법에 대해 살펴보고 2절에서는 이미지 메이킹의 개념, 이미지 메이킹 방법에 대해 살펴보도록 한다.

학습목표

1. 설득하기와 협상하기에 대해 이해한다.
2. 이미지 메이킹하기에 대해 이해한다.

1 설득하기와 협상하기

1) 설득의 개념

우리가 인간관계를 맺는 과정 속에서 상황에 따라 설득과 협상을 하는 상황이 발생한다. '설득(persuasion)'이란 한 사람의 태도나 행동이 강박을 당하지 않고 다른 사람과의 의사소통을 통해 영향을 받는 것이다. 이는 이데올로기를 전파하기 위해 허위 또는 편파적인 정보마저 믿도록 만드는 '선전(propaganda)'과는 구별된다(Jowett & O'Donnell, 2012). 이러한 설득은 타인에게 영향을 주는 것, 동기를 유발하는 것과 밀접한 행위인데 다만 설득한 상대에게 나의 생각을 강요하지 않는 것이 전제되어야 한다. 즉, 설득은 힘을 사용하여 다른 사람들이 자신의 선호와 같게 행동하도록 하는 '강압(coercion)'과 달리 근거와 언어적 호소를 다룬다(유순근, 2016). 그렇다고 상대에게 아부를 하여 내 편으로 만드는 것은 설득이라고 볼 수 없다. 인간관계에서 사람들에게 양보를 얻어내기 위해서는 상대가 자신의 권리를 양보하는 의사결정을 내리기 위한 정당하고 합당한 이유가 있어야 한다. 그리고 자신의 양보라는 행위가 명분이 있고 가치가 있는 일이라고 여길 때 설득이 이루어진다.

읽기자료 설득에 관한 실험

하버드 대학의 사회심리학자 랭거(Ellen Langer) 교수는 설득에 관한 실험을 하였는데 우선 랭거 교수가 복사기 앞에 길게 줄 선 사람들에게 다가가 이렇게 말했다. "실례합니다. 제가 다섯 페이지를 복사해야 하는데요. 지금 꼭 해야 합니다. 제가 몹시 급하거든요." 이 말을 듣고 복사기 앞의 줄을 선 사람 가운데 양보한 사람은 60%였다. 다음에 랭거 교수는 이렇게 말했다. "실례합니다. 제가 다섯 페이지를 복사해야 하는데요. 지금 꼭 해야 합니다. 왜냐하면 제가 몹시 급하거든요." 이 말을 듣고 양보한 사람은 94%였다.
앞서 상황하고 상당히 대조적인 모습을 보였다. 이유를 말했을 뿐인데 양보를 한 사람이 많아졌다. 이러한 내용을 통해서 우리가 상대방에서 행동의 필요성에 대해서 적절한 설명을 할 때 상대방이 양보를 하거나 우리가 의도한 대로 따라줄 수 있다는 것을 알 수 있다. 다음에는 '왜냐하면(because)'이라는 말을 넣되 전혀 말이 안 되는 이유를 대었다. "실례합니다. 제가 다섯 페이지를 복사해야 하는데요. 지금 꼭 해야 합니다. 왜냐하면 제가 복사를 해야 하거든요." 정말 말이 안 되는 이유이다. 하지만 이 말을 듣고도 93%의 사람들이 선뜻 자리를 양보했다고 한다. 이처럼 사람들은 '왜냐하면'이라는 말만 듣고도 사람들은 무의식적으로 '무언가 그럴만한 이유가 있는가 보다'라고 단정 짓는다는 것을 알 수 있다.

출처 : 김상운(2007).

2) 설득 시 효과적인 화법

효과적인 설득을 하려면 먼저 상대의 다름을 인정하고 상대의 성격유형에 맞추어 대응해야 한다. 즉, 기본적으로 설득하고자 하는 상대방과의 차이를 인정하고 상대방의 유형에 맞춰나가는 것이 필요하다. 특히 긍정의 화법은 인간관계를 아름답게 만들어 주고 서로를 설득해야 하는 논쟁에서도 당신의 생각을 변화시킬 수 있는 힘이 된다. 긍정적 화법의 유익을 예화를 통해 살펴보도록 하자. 미국 16대 대통령 선거전에서 경쟁자인 더글라스(Douglas, S. A.) 상원의원이 링컨(Lincoln, A.)에게 "당신은 교활하고 부도덕한 두 얼굴을 가진 이중인격자입니다"라고 공격하자 링컨은 "지금 더글러스 후보께서는 저에게 두 얼굴을 가진 이중인격자라고 말씀하셨습니다. 그러나 그 말은 격에 맞지 않는 틀린 말입니다. 왜냐하면 유권자 여러분, 생각해 보십시오. 만일 제가 또 하나의 얼굴을 가졌다면, 오늘같이 중요한 날에 잘생긴 얼굴로 나올 것이지 왜 하필이면 이렇게 못생긴 얼굴을 가지고 이 자리에 나왔겠습니까?"라고 답하자 많은 사람들이 환호하고 더 많은 지지를 주었다고 한다. 이처럼 험악한 상황 속에서도 유머로 웃음을 유도하며 긍정의 화법으로 대화할 때 불리한 상황이 전화위복이 되고 사람을 설득할 수 있다. 이러한 긍정적 화법은 태도, 지식, 연습, 실천의 네 가지 요소가 원활하게 맞물려야 한다. 첫째, 태도적 측면에서 세상을 긍정적으로 바라보는 유연적 태도가 필요하다. 설령 상대방이 재미없는 농담을 해도 시원하게 웃어줄 수 있는 여유 있는 마음은 바로 긍정의 대화를 만드는 첫걸음이다. 둘째, 지식적 측면에서 세상에 대한 폭넓은 지식이 필요하다. 이러한 지식은 어떤 상황이나 주제가 던져져도 흥미롭게 대화할 수 있게 해준다. 셋째, 연습적 측면에서 꾸준한 연습이 필요하다. 이는 실전에서 발생할 수 있는 실수를 미연에 방지해 준다. 상대방으로부터 자연스러운 웃음을 끌어내기 위해서는 끊임없는 연습과정이 필요하다. 넷째, 실천적 측면에서 긍정화법이 몸에 배도록 생활 속에서 실천하는 것이 필요하다. 연습해 왔던 농담이나 유쾌한 스피치를 일상에서 계속 시도해 볼 때 긍정화법이 오랜 습관처럼 느껴질 수 있다(장은영, 2009).

참고자료 **사람의 마음을 사로잡는 여섯 가지 불변의 법칙**

1. **상호성의 법칙** : 샘플을 받아본 상품은 사게 될 가능성이 높다.
2. **일관성의 법칙** : 내가 선택한 상품과 서비스가 최고라고 믿고 싶어한다.
3. **사회적 증거의 법칙** : '가장 많이 팔린' 상품은 '더 많이' 팔릴 것이다.
4. **호감의 법칙** : 잘생긴 피의자가 무죄 판결을 받을 가능성이 높다.
5. **권위의 법칙** : 상 받은 상품, 큰 체구, 높은 직책, 우아한 옷차림에 약하다.
6. **희귀성의 법칙** : 한정판매, 백화점 세일 마지막 날에 사람이 몰린다.

출처 : Cialdin, R., 황혜숙 역(2013).

3) 협상의 개념

'협상(negotiation)'은 입장이 서로 다른 양자 또는 다자가 무엇을 타결하기 위해 협의하는 것을 말한다(Johnson, 2000). 협상은 좋은 인간관계를 유지하면서 상호이익을 최대화하는 대표적인 문제중심적 갈등해결방식이다(김종운·박성실, 2011). 이러한 협상은 물질적인 것들을 교환하는 것 이상의 의미를 가진다. 협상의 출발점에서 자신의 입장을 말할 때는 정중하게 해야 하고 감정이입을 하면서, 즉 상대방의 관점이나 용어의 틀로 바라보고 들을 필요가 있다. 또한 상대방이 말하는 동안에는 반박하지 말고, 몰아세우지도 말아야 한다. 상대방을 배려하고 긍정적인 태도로 다가설 때 쌍방이 서로 받아들일 수 있는 해결점을 찾을 수 있다. 하지만 협상을 하다가 머리를 긁적거리거나 상대에게 반응하다가 실수를 저지를 수도 있다. 이를 두려워하기보다 인정하는 것이 원하는 결과를 얻는 데 더 유리하다는 것을 아는 것은 협상하는 데 큰 도움이 된다(Cohen, H., 김문희 역, 2011).

4) 효과적인 협상법

존슨(Johnson, 2000)은 효과적인 협상방법에 대해 제시하였는데 첫째, 충분한 대화를 나눌 수 있는 시간과 장소를 선택하는 것이 필요하다. 둘째, 갈등 상황에서 서로가 원하는 것이 무엇인지를 이야기한다. 셋째, 갈등 상황에 대해서 각자가 느끼고 있는 감정을 이야기 나눈다. 넷째, 갈등 상황에서 각자가 지닌 소망이나 목표를 원하는 이유에 대해서 이야기한다. 다섯째, 각자 상대방의 관점에서 갈등 상황을 생각해 본다. 여섯째, 서로 합의할 수 있는 여러 가지 해결책을 발견하기 위해 노력한다. 일곱째, 현명한 합의점에 도달하기 위한 노력을 한다. 또한 효과적인 협상을 위해서는 해야 할 것과 하지 말아야 할 것들이 있는데 내용을 살펴보면 〈표 12-1〉과 같다.

〈표 12-1〉 협상에서 해야 할 것과 하지 말아야 할 것들

하라(DO)	하지 마라(Don't)
대안의 준비	상대방의 분위기 띄우기에 현혹되는 것
상대방의 대안을 예측	상대방의 강압적 분위기 조성에 위축되는 것
협상항목, 점수표 준비	의사결정권자가 아닌 사람과 협상하는 것
상대방의 협상항목, 점수표 준비	딱 떨어지는 숫자가 아니라 어느 정도 식으로 제안하는 것
자신과 상대방의 시간적 압박을 파악	협상이 아닌 비본질적인 부분에 빠져들기
상대방보다 먼저 제안	협상의 전체 파이가 고정되어 있다고 생각하기
필요한 경우 외에는 침묵	거짓말하기

출처 : 김종운 · 박성실(2011).

참고자료 **효과적인 협상법**

1. 목표에 집중하라.

협상을 통해 얻고자 하는 것은 바로 목표달성이다. 그런데 애석하게도 많은 사람들이 부차적인 것들에 신경 쓰느라 목표달성에 방해가 되는 행동을 하고는 한다.

2. 상대의 머릿속 그림을 그려라.

다시 말해 상대의 생각, 감성, 니즈를 파악하고 그들이 어떤 식으로 약속을 하는지, 상대방의 어떤 부분에서 신뢰를 느끼는지도 알아야 한다. 또한 그들이 절대적으로 믿고 의지하는 제3자로부터 도움을 받을 수 있는지도 확인해야 한다.

3. 감정에 신경 쓰라.

세상이 언제나 이성적으로 돌아가는 것은 아니다. 아이러니하지만 중요한 협상일수록 사람들은 비이성적인 태도를 취하기도 한다. 사람이 감정적으로 변하면 상대의 말을 듣지 않게 된다. 상대방이 감정에 공감하면서, 필요하다면 사과를 해서라도 상대방의 감정을 보살펴라. 그런 후 상대가 다시 이성적인 판단을 할 수 있도록 유도해야 한다. 이를 전문적인 용어로 감정적인 지불(emotional payment)이라고 한다.

4. 모든 상황은 제각기 다르다는 것을 인식하라.

모든 협상에서 만능으로 통용되는 전략이란 존재하지 않는다. 같은 사람과 같은 내용으로 협상을 하더라도 시간에 따라, 그날의 날씨와 컨디션에 따라 상황은 달라지는 것임을 명심하자.

5. 점진적으로 접근하라.

사람들은 종종 한꺼번에 너무 많은 것을 요구하는 바람에 협상에서 실패한다. 성급한 말과 행동은 상대방의 마음을 멀어지게 할 뿐 아니라 위험요소를 키울 뿐이므로 협상을 할 때는 걸음걸이의 보폭을 줄여야 한다. 한 번에 한 걸음씩 상대방을 목표 지점으로 끌어들여라. 협상의 매 단계마다 상대방과의 간격을 확인하라. 간격이 많이 벌어졌다면 천천히, 아주 천천히 좁혀나가야 한다.

6. 가치가 다른 대상을 교환하라.

사람들은 저마다 다른 가치 기준을 갖고 있다. 따라서 쌍방의 가치 기준을 확인하여 한쪽은 중요하게 생각하고 다른 한쪽은 중요하게 생각하지 않는 대상을 서로 교환할 수도 있다.

7. 상대방이 따르는 표준을 활용하라.

상대방의 정치적 성향, 과거 발언, 의사결정 방식 등을 알면 원하는 것을 얻을 수 있다. 상대방이 그들의 정치적 성향에서 일탈하거나 전례가 있는 일인데도 이를 거부하면, 그 점을 지적하라. 이 전략은 까다로운 사람들을 상대할 때 특히 효과적이다.

8. 절대 거짓말을 하지 마라.

어떤 상황에서도 상대를 속이려고 하면 안 된다. 거짓말은 언젠가 상대방이 알게 될 것이고, 결국 이로 인해 장기적으로 큰 손해를 입게 될 것이다.

9. 의사소통에 만전을 기하라.

대부분의 협상 실패는 부실한 의사소통에서 기인한다. 그 자리에서 즉시 협상을 끝낼 작정이 아니라면, 서로 정한 휴식 시간이 될 때까지 멋대로 자리를 뜨지 마라. 또한 의사소통은 정보의 교환을 의미한다. 뛰어난 협상가는 뻔한 상황일지라도 이를 상대에게 꼭 알린다.

10. 숨겨진 걸림돌을 찾아라.

협상을 할 때 정작 걸림돌이 무엇인지 찾아 해결하려는 사람은 의외로 드물다. 협상에 앞서 목표 달성을 막는 걸림돌이 무엇인지부터 파악하라. 진짜 문제를 찾으려면 상대방이 왜 그렇게 행동하는지부터 알아야 한다.

11. 차이를 인정하라.

대부분의 사람들은 상대와 나와의 차이를 부정적으로 보고 심적으로 불편해한다. 그러나 서로 다르다는 사실이 실제로 협상에서는 더 유리하게 작용할 수 있다. 차이는 선택을 할 때, 보다 많은 옵션을 주고 이로 인해 아이디어가 번뜩이는 결과를 만들어 낸다. 차이에 대한 질문을 두려워 마라. 많은 사람들은 차이를 싫어하지만 뛰어난 협상가는 차이를 사랑한다.

12. 협상에 필요한 모든 것을 목록으로 만들어라.

지금까지 말한 내용을 포함하여 협상 전략과 도구를 정리한 목록을 만들어라. 이 목록은 마치 끼니때마다 필요한 재료를 찾는 냉장고와 같다. 협상에 임할 때마다 이 목록에서 구체적인 상황에 맞는 것을 골라야 한다. 협상 도구 역시 그중 하나다. 협상 도구는 전략을 실행하는 구체적인 행동을 말한다.

출처 : Diamond, S., 김태훈 역(2017).

읽기자료 영화 '월 스트리트(1987)'로 보는 협상

뉴욕 롱아일랜드에 위치한 고급 저택. 거기에는 고든 게코(금융전문가/증권가의 큰손)가 살고 있다. 어느 날 그에게 걸려온 한 통의 전화. 그는 '올 것이 왔군' 하고 전화를 받는다. 전화를 걸어온 사람은 래리(투자 사업가/ 월스트리트의 큰손). 래리가 인수하려고 했던 애너콧 제철 주가가 연일 최고가를 경신했는데 주가 조작의 배후에 있었던 개코는 래리의 협상을 기다리고 있었던 것이다. 래리는 '고든 게코, 자네를 만나고 싶네'라고 하였고 개코는 '정 급하다면 우리 집으로 오게'라고 답하였다. 그날 밤 급하게 찾아온 래리를 맞이하는 게코와 폭스(게코의 동업자). 게코는 '1층은 소란스러우니 2층 서재로 올라가도록 하지'라고 말하였고 래리는 2층으로 향하는 계단을 오르며 화려한 게코의 집 안을 두리번거린다.

협상전략 1. 장소 선택(venue)

게코가 협상 장소로 선택한 것은 자신의 서재! 자신이 상당한 재력과 영향력을 갖춘 거물 투자자로 성장했음을 보여주려 했던 것이다. 이렇게 자신의 우월감을 보일 수 있는 협상 장소에서 상대를 심리적으로 위축시켜 기선을 제압할 수 있다. 래리는 '주당 65달러로 적당히 마무리 짓자고' 하며 게코가 사들인 주식을 자신에 넘기라고 제안한다. 하지만 게코는 비웃으며 곁에 있던 폭스에게 묻는데…

협상전략 2. 굿가이 배드가이(good guy, bad guy)

게코는 폭스에게 '폭스, 애너콧 주식이 얼마면 적정가야?'라고 물었고 폭스는 '분할 매각하면 주당 80달러는 족히 갑니다'라고 답하였다. 누군가 악역을 맡아 지나친 가격을 요구하면 협상책임자는 상대를 배려하는 척 그보다 나은 가격을 제시해 좋은 조건으로 인식하게 할 수 있다. 이에 게코는 래리에게 '너무 욕심 부리지 말자고 72달러는 어떤가?'라고 하였고 래리는 '자넨 여전하군. 돈이면 부모라도 팔아 치울 건가?'라 답한다. 이에 게코는 '자네도 다를 바 없잖아? 그럼 모두 없던 일로 하지'라고 말한다.

협상전략 3. 퇴장 기법(walk away)

협상 자체를 없던 일로 해도 좋다는 듯 등을 돌리고 일어나는 게코. 이것은 다른 대안이 없는 상대를 물러설 수 없는 상황으로 몰고 가는 것이다. 퇴장 기법은 여러 협상 기법 중 가장 파괴력이 강하다. 이에 래리는 '그럼 71달러?'라고 말하고 게코는 '자네가 내 부모를 모욕한 대가로 71달러 50센트'라고 답한다. 이에 래리는 '그렇게 하지'라고 답하여 협상이 마무리된다.

출처 : 영화 '월 스트리트(1987)'.

읽기자료

서희의 담판

당시 중국에서는 거란과 송이 힘을 겨루고 있었다. 거란은 송과 교류를 하고 있는 고려가 껄끄러웠다. 이에 거란은 993년에 80만 대군을 이끌고 고려를 쳐들어왔다. 당시 고려 조정은 서경(평양)의 북쪽 지역을 넘겨주고 거란을 달래자는 의견이 많았다. 그러나 서희는 비록 고려의 군사 수가 거란보다 적지만, 적의 약점만 잘 파악한다면 승리할 수 있다고 보고 조정대신의 의견에 반대하며 자신이 거란의 장수 소손녕을 만나 담판을 짓겠다고 나섰다. 소손녕은 서희에게 "옛 신라 영토에 나라를 세운 고려가 거란의 땅을 침범하고 송과 외교를 맺는 까닭이 무엇인가?" 하고 물었다. 서희는 소손녕의 질문을 듣고 거란이 원하는 것은 전쟁이 아니라 고려와 국교를 맺는 것임을 알아챘다. 이에 서희는 "고려는 이름에서 알 수 있듯이 고구려의 후계자이고, 거란과 외교 관계를 맺지 못하는 까닭은 여진이 막고 있기 때문"이라고 설명했다. 따라서 거란으로 가는 길목인 압록강 유역을 돌려달라고 요청했다. 이에 소손녕은 거란의 임금에게 고려의 뜻을 보고한 뒤 군대를 철수시켜 되돌아갔다. 이렇게 '서희의 담판'으로 고려는 전쟁을 피했을 뿐 아니라 압록강 유역의 여진까지 몰아낼 수 있었다. 그리고 압록강 유역에 6개의 성을 쌓았는데, 이것이 바로 '강동6주'이다.

출처 : 한정수(2010).

참고자료

어떻게 원하는 것을 얻는가?

협상론을 함축하는 세 가지 질문이 있다.

첫째, 당신의 목표는 무엇인가?
둘째, 상대방은 누구인가?
셋째, 설득에 필요한 것은 무엇인가?

모든 협상은 다르고 상황은 언제나 바뀐다. 협상에 있어 상대방과 상대방의 전략이 차지하는 비중은 90% 이상이다. 기타 협상 주제에 대한 정보나 전문적 지식이 차지하는 비중은 불과 10%도 안 된다. 참고적으로 협상을 성공으로 이끄는 요인들 중 사람이 차지하는 비율이 55%로 가장 높고, 다음으로 절차가 37%이며, 내용은 단지 8%에 불과하다.

출처 : Diamond, S., 김태훈 역(2017).

Activity 12-1 협상능력 자가점검

※ 다음 문항을 읽고 자신에게 해당되는 칸에 ✔표 하세요.

문 항	전혀 아니다	대체로 아니다	보통 이다	대체로 그렇다	매우 그렇다
1. 나는 상대방의 주장사항을 긍정적으로 이해하려는 마음을 갖는 편이다.	1	2	3	4	5
2. 나는 상대방과 친밀한 감정을 느낄 수 있도록 하는 편이다.	1	2	3	4	5
3. 나는 상대와 이야기할 때 합리적인 논리와 타당한 근거를 제시하는 편이다.	1	2	3	4	5
4. 나는 모두에게 도움이 되는 해결책을 찾는 편이다.	1	2	3	4	5
5. 나는 상대방을 동등한 파트너로 존중하는 마음을 갖는 편이다.	1	2	3	4	5
6. 나는 상대방이 무엇을 말하려고 하는지 잘 이해할 수 있는 편이다.	1	2	3	4	5
7. 나는 상대와의 대화에서 상대가 필요로 하는 것을 잘 파악하는 편이다.	1	2	3	4	5
8. 나는 최종 결정을 내리기 전에 선택 가능한 여러 대안들을 창출하는 편이다.	1	2	3	4	5
9. 나는 상대방이 정보를 요구하면 요구한 정보를 성실히 제공하는 편이다.	1	2	3	4	5
10. 나는 내가 무엇을 말하려고 하는지 잘 이해하는 편이다.	1	2	3	4	5
11. 나는 관철시켜야 하는 것은 반복적으로 계속해서 이야기하는 편이다.	1	2	3	4	5
12. 나는 왜 문제가 있는지에 대해 설명하고 상대방의 의견을 수렴하여 문제를 해결하려고 하는 편이다.	1	2	3	4	5
13. 나는 대화 분위기를 부드럽게 하는 편이다.	1	2	3	4	5
14. 나는 상대방과 마음이 잘 맞도록 노력하는 편이다.	1	2	3	4	5

문 항	전혀 아니다	대체로 아니다	보통 이다	대체로 그렇다	매우 그렇다
15. 나는 상대와의 차이점, 장점, 단점을 잘 설명하는 편이다.	1	2	3	4	5
16. 나는 갈등 상황에서 내 입장을 강요하기보다는 전체의 문제해결에 도달하려고 노력하는 편이다.	1	2	3	4	5
17. 나는 상대방이 문제 또는 갈등 해결에 필요한 사항을 요구하는 경우 자료제공에 협조적인 편이다.	1	2	3	4	5
18. 나는 상대방과 호의적으로 대화하려고 하는 편이다.	1	2	3	4	5
19. 나는 까다로운 상대와는 인내를 가지고 이해시키려고 하는 편이다.	1	2	3	4	5
20. 나는 상대방에게 문제 해결수준 및 방법 등 우리 팀의 입장을 솔직하게 피력하는 편이다.	1	2	3	4	5
21. 나는 상대방을 또 다른 경쟁상황에서 만나더라도 신뢰할 수 있다.	1	2	3	4	5
22. 나는 필요한 것을 상대가 거절할 경우 만날 때마다 다시 요구하는 편이다.	1	2	3	4	5
23. 나는 상대방의 입장을 이해하려는 마음을 갖는 편이다.	1	2	3	4	5
24. 나는 상대방과 좋은 관계를 형성할 수 있을 것이다.	1	2	3	4	5
25. 나는 대체안을 항상 준비하고 제안하는 편이다.	1	2	3	4	5
26. 나는 상대방과 공식 또는 비공식 화합을 통하여 충분한 대화를 나누는 편이다.	1	2	3	4	5

출처 : 고현주(2017).

※ 채점 및 해석

획득한 점수를 다음의 표에 옮겨 적은 후 가장 평균 점수가 높은 유형과 낮은 유형이 무엇인지 확인해 봅시다.

유 형	항 목	평균 점수
커뮤니케이션 능력	1, 5, 9, 13, 17, 20, 23, 26번 점수의 평균	
친밀감 형성능력	2, 6, 10, 14, 18, 21, 24번 점수의 평균	
설득능력	3, 7, 11, 15, 19, 22, 25번 점수의 평균	
협상능력	4, 8, 12, 16번 점수의 평균	

2 이미지 메이킹하기

1) 이미지 메이킹의 개념

'이미지 메이킹(image making)'의 사전적 정의는 다른 사람이 어떤 대상을 보거나 생각할 때 갖게 되는 인상을 의도적으로 만들어 내는 것을 뜻한다(NAVER 어학사전, https://dict.naver.com). 즉, 옷차림이나 말투, 제스처, 하는 일, 자주 사용하는 말, 자신이 가지고 있는 모든 것이 상대방에게 전달되는 것을 의미한다. 현대는 이미지가 바로 경쟁력이 되는 시대이다. 이미지는 개인의 사회적 위치나 가치를 표현해 주는 중요한 수단으로서, 우리는 성공적인 삶을 살기 위해 우리가 전달하고 싶은 이미지를 선택하고 그것을 적절히 연출하는 법을 알아야 하는 시대에 살고 있다. 현대사회에서 각 개인의 이미지 연출은 개인의 경쟁력을 높여주는 역할을 할 뿐만이 아니라 타인에게 인식시키고자 하는 긍정적 이미지에 부합하고자 노력함으로써 스스로 발전하고 삶의 질을 높일 수 있는 수단이 될 수 있다. 따라서 사회생활을 하기 위해서는 자신의 이미지 관리에 대한 중요성을 인식하고 자신의 이미지를 때와 장소, 목적에 맞게 연출하여 타인에게 신뢰감을 주고 자신의 능력을 더욱 자신감 있게 효과적으로 발휘할 수 있도록 하여야 한다(김주미 · 권종애, 2014). 우리가 첫 대면 접촉을 통해 주고 받은 좋은 인상은 신뢰와 영향력을 증진시켜 지속적으로 관계를 유지하게 하고 또 반대로 좋지 못한 인상은 관계를 정지시키게 하는 경향이 있다. 그만큼 이미지 메이킹은 자신의 어떤 평판이나 인상을 좋게 만드는 것과 같이 대인관계에서 굉장히 중요하다. 이는 어떻게 보이는지가 더 직접적으로 우리의 행동을 결정하기 때문이다(박지영, 2006).

2) 이미지 메이킹 방법

(1) 옷차림

생김새뿐 아니라 그 사람의 옷차림 역시 인간관계에 많은 영향을 미친다. 실제 기업의 인사담당자 243명을 대상으로 한 조사에서 입사 면접에서 '지원자의 외모나 옷차림이 당락에 영향을 준다'는 답변이 무려 66.7%에 달했다. 옷차림이 면접에 임하는 자세와 매너뿐 아니라 그 사람의 태도를 반영하기 때문이다. 자기 계발 전문가인 나폴레옹(Napoleon)은 '사람은 옷을 입은 대로 행동한다'고 하였다. 즉, 옷차림이 그 사람의 행동을 결정짓고, 행동은 의식을 좌우하며, 그 의식은 운명을 결정지음으로써 옷차림이 결국 그 사람의 장래와 연관된다는 것이다(박양근 외, 2015). 아마도 여러분들도 어떤 옷을 입느냐에 따라 여러분의 마음가짐이 달라지는 것을 경험해 보았을 것이다. 우리는 간편한 복장을 입었을 때와 정장을 입었을 때 마음가짐과 행동이 달라진다. 이처럼 옷차림은 우리를 바라보는 사람에 대한 평가뿐 아니라 태도에까지 영향을 미친다.

읽기자료 **옷차림과 정직성**

미국의 심리학자 레오나르도 빅맨(Leonardo Vickman)은 공중전화 동전 반환구에 미리 동전을 놓아두었다. 그리고 두 부류의 실험보조자들에게 산뜻한 정장 차림과, 허름한 옷차림을 각각 착용하도록 하였다. 실험보조자들은 약간 떨어져서 전화부스를 관찰하고 있다가 사람들이 통화를 끝내고 그 동전을 자기 주머니에 집어넣으면 그에게 다가갔다. 그리고 이렇게 질문했다. "제 동전이 거기 있었을 텐데 혹시 보지 못했습니까?" 이렇게 200명에게 질문한 결과, 정장차림의 실험 보조자에게 동전을 돌려주는 경우가 허름한 차림의 실험보조자에게 돌려주는 경우에 비해 두 배나 더 많았다.

출처 : 이민규(2009).

또한 호감을 주는 옷차림은 때와 장소 상황에 맞추어 입어야 어딘가 모르게 품위가 나고 멋스러움을 만들어 낼 수 있다. 가령 여러분들이 소개팅을 하는 자리에서 힙합 스타일의 복장이나 한복을 입고 나간다면(물론 요즘은 개성을 굉장히 중요하게 여기는 부분이어서 젊은 세대들은 그런 복장에 대해서 크게 부담이 없을 수 있지만) 보통의 경우에는 상대방을 만나는 자리에 너무 상황에 맞지 않은 옷들을 입으면 상대방이 거부감을 가질 수가 있다. 그래서 옷차림도 색상, 무늬, 스타일 등을 적절히 조화를 이루는 센스를 갖추는 것이 굉장히 필요하다. 일반적으로 옷을 잘 입으면 상대방에게 좋은 이미지를 심어주고 옷을 잘 못 입으면 좋지 않은 이미지를 심어준다. 일례로 1960년 닉슨(Nixon, R.)이 대통령 선거에서 케네디(Kennedy, J. F.)에게 졌는데 텔레비전 토론회 때 회색 옷을 입었기 때문이라는 주장이 있다. 감색 옷을 입은 케네디가 보다 젊고 깔끔한 인상을 주었다는 것이다. 그런데 이러한 결과는 미국 프린스턴 대학교 심리학과 토도르프(Todorov, A.) 교수의 실험조사를 통해서도 확인이 되었다. 그는 정치인의 첫인상이 선거에 어떠한 영향을 미치는지를 조사하였는데 외모가 매력 있고 유능해 보이는 후보가 실제로 훨씬 더 많이 당선된다는 사실을 확인하였다(MBC 스페셜, 2009.1.4). 또 미국의 퍼스트레이디였던 힐러리(Hillary, R. C.)는 처음에 자신에 대해 좋지 않았던 여론을 돌리기 위해서 두꺼운 뿔테 안경을 콘택트렌즈로 바꾸었다. 두꺼운 테가 자기주장이 강한 여자라는 인상을 주었다고 생각했기 때문이다. 그리고 밤색 머리도 금발로 염색하고 스커트 길이도 짧게 했다. 그랬더니 그녀의 인기가 뛰어올랐다(유영달 외, 2013). 이렇듯 외모가 주는 인상이 굉장히 중요하다는 것을 우리는 알 수가 있다. 물론 그것이 다는 아니지만 우리가 어떤 사람을 첫 대면할 때 그 사람의 첫인상에 있어서 옷차림도 무시 못한다는 것을 이러한 사례를 통해서 알 수가 있다.

참고자료 **개성 있는 패션 연출하는 법**

- 항상 새롭고 신선한 분위기를 연출한다.
- 색깔이 튀지 않으면서 상의와 하의의 조화를 고려한다.
- 단정하고 깨끗한 옷차림을 한다.
- 계절에 맞는 정장을 선택한다.
- 정장을 입을 때는 넥타이를 꼭 착용한다.
- 가급적 정장 차림으로 하며 콤비 차림은 지양한다.
- 깨끗하게 세탁해 입고 무릎이 튀어나온 바지를 입지 않는다.
- 셔츠는 흰색 또는 옅은 색상에서 크게 벗어나지 않게 한다.
- 셔츠는 목 단추까지 다 끼워 착용한다.
- 너무 진하지 않은 향이나 향수를 이용한다.

출처 : 박양근 외(2015).

(2) 언어사용

말은 이야기하는 사람의 인품이며 사상이다. 무심코 던진 말 한마디에 사람의 인격이 드러난다. 또한 사람에게는 인품이 있고 말에는 언품이 있다. 사람에게 품격이 있듯이 말에도 품격이 있다는 것이다(이기주, 2017). 그리고 우리 속담에 "한마디 말로 천 냥 빚을 갚는다"는 말이 있다. 이러한 내용들은 모두 언어 사용의 중요성을 강조한다. 우리는 말로써 성공의 열쇠를 쥐는 사람도 있지만 반대로 말로써 자신의 무덤을 파는 사람도 있다는 사실을 기억해야 한다(박양근 외, 2015). 가끔 매스컴을 통해서 정치인들이나 연예인들이 말실수로 인해서 굉장히 곤경에 처하는 경우를 보게 되는데 이런 사실들은 적절한 언어 사용의 중요성을 보여준다. 또한 다른 사람으로부터 호감을 받을 수 있게 말하기 위해서는 언제나 상대방의 입장에서 그를 존중한다는 자세로 임해야 한다. 또 말하는 내용 역시 그 사람의 인상 형성에 중요한 영향을 미친다. 말을 하는데 거기에 욕설이 담겨 있거나 은어나, 속어를 쓴다고 한다면, 좋지 않은 인상을 줄 수가 있다.

참고자료 **올바른 언어 사용**

- 교양 있게 이야기한다.
- 요령 있게 이야기한다.
- 상황에 맞게 이야기한다.
- 성실하게 관심을 표명한다.
- 칭찬을 해준다.
- 상대를 설득하는 대화를 위해서는 논쟁을 피한다.
- 상대의 입장에서 생각한다.
- 대화를 위해서는 주고받을 만한 화제를 풍부하게 갖고 있는 것과 화기애애한 분위기를 조성하는 것이 필요하다.
- 적절한 경어를 사용한다.
- 호칭을 정확히 기억하며 이름을 부르고 용건을 말한다.
- 고운 말과 바른말을 사용한다.

출처 : 박양근 외(2015).

(3) 말투/목소리

말의 내용뿐 아니라 말투 또한 상대방의 인상에 중요한 영향을 미친다. 말을 더듬고 말의 속도가 빠르며 말을 할 때 음정이 너무 높은 사람은 성격이 급하거나 정서적으로 불안정하다는 인상을 주는 반면 말을 또박또박 천천히 하면서도 조용히 말하는 사람에 대해서는 침착하고 정서적으로 안정되었다는 인상을 갖게 된다. 또한 목소리는 외모와 함께 첫인상을 결정하는 주요 변수이다. 미국의 심리학자 메라비안 박사는 메시지를 전달할 때 목소리가 차지하는 비율이 38%나 된다고 하였다(Mehrabian, 1971).

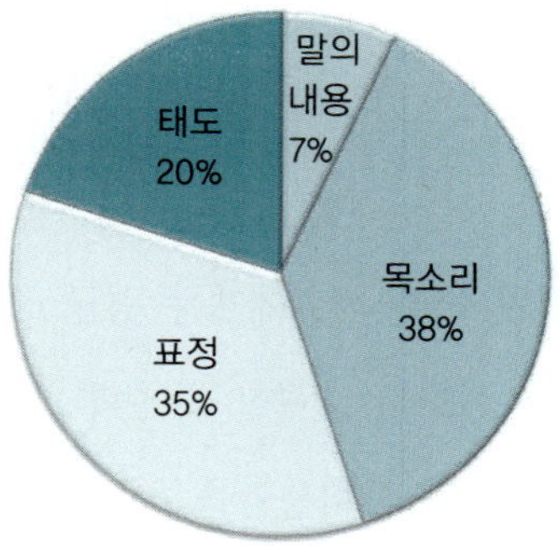

|그림 12-1| 의사전달 구성 요소

(4) 외모

메라비안(Mehrabian) 박사는 사람의 인상을 결정하는 데 외모가 55%, 음성이 38%를 차지한다는 결과를 내놓았다. 실제로 사람들은 잘생긴 사람이 성격도 좋다고 믿는 경향이 있으며, 더 친절하고 사교적이며 더 잘 적응하는 사람으로 지각한다(Wheeler & Kim, 1997). 또한 차재호(1995)의 연구에서는 성적이 비슷하지만 외모에서 차이가 나는 두 학생을 교사들에게 평가하게 했을 때 잘생긴 학생이 그렇지 못한 학생보다 더 똑똑하고 상급학교에 진학할 확률이 높은 것으로 평가받음을 확인했다. 또한 사람들은 키가 큰 남성의 지도력이나 유능성을 키가 작은 남성보다 높게 평가하는 경향이 있는 것으로 나타났다(Patzer, 1985). 얼굴 특징과 성격 판단에 관한 연구에 의하면 눈이 크고, 피부가 매끈하고, 턱이 둥근 사람들은 다정함, 친절함, 순진함, 온순함 등에서 높은 점수를 받았고, 눈이 작고 피부가 거칠고 턱이 모난 사람들은 강인함과 지배성 등에서 높은 평가를 받는 경향이 있었다(Berry & McArthus, 1986).

미국 미시건대학교 라나(Lanas) 박사 연구에 따르면 사람들은 뚱뚱한 남자가 근육질의 남자보다 훨씬 건강하지 않다고 생각(95%)하고 아무 근거도 없이 뚱뚱한 남자가 근육질의 남자보다 더 용감하지 않다(80%)고 여기며 머리도 더 나쁠 것(65%)이라고 판단하였다. 이처럼 뚱뚱한 사람은 부정적인 평가를 받기 쉬움을 알 수가 있다. 미국 심리학계는 피고의 신체적 매력이 배심원들의 형량 결정에 영향을 미치는가에 대해서도 꾸준히 연구를 해왔는데 2005년 성 안셀름 대학 심리학과에서는 절도 사건의 여자 피고에게 유죄인가 무죄인가에 대한 판결을 내리는 모의법정 실험을 진행하였다. 10명의 배심원들은 매력적인 여자 피고에게는 평균 4.3명이 유죄 선고를 내렸으며, 덜 매력적인 여자 피고에게는 평균 6.5명이 유죄 선고를 내렸다(MBC 스페셜, 2009.1.4). 이렇듯 외모는 강력한 힘(권력)으로 작용할 수 있다. 물론 사회생활에서 외모가 다는 아니지만 사회생활을 하는 데 있어 중요한 것 또한 사실이다. 따라서 사회인은 기본적으로 자기 관리에 신경을 써야 한다. 현실에서 "얼굴보다 마음"이라는 말은 허구에 가깝기 때문이다.

읽기자료 **미인의 대인관계는 어떨까?**

20대 남녀 대학생 484명을 대상으로 '미인의 대인관계는 어떨까'라는 질문에 대한 설문조사를 진행하였다. 즉, 외모가 아름다운 사람, 보통인 사람, 못생긴 사람의 사진을 보여주고 인간관계를 짐작토록 한 것이었다. 그 결과 폭넓은 대인관계 능력을 짐작토록 하는 질문에 아름다운 사람의 기대 점수가 5.4점(7점 척도), 보통이 4.6점, 못생긴 사람이 4.0점으로 예상에서 벗어나지 않는 대답이 나왔다. 하지만 깊은 인간관계 능력 항목에서는 아름다운 사람의 기대 점수가 4.5점, 보통이 4.4점, 못생긴 사람이 4.4점으로 별 차이가 없었다. 이는 정작 속 깊은 정을 나누는 친밀한 교류에서는 아름다움이 별 영향을 미치지 못함을 보여준다.

출처 : 성영신 · 박은아(2009).

(5) 표정 읽기와 표정 짓기

외모의 핵심은 얼굴에 있는데 얼굴은 사람의 신체 가운데 가장 표현력이 있고 눈에 띄는 부분이다. 특히 얼굴 표정은 인간의 감정을 드러내는 가장 정확한 신호로 상대방에게 호감을 주느냐 못 주느냐의 중요한 요소가 된다(박양근 외, 2015). 그렇기 때문에 얼굴 표정을 읽는 능력을 갖추는 것은 상대의 감정을 제대로 파악하고, 더 원활한 커뮤니케이션을 가능하게 해준다(Ekman, P., 함규정 역, 2014). 인간은 표정으로 속마음을 나타내기도 하고 상대방의 기분을 판단하기도 한다. 바람직한 표정은 평소에 마음가짐을 바르게 하고 교양을 부단히 쌓아 품위 있는 인격을 함양시켜야 가질 수 있다. 얼굴 전체를 부드럽고 온화하게 하고 밝게 미소 짓는 얼굴로 상대방을 바라보는 연습을 꾸준히 하다 보면 자연스러운 표정을 가질 수 있다(권석만, 2009).

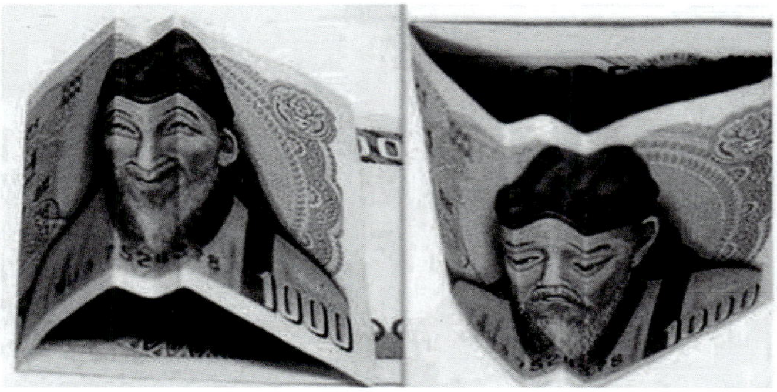

|그림 12-2| 표정관리를 통한 이미지 변화의 예

(6) 행동

어떤 사람이 어떤 행동을 하면서 시간을 보내는지를 관찰하고 그 사람을 판단하는 경향이 있다. 예컨대 노숙자 보호소에서 자원봉사를 하거나, 신체장애 아동을 돌보거나, 교수의 연구를 돕는 일에 여가 시간의 대부분을 보내는 친구와 당구 치기, 술 마시기, 오토바이 타기, 나이트클럽에서 춤추기, 컴퓨터 채팅하기 등으로 대부분의 여가 시간을 보내는 친구가 있다면 보통의 경우 전자는 헌신적인 사람이고 후자는 향락적인 사람이라고 쉽게 추론할 것이다. 행동의 내용뿐 아니라 행동 방식 역시 인상 형성에 영향을 미친다. 예를 들어, 몸의 움직임이 매우 빠르며 일 처리가 신속한 사람과 매사가 느리고 느긋한 사람은 서로 다른 인상을 갖게 한다. 움직임이 빠른 사람은 성격이 급하고 감정 표현을 잘하며 일 처리도 능숙하다는 인상을 주지만, 행동이 느린 사람은 성격이 느긋하다거나 태만하다거나 신중한 사람이라는 인상을 줄 수 있다(유영달 외, 2013).

Activity 12-2 이미지 메이킹 자가점검

1. 여러분은 좋은 첫인상을 위해 어떤 노력을 하고 있나요?

2. 사람들과의 관계에서 첫인상과 달랐던 경험이 있었나요? 그 이유가 무엇이라고 생각하나요?

3. 여러분의 이미지 메이킹 상태는 어떤가요?

– 옷차림 :

– 언어사용 :

– 말투/목소리 :

– 외모 :

– 표정 짓기 :

– 행동 :

MEMO

CHAPTER 13

인간관계 개선방법 (6) 대인환경 개선하기, 전략적 자기경영하기

이 장에서는 대인환경 개선하기와 전략적 자기경영하기에 대해 살펴보도록 한다. 구체적으로는 1절에서 대인환경의 개념, 대인환경의 중요성, 대인환경의 문제를 해결하기 위한 방법에 대해 살펴보고 2절에서는 자기경영의 개념, 자기경영이 필요한 이유, 자기경영의 일곱 가지 활동기능, 자기경영을 위한 전제조건, 자기경영의 방법에 대해 살펴보도록 한다.

학습목표

1. 대인환경 개선하기에 대해 이해한다.
2. 전략적 자기경영하기에 대해 이해한다.

1 대인환경 개선하기

1) 대인환경의 개념

우리가 일상생활에서 경험하는 다양한 인간관계의 부적응 원인은 개인의 심리적인 특성에 따라서 나타나기도 하지만 많은 경우에는 새로운 환경에서 적응하는 과정 속에서 발생하기도 한다. 그렇기 때문에 인간관계의 문제를 개인의 어떤 심리적 변화를 통해서 극복할 수도 있겠지만 다르게 대인환경을 개선하거나 변화시켜서 인간관계의 부적응의 문제를 해결할 수도 있다. 다른 시각에서 보면 동전의 양면과 같이 인간관계의 부적응의 문제가 개인의 내적인 원인에 기인하기도 하지만 개인을 둘러싸고 있는 환경적인 영향으로 기인할 수도 있다는 것이다. '대인환경(interpersonal environment)'은 개인의 인간관계에 영향을 미치는 환경적인 여건을 의미한다. 이러한 대인환경에는 크게 사회적인 환경과 물리적인 환경 그리고 개인적 대인환경으로 나누어 볼 수가 있다(권석만, 2015).

(1) 사회적 환경

먼저 '사회적 환경'에 대해 살펴보면 사회적 환경은 사전적으로 개인이나 특정 집단에 영향을 미치는 모든 사회·문화적인 외부 조건으로 개인이 소속되어 있는 집단의 사회적, 정치적, 문화적 여건을 의미한다(Daum 사전, https://dic.daum.net). 대학생활을 하는 가운데에 소속되어 있는 동아리, 학과 모임 등도 사회적 환경의 예가 될 수 있다. 또한 직장인이라고 하면 직장 또한 사회적 환경이 될 수가 있다. 모든 집단에는 구성원이 공유하는 가치와 신념, 그리고 인간관계 방식이 존재한다. 그런데 만약 어떤 집단 안에서 전체의 가치와 신념 그리고 인간관계의 방식이 개인성격과 가치 그리고 소속되어 있는 집단 특성과 어우러지지 않는다면 거기에는 필히 마찰이 생기고 그것이 종국에는 부적응에 영향을 미칠 수가 있다. 예를 들어서, 한 기독교인이 새로 회사에 취업을 했는데 그 회사가 위계적 조직 구조를 가지고 있고 굉장히 단합을 강조하여 매달 한 번씩 정기적으로 회식모임을 갖고 있다고 가정해 보자. 그런데 회식모임 중에서 음주가무의 시간을 자주 보낸다고 하면, 그것이 본인의 종교적인 가치에 부합하지 않고 본인의 성격에도 부합하지 않는다고 생각할 때 그 회식모임은 직장생활에 있어 굉장히 큰 스트레스 요인이 될 수 있다. 또한 회식모임 과정에서 여러 가지 대인관계의 문제에 직면할 수도 있다. 따라서 첫 직장을 선택함에 있어 직장의 사회적 환경을 고려하는 것은 매우 중요하다. 미국 웨이크 포레스트대 연구팀은 회사원 3,200명을 대상으로 근무환경이 건강에 어떠한 영향을 미쳤는지를 조사하였다. 조사 결과 근무일정이 조절 가능한, 즉 근무환경에 유동성이 있을 때 회사원들이 건강한 생활습관을 가질 수 있다고 확인되었다(SBS TV, 2008.1.7). 그러나 우리나라의 기업체들은 대개 경직되어 있는 구조와 경쟁을 강조하는 구조로 업무환경이 조성이 되어있기 때문에 그 안에서 굉장히 많은 스트레스를 경험할 수가 있다. 그리고 이러한 스트레스에 대한 부정적 인식은 건강에도 부정적인 영향을 미치는 것으로 알려져 있다.

한편 코로나19 이후 직장의 사회적 환경에 큰 변화가 나타나고 있다. 많은 사람들이 유연한 직장을 원하면서 기존 직장을 벗어나 다른 곳보다 유연한 근무환경을 갖춘 직업을 선택하고 있다. 실제로 미국 노동부에 다르면 2021년 9월 기준 노동자의 3%인 440만 명이 자발적으로 회사를 그만둔 것으로 나타났다. 또한 미국에서 1만 명의 노동자와 관리자를 대상으로 한 설문조사에서는 응답자의 76%가 원하는 장소에서 일할 수 있는 유연성을 원했으며, 또 93%는 원하는 때에 일할 수 있는 유연함을 바라는 것으로 나타났다(헤럴드경제, 2022.1.17). 따라서 기업에서는 이러한 트렌드를 반영해 직장인들이 조금 더 편하게 일할 수 있는 유동성 있는 근무환경을 만들어 주는 것이 필요하다.

참고자료 **사회적 환경에 관련된 문제(Problems related to social environment)**

- **Z60.0 생활주기의 변이에 대한 적응 문제**
  Z60.0 은퇴[연금]에 대한 적응에 관련된 문제
  Z60.0 빈 둥지 증후군에 관련된 문제
- **Z60.1 비전형적 양육 상황에 관련된 문제**
  Z60.1 편부모 또는 두 명의 생물학적 동거부모 이외의 양육 상황에 관련된 문제
- **Z60.2 독거생활에 관련된 문제**
- **Z60.3 문화적 적응의 어려움에 관련된 문제**
  Z60.3 이민에 관련된 문제
  Z60.3 사회적 인식에 관련된 문제
- **Z60.4 사회적 배척 및 거부에 관련된 문제**
  Z60.4 비정상적인 외모, 질병 또는 행동과 같은 개인적인 특성에 의한 배타 및 거부
  제외 Z60.4 인종이나 종교적 이유를 위해 유해한 차별 및 박해를 받는 표적에 관련된 문제(Z60.5)
- **Z60.5 유해한 차별 및 박해를 받는 표적에 관련된 문제**
  Z60.5 개인적인 특성보다는 일부 집단의 구성원으로서(피부색, 종교, 인종 등으로) 감지하거나 실질적으로 받는 차별 및 박해
  제외 Z60.5 사회적인 배척 및 거부에 관련된 문제(Z60.4)
- **Z60.8 기타 사회적 환경과 관련된 문제**
- **Z60.9 상세불명의 사회적 환경과 관련된 문제**

출처 : 통계청(2010).

참고자료에 제시된 사회적 환경에 관련된 문제들 중 대학생들과 관련되는 부분들을 살펴보면 첫째, '빈 둥지 증후군(empty nest syndrome)'이 있다. 이는 자녀가 진학, 취직, 결혼 등의 이유로 가정으로부터 독립한 후 부모가 겪게 되는 우울감이 사라지지 않고 지속적으로 유지되는 것을 말한다. 자녀가 독립하여 집을 떠났을 때

자녀가 있었을 때와 달라진 환경으로 인한 허전함과 같은 것들이 질병으로 나타나는 경우이다. 특히 부모와 자녀 간의 심리적, 물리적 거리가 좁은 우리나라의 경우 자녀의 독립 역시 늦은 편이기 때문에 빈 둥지 증후군이 다른 나라보다 빈번하게 일어나는 편이다. 이와 관련한 영화 '라이드 : 나에게로의 여행'은 주인공 '재키'가 아들 '안젤로'로 자신의 보상심리를 채우려던 것을 후회하고 서핑을 통해 빈 둥지 증후군을 극복하며 자신의 삶을 찾아가는 모습을 보여준다.

영화 '라이드 : 나에게로의 여행(2014)'

|영화 설명| 인정받는 뉴욕의 워킹맘 '재키(헬렌 헌트, Helen Hunt)'에게는 친구이자 애인 같은 아들 '앤젤로(브렌튼 스웨이츠, Brrenton Thwaites)'가 있다. 엄마의 극성으로 둘의 사이에 갈등이 생기기 시작하면서 모든 것을 공유하던 그들에게 위기가 닥치게 되는데… 이 영화는 소원해진 아들과의 관계를 다시 예전으로 돌리고 싶은 그녀와 자신의 삶을 살고 싶은 아들의 모습을 그리고 있다. 영화는 서핑을 통해 작은 파도도 우습게 생각하다간 죽을 만큼 물을 먹어야 하며, 보드 위에선 두발로 서는 것조차 엄청난 연습이 필요하다는 것을 알려준다.

둘째, 비전형적인 양육에 대한 문제가 있다. 이는 편부모, 두 명의 생물학적인 부모 이외에 양육에 관한 문제를 말한다. 예를 들어, 한부모 가정에서의 양육 문제, 또는 조부모와 가정에서의 양육 문제가 여기에 해당한다. 2018년 기준 한부모 가구가 전체 가구의 10.9%를 차지하였는데 이는 2006년 8.8%에 비해 2% 이상 증가한 추이이고 조손가구도 1995년 약 3만 가구 정도였는데 2018년 기준 약 7만 5천 가구로 두 배 이상 증가하여 향후 이러한 문제의 발생 가능성이 더욱 커질 수 있음을 보여준다(주석진 외, 2020).

셋째, 독거생활과 관련된 문제가 있다. 최근 1인 가구가 전체 가구의 30%를 돌파할 정도로 계속적으로 증가 추세인데 1인 가구의 생활 속에서 소득불평등, 사회적 고립감, 자기돌봄능력 부족, 고독사 등 다양한 문제점들이 발생하고 있다(DAILY POP, 2020.3.20).

넷째, 문화적 적응의 어려움에 관련된 문제가 있다. 우리 사회가 점차 다문화 가정이 증가하는 상황(2006년 기준 54만 명 → 2020년 기준 250만 명)에서 다양한 국적의 이주민 또는 국제결혼으로 만들어진 새로운 가정에서의 문화적응 문제가 새로운 이슈로 떠오르고 있다. 또한 이러한 변화 속에서 사회적 배척이나 거부 같은 문제도 함께 발생하고 있다.

(2) 물리적 환경

'물리적 환경'은 주거지의 위치나 환경, 주거시설의 구조, 직장의 사무실 구조, 대화를 할 수 있는 공간이나 시설 등을 의미한다. 예를 들어, 정부청사가 지방으로 이전되는 과정 속에서 서울 근교에 있다가 지방으로 이주하게 된 공무원의 경우 가장 큰 어려움은 주거시설의 문제이다. 일단은 거리상으로 멀기 때문에 아무리 일일생활권이라고 하지만 출, 퇴근하기에는 용이하지 않고 또한 가족이 이주를 한다고 하더라도 아직 그 주거환경 주변에 제반 여건들이 잘 마련되지 않은 점과 자녀들이 있다면 자녀들의 교육상황에 있어서 이러한 물리적인 환경이 스트레스 요인이 될 수가 있다. 그리고 그 밖에 직장에 사무실의 구조라든지 대화할 수 있는 공간이나 휴게시설의 마련과 같은 것들도 대인환경의 개념에 포함될 수 있다(권석만, 2009). 스웨덴 스톡홀롬의 칼스타드 대학 서비스연구센터 연구팀은 직장인 2,000명을 대상으로 한 조사를 진행하였는데 개방형 사무실 근로자들이 일반 사무실 직장인보다 병가를 2.5배 더 많이 내는 것으로 나타났다. 이러한 결과는 개인의 독립적인 공간이 없는 직장인들이 독립적인 공간을 가지고 있는 직장인들에 비해 더 많이 아플 수 있다는 것을 확인시켜 준다(Sideview, 2018.1.25).

참고자료 **물리적 환경에 관련된 문제(Problems related to physical environment)**

- **Z58.0 소음에 노출에 관련된 문제**
- **Z58.1 공기 오염에 노출에 관련된 문제**
  제외 Z58.1 담배연기에 관련된 문제(Z58.7)
- **Z58.2 수질 오염에 노출에 관련된 문제**
- **Z58.3 토양 오염에 노출에 관련된 문제**
- **Z58.4 방사선에 노출에 관련된 문제**
- **Z58.5 기타 오염에 노출에 관련된 문제**
- **Z58.6 부적합한 식수공급에 관련된 문제**
  제외 Z58.6 갈증의 영향에 관련된 문제(T73.1)
- **Z58.7 담배연기에 노출에 관련된 문제**
  Z58.7 간접흡연에 관련된 문제
  제외 Z58.7 담배사용에 의한 정신 및 행동 장애에 관련된 문제(F17.-)
  제외 Z58.7 정신활성물질 남용의 개인력에 관련된 문제(Z86.4)
  제외 Z58.7 담배의 사용에 관련된 문제(Z72.0)
- **Z58.8 기타 물리적 환경에 관련된 문제**
- **Z58.9 상세불명의 물리적 환경에 관련된 문제**

출처 : 통계청(2010).

다음으로 물리적인 환경과 관련된 문제들 중 소음과 관련된 문제를 살펴보면 직장 근처에 크나큰 소음을 유발하는 어떤 지하철이나 철도 공사 장소가 있거나 공항이 근처에 있다면 비행기 소음도 큰 스트레스가 될 수 있다. 그리고 공단 주변에 있는 회사라고 한다면 주변에 공기오염도 스트레스 요인이 될 수 있다. 다음으로 담배연기와 관련된 문제에 대해 살펴보면 요즘 기업체에서는 금연구역을 정해놓고 되도록이면 흡연을 하지 않는 쪽으로 방향을 잡고 있다. 하지만 일부 영세한 직장, 특히 노동과 관련된 근로자의 경우에는 업무 중 담배를 피우는 것에 대해 아직까지도 엄격하지 못한 부분들이 있고 이로 인해 의도치 않게 간접흡연에 대한 문제도 발생하고 있다. 예를 들어, 만약에 직장인들 중에 아이를 임신하고 있는 직원이 있는데 다른 남자직원이 담배를 많이 피운다면 이를 놓고 갈등이 생길 여지가 있다.

(3) 개인적 대인환경

'개인적 대인환경'에는 개인과 필연적으로 관계를 맺는 사람들이 포함되어 있는데 일례로 직장 상사나 동료, 가족들이 여기에 해당된다. 특별히 직장에서 밀접한 관계를 맺게 되는 상사나 동료들과 성격이나 업무 수행방식에서 현저하게 차이가 날 경우에 갈등이 발생할 수가 있다. 가족관계에서 신혼부부인 경우 결혼이 개인과 개인의 결합이기도 하지만 가족과 가족과의 결합이기 때문에 개인을 둘러싸고 있는 가족환경의 차이와 여기에 비롯된 생활방식의 차이가 부부 각 개인의 생활방식에 영향을 줄 수 있다. 따라서 상대방의 차이와 다름을 존중하고 수용하지 않을 경우 부부간에도 대인갈등의 문제가 유발될 수 있다(권석만, 2009).

참고자료 **120다산콜센터, 감정노동자 맞춤형 근로환경 개선**

1. 심신 치유 위한 '힐링코칭룸' 설치… 심리상담사와 헬스키퍼 상주
2. 상담원 복무관리 개선… '모든 교육은 업무시간에'
3. 상담원 업무부담 최소화 조치… 테스트 최소화, 출제방식 변경
4. 상담원 소리 상시 청취 활동 강화
5. '공기 청정지역으로~' 실내 공기질 개선
6. 상담원 보호 위해 악성 민원 적극 대처
7. 상담원에 대한 복지를 위해 문화 · 예술 공연 관람 지원도 늘리고 취미교양 강좌도 개설하는 등 적극적인 예방책을 실천할 계획

출처 : 헤럴드타임즈(2012.12.3).

2) 대인환경의 중요성

인간관계는 개인과 대인환경의 상호작용에 의해서 결정이 되기 때문에 대인환경을 이해하는 것이 중요하다(권석만, 2009). 그 이유는 환경 속의 인간이라는 개념에서 개인과 개인을 둘러싸고 있는 다양한 주변 환경과의 상호작용으로 인간관계가 이루어지기에 대인환경에 대해 적응하는 개인적인 능력이 부족하거나 반대로 대인환경이 지나치게 열악한 경우에는 대인관계 스트레스나 부적응 문제가 발생할 수 있기 때문이다(유영달 외, 2013).

3) 대인환경의 문제를 해결하기 위한 방법

대인환경의 문제를 해결하기 위해 첫 번째로는 대인환경에 잘 적응할 수 있는 능력으로 개인적으로는 이러한 능력을 키우는 것이 중요하다.

두 번째는 열악한 대인환경을 조금 더 나은 방향으로 개선시키는 것으로 앞선 대인환경에 적응할 수 있는 능력을 키우는 것과 함께 병행되어야 한다.

결과적으로 인간관계는 개인과 환경이 상호작용하는 과정 속에서 이루어진다는 점에서 어느 한쪽만이 중요한 것이 아니라 양쪽 모두가 중요하고, 이 둘이 조화롭게 이루어질 때 조금 더 원활한 인간관계가 이루어질 수 있다고 하겠다.

2 전략적 자기경영하기

1) 자기경영의 개념

21세기는 누구든지 자신의 가치를 스스로 경영해야 한다. 개인의 성공은 자신의 감정과 재산, 재능, 시간, 인간관계를 얼마나 잘 경영하느냐에 따라 결정된다. 즉, 자신의 시간과 재능, 재산을 경영하는 자기 자신의 손에 달려 있다는 말이다. '자기경영(self-management)'은 스스로의 책임하에 자신을 잘 관리(경영)해 나가는 것을 의미한다(Taylor, J., 서수정 역, 2001). 즉, 개인의 목표달성을 위해 생활의 근본인 수입원을 만드는 생산활동, 재산을 관리하는 재무활동, 사람을 관리하는 인적 자원활동, 자신의 가치를 교환(판매)하는 마케팅활동을 체계적으로 계획, 실행, 평가하는 것이다.

2) 자기경영이 필요한 이유

자기경영이 필요한 이유는 첫째, 과거처럼 현재 조직이 개인을 보호해 주지 못하는 상황이 되었다는 것이다. 둘째, 수명이 길어지면서 개인적으로 능동적인 인생설계가 필요하게 되었다는 것이다. 셋째, 자기계발이나 자기관리가 더 나은 내일과 지금 현재에 살아남기 위해 필요한 수단이 된다는 것이다. 넷째, 다양한 자기관리(자기경영)를 통해 조금 더 미리 계획하고 준비하여 체계적으로 관리하고 자신의 삶에서 최대한 성과를 이끌어 내는 과정이 필요하기 때문이다. 또한 공병호(2001)는 자기경영이 필요한 이유에 대해 자기경영이 우리 앞에 놓인 과제들의 해법 찾기와 직접적으로 관련 있기 때문에 성공한 인생은 물론 행복한 인생을 살기 위해서도 필요하다고 하였다.

3) 자기경영의 일곱 가지 활동기능

자기경영의 일곱 가지 활동기능에 대해 살펴보면 첫 번째는 직업적인 기능으로 성공적인 자기경영을 위해서는 자신의 직업 자체에 대한 열정을 가져야 하고 그 일 속에서 성취를 느끼며 살아야 한다. 두 번째는 경제적인 기능으로 경제적 능력이 뒷받침되지 않으면 자기 경영활동을 원활하게 하기가 어려워진다. 세 번째는 신체적인 기능으로 건강을 잃으면 모든 것은 잃는다는 말이 있는데 자신의 건강이 따라주지 않으면 성공적인 자기경영을 이루는 밑바탕의 토대가 마련되지 않는다는 점에서 신체적인 기능도 성공적인 자기 경영에서 매우 필요한 부분이다. 네 번째는 지적 기능으로 개인의 경쟁력의 원천은 지식이기 때문에 자기 계발을 위한 투자로서 정신기능을 활성화하는 게 매우 중요하다. 다섯 번째는 영적 기능으로 자기 제어, 자기 극복하는 영적인 힘이 있어야 건전하고 긍정적인 사고로 모든 것에 항상 감사하는 마음으로 살아갈 수 있다. 여섯 번째는 가정적 기능으로 아무리 본인이 개인적으로 성공적으로 자기경영을 이루어서 성공을 이루고 또 행복을 이룬다고 해도 가정과 함께 행복하지 않으면 그 행복이 아무런 의미가 없을 것이다. 또한 가정이 평화롭지 않으면 개인도 불행해질 수 있기 때문에 성공적인 자기 경영을 위해서는 가정적인 기능이 원활하게 수반되어야 한다. 일곱 번째는 관계적인 기능으로 성공은 인적 네트워크에서 시작하기 때문에 주변 사람들과의 원활한 대인관계를 맺는 것이 굉장히 중요하다.

4) 자기경영을 위한 전제조건

자기경영을 위해서는 몇 가지 전제조건이 수반되어야 하는데 첫째, 이미지 메이킹 및 인맥을 만들어야 한다. 자기에 대한 좋은 이미지를 형성하는 것은 인맥에도 긍정적으로 영향을 미친다. 또한 인맥이 넓으면 정보획득이나 교환도 빠르고 자신을 발전시키는 데에도 활용할 수가 있다.

둘째, 시간관리를 해야 한다. 주어진 24시간을 목표 달성을 위하여 계획적으로 사용하는 것이 성공적인 자기 경영의 지름길이다. 목표를 가지고 생활하는 것과 무계획으로 생활하는 것의 결과는 크게 차이가 난다. 따라서 주어진 시간을 충분히 계획을 가지고 세워서 실행하는 것이 매우 중요하다. 특히 나에게 중요한 것이 무엇인지에 대한 우선순위를 잘 정해서 자기에게 주어진 시간 안에서 원활하게 그것들을 실행하는 것도 매우 중요하다.

셋째, 능력을 키우는 것이다. 끊임없이 자기 단련과 발전을 시키지 못하면 도태되는 게 지금의 현대 사회이다. 현대사회는 끊임없이 변화하고 있기 때문에 그 변화에 적응하지 못하면 도태된다. 따라서 변화에 적응하기 위해서는 끊임없이 자기계발과 자기 성장을 위해 훈련하고 노력을 해야 한다.

넷째, 건강관리를 해야 한다. 아무리 능력이 뛰어나다고 해도 건강이 따라주지 않으면 능력을 제대로 발휘할 수가 없다. 그래서 결과적으로 본인이 세운 목표를 수행할 수가 없다. 그렇기 때문에 능력도 중요하지만 이를 위한 건강관리를 하는 것이 중요하다.

읽기자료

성공적 자기경영을 위한 원칙

1. 시간을 체계적으로 관리해 활용하라.

매일계획, 주간계획, 월간계획, 연간계획을 세워보는 것들이 굉장히 중요하다. 또한 일정표, 개인수첩 메모 등을 잘 활용하는 것이 시간관리에 있어 큰 도움이 될 수 있다.

2. 노력을 할 때 현재 하고 있는 업무에만 초점을 맞추지 말고 최종결과와 연계시킨다.

자신이 하고 있는 일이 추구하는 목표를 달성하는 과정 속에서 지금 현재 어느 시점까지 왔는지 그리고 향후 결과를 이루기 위해 앞으로 남은 것들이 무엇인지를 계속 생각하고 또한 하는 활동 속에서 최종결과와 연계시키라는 것이다.

3. 자신의 약점보다는 강점을 바탕으로 성과를 낸다.

말 그대로 자신이 잘하는 것, 자신이 내세울 수 있는 것과 같은 강점을 바탕으로 성과를 내는 것이 필요하다는 것이다. 따라서 이를 위해서는 먼저 내가 어떠한 강점이 있는지를 무엇보다도 잘 인식하는 게 중요하다.

4. 보다 좋은 결과를 내기 위해 주요 부분에 집중하며, 업무의 우선순위를 정해 중요한 것을 마저 처리한다.

해야 할 일들이 쌓여갈 때는 중요하고도 시급히 처리해야 할 일들을 우선적으로 처리하는 것이 중요하다. 다음으로는 중요하지만 시급하지는 않은 것, 중요하지 않지만 시급한 것, 중요하지도 않고, 시급하지도 않은 것 순으로 업무의 우선순위를 정해서 일을 처리하되 이왕이면 추구하는 궁극적인 결과와 관련하여 우선순위를 정하는 것이 좋다.

5. 목표달성을 위한 의사결정을 내릴 때 체계적인 절차를 밟는다.

목표를 이루어 가는 과정 속에서 구체적인 절차를 정해놓고 가는 것은 매우 중요하다. 이러한 내용이 계획에 담겨 있으면 한 단계 한 단계 과정을 밟아가면서 지금 현재 어떤 시점에 왔는지를 점검할 수가 있다. 하지만 체계적인 절차 없이 즉흥적으로 일을 하다보면 제대로 된 결과를 가질 수가 없다.

출처 : Drucker, P., 이재규 역(2003).

5) 자기경영의 방법

자기경영을 위해서는 우선 전략을 수립하는 것이 필요하다. 이를 위해서는 첫째, 비전을 설정한다. 둘째, 내부환경(자신의 강점과 약점)을 분석한다. 셋째, 외부환경(기회와 위협요인)을 분석한다. 넷째, 목표를 설정한다. 다섯째, 실행계획을 수립한다. 여섯째, 도전하고 실천한다.

① 비전 설정하기

'비전'은 추구하는 가치가 실현된 바람직한 미래 상태의 이미지를 뜻한다. 자기경영에 있어 비전을 설정하는 게 매우 중요한데, 그 이유는 비전이 결과를 이루는 데 동기가 되기 때문이다. 예를 들어, '재산 126조' 세계 최고 부자인 빌 게이츠(Bill Gates)는 '세계의 모든 가정, 모든 책상 위에 컴퓨터를'이라는 비전을 세웠고 미국 35대 대통령인 존 F. 케네디(John F. Kennedy)는 '1970년대 말까지 인류를 달 위에 서게 한다'는 비전을 세웠으며 '세기의 경영인'으로 불리는 잭 웰치(Jack Welch) 전 제너럴 일렉트릭(GE) 회장은 '세계에서 가장 위대한 인재개발회사를 만드는 일'을 비전으로 세웠다. 아래의 질문들은 효과적인 비전수립을 수립하는 데 도움이 되는 질문들을 정리한 것이다.

참고자료 | 효과적인 비전수립을 위한 질문

- 내가 좋아하는 것은 무엇인가?
- 내가 잘하는 것은 무엇인가?
- 나의 비전은 가치가 있는 일인가?
- 생각하면 가슴 뛰는 미래의 모습은?
- 비전을 이룰 수 있는 수단은?
- 사망했을 때 어떤 기사가 나오기를 바라는가?
- 평생을 통하여 이루고 싶은 것 세 가지는?
- 그중에서 가장 중요한 것부터 우선순위를 정하면?

Activity 13-1 **자신의 비전 진술문 작성하기**

※ 자신의 중시하는 가치를 먼저 적고 이를 바탕으로 자신의 비전을 작성해 봅시다.

1) 나의 지배가치는?(예 나는 창의성과 윤리를 중시한다)

2) 나의 비전은?(예 나는 2040년까지 우리 회사의 CEO가 되겠다)

②~③ 내부환경/외부환경 분석하기

내부환경 분석에서는 자신의 현재 및 미래능력을 진단하여 비전을 실현할 수 있는 핵심역량을 파악하고 그 결과를 통해 자신의 강, 약점을 도출하는 것이 필요하다. 이때 핵심역량을 파악하는 데 있어 아래의 참고자료 질문을 활용하면 도움이 될 것이다.

참고자료 **핵심역량을 찾아내기 위한 질문**

- 어렸을 적 부모님, 선생님, 친구로부터 잘한다는 말을 들은 것은 무엇인가?
- 서점에서 책을 고를 때 어떤 분야에 눈과 손이 더 가는가?
- 남보다 30% 이상 더 빨리 배운 것은 무엇인가?
- TV에서 내가 꼭 보려고 하는 프로그램은 무엇인가?
- 너무 재미있게 하는 일은 무엇인가?
- 어떤 분야에 주의가 집중되어 몰입하게 되는가?
- 남들은 어렵다고 하는데 힘들이지 않고 쉽게 할 수 있는 일은 무엇인가?
- 최근 남들로부터 잘한다는 칭찬을 자주 듣는 일은 무엇인가?
- 일에 푹 빠져 언제 시간이 흘러갔는지 모르는 일은 무엇인가?
- 나는 잘할 수 있다는 자신감이 솟구치는 일은 무엇인가?

외부환경 분석에 있어서는 경영전략을 수립하는 기법인 SWOT분석을 활용하여 나에게 도움이 될 수 있는 환경이나 사람, 나에게 불리하거나 위협이 될 수 있는 환경이나 사람을 확인한다.

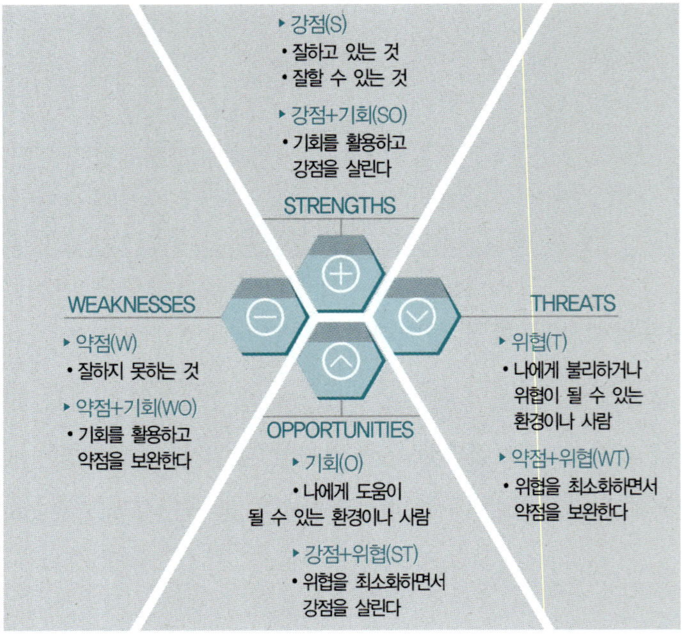

|그림 13-1| 개인 SWOT 분석틀

④ 최종 목표 설정하기

최종 목표를 설정을 하는 데에는 SMART 기법을 활용할 수 있다. 이 기법은 조지 도란(George T. Doran)이 1981년 'There's SMART way to write goals and objective'라는 글을 통해서 처음 알린 목표 설정 기법이다. S는 Specific(명확하고 구체적인 목표), M은 Measurable(측정 가능한 목표), A는 Action-oriented(실천지향적인 목표), R은 Realistic(현실적으로 실천 가능한 목표), T는 Time-limited(목표달성 기한 설정)를 의미한다(NewsWire, 2019.11.12).

1953년 미국 예일대학교에서 졸업반을 대상으로 삶의 목표를 조사하고 20년 후에 확인한 결과 글로 목표를 작성한 3%는 사회지도층이 되었고, 구체적 목표를 세운 10%는 전문직 상류층이 되었으며, 간단한 목표를 세운 60%는 일반적인 삶을 영위했다. 그리고 마지막으로 무계획적인 삶을 산 27%는 영세민 생활을 사는 것으로 확인되었다. 이러한 조사결과는 인생의 목표설정이 우리의 삶에서 매우 중요하다는 사실을 확인시켜 준다(김애리, 2017).

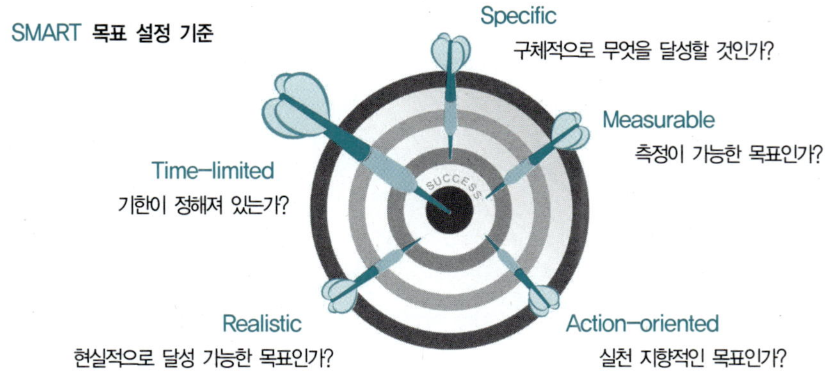

|그림 13-2| SMART 목표 설정 기준

참고자료 **목표를 잘 관리하는 방법**

- 목표를 구체적으로 기록한다.
- 이왕이면 목표를 크게 정한다.
- 목표를 정기적으로 점검하고 자주 수정한다.
- 항상 목표를 휴대한다.
- 반복적으로 목표에 대해 긍정적으로 암시한다.
- 자주 다른 사람들에게 자신의 목표를 이야기한다.
- 꿈이 있는 사람들과 어울린다.
- 작은 꿈들을 소중히 여기고 관리한다.

Activity 13-2 자신의 인생목표 세워보기

※ 다가올 미래의 환경을 예측하여 자신의 인생목표를 세워봅시다.

연도	나이	미래의 환경	목 표
20____년도			
20____년도			
20____년도			

⑤ 실행계획 수립하기

실행계획은 스스로 목표한 일들을 완전히 해낼 수 있도록 이를 구체화하고 수행할 계획을 수립하는 것을 의미한다.

Activity 13-3

자신의 인생목표 달성을 위한 실행계획 수립하기

※ 앞서 세운 자신의 인생목표를 달성하기 위해 각 영역별로 실행할 내용을 구체적으로 기술해 봅시다.

영역	실행내용	관련사항
학업		
경제		
신체		
지적		

영역	실행내용	관련사항
영적		
가정		
관계		

⑥ 도전하고 실천하기

철학자 니체(Nietzsche)는 '계획은 언제나 변화를 따르지 못하기 때문에 중도에 포기하지 말고 상황에 따라 유연하게 대처해야 한다'고 하였다(예저우, 정호운 역, 2018). 또한 미국 크리스털 교회 담임목사인 로버트 H. 슐러(Robert H. Schuller)는 '실패한 사실이 부끄러운 것이 아니다. 도전하지 못한 비겁함은 더 큰 치욕이다'고 하였다(이신화, 2005). '도전'은 인생을 역동적이게 한다. 또한 인생을 생기 있고 활력 있게 한다. 초심을 잃지 않고 실패를 두려워하지 말며 계속적으로 도전과 실천을 할 때 목표를 달성할 수 있음을 기억하자.

Activity 13-4 자신의 인생목표 달성전략 점검하기

※ 자신의 인생목표 달성과 관련하여 영역별로 내용을 구체적으로 기술해 보고 계속적으로 점검해 봅시다.

1. E = Eliminate (제거) : 인생목표 달성을 위해 더 이상 하지 말아야 할 것, 없애야 할 환경은 무엇인가?

2. R = Raise (증가) : 인생목표 달성을 위해 더 많이, 더 자주 해야 할 것은 무엇인가?

3. R = Reduce (감소) : 인생목표 달성을 위해 빈도나 횟수를 줄여야 할 것은 무엇인가?

4. C = Create (창조) : 인생목표 달성을 위해 새롭게 시작해야 할 것은 무엇인가?

출처 : 김위찬 · Mauborgne, 강혜구 역(2005).

참고문헌

가바사와 시온, 전경아 역(2019). 아웃풋 트레이닝. 서울 : 토마토출판사.

강문희 · 이광자 · 박 경(1999). 인간관계의 이해. 서울 : 학지사.

경향신문(2015.3.25). 실연통보에 '자해공갈단'이 된 청년… 결국 입건.

고영인(1997). 상담기초실습 워크북. 서울 : 문음사.

고재원(1995). 조직내 비위맞추기 행동차원들과 상사-부하 교환질간의 관계. 서울대학교 대학원 석사학위논문.

고현주(2017). 제주지역 지방공무원의 협상능력이 직무만족에 미치는 영향에 관한 연구. 제주대학교 대학원 석사학위논문.

공병호(2001). 공병호의 자기경영노트. 서울 : 21세기북스.

구본용 · 이숙영 · 송수민 · 이상희(1998). 청소년 또래상담 훈련 프로그램 Ⅴ. 청소년 대화의 광장.

국민일보(2015.5.19). 실연 슬픔 때문에… 549m 세계최고 빌딩 꼭대기에서 스스로 뛰어내린 여자.

_______(2015.7.23). "부모님께 연애 사실 알리겠다" 헤어진 또래 여학생 협박해 성관계한 10대.

권석만(2009). 젊은이를 위한 인간관계의 심리학(개정증보판). 서울 : 학지사.

______(2015). 젊은이를 위한 인간관계의 심리학(개정증보판). 서울 : 학지사.

______(2019). 젊은이를 위한 인간관계의 심리학(3판). 서울 : 학지사.

김경미(2009). 부부의 성격특성과 갈등의 상호작용이 결혼만족도와 이혼의도에 미치는 영향. 충북대학교 대학원 박사학위논문.

김동배 · 권중돈(1998). 인간행동이론과 사회복지실천. 서울 : 학지사.

김범주(2012). 대인 갈등유형과 갈등해결유형과의 관계에 관한 연구. 단국대학교 대학원 석사학위논문.

김상운(2007). 1등의 기술. 서울 : 랜덤하우스코리아.

김선현(2009). 컬러가 내몸을 바꾼다 : 몸을 다스리고 마음을 움직이는 컬러테라피. 파주 : 넥서스BOOKS.

김애리(2017). 글쓰기가 필요하지 않은 인생은 없다. 서울 : 카시오페아.

김용태(2014). 가짜 감정. 성루 : 덴스토리.

김위찬 · Mauborgne, R., 강혜구 역(2005). 블루오션 전략. 서울 : 교보문고.

김유숙(2002). 가족치료 이론과 실제. 서울 : 학지사.

김유숙 · 전영주 · 김수연(2003). 가족평가 핸드북. 서울 : 학지사.

김종운(2017). 만남 그리고 성장을 위한 인간관계 심리학(2판). 서울 : 학지사.

김종운 · 박성실(2011). 만남 그리고 성장을 위한 인간관계 심리학. 서울 : 학지사.

김주미 · 권종애(2014). 이미지 메이킹. 서울 : 창지사.

김중술(1992). 신사랑의 의미. 서울 : 서울대학교출판부.

김찬배(2014). 요청의 힘. 서울 : 올림.

김춘경(2019). 아들러의 인간관계론. 서울 : 학지사.

김춘경 · 이수연 · 이윤주 · 정종진 · 최웅용(2016). 상담학 사전. 서울 : 학지사.

김혜숙 · 박선환 · 박숙희 · 이주희 · 정미경(2008). 인간관계론. 파주 : 양서원.

________________________________(2016). 인간관계론(2판). 파주 : 양서원.

김 훌(2016). 초등학교 담임교사의 직무스트레스, 교사-학생 간 인간관계 및 학생의 학교생활스트레스 연구. 통합교육과정연구, 10(1), 127-148.

뉴스핌(2015.11.27) '명견만리' 우리나라 사교육비 지출 '세계 최고', … '테크닉 시험'으로 변질된 시험.

다나하라 마코토, 우다혜 역(2020). 말에도 적당한 거리가 필요합니다. 서울 : 지식너머.

다카미 아야, 신 찬 역(2019). 때론 이유 없이 거절해도 괜찮습니다. 서울 : 웅진지식하우스.

동아일보(2020.11.21). 미혼남녀가 뽑은 최악의 이별은 '잠수 이별'… 최악의 행동은?

________(2021.10.9). "외로우세요?" '고독' 해결에 영국 일본 정부가 나선 이유는 [서영아의 100세 카페].

민경환(2009). 성격심리학. 파주 : 법문사.

박대령(2011). 관계 맺기의 심리학. 서울 : 소울메이트.

박성희(2005). 동화로 열어가는 상담이야기. 서울 : 학지사.

박양근 · 민경호 · 조국행(2015). 인간관계론. 파주 : 양서원.

박지영(2006). 유쾌한 심리학. 서울 : 파피에.

변광호(2017). E형 인간 성격의 재발견. 서울 : 불광출판사.

사사키 후미오, 정지영 역(2019). 나는 습관을 조금 바꾸기로 했다. 서울 : 쌤앤파커스.

서경현(2013). 부모의 과잉간섭과 대학생의 삶에 대한 태도 간의 관계 : 사회불안의 매개효과를 중심으로. 청소년학연구, 20(9), 51-71.

서해석 · 김영혜 · 강희양 · 이 난(2017). 의사소통과 대인관계. 파주 : 정민사.

설기문(1997). 인간관계와 정신건강. 서울 : 학지사.

______(2000). 인간관계와 정신건강. 서울 : 학지사.

성영신 · 박은아(2009). 아름다움의 권력. 서울 : 소울메이트.

세계일보(2015.11.29). 작년 1인당 근로 2285시간. OECD 국가 중 최고.

소비자경제(2018.12.28). [최송목의 경영전략] 인간관계의 넓이와 부피.

손재석(2019). 인간관계 심리학. 파주 : 정민사

손재석 · 권성민(2012). 인간관계가 어렵게 느껴지는 이를 위한 행복한 인간관계론. 파주 : 정민사.

손정연(2019). 뒤엉킨 관계의 끈을 푸는 기술. 서울 : 팜파스.

손태빈(2003). 신무역실무. 서울 : 두남.

송종원(2015). 사회복지 상담의 이해. 파주 : 정민사.

시그나그룹(2018.7.10). 시그나 360'웰빙지수.

양옥경 · 김정진 · 서미경 · 김미옥 · 김소희(2005). 개정3판 사회복지실천론. 서울 : 나남출판.

양용훈(2016). PAXNELC Quotient를 활용한 자기경영전략 지수만들기. 금융, 753호.

에노모토 히로아키, 신정길 역(2004). 나를 찾아 떠나는 자기분석여행. 서울 : 시그마북스.

에듀윌 상식연구소(2018). 에듀윌 시사상식 6월호. 서울 : 에듀윌.

연합뉴스(2014.5.6). 한국 '어머니가 되기 좋은 나라' 30위.

________(2015.5.31). 옛 애인에게 '협박 문자질' 스토커 공무원 집행유예.

예저우 · 정호운 역(2018). 니체, 누가 당신의 인생을 그저 그렇다고 하는가. 서울 : 오렌지연필.

우즈홍 · 김희정 역(2020). 왜 가족이 힘들게 할까. 프런티어.

유기설 · 김명소(2004). 개인-조직 성격 부합과 수행 간의 관계에 대한 탐색적 연구. 한국 산업 및 조직심리학회(편). 사오정 시대의 경력개발과 생애관리, 145-159.

유수현 · 오수희 · 길귀숙 · 이재령 · 이재호(2009). 인간관계론. 파주 : 양서원.

유순근(2016). 비즈니스 커뮤니케이션. 서울 : 무역경영사.

유영달 · 이희영 · 김용수 · 이동훈 · 하도겸 · 유채은 · 박현주 · 천성문 · 이정희 · 박성미 · 이희백 (2013). 인간관계의 심리 : 행복의 열쇠. 서울 : 학지사.

유영주 · 김순옥(1996). 가족관계. 서울 : 교문사.

유영주 · 김순옥 · 김경신(2005). 가족관계학(개정판). 서울 : 교문사.

윤대혁(2010). 인간관계와 커뮤니케이션. 서울 : 탑북스.

윤철경(2020). 서울시 은둔형 외톨이 현황과 지원방안 : 은둔형 외톨이 현황과 제도적 지원의 정립. 서울 : 서울특별시의회.

이경순 · 이미경 · 김경희(2003). 경험해 보기를 중심으로 한 인간관계와 의사소통. 서울 : 현문사.

이기주(2017). 언품. 서울 : 황소북스.

이기춘(2013). 소비자상담의 이론과 실수. 서울 : 학현사.

이동환(2014). 굿바이 스트레스. 서울 : 스타리치북스.

이민규(2009). 끌리는 사람은 1%가 다르다. 서울 : 더난출판사.

이신화(2005). 성공하는 삶을 위한 명언. 부천 : 매월당.

이위환 · 김용주(2012). 현대사회와 인간관계론. 고양 : 공동체.

이임정(2011). 보보의 인간관계론(2판). 서울 : 청람.

이재만(2014). 진심은 길을 잃지 않는다. 서울 : 미래의 물결.

이재창 · 임용자(1988). 인간관계론. 서울 : 문음사.

이태연 · 이인수 · 정기수 · 최명구(2006). 인간관계의 이해. 서울 : 신정.

이하늘(2018). 거절 잘 하는 법 : 괜찮은 척하다가 후회하지 말고 센스있게 대처하는 자존감 UP 대화 기술. 서울 : 카시오페아.

이한검 · 이수광(2000). 인간관계. 서울 : 형설출판사.

이현주 · 전수미 · 강석임 오봉욱 · 김한나 · 전동일(2014). 정신건강의 이해. 고양 : 공동체.

이형득(1995). 자기성장 프로그램. 계명대학교 학생생활연구소.

일요신문(2014.5.7). 이별통보 여친 납치, 살해시도 엽기남친 풀스토리.

________(2021.5.23). 중년의 아이들… 1980년대 일본 히키코모리 고령화 '8050 지뢰' 연쇄폭발.

임혜경 · 김송이 · 이금진 · 이 현(2014). 인간간계론. 파주 : 양서원.

장문자 · 정혜경 · 이선혜 · 전영주(2012). 가족치료의 이해. 서울 : 학지사.

장은영(2009). 유쾌하게 상담의 마음을 사로잡는 긍정의 대화법. 서울 : 위즈덤하우스.

장한이(2017). 출근이 칼퇴보다 즐거워지는 책. 서울 : 책들의 정원.

전북도민일보(2014.11.21). '데이트 비용 절반 내놔 헤어진 애인협박'한 20대.

정문자 · 정혜경 · 이선혜 · 전영주(2012). 가족치료의 이해. 서울 : 학지사.

정종진(2009). 나를 찾아 떠나는 심리여행. 서울 : 시그마북스.

제주도민일보(2015.6.11). "농약 먹고 같이 죽자" 전 여친 협박한 30대 징역형.

조선화 · 김혜진 · 김현주 · 이영나 · 이지항 · 정유진 · 조유진 · 허미선(2007). 인간관계론. 파주 : 교문사.

조성연 · 백경숙 · 옥경희 · 전효정 · 전연진(2009). 가족관계. 파주 : 양서원.

조신영 · 박현찬(2007). 마음을 얻는 지혜 경청. 서울 : 위즈덤하우스.

차재호(1995). 문화설계의 심리학. 서울 : 서울대학교출판부.

창 화, 박양화 역(2007). 왼손에 노자 오른손에 공자. 서울 : 영림카디널.

천성문 · 박은아 · 안세지 · 문정희 · 선혜민 · 전은주 · 윤정훈 · 박선우(2019). 인간관계와 정신 건강. 서울 : 학지사.

최규련(1987). 한국 도시부부의 결혼만족도요인에 관한 연구. 고려대학교 대학원 박사학위논문.
최세영 · 한주빈 · 오봉욱(2017). 대인관계기술 향상을 위한 인간관계론. 파주 : 정민사.
최애경(2015). 성공적인 커리어를 위한 인간관계의 이해와 실천. 서울 : 청람.
최인수 · 원윤선(2000). 한국 중 · 고 · 대학생의 이성선택 기준에 관한 연구. 한국심리학회지 : 발달, 13(2), 131-143.
코메디닷컴(2016.10.15). 직장에서 스트레스 받고 있다는 신호 5.
_________(2021.4.13). 사이좋은 형제자매 키우는 방법.
_________(2022.1.10). 바람직한 습관을 만드는 방법 10.
통계청(2010). 한국표준질병 · 사인분류 제1권.
_____(2016). 한국인, 생활에서 스트레스를 받는 비율.
하유진(2017). 나를 모르는 나에게. 서울 : 책세상.
한국건강증진개발원(2017). 스트레스 관리 : 건강에 미치는 영향과 정책적 함의 보고서.
한국기업교육학회(2010). HRD 용어사전. 서울 : 중앙경제.
한정수(2010). 왜 서희는 외교담판을 했을까? 서울 : 자음과 모음.
헤럴드경제(2015.3.27). 〈저먼윙스 추락사고〉 "부기장 고의 추락 전 실연당해"
_________(2018.12.10). '실업률+물가상승률' 경제고통지수 7년만에 최고 수준.
_________(2022.1.7). 〈헤럴드포럼〉 유연한 라이프스타일을 원하는 이들이 만드는 세상.
헤럴드타임즈(2012.12.3). 120다산콜센터, 감정노동자 맞춤형 근로환경 개선.
헤럴드POP(2015.3.18). 헤어진 여친 '누드사진' SNS유포한 20대 男 집유 선고.
_________(2015.11.2). 독일의 1.6배 근로시간 한국인, 행복 지수는 59점… '세계 118위'
황순길 · 여인중 · 남재량 · 장미경 · 허묘연(2005). 은둔형 외톨이 등 사회부적응 청소년 지원방안. 서울 : 청소년위원회.
DAILY POP(2020.3.20). 국내 1인가구 수 전체 가구의 30% 돌파… '대응 방안' 고민해야 할 시점 왔다.
KBS NEWS(2015.5.31). 전 여자친구 1년 2개월 동안 괴롭힌 50대 구속.
metro(2015.8.4). 프랑스서 헤어진 여자친구에게 5일간 '2900번' 전화한 남성 체포돼.
NewsWire(2019.11.12).성공하는 홍보 목표 설정 위한 SMART 기법.
NY중앙일보(2015.7.11). 실연 비관 중국계 10대 소년 M16 소총 스스로 쏴 자살.
SBS(2008.1.7). [건강] 근무환경 유동적인 근로자가 건강하다.
Sideview(2018.1.25). 칸막이 없는 사무실, 직장인 업무 능력 저하시켜…

Aesop, 윤석화 역(2005). 이솝우화. 서울 : 작은씨앗.

Argyle, M., & Henderson, M.(1984). The Rules of Friendship. *Journal of Social and Personal Relationships, 1*, 211-237

Barker, L. & Watson, K., 윤정숙 역(2013). 마음을 사로잡는 경청의 힘. 서울 : 이아소.

Barsky, A. E., 한인영 · 이용하 역(2005). 갈등해결의 기법. 서울 : 시그마프레스.

Berry, D. S., & McArthur, L. Z.(1986). Perceiving Character in Faces: The Impact of Age-Related Craniofacial Changes on Social Perception. *Psychological Bulletin, 100*, 3-18.

Birdwhistell, R. L.(1952). *Introduction to Kinesics: An Annotation System for Analysis of Body Motion and Gesture*. Washington, DC : Department of State, Foreign Service Institute.

Blake, R. R., & Mouton, J. S.(1964). *The Managerial Grid*. Houston : Gulf Publishing Company.

Blanchard, K., Lacinak, T., Tompkins, C. & Ballard, J., 조천제 역(2003). 칭찬은 고래도 춤추게 한다. 서울 : 21세기북스.

Bowen, M.(1966). The Use of Family Theory in Clinical Practice. *Comprehensive Psychiatry, 7*, 345-374.

Bowman, H. A. & Spanier, G. B.(1978). *Modern Marriage*. New York : McGraw-Hill.

Burns, D. D.(1989). *The Feeling Good Handbook*. New York : Plume.

Burns, D. D., 차익종 역(2015). 사람 때문에 매일 괴로운 당신을 위한 관계 수업. 서울 : 흐름출판.

Carnegie, D.(2004). *How to Win Friends & Influence People*. New York : Pocket Books.

Cialdin, R., 황혜숙 역(2013). 설득의 심리학(개정5판). 파주 : 21세기북스.

Clark, M. S.(1985). Implications of Relationship Type for Understanding Compatibility. In W. Ickes(Eds.), *Compatible and Incompatible Relationship*. NY : Basic Books.

Cohen, H., 김문희 역(2011). 협상의 법칙 I. 서울 : 청년정신.

Cooley, C. H.(1910). *Social Organization : A Study of the Larger Mind*. New York : Scribrer.

Cormier, W. H., & Cormier, L. S.(1991). *Interviewing Strategies of Helpers*(4th ed.) Pacific Grove, CA : Books/Cole.

Davis, P., 한주연 역(2013). 스킨십의 심리학. 성남 : 책비.

Diamond, S., 김태훈 역(2017). 어떻게 원하는 것을 얻는가. 서울 : 8.0(에이트 포인트)

Dickens, W., & Perlman, D.(1981). Friendship Over The Life-cycle. In S. W. Duck & R. Gilmour(Eds.) *Personal Relationship 2 :* Developing Personal Relationship. New York : Academic Press.

Ditzen, B.(2008). Positive Couple Interactions and Daily Cortisol: On the Stress-Protecting Role of Intimacy. *Psychosomatic Medicine, 70*(8), 883-889.

Don Dinkmeyer, 이경우 역(1985). 당신도 유능한 부모가 될 수 있다. 서울 : 창지사.

Drucker, P., 이재규 역(2003). 피터 드러커의 자기경영노트. 서울 : 한국경제신문.

Dubrin, A. J., & Ireland, R. D.(1993) *Management and Organization*(2nd ed.). Cincinnati, OH :

South-Western Publishing.

Dusay, J. M.(1977). *EGOGRAMS : How I See You and You See Me.* New York : Harper & Row.

Duhigg., C., 강주헌 역(2012). 습관의 힘 : 반복되는 행동이 만드는 극적인 변화. 서울 : 갤리온.

Ekman, P., 함규정 역(2014). 언마스크, 얼굴 표정 읽는 기술. 서울 : 청림출판.

Ellenson, A.(1982). *Human Relationship.* New Jersey : Prentice-Hall.

Erickson, E. H.(1963). *Childhood and Society*(2nd ed.). New York : Norton.

Fisher, D.(1984). A Conceptual Analysis of Self-Disclosure. *Journal of the Theory of Social Behavior, 14*, 277-296.

Fromm, E.(1970). *The Art of Loving.* New York : Bantom Books.

Gerrig, R. J., 이종한 · 박권생 · 박태진 · 성현란 · 이승연 · 채정민 공역(2013). 심리학과 삶. 서울 : 피어슨에듀케이션코리아.

Giblin, L. T., 노지양 역(2010). 사람의 마음을 움직이는 인간관계의 기술. 서울 : 미래지식.

Glasser, W.(1998). *Choice Theory: A New Psychology Of Personal Freedom.* New York : Harper Collins.

Gordon, T.(1975). *Parent Effectiveness Training.* New York : New American Library.

Gosselin C., & Taylor A.(1999). Exercise as a Stress Management *Tool. Stress News, 11*(4), 1 screen.

Gray, J., 김경숙 역(2010). 화성에서 온 남자, 금성에서 온 여자. 서울 : 동녘라이프.

Hall, E. T.(1966). *The Hidden Dimension.* New York : Doubleday.

Halloran, J., & Benton, D.(1987). *Applied Human Relations.* New Jersey : Perntice-Hall.

Halvorson, H. G., 장원철 역(2019). 어떻게 최고의 나를 만들 것인가? : 원하는 것을 이루게 만드는 심리학적 방법. 서울 : 스몰빅라이프.

Hendrick, S. S., Hendrick, C., & Adler, N. L.(1988). Romantic Relationships : Love, Satisfaction, and Staying Together. *Journal of Personality and Social Psychology, 54*(6), 980-988

Holder, M. D., & Coleman, B.(2009). The Contribution of Social Relationships to Children's Happiness. *Journal of Happiness Studies, 10*, 329-349.

Isett, R., 이문영 역(2012). 내 인생이 행복해지는 긍정의 심리학. 서울 : 소울메이트.

James, W.(1890). *Principles of Psychology.* New York : Holt.

Johnson, D. W.(2000). *Reaching Out : Interpersonal Effectiveness and Self-Actualization.* Boston : Allyn & Bacon.

Jourard, S. M.(1971). *The Transparent Self : Self-disclosured and Wellbing*(2nd ed.). NY : Van Nostrand.

Jowett, G. S., & O'Donnell, V. J.(2012). *Propaganda & Persuasion*(2nd ed.). Newbury Park, CA : Sage.

Kellerman, J. & Lewis, J., & Laird, J. D.(1989). Looking and Loving : The Effects of Mutual Gaze on Feelings of Romantic Love. *Journal of Research in Personality, 23*(2), 145-161.

Kramer, L. & Conger, K. J.(2009). What We Learn from Our Sisters and Brothers: For Better or for Worse. *New Directions for Child and Adolescent Development, 126*, 1-12.

Lange, A., & Jakubowski, P.(1976). *Responsible Assertive Behavior*. Champaign, IL : Research Press.

Lazarus, A.(1971). *Behavior Therapy and Beyond*. New York : McGraw-Hill.

Lazarus, R. S.(1993). From Psychological Stress to the Emotions : A History of Changing Outlooks. *Annual Review of Psychology, 44*, 1-21.

Lee, J. A.(1973). *The Colors of Love : An Exploration of the Ways of Loving*. Toronto : New Press.

Leslie, G. R.(1982). *The Family in Social Context*(5th Ed.). New York : Oxford University Press.

Luthans F.(1981). *Human Behavior in Organizations*. New York : Prentice Hall. Inc.

Mace, D., & Mace, V.(1980). Enriching Marriage : The Foundation Stone of the Family Strengths. In N. Stinnett, B. Chessen, J. Pefreain & P. Kanaub(Eds.), *Family Strengths, Positive Models for Family Life*. Lincoln : University of Nebraska Press.

McGonigal K., 신혜경 역(2019). 스트레스의 힘. 파주 : 21세기북스.

Martinez, M. N.(1997). The Smarts That Count. HR Magazine, Nov.

Matteson, M. T., & Ivancevich, J. M.(1982). *Organizational Behavior & Management*.

Mehrabian, A.(1971). *Silent Messages*(1st ed.). Belmont, CA : Wadsworth.

Minuchin, S.(1974). *Familes and Family Therapy*. Cambridge, MA : Harvard University Press.

Myers, I. B., & McCaulley, M. H., 김정택 · 심혜숙 · 제석봉 공역(1995). MBTI 개발과 활용 : *Theory, Psychometrics, Application*(2차개정판). 서울 : 한국심리검사연구소.

Nass, G. D., & MacDonald, G. W.(1982). *Marriage and the Family*. Reading, MA : Addison Wesley.

Nelson, D. L., & Quick, J. C.(2013). *Organizational Behavior : Science, The Real World, and You*(8th ed.). Cengage Learning.

Noller, P., Seth-Smith, M., Bouma, R,. & Schweitzer, R.(1992). Parent and Adolescent Perceptions of Family Functioning : A Comparison of Clinic and Non-Clinic Families. *Journal of Adolescence, 15*(2), 101-114.

Olson, D. H., Olson-Sigg, A., & Larson, P. T.(2012). *The Couple Checkup : Find Your Relationship Strengths*. Nashville, TN : Thomas Nelson.

Patzer, G. L.(1985). *The Physical Attractiveness Phenomena*. New York : Plenum.

Powell, J.(1990). *The Secret of Staying in Love*. New York : Thomas More Association.

Reiss, I. L.(1960). Toward a sociology of the heterosexual love relationship. *Marriage and Family Living, 22*(2), 139-145.

Rifkin, J., 이경남 역(2010). 공감의 시대. 서울 : 민음사.

Roach, A. J., Fraizier, L. P., Bowden, S. & R.(1981). Marital Satisfaction Scale : Development of a Measure for Intervention Research. *Journal of Marriage & the Family, 43*, 538-546.

Robbins, S. P.(1993). *Organizational Behavior : A Managerial and Organizational Perspective*. New Jersey : Prentice-Hall.

Rose, S. M.(1984). How Friendships End: Patterns among Young Adults. *Journal of Social and Personal Relationship, 1*, 267-277.

Rosenberg, M. B.(2003). *Nonviolent Communication* : A Language of Life. New York : Puddle Dancer Press.

Schmid, W. 장혜경 역(2019). 우리가 정말 친구일까. 파주 : 심플라이프.

Soderberg, M. T., 정여진 역(2016). 휘게 스타일(Hygge Style) : 덴마크 사람들의 편안하고 따뜻한 집과 생활. 고양 : 위즈덤스타일.

Sternberg, R. J.(1986). A Triangular Theory of Love. *Psychological Review, 93*, 119-135.

______________(1997). Construct Validation of a Triangular Love Scale. *European Journal of Social Psychology, 27*(3), 313-335.

Stinnett, N.(1985). String families In J, M. Henslin(Ed.), *Marriage and Family in a Changing Society*. New York : The Free Press.

Sun, X., McHale, S. M., & Updegraff, K. A.(2018). Sibling Experiences in Middle Childhood Predict Sibling Differences in College Graduation. *Child Development, 90*(1), 25-34.

Taylor, J., 서수정 역(2001). 나를 바꾸는 데는 단 하루도 걸리지 않는다. 서울 : 도솔.

The Telegraph(2009. 3. 30) Reading 'can help reduce Stress'.

Thomas, K. W.(1976). Conflict and Conflict Management. in M. D. Dunnette(Ed.), *Handbook of Industrial and Organizational Psychology*. Chicago, IL, Rand McNally, 889-935.

Weiten, W., 김시업 역(1995). 생활적응을 위한 심리학. 서울 : 문음사.

Wentzel, K., & Erdley, C.(1993). Strategies for Making Friends: Relations to Social Behavior and Peer Acceptance in Early Adolescence. *Developmental Psychology, 29*, 819-826.

Wheeler, L., Kim, Y.(1997). What is Beautiful is Culturally Good: The Physical Attractiveness Stereotype has Different Content in Collectivistic Cultures. *Personality and Social Psychology Bulletin, 23*, 795-800.

Wilkinson, R. B.(2004). The Role of Parental and Peer Attachment in the Psychological Health and Self-Esteem of Adolescents. *Journal of Youth and Adolescents, 3*(6), 479-493.

[참고영상]

드라마 '파랑새의 집(2015)'.
영화 '굿 윌 헌팅(1998)'.
영화 '더 임파서블(2012)'.
영화 '라이드 : 나에게로의 여행(2014)'.
영화 '스톰(2019)'.
영화 '어바웃 슈미트(2002)'.
영화 '올가미(1997)'.
영화 '월 스트리트(1987)'.
영화 '패치 아담스(1999)'.
영화 '호로비츠를 위하여(2006)'.
일본광고협회(2002). 공익광고CF(어린이재단 후원 : 고래편).
지식채널e(2016.10.15). 눈맞춤의 힘.
Asap SCIENCE(2013.9.11). The Science of Heartbreak.
EBS 다큐프라임(2010.5.16). 말하기의 다른 방법 1부 표정의 비밀.
EBS(2010.11.29). 교육대기획 10부작-학교란 무엇인가? 8부 0.1%의 비밀.
EBS다큐프라임(2010.4.13). '성격 2부 : 성격의 탄생'
JTBC드라마(2020). '이태원 클라쓰'.
KBS(2010.1.2). 습관 1부. 마음의 밧줄을 끊어라.
KBS스페셜(2009.3.8). '10대, 욕에 중독되다'.
KTV국민방송(2017.5.24). 대학생 '관태족' 확산…사회 부적응 우려.
MBC스페셜(2009.1.4). '첫인상, 인생을 좌우한다'.
Sbs CNBC(2014.1.15) [삶은 통계] 우울한 한국… '직장인스트레스' OECD 1위.
SBS TV(2008.1.7). 근무환경 유동적인 근로자가 건강하다.
TED(2017). 가이 윈치 : 상한 마음을 고치는 법.
TEDGlobal(2013). 켈리 맥고니걸 : 스트레스를 친구로 만드는 법.
TvDaily(2012.8.8). 남녀가 싸우는 이유, 너무 다른 대화방식 '대공감'.
tvN(2014.12.1). 직장지식 in #5 신입사원 에티켓 미생 15화.

[참고사이트]

가족상담센터 다온. http://blog.naver.com/coldsea911/221836010249
경기도 무료 온라인 평생학습 GSEEK지식. https://blog.naver.com/gseekcampus/221571274128

국가기록원. https://www.archives.go.kr
김두열 강사 특강자료. http://cafe.daum.net/visionpia
네오피지오. https://www.neophysio.com
네이버 어학사전. https://dict.naver.com
두드림 상담 & 교육센터. http://blog.naver.com/dodreami1/221651800334
따뜻한 하루. http://www.onday.or.kr/wp/?p=16963
마음수련 명상. http://www.meditationlife.org
밤비니몬테소리어린이집. http://cafe.daum.net/bambini2005
서울특별시 지정 종로여성개발센터. http://blog.naver.com/PostView.nhn?blogId=sbwomen11&logNo=220087941233
심리분석 오경주 교수. http://lli.or.kr
우지은 W 스피치 커뮤니케이션. http://blog.naver.com/wspeech_4012/220361416758
전라남도교육감 후보 윤기선 블로그. http://blog.naver.com/edu6192/120104298434
천재학습백과. koc.chunjae.co.kr/main.do
케어캠프(주). https://www.carecamp.com
한국교류분석협회. http://www.ta.or.kr
한울가족치료센터. https://blog.naver.com/hanulfamily/220450138756
Daum 사전. https://dic.daum.net
HELLO GIGGLES. http://www.hellogiggles.com
MBTI연구소. http://www.mbti.co.kr
OECDiLibrary. https://doi.org/10.1787/pension_glance-2017-en
saramin 블로그. https://blog.naver.com/saraminapp/221500259494
Psychology. https://www.simplypsychology.org/TypeATypeBCartoon.jpg

찾아보기

ㄱ

ㄴ

ㄷ

ㄹ

ㅁ

저/자/약/력

■ **주석진**(朱碩珍, Seok Jin Ju) E-mail : juseokjin@kosin.ac.kr

숭실대학교 일반대학원 사회복지학 박사(사회사업방법론 전공)
전 고신대학교 대학일자리센터 부센터장 및 진로취업지원센터장
부산광역시 영도구자원봉사센터장
한국정신건강사회복지학회 중독분과 학회장
한국학교사회복지학회 총무분과위원장, 연구분과위원장, 학회장
현 고신대학교 아동복지학과 부교수

〈주요 저서〉
학교사회복지론 3판(공저, 양서원, 2020)
국가직무능력표준(NCS) 기반의 학교사회복지사 표준직무 매뉴얼(공저, 양서원, 2020)
진로취업멘토링(공저, 학지사, 2018)
청소년복지론(공저, 정민사, 2016)

〈주요 논문〉
블랜디드 러닝 형식의 문제기반학습(PBL)을 적용한 사회복지실천기술론 수업 운영효과에 관한 연구(2021)
플립러닝을 활용한 대학생 전공 진로지도 교과목의 효과분석(2020)
학교사회복지사의 직무능력표준 개발을 위한 탐색적 연구(2019)
상담역할에 대한 학교사회복지사의 인식과 과제(2018)
인간관계론 교과목이 대학생의 대인관계 문제 수준과 대인관계 유능성에 미치는 영향(2012) 외 다수

[제2판]

4차 산업시대를 대비한

인간관계론

|저자| 주석진

|1판 1쇄| 발행 2020년 8월 10일
|2판 1쇄| 발행 2022년 2월 25일
|2판 2쇄| 발행 2023년 9월 15일

|발행인| 김동훈

|발행처| 공 동 체

|주소| 경기도 고양시 일산동구 호수로 358-39, 동문타워 I 905호(백석동)
|전화| 031) 814-3000(대표)
|팩스| 031) 814-3100
|홈페이지| http://www.compub.co.kr
|전자우편| compub@naver.com
|출판등록| 2005년 10월 6일
|등록번호| 제396-2005-36호

|ISBN| 979-11-6725-136-7
정가 20,000원